Daniela Dresser

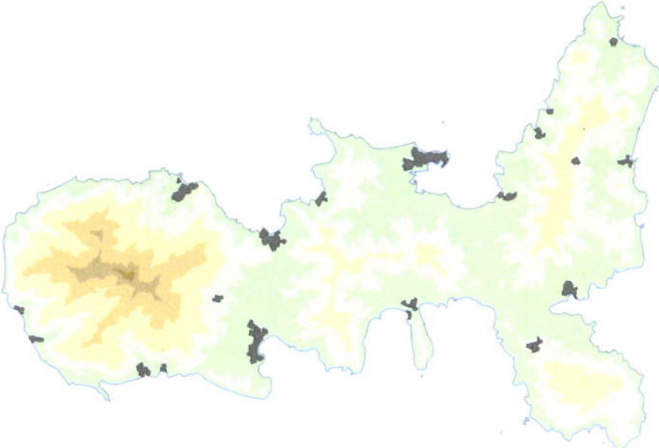

Allgemeines

Reisepraktisches

Portoferraio und Umgebung

Der Nordosten der Insel
Porto Azzurro
Die Halbinsel Calamita

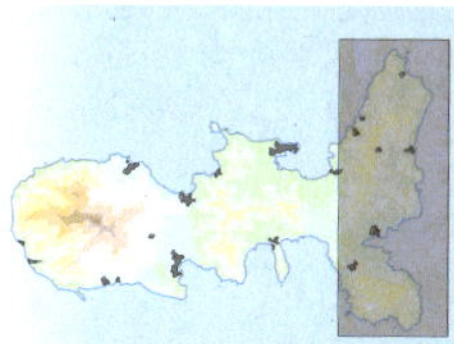

Die Buchten im Süden der Insel
Marina di Campo

Der Westen der Insel

Die kleinen Inseln
des Toskanischen Archipels

Text und Recherche: Sabine Becht

Lektorat: Angela Nitsche

Redaktion und Layout: Sven Talaron

Fotos: Sabine Becht, außer:
S. 102: Alessandra Ribaldone (Centro-Museo Italo Bolano),
S. 188 und 189: Nello Anselmi,
S. 227 Caroline Goltz

Covergestaltung: Karl Serwotka

Covermotive: Am Strand von Marina di Campo (oben),
Cotoncello-Strand bei Sant'Andrea (unten, beide Sabine Becht)

Karten: Hana Budka, Günther Grill, Judit Ladik, Gárbor Sztrecska

Besonderer Dank gilt Sven Talaron für die Mitarbeit bei Recherche/Text und für geduldiges Wandern, ein großes Dankeschön ebenso an Sonia von der APT in Portoferraio für ihre Unterstützung und an die zahlreichen Leser, die wertvolle Tipps für die Neuauflage dieses Buches gegeben haben.

ISBN 3-89953-143-4

Aktuelle Infos online unter www. michael-mueller-verlag.de

2. erweiterte und aktualisierte Auflage 2004

ELBA

und der Toskanische Archipel

INHALT

Was haben Sie entdeckt?

Haben Sie eine versteckte Bucht entdeckt, eine freundliche Trattoria weitab vom Trubel, ein nettes Hotel mit Atmosphäre, einen schönen Wanderweg?
Wenn Sie Ergänzungen, Verbesserungen oder neue Tipps zum Buch haben, lassen Sie es uns bitte wissen!

Schreiben Sie an:

Sabine Becht
Stichwort "Elba"
c/o Michael Müller Verlag GmbH
Gerberei 19
D – 91054 Erlangen
E-Mail: s.becht@michael-mueller-verlag.de

Alles im Kasten

Zeichenerklärung für die Karten und Pläne

Autobahn	Flughafen/ -platz	Bushaltestelle
Hauptverkehrsstraße	Kirche	Taxistandplatz
Nebenstraße	Festung	Information
Piste	Berggipfel	Post
Wanderweg	Badestrand	Parkplatz
Bebaute Fläche	Aussicht	Krankenhaus
Grünanlage	Leuchtturm	Campingplatz
Gewässerfläche	Höhle	Ruine
		Turm

Kartenverzeichnis

Verzeichnis der Wanderungen

Blick auf den Monte Capanne im Westen Elbas

Elba erleben

Die Lieblingsinsel der Italiener steht auch bei Deutschen, Österreichern und Schweizern hoch im Kurs. Wen wundert's – keine italienische Insel ist vom Norden aus einfacher zu erreichen als Elba. Den sonnenhungrigen Besucher erwarten abwechslungsreiche Landschaften, eine vielfältige und üppige Vegetation, lebhafte Hafenorte und idyllische Bergdörfer, spektakuläre Buchten und traumhafte Strände.

Wer Urlaub auf der **Isola d'Elba** macht, ist in der Regel auch zu Hause nicht arm. Die Insel hat in etwa den gleichen Status wie Sylt in Deutschland – angesagt, schick und ziemlich teuer. Letzteres gilt vor allem in der Hochsaison, wenn Elba aus allen Nähten platzt. Unschöne Hotelklötze und der gefürchtete Massentourismus sind dennoch ausgeblieben. Die Insel ist einfach zu klein, und der bescheidene Flughafen hat nicht die Kapazitäten, um die Gäste am Fließband anzuliefern. Außerdem sorgen schon die Elbaner dafür, dass kein Raubbau getrieben wird – sowohl die Natur als auch die idyllischen Orte werden gehegt und gepflegt. Man ist sich der Schönheit der Insel bewusst und tut einiges dafür, sie zu erhalten.

Die nach Sizilien und Sardinien drittgrößte Insel Italiens liegt nur etwa zehn Kilometer vom italienischen Festland entfernt und beeindruckt durch eine außerordentliche **landschaftliche Vielfalt,** die man auf so kleiner Fläche sicherlich nicht vermuten würde: flache Küstenlandschaft mit herrlichen Sandbuchten im Süden, als Kontrast der steile und kahle Granitgipfel *Monte Capanne* im Westen, uralte Esskastanienwälder mit dichtem Unterholz, felsige Küstenabschnitte, die nur durch wenige kleine Buchten unterbrochen werden, und immer wieder auch die typische mediterrane Macchia. Elba ist ausgesprochen grün, dafür sorgen die zahlreichen Quellen, die hier entspringen.

Einer der vielen Strände an der Nordküste bei Portoferraio

Abwechslungsreich auch die **Inselorte**: Wer mit der Fähre ankommt (und das tun die meisten), sieht zuerst die hektische Neustadt der Inselhauptstadt Portoferraio – eigentlich die unromantischste Möglichkeit, um Elba kennen zu lernen. Gleich dahinter aber, auf einer Landzunge, liegt das *Centro storico,* die ursprünglich von den Medici konzipierte Altstadt mit ihren beschaulichen Gassen. Neben den vom Tourismus geprägten Hafen- und Badeorten wie z. B. Marina di Campo und Porto Azzurro bietet die Insel auch idyllische Bergdörfer, in denen die Zeit noch immer langsamer abzulaufen scheint. Marciana Alta, Rio nell'Elba und Capoliveri sind Beispiele für die geschichtsträchtigen Orte abseits der Küste.

Kulturhistorisch und wirtschaftlich bedeutend war Elba schon unter den Etruskern, die hier Eisenerz abbauten. Die Römer taten es ihnen gleich, und dann kamen sie alle: Langobarden, Sarazenen, Pisaner, Genueser, Medici und schließlich auch der große Napoléon Bonaparte, von dessen kurzem Aufenthalt auf Elba die Insel noch heute zehrt. Mit ihm streifte der "Flügelschlag der Weltgeschichte die Insel", stellte ein Historiker fest – und dem ist uneingeschränkt zuzustimmen.

Die meisten Gäste kommen aber sicherlich nicht in erster Linie wegen der Geschichte bzw. deren steinerner Überreste, sondern aus völlig anderen, ganz modernen Motiven hierher: Elba ist ein **Paradies für Wassersportler** – surfen, segeln, tauchen kann man an fast jeder Ecke der Insel. Daneben natürlich noch ein ausgeprägtes Strandleben, und wem das zu viel wird, kann auf den zahlreichen ausgewiesenen **Wanderwegen** das Inselinnere erkunden oder bei einem Ausritt in die elbanische Hügelwelt noch fast unberührte Natur erleben.
Im Sommer bringen Ausflugsschiffe die Urlauber per Tagestour zu den Nachbarinseln *Capraia* und *Pianosa,* aber auch zur Insel *Giglio* weiter südlich. Bootsausflüge sind in beschränktem Umfang auch nach *Korsika* möglich.

Highlights auf Elba

Zur ersten Orientierung: "Best of Elba"; was man auf keinen Fall auslassen sollte, von uns natürlich sehr subjektiv ausgewählt.

Orte

Poggio und Marciana Alta: benachbarte Orte, umgeben von dichten Esskastanienwäldern und eindrucksvoll am Fuß des Monte Capanne gelegen. Historisches Gemäuer und enge Gassen, langsam und beschaulich, zumindest außerhalb der "Besuchszeiten" durch Tagestouristen.

Capoliveri: malerisches Dorf, auf einem Plateau gebaut, am besten abends, wenn die Piazza Matteotti, einer der schönsten Plätze der Insel, zum allgemeinen Treffpunkt wird.

Marciana Marina: schöner Hafen an der Nordwestküste, reges Leben an der Uferpromenade, lauschige Piazza im *Centro storico*, viele schicke Restaurants.

Portoferraio: Altstadt mit historischem Hafen, hier pulsiert das Inselleben.

Chiessi: einer der schönsten Orte an der wenig erschlossenen Westküste, Elba beschaulich.

Landschaft

Monte Capanne: grandioser Rundblick vom höchsten Inselberg. Eindrucksvolle, aber mühsame Wanderung hinauf, jedoch auch mit der *Cabinovia* (Seilbahn) zu bezwingen.

Halbinsel Calamita: der "Magnetberg" (so die Übersetzung) im Südosten der Insel, jahrhundertelang Eisenerzzentrum Elbas, die rot aufgerissene Erde der kargen Halbinsel liefert noch immer ein Zeugnis davon. Schöne Badebuchten.

Westküste: eindrucksvolle Rundfahrt entlang der schroffen Küstenlandschaft auf einer Panoramastraße. Kleine Buchten, karge, steil aufragende Berge, gemütliche Orte.

Kultur und Geschichte

Napoléons Villen: die Stadtresidenz *Palazzina dei Mulini (Villa dei Mulini)* am oberen Ende der Altstadt von Portoferraio mit schöner Terrasse über dem Meer und die Sommerfrische *Villa San Martino* im gleichnamigen, idyllischen Tal – kaiserlichen Luxus stellt man sich vielleicht prunkvoller vor, dennoch sind die Villen sehr aufschlussreich in Sachen kaiserliches Exil.

Castello del Volterraio: Wahrzeichen der Bucht von Portoferraio, die Ruine thront mächtig auf einem Felsklotz. Tolle Aussicht nach einem mühsamen Aufstieg.

Madonna di Monserrato: Wallfahrtskirche, nach spanischem Vorbild Anfang des 17. Jh. in einem Tal nahe Porto Azzurro gebaut. Wunderschön gelegener stiller Ort.

Madonna del Monte: Napoléons Lieblingsplatz auf der Insel, an der kleinen Wallfahrtskirche aus dem 16. Jh. traf er zum letzten Mal seine Geliebte Maria Walewska. Abgeschiedenheit unter Esskastanienbäumen im Westen Elbas.

Strände

Biodola-Bucht: westlich von Portoferraio, ein Sandstrand der Extraklasse. Nobelhotels und beliebter Ankerplatz für Segelyachten.

Fetovaia: unverbauter, herrlicher Sandstrand an der Westküste, zur westlichen Seite hin durch eine Landzunge geschützt.

Lacona-Bucht: beliebteste Badebucht der Insel im Süden, feinsandiger Strand, bestens besucht, hervorragendes Angebot an Wassersportmöglichkeiten. Nebenan die kleinere Variante: *Laconella*, eine herrliche Sandbucht mit Blick auf die Insel Montecristo.

Hotels

Villa Ottone: stilvolles Ambiente in herrschaftlicher Villa aus dem 19. Jh. in der Bucht von Portoferraio.

Parkhotel Napoleone: neben der Villa San Martino. Napoléon würde heute vermutlich lieber hier im Luxus schwelgen.

Cernia: persönliche Atmosphäre und botanischer Garten am Hang in Sant'Andrea.

Antares: eines der schönsten Strandhotels der Insel in der Lido-Bucht bei Capoliveri.

Monte Capanne: efeuumrankte Traditionsherberge in Poggio am Fuß des hochsten Inselberges.

Essen und Trinken

Da Publius: exzellentes Restaurant mit Panoramablick im Zentrum von Poggio.

Il Buchino: gemütliche, sehr typische Trattoria an der Piazza Cavour in Portoferraio.

Il Chiasso: eines der schönsten Restaurants in Capoliveri, mitten im Zentrum und an idyllischer Piazzetta gelegen.

Paride – Il Delfino Verde: auf Pfählen in den Hafen von Porto Azzurro gebaut.

Santo Stefano: romantisches Terrassenrestaurant mit Weitblick auf Portoferraio.

Il Castagnacciaio: wahrscheinlich die beste Pizza der Insel in Portoferraios Altstadt.

Geographie und Geologie

Elba ist die drittgrößte Insel Italiens und mit weitem Abstand die größte Insel des Toskanischen Archipels.

Die elbanische **Bevölkerung** ist eine Mischung verschiedener Einwanderergruppen vom Festland, auch wenn die Unterschiede heute längst verwischt sind. *Portoferraio* war ursprünglich toskanisch, *Marciana* korsisch, und im herben Bergdorf *Capoliveri* siedelten einst Neapolitaner. Im Letztgenannten finden sich noch einige Überbleibsel vom Brauchtum bei den Volksfesten. Elba zählt heute acht eigenständige **Gemeinden,** über ein Drittel der Inselbevölkerung (ca. 30.000 Einwohner) lebt in der Hauptstadt Portoferraio. Ansonsten ist die Bevölkerungsdichte in der Ebene von Marina di Campo am höchsten.

Elba auf einen Blick

Geographisches: Die Fläche beträgt 223,5 qkm, Elba ist ca. 30 km lang und 18 km breit mit einer Küstenlinie von 147 km. Höchster Berg ist mit 1019 m der *Monte Capanne* im Westen der Insel.

Wichtige Orte: *Portoferraio* – Inselhauptstadt und wichtigster Ankunftshafen; *Marina di Campo* – zweitgrößter Ort und wichtiges Touristenzentrum an langer Sandbucht; *Porto Azzurro* – lebhafter Hafenort im Osten der Insel; *Capoliveri* – geschichtsträchtiges Bergdorf auf der Halbinsel Calamita; *Marciana Marina* – Hafen im Nordwesten der Insel, weiteres touristisches Zentrum; *Marciana Alta* – abgeschiedenes Dorf an den Hängen des Monte Capanne, beliebtes Ausflugsziel.

Bevölkerung: Auf Elba leben ganzjährig rund 30.000 Menschen, davon allein 11.000 in der Hauptstadt Portoferraio. Es folgen Marina di Campo mit ca. 4500 Einwohnern, Porto Azzurro mit 3.000 und Capoliveri mit ca. 2600. Im Sommer steigt die Inselbevölkerung sprunghaft an.

Das **Relief der Insel** zeigt sich überwiegend hügelig bis bergig und weist drei größere Massive auf: der *Monte Capanne* (1019 m), höchster Berg der Insel im Westen, der *Monte Calamita* (413 m) auf der gleichnamigen Halbinsel im Südosten und der *Cima del Monte* (516 m) als höchster Gipfel des auf einer Nord-Süd-Achse verlaufenden Bergrückens im Nordosten der Insel. Dazwischen eine niedrigere Hügellandschaft, tief einschneidende Täler und Ebenen. Deren markanteste ist die flache Ebene des *Campo nell'Elba* zwischen Procchio und Marina di Campo, sie markiert die Grenze zur steil aufragenden westlichen Halbinsel.

Umgeben ist Elba vom **Tyrrhenischen Meer,** dem Teil des Mittelmeers zwischen der westitalienischen Küste sowie Korsika und Sardinien im Westen und Sizilien im Süden. Die Küstenlinie der Insel zeigt sich außerordentlich facettenreich: drei große Sandbuchten im Süden, schroffe und felsige Abschnitte an der gesamten westlichen Halbinsel, kleinere Buchten an der Halbinsel Calamita und nahezu unzugängliche Abschnitte im Nordosten von Elba. Daneben noch zahlreiche kleine Kies- und Sandbuchten westlich der Inselhauptstadt Portoferraio.

Der **geologische Aufbau** der Insel wird von mehreren Regionen verschiedenen Gesteins bestimmt. Im Westen der Insel findet sich das Granitgestein des Monte Capanne, dessen Alter man auf etwa sieben Millionen Jahre schätzt, und das sich beim langsamen Abkühlen zäher Magma gebildet hat, die in bereits bestehende Gesteinsarten eingedrungen ist *(Intrusion)*. In geringerem Umfang hat auch im Osten der Insel eine Intrusion stattgefunden, die besonders hier eine Vielzahl an Mineralien hervorgebracht hat. Hinzu kommen noch die **Eisenerzvorkommen** auf Elba, die die Besiedlungsgeschichte der Insel entscheidend mitbestimmt haben, sowie die 170 verschiedenen Mineralienarten, die – gemessen an der Größe Elbas – an sich schon eine sensationelle Anzahl darstellen. Die geologische Vielfalt spiegelt sich natürlich auch in den Landschaften und der Natur der Insel wider.

Die Insel der Mineralien

Die wichtigsten Mineralienvorkommen Elbas liegen im Osten der Insel, v. a. in der Gegend um Rio Marina und auf der Halbinsel Calamita (hier dominiert jedoch Eisenerz). In den mittlerweile stillgelegten Minen und Gruben im östlichen Teil Elbas fand man bis in die jüngste Vergangenheit hauptsächlich Pyrite, Hämatite, Magnetite und Quarzkristalle, aber auch Calcite, Malachite, Azurite, Turmaline und Beryllе, außerdem Topase und Granate. Im Gebiet um den Monte Capanne finden sich ähnliche Mineralien, einer der wichtigsten Fundorte befindet sich am östlichen Ausläufer des höchsten Inselberges bei San Piero in Campo.

Eine Sonderstellung unter den elbanischen Mineralien nimmt der Ilvait ein, der nur hier vorkommt und seinen Namen von *Ilva,* der römisch-antiken Bezeichnung für Elba, erhalten hat.

Von beeindruckender Größe und Schönheit sind besonders der Pyrit mit seiner golden glänzenden glatten Oberfläche und der schwarz glänzende Hämatit.

Riesiger Pyrit im Museum von Rio Marina

Mineraliensammler tun sich auf Elba mittlerweile schwer. Da die Gruben geschlossen sind, kann man nur noch in natürlichen Steinbrüchen, frei zugänglichen "Aufschlüssen" (Fundorte) und z. T. auch bei natürlichen Abbrüchen fündig werden. Aber auch hier dürfte die Ausbeute inzwischen eher mager sein.

Üppige Vegetation beim Monte San Martino

Flora und Fauna

Auf Elba herrscht natürlich die typische Vegetation des Mittelmeerraums vor, und das bedeutet vor allem eins: Macchia. Dank der vielen verschiedenen Gesteinsarten findet sich hier aber durchaus eine vielfältige Naturlandschaft, u. a. auch bedingt durch die unterschiedlichen Höhenstufen der Insel – vom Meeresspiegel bis hinauf auf ca. 1.000 m.

Dennoch unterscheidet sich die Flora Elbas nicht dramatisch von der des nahe gelegenen italienischen Festlands. Auffallend dagegen der **große Waldbestand,** der hier trotz intensiver landwirtschaftlicher Nutzung erhalten geblieben ist. Zu sehen sind die dichten Wälder noch an der Nordseite des Monte Capanne, hier in Form von oft jahrhundertealten (Ess-)Kastanienbäumen, am benachbarten Monte Perone findet sich ein lichter Pinienwald, daneben treten noch Kork- und Flaumeichen, Aleppokiefern und diverse andere Kiefernarten auf. Von den Steineichenwäldern, die in der Antike den größten Teil der Insel bedeckten, ist allerdings nur noch wenig übrig. Der bewaldete und mit Macchia bewachsene Anteil auf Elba beträgt noch immer etwa die Hälfte des gesamten Inselgebiets, hier muss man jedoch auch die in den letzten 50 Jahren wieder aufgeforsteten Pinienwälder miteinbeziehen.

Auf Elba lassen sich **drei Vegetationszonen** unterscheiden: vom Meeresspiegel bis etwa 500 m die Stein- und Korkeichen, dazu Macchiapflanzen wie Zistrosen, Mastix, Ginster, Myrte und Erdbeerbaum; in den mittleren Höhen (500–900 m) ebenfalls Macchia und Laubwald (u. a. Esskastanien, Eichen und Eschen); in der höchsten Region um den Monte Capanne (ab ca. 800–900 m) dann Eiben und Hopfenbuchen sowie zahlreiche, auch endemische Varianten von Veilchen, Lilien, Narzissen und Bergorchideen.

"Importpflanzen" auf Elba sind Agaven, Eukalyptus und Mimosen, die es ursprünglich auf der Insel nicht gab. Daneben zählt die elbanische Flora viele endemische, d. h. nur hier vorkommende Pflanzen. Diese Pflanzen sind z. T. eng verwandt mit der Flora auf Korsika und Sardinien, was daran liegt, dass die heutige Insel vor ca. einer Million Jahren zum Sardinien-Korsika-Massiv gehörte und erst später – durch tektonische Absenkung – isoliert wurde.

Nationalpark Toskanischer Archipel (Parco Nazionale dell'Arcipelago Toscano)

Vorausgegangen waren lange Jahre der Kontroverse unter der Bevölkerung und der politischen Unentschlossenheit, bis er am 22. Juli 1996 schließlich doch gegründet wurde: der *Parco Nazionale Arcipelago Toscano,* der alle sieben größeren Inseln des Archipels umfasst. Während die Insel Montecristo bereits seit Anfang der 70er Jahre des 20. Jh. unter strengem Naturschutz steht, wurde der Gedanke an den Schutz der gesamten toskanischen Inselwelt erstmals 1982 im italienischen Parlament laut gedacht und bald darauf in ein Gesetz zum Schutz der Meereszonen des Archipels umgewandelt. Provisorisch standen auch bald die Inseln unter Schutz, doch war man sich in Rom in den folgenden Jahren nicht ganz im Klaren über die Zuständigkeiten, und die Umsetzung des seit 1989 vorgesehenen Nationalparks kam nur schleppend voran. Die Bewohner der toskanischen Inseln standen dem Projekt skeptisch bis ablehnend gegenüber, zumal sich v. a. elbanische Fischer und Landwirte durch den Park in ihrer Existenz bedroht sahen. Als die Pläne kurz vor dem Aus standen, griff im Sommer 1996 die EU ein und brachte – nicht zuletzt auch durch ein umfangreiches Finanzierungsprogramm – schließlich die Realisierung des Parks zustande.

Der Nationalpark mit etwa 18.000 ha Landfläche (und 57.000 ha Seefläche) umfasst etwa 50 % des Inselterritoriums von Elba (v. a. den Westteil der Insel, den Nordosten zwischen Rio nell'Elba und Cavo sowie den südlichen Bereich der Halbinsel Calamita), 75 % der Insel Capraia und rund 40 % von Giglio. Montecristo, Giannutri, Pianosa und Gorgona stehen zu 100 % unter Naturschutz, wobei Montecristo und Giannutri in die Schutzzonen A und B fallen, in denen "alle, das Territorium verändernde Tätigkeiten" verboten sind. Für Elba und Giglio gelten die moderateren Zonen C und D, die zum Schutz der Bewohner landwirtschaftliche und bauliche Tätigkeiten zulassen. Zu den erklärten Zielen des Nationalparks zählt schließlich neben der "Bewahrung der vegetalen und tierischen Arten" auch die "Integration zwischen Mensch und Natur" – so die offizielle Übersetzung des Nationalpark-Statuts.

Weitere Informationen im Büro des Parco Nazionale Arcipelago Toscano, Via Guerrazzi 1, 57037 Portoferraio (LI), ☏ 0565/919411, ℻ 0565/919428, www.islepark.it, parco@islepark.it.

Auch die **Fauna** der Insel kennt Arten, die denen auf Korsika und Sardinien ähneln bzw. mit ihnen teilweise identisch sind. Hierzu zählen der korsische Zeisig sowie bestimmte Geckos, Taranteln und Frösche. Wie fast alle toskanische Inseln ist auch Elba eine wichtige Station für die meisten Zugvögel zwischen Afrika und Europa. Ganzjährig anzutreffen sind der Wanderfalke, das Rote Rebhuhn, der Fasan und die Alpenbrunelle, dazu an der Küste dic korsische Möwe und die Silbermöwe.

Möwen am Capo d'Enfola

Bei den Säugetieren besitzt die Insel eine geringere Artenvielfalt als das italienische Festland. Erwähnung verdient eine fast nur auf Elba anzutreffende Marderart, zahlreiche Nagetiere sowie Feldhasen und Wildkaninchen. Eingeführt wurden Wildschweine und Mufflons, diese Wildschafe haben im Vergleich mit den Hausrassen ein glattes und wesentlich kürzeres Fell. Anzutreffen sind kleine Herden, die auf der Insel erst in den 70er Jahren des 20. Jh. angesiedelt wurden, an der Baumgrenze an den Hängen des Monte Capanne.

Der Bauern Leid, der Jäger Freud

Man hat sich keinen allzu großen Gefallen getan, als man in den 60er Jahren des 20. Jh. das mitteleuropäische Wildschwein auf die Insel brachte. Das hier ursprünglich vorkommende Maremma-Wildschwein war bereits seit über 150 Jahren ausgestorben, und aus den eingeführten Wildschweinen, die sich zum Teil mit Hausschweinen kreuzten, wurde bald eine echte Plage, v. a. weil es an natürlichen Feinden fehlt. Auf ihrer Suche nach Essbarem machen die Wildschweine – klassische Allesfresser, deren Speisezettel neben Gräsern, Blättern, Wurzeln, Pilzen, Eicheln und Maronen auch lebende und tote Kleintiere umfasst – selbst vor Feldern und Weinstöcken elbanischer Landwirte nicht Halt.

Was liegt näher, als die größten wildlebenden Säugetiere der Insel zumindest zeitweise (im Spätherbst) und in begrenzter Zahl zum Abschuss freizugeben. Die Wildschweine Elbas werden knapp einen Meter hoch und können ein Gewicht von etwa 200 Kilo erreichen. Paarungszeit ist im Winter, die Frischlinge (bis zu zehn) werden etwa im Juni geboren. Die Wildschweine halten sich in der dichten Macchia der Insel, besonders aber in den Wäldern in der Mitte Elbas und im Westen auf. Bei einer Begegnung sollte man ruhig bleiben und möglichst das Feld räumen, v. a. Bachen mit ihren Frischlingen können, wenn sie sich bedroht fühlen, sehr aggressiv reagieren.

Klima und Reisezeit

Am schönsten ist Elba natürlich im Frühling, wenn alles grünt und blüht. Die Insel weist wie die anderen Inseln des Toskanischen Archipels auch ein typisches Mittelmeerklima mit trockenen, heißen Sommern und niederschlagsreichen Wintermonaten auf.

Dramatische Temperaturschwankungen gibt es auf Elba nicht, das Klima der Insel gilt als besonders mild. Dennoch: Alle paar Jahre hat der Monte Capanne im Winter für einige Tage eine weiße Mütze auf, Schnee oder Minusgrade sind in den Tallagen jedoch eher eine Seltenheit. Um Weihnachten herum blühen die wilden Narzissen, im Januar sind es die Mandelbäume. Zahlreiche Pflanzen der Insel weisen eine ganzjährige Blütezeit auf, hinzu kommen die vielen Quellen auf Elba, dank derer die Insel auch im Hochsommer nicht ausgedörrt erscheint. Während im Sommer die Winde hauptsächlich aus nördlicher Richtung eine angenehme Brise bringen, können im Winter die heftigen Südwinde schon mal Sturmstärke erreichen. Den größten Niederschlag auf der Insel verzeichnet man in den späten Herbstmonaten, im Januar und Februar regnet es vergleichsweise wenig, während im März und April die Niederschläge wieder ansteigen.

Die Wetterstatistik zählt auf Elba knapp 170 Sonnentage im Jahr, die Sonnenscheindauer beträgt im errechneten Mittel 7 Stunden pro Tag, Spitzenreiter ist der Monat Juni mit täglich 11 Stunden Sonnenschein, während es im Dezember gerade mal 3,5 Stunden sind. Die Höchsttemperaturen auf Elba liegen auch im Hochsommer nur selten über 30 °C, die Tiefsttemperaturen betragen etwa 7 °C im Januar.

	Tageshöchst-Temperatur	Tagestiefst-Temperatur	Wasser-Temperatur
Januar	12,8 °C	7,4 °C	14,5 °C
Februar	13,3 °C	7,8 °C	13,5 °C
März	14,5 °C	8,6 °C	14,5 °C
April	17,4 °C	10,5 °C	15,5 °C
Mai	20,9 °C	13,6 °C	17,5 °C
Juni	24,6 °C	16,8 °C	21,0 °C
Juli	28,1 °C	19,9 °C	23,5 °C
August	28,1 °C	20,0 °C	24,5 °C
September	25,3 °C	17,6 °C	23,5 °C
Oktober	21,4 °C	14,6 °C	21,5 °C
November	16,7 °C	11,0 °C	18,0 °C
Dezember	13,4 °C	8,3 °C	16,0 °C

Die Urlaubssaison auf der Insel beginnt zu Ostern und dauert bis etwa Anfang oder Mitte Oktober, bei stabiler Großwetterlage auch mal ein paar Tage länger.

Natur- und Wanderfreunde können sich in den Monaten April und Mai an einem bunten Blütenmeer erfreuen, zum Baden lädt das dann etwa 16 °C "warme" Tyrrhenische Meer in diesem Zeitraum allerdings nur hartgesottene Naturen ein, das

Wetter kann bis in den Juni hinein durchwachsen sein, mit bewölkten und regnerischen Tagen ist zu rechnen. Andauernder Sonnenschein bei strahlend blauem Himmel ist etwa ab Mitte Juni bis Ende August/Anfang September fast garantiert, doch fallen die schönen Tage natürlich in die Hauptreisezeit, in der die Insel vor Besuchern fast überzuquellen scheint.
Ab etwa Mitte September kann man wieder Pech mit dem Wetter haben, mehrere Regentage nacheinander sind nicht auszuschließen, Ende September kehrt dann der Frühherbst mit deutlich fallenden Temperaturen ein. Die Reisezeit für Badefans ist auf Elba also relativ kurz bemessen, wer jedoch zum Wandern, Segeln, Surfen oder Tauchen kommt, wird auch in den Monaten April, Mai und Oktober gute Bedingungen finden. Besonders für Wassersportler sind die frühen Herbstmonate geeignet: Das im Sommer aufgeheizte Mittelmeer besitzt auch im September/Oktober noch angenehme Temperaturen, und Segler können sich auch im Frühling und Herbst über optimale Windverhältnisse freuen.

Italien macht Urlaub – Ferragosto

Mariä Himmelfahrt, der wichtigste Festtag der Italiener, findet mitten in den Ferien am 15. August statt. Niemand bleibt an diesem Tag in den heißen Städten, das öffentliche Leben liegt lahm, Behörden, Geschäfte und Restaurants sind geschlossen, ganz Italien tummelt sich am Meer oder entspannt in den Bergen. Der Sommerurlaub der Familie wird in der Regel um diesen 15. August geplant, und ein besonders beliebtes Ziel ist natürlich Elba. Das entsprechende Chaos auf der Insel kann man sich vorstellen: Elba ist dicht, Hotelbetten sind Monate im Voraus ausgebucht, Restaurants und Cafés bis auf den letzten Platz besetzt, von Parkplatznöten und der drangvollen Enge an den Stränden gar nicht erst zu sprechen. Fazit: Wenn irgendwie möglich, sollte man die zwei Wochen um den 15. August für einen Urlaub auf der Insel meiden. Dafür spricht auch, dass die Zimmerpreise in der "altissima stagione", die in der Regel etwa vom 1. bis 25. August dauert, noch mal kräftig nach oben schießen.

Ferragosto ist übrigens keine katholische Erfindung, auch wenn man das wegen des zeitgleichen Kirchenfestes Mariä Himmelfahrt annehmen könnte. Der Name leitet sich aus dem Lateinischen ab: *feriae Augusti* – "Ferien des Augustus". Bereits die alten Römer unter Kaiser Augustus feierten Mitte des Monats August ihre Volksfeste und fuhren ans Meer.

Wirtschaft und Tourismus

Wirtschaft: Haupteinnahmequelle der Insel ist selbstverständlich der Tourismus, und das schon seit etlichen Jahren. Die traditionellen Wirtschaftszweige Eisenabbau und -verhüttung, Granitabbau, Fischerei, Landwirtschaft und Weinbau traten in der zweiten Hälfte des 20. Jh. zunehmend in den Hintergrund.

Der Rohstoff Eisenerz hatte die Insel schon zu Zeiten der Etrusker bekannt gemacht, die hier erstmals Abbau im größeren Stil betrieben. Über die Jahrhunderte hinweg wurde die Eisengewinnung immer wieder aufgegriffen und aufgegeben, den Anfang vom Ende erfuhr dieser Wirtschaftszweig nach dem 2. Weltkrieg, als die zerbombten Hochöfen von Portoferraio endgültig außer Betrieb gesetzt wurden. 1982 wurden schließlich auch die letzten Eisenminen der Insel geschlossen, u. a.

hatten sich auch die Vorkommen auf ein unrentables Maß erschöpft.

Ein ähnliches Schicksal erfuhr auch der Granitabbau, ein traditioneller elbanischer Erwerbszweig, in dem noch in den 60er Jahren des 20. Jh. etwa 400 Steinhauer beschäftigt waren. Der Granit wurde schon unter den Römern, später dann unter den Pisanern abgebaut. Die Steinbrüche befinden sich im Westen der Insel, hauptsächlich bei *San Piero in Campo* am Fuß des Monte-Capanne-Massivs. Verschifft wurde der Stein ab *Marina di Campo*. Nachdem der elbanische Granit Anfang des 20. Jh. noch zum Straßenbau in Rom, Florenz oder Mailand verwendet wurde, spielt er heute fast keine Rolle mehr. Lediglich für Baumaßnahmen auf der Insel selbst wird hin und wieder noch etwas von dem harten Gestein genutzt.

Fischfang ist auf Elba meist nur noch Nebenerwerb

Die elbanische **Landwirtschaft** spielt zwar noch immer eine (kleine) Rolle, verliert aber zusehends an Bedeutung. Vielfach haben die Bauern auf die lukrativere Tourismusbranche umgesattelt; heute lebt nur noch etwa jeder zehnte Elbaner von der Landwirtschaft. Ohnehin ist nur etwa ein Drittel der vorwiegend bergigen Inselfläche zu bewirtschaften, wovon wiederum fast die Hälfte für den Weinbau genutzt wird. Die übrige Fläche ist mit Oliven und Obst kultiviert, ein geringer Anteil mit Getreide und Gemüse. Auch der **Fischfang,** ehemals ein wichtiger Wirtschaftszweige Elbas, tritt zunehmend in den Hintergrund, und das obwohl die Gewässer um die Insel noch immer ausgesprochen fischreich sind. Die Fischerei dient den meisten Elbanern nur noch als Nebenerwerb.

Die Caprili

Wer im Westen Elbas auf den Pfaden um den Monte Capanne unterwegs ist, wird auf eine Granitverarbeitung der etwas anderen Art stoßen: igluartige kleine Hütten aus kleineren Granitsteinen, die ohne jeden Mörtel oder Zement zusammengefügt wurden. Die Caprili (von *carpa* = Ziege) entstanden Ende des 19. Jh. als Unterstände für die Ziegenhirten am Monte Capanne und wurden so konstruiert, dass sie sowohl gegen Wind als auch gegen Regen schützten, im Inneren der Steinhütte befand sich meist eine Bank als Rastplatz für die Hirten. Mittlerweile beherbergen die noch immer hervorragend erhaltenen Caprili schon lange niemanden mehr und stehen verlassen in der kargen Bergwelt.

Weinbau im Nordwesten bei Sant'Andrea

Die Weine der Insel

Der Weinbau auf Elba hat eine lange Tradition. Schon Plinius der Ältere (23/24–79 n. Chr.) berichtet von der Insel als "Insula vini ferax", was in etwa "weinreiche Insel" bedeutet. Die Medici widmeten sich hier ebenso dem Weinbau wie einige Jahrhunderte später Napoléon. Unter seiner Regie erfuhr die elbanische Weinproduktion einen immensen Aufschwung, und in den 70er Jahren des 19. Jh. war knapp ein Viertel der Inselfläche mit Weinreben kultiviert. Man zählte damals rund 32 Millionen Rebstöcke, die etwa 120.000 Hektoliter Wein abgaben. Auch wenn sich die Zahl der Rebstöcke bis heute halbiert hat, der elbanische Wein spielt für die Inselwirtschaft jedoch noch immer eine wichtige Rolle.

Die **Weinbaugebiete** der Insel liegen in der Ebene von Campo, bei der Bucht von Mola, Lacona und an der weiten Bucht von Portoferraio, aber auch an den terrassenförmig angelegten Hängen der Westküste bei Pomonte und Chiessi wie auch bei Marciana und Marciana Alta.

Die vier **Weinsorten** der Insel sind der *Elba Bianco* (Trebbiano-toscano- bzw. Procanico-Reben, trockener Weißwein), *Elba Rosso* (Sangiovese-Reben, trockener Rotwein), der *Aleatico* (Aleatico-Reben, dunkler, schwerer Dessertwein) und der *Moscato* (Moscato-Reben, süßer weißer Aperitifwein). Außerdem werden auf der Insel diverse Importweine angeboten (z. B. aus Sizilien), die hier die – zugegebenermaßen verwirrende – Aufschrift "Imbottigliato all'Elba" tragen. Weinliebhabern sei ein Ausflug zum Weingut *La Chiusa* bei Magazzini empfohlen – einem der besten der Insel in herrlicher Lage zwischen Weinstöcken am Meer (siehe S. 119). Verkaufsstände für Wein finden sich auch an den Straßen im Inselinneren und bei den Anbaugebieten selbst.

Tourismus: Mit dem Niedergang der Eisen verarbeitenden Industrie nach dem 2. Weltkrieg brachen zunächst Arbeitslosigkeit und eine miserable wirtschaftliche Lage über die Insel herein, aber schon bald erschien ein viel versprechendes Licht am Horizont: der Tourismus. Wohl auch aus Mangel an Alternativen wurde das Geschäft mit den Feriengästen in den 50er Jahren verstärkt vorangetrieben. Ein gut ausgebautes Straßennetz entstand (heute 140 km Asphaltdecke), 1954 wurde eine regelmäßige Fährverbindung zum Festland eingerichtet, und die Bettenzahlen stiegen sprunghaft an. Während man 1952 gerade mal 25.000 Übernachtungen zählte, hatte sich diese Zahl bereits fünf Jahre später vervierfacht, Mitte der 70er Jahre verzeichnete man etwa 700.000 Hotelübernachtungen, und in den 90er Jahren war die Zwei-Millionen-Grenze dann schließlich überschritten, Übernachtungen in Appartements und auf Campingplätzen nicht eingerechnet. Entsprechend dieser großen Nachfrage wurden auch zahlreiche neue Unterkünfte gebaut, den bescheidenen neun Herbergen von 1949 standen Ende der 90er Jahre über 200 gegenüber.

Dennoch ist Elba dem Massentourismus und dem damit verbundenen Negativ-Image entgangen, obwohl es Anfang der 90er Jahre des 20. Jh. zu einer ernsthaften Krise in der Branche kam: Die allgemeine wirtschaftliche Rezession wirkte sich natürlich auch auf den Haupterwerbszweig der Insel aus, und auch aus Verärgerung über unverhältnismäßig hohe Preise bei bescheidenen Serviceleistungen blieben die Gäste aus. Hinzu kamen Lärmbelästigung, ein echtes Müllproblem und zunehmende Trinkwasserknappheit, die der Insel zu schaffen machten und die Verantwortlichen zum Umdenken zwangen. 1994 wurde vom elbanischen Hotelverband das Projekt *Elbambiente* ins Leben gerufen, das sich den mittlerweile schon etwas strapazierten Begriff des "Sanften Tourismus" auf die Fahnen geschrieben hatte. *Elbambiente* richtet sich sowohl an Urlaubsgäste als auch an Hoteliers, mehr für den Schutz der Insel zu tun, von offizieller Seite wird u. a. die verstärkte Waldbrandbekämpfung und die Werbung für alternative touristische Möglichkeiten beigesteuert. Man versucht, durch eine Ausweitung des touristischen Angebots die extreme Konzentration der Besucher auf die Monate Juli und August zu entzerren und die Insel z. B. durch den Ausbau der Wanderwege auch für Frühjahrs- und Herbsturlauber zu einem attraktiven Ziel zu machen. Mit anderen Worten: Man will weg vom Image der reinen Badeinsel, die Saison soll ausgedehnt und Gästezahlen besser übers Jahr verteilt werden. In Ansätzen mag dies wohl gelungen sein, wer aber im August hierher kommt, wird sich wahrlich nur schwer vorstellen können, wie eine Insel noch voller sein könnte.

Elba – ein beliebtes Segelrevier

Von den Urlaubsgästen, die alljährlich nach Elba reisen, stammen etwa 60 % aus Italien, der Rest kommt zumeist aus dem europäischen Ausland: viele Deutsche, aber auch Engländer, Holländer, Franzosen, Österreicher und Schweizer.

Torre di San Giovanni – ehemals zum Schutz vor Piraten errichtet

Geschichte Elbas und des Toskanischen Archipels

Elba ist berühmt geworden. Unzählige Male wurde die Insel in den Geschichtsbüchern erwähnt, und ein Name ist dafür in besonderer Weise verantwortlich ...

Ganze zehn Monate hat Napoléon es auf der kleinen Insel ausgehalten, bevor er wieder auf der Bühne der europäischen Politik erschien. Das aber war lang genug, um Elba den begehrten Platz in den Geschichtsbüchern zu sichern. Der Aufenthalt des Korsen war sicher ein Höhepunkt der Geschichte Elbas, doch die Insel war bis dahin schon des Öfteren in das Interesse der Mächtigen gerückt.

Vor- und Frühgeschichte

Bei einem Meeresspiegel, der mehr als 100 m unter dem heutigen lag, war Elba bis zum Ende letzten der Eiszeit (also bis in die Mittelsteinzeit) mit dem Festland verbunden. Man entdeckte an verschiedenen Orten der Insel Spuren altsteinzeitlicher Jäger, die wahrscheinlich jedoch nie fest an den Hängen Elbas siedelten. Erst für das Neolithikum (Jungsteinzeit, ab ca. 5000 v. Chr.) lässt sich eine Besiedlung nachweisen, dafür sprechen die hier gefundenen Werkzeuge und bearbeitete Waffen wie zum Beispiel Pfeilspitzen und Äxte (zu besichtigen im Archäologischen Museum in Rio nell'Elba).

Auch in der jüngeren Kupfersteinzeit (ab ca. 2500 v. Chr.) müssen Menschen auf Elba gewesen sein. Vermutlich war man damals auf der Suche nach kupferhaltigem Gestein, das hier nun erstmals auch abgebaut und verwertet wurde. Kupfergegenstände aus der Zeit von etwa 2000 v. Chr. fand man in der *Grotta di San Giuseppe* bei Rio Marina. An die Stelle dieses Metalls trat bald darauf die widerstandsfähigere und leichter zu bearbeitende Kupfer-Zinn-Legierung Bronze. Das hierfür notwendige Zinn wurde vermutlich vom Festland herbeigeschafft, der Guss der Bronzegegenstände fand aber auf der Insel selbst statt. Die ersten festen Siedlungen auf Elba entstanden in der Zeit zwischen 1800 und 1100 v. Chr., und zwar im Westen der Insel an den Hängen des Monte Capanne. Ihre erste Blüte sollte die Insel jedoch erst unter den Etruskern erfahren, die in Elba den reichen Rohstofflieferanten für Eisenerz erkannten und das Metall im großen Stil abbauten.

Die Etrusker auf Elba

Woher die Etrusker kamen, lässt sich bis heute nicht sicher sagen. Der griechische Geschichtsschreiber *Herodot* (5. Jh. v. Chr.) gibt als Ursprungsgebiet der Etrusker Lydien (kleinasiatische Westküste) an. Man geht heute jedoch davon aus, dass es sich um eine Mischung kleinasiatischer Stämme handelte, die ab etwa dem 11. Jh. v. Chr. nach Mittelitalien einwanderten und sich in ihrem Kernland *Etrurien,* dem Gebiet zwischen den Flüssen Arno und Tiber, niederließen. Den Griechen zur Zeit Herodots waren die Etrusker als *Tyrrhener* bekannt, daher auch heute noch der Name des Meeres vor der etruskischen Küste. Wie archäologische Funde belegen, unterhielten die Etrusker rege Handelsbeziehungen im gesamten westlichen Mittelmeerraum, unter anderem auch mit dem nordafrikanischen *Karthago.* Ihr Exportschlager waren begehrte Metallwaren, insbesondere Waffen. Auf Elba hielten die Etrusker etwa 900 v. Chr. Einzug. Mitentscheidender Grund für ihre Ansiedlung waren die Erzvorkommen, deren Abbau nun erstmals in großem Umfang betrieben wurde. Schnell wurde Elba ein bedeutender Rohstofflieferant für das etruskische Reich, zunächst wegen des Kupfers, bald aber konzentriert man sich ausschließlich auf das "neue" Metall Eisen.

Altes Eisen

Elba als wichtigster Rohstofflieferant bescherte der antiken Welt unter den Etruskern das erste industrielle Zentrum Europas. Dieses lag allerdings nicht auf der Insel selbst, sondern am gegenüberliegenden Festland in der etruskischen Stadt *Pupluna* (dem heutigen Populonia), wo das gewonnene Eisenerz verhüttet wurde. Pupluna war so bedeutend, dass hier sogar Münzen geprägt wurden, die den etruskischen Feuergott auf der Vorderseite, Hammer und Zange (als Symbole der Schmiede) auf der Rückseite darstellten. Dass die Insel wie auch Populonia mehr und mehr auch die Begehrlichkeit der anderen antiken Großmächte weckten, erscheint kaum verwunderlich.

Die hauptsächlich im Osten Elbas vorkommenden Eisenerze enthalten einen stattlichen Eisenanteil von bis zu 60 %. Es handelt sich dabei vor allem um die Eisenerz-Verbindungen Hämatit, Pyrit und Magnetit. Hämatit bzw. dessen feinkörnige, rötlich schimmernde Variante Roteisenstein wurde in der Gegend um Rio Marina abgebaut, der aufgrund seines hohen Schwefelgehaltes gelbliche Pyrit vor allem in den Gruben nördlich von Porto Azzurro und Magnetit wiederum auf der Halbinsel Calamita.

Geschmolzen wurde in der Antike in Hochöfen aus Lehm, in denen das eisenhaltige Erz mit der doppelten Menge an Holzkohle und mit Hilfe eines Blasebalgs auf eine Temperatur von knapp 1300 °C erhitzt wurde. Da der Schmelzpunkt für Eisen jedoch bei über 1500 °C liegt, floss aus den Schmelzöfen nur eine zähe

Roheisenmasse, die zur weiteren Bearbeitung erneut erhitzt werden musste. Wie hoch entwickelt dabei die etruskische Technik war, sollte sich erst nach ihrem Verschwinden zeigen: Die Römer nämlich, die das Zentrum der Eisenverarbeitung nach Elba verlegten, waren nicht in der Lage, das etruskische System aus Schmelzöfen zu kopieren, und produzierten in ungleich höherem Maße Abfallprodukte, mit denen die Insel bald überhäuft war. Während auch der zur Verhüttung notwendige Rohstoff Holz auf der Insel knapp wurde und Elba nahezu vollständig abgerodet war, türmten sich um die Zentren der Eisenverarbeitung bald meterhoch die angefallenen Schlacken. Noch heute sind die Überreste dieser frühen "Industrieabfallentsorgung" zu sehen: Sie färben beispielsweise die Strände im Osten der Insel.

Dass die antiken Verhüttungsmethoden noch nicht besonders effizient waren, kam erst im 20. Jh. wieder zu Tage: Die Abfallprodukte auf der Insel und die längst vergessenen und mittlerweile dicht überwachsenen Eisenschlackenhügel von Populonia wurden für das rohstoffarme Land Italien mit Beginn des 1. Weltkriegs 1914 zur wichtigen Ressource und über zwei Jahrtausende später ein weiteres Mal abgetragen und verhüttet.

Dank seiner Bedeutung als Waffenschmiede der Etrusker wird Elba bald auch Griechen und Karthagern bekannt und auf deren Handelsrouten zum wichtigen Anlaufpunkt. Die Griechen, die die Insel *Aethalia* nannten (vom griechischen "aithalos" = Rauch, Ruß), versuchten, ihren Einflussbereich über Unteritalien und Sizilien auf das westliche Mittelmeer auszuweiten. Dem entgegen stand die Allianz zwischen Etruskern und Karthagern. Höhepunkt dieser Auseinandersetzung war die erste gesichert überlieferte Seeschlacht im Tyrrhenischen Meer: Um 535 v. Chr. siegten die etruskisch-karthagischen Flottenverbände vor *Alalia* (Korsika) über die Griechen und sicherten sich die Vorherrschaft über das westliche Mittelmeer. Hundert Jahre später wandte sich das Kriegsglück dem Gegner zu: Bei dem Versuch, ihren Einflussbereich nach Süden auszudehnen, erlitten die Etrusker eine empfindliche Niederlage, die den Untergang ihres Reiches einleitete.

Argonautischer Schweiß für die Ewigkeit

Schenkt man den antiken griechischen Geschichtsschreibern Glauben, sind die Argonauten auf ihrer Fahrt durch das Mittelmeer auch auf der Insel Elba gelandet. Unter Führung von Jason brachen 46 Männer – die Argonauten – auf der eigens gebauten "Argo" zu einer abenteuerlichen Fahrt durchs westliche Mittelmeer auf, um das legendäre *Goldene Vlies* zu finden. Der antike Autor *Apollonios von Rhodos* berichtet, dass die griechischen Seefahrer am elbanischen Strand von *Le Ghiaie* Halt machten und dort ihren Schweiß – schließlich ruderte man mühsam – an den Kieseln des Strands trockneten. Da sie sich vorher mit heiligem Öl eingerieben hatten, sind die Kiesel noch heute von den Tropfen dunkel gesprenkelt, so zumindest will es die Mythologie.

Aus heutiger Sicht lässt sich eine weit weniger fabelhafte Begründung für die gesprenkelten Kiesel von Le Ghiaie finden: Bei den Steinen sind ganz einfach Einschlüsse des dunklen Gesteins Turmalin feststellbar. Gesichert ist aber, dass die erste griechische Siedlung auf elbanischem Boden (an der Stelle des heutigen Portoferraio) *Argoos* bzw. *Porto Argoo* hieß, benannt nach den sagenhaften Seefahrern.

474 v. Chr. wurde die etruskische Flotte bei der Seeschlacht von *Cumae* von den Griechen, die zuvor auch gegen die Karthager siegreich gewesen waren, vernichtend geschlagen. Lachender Dritter war die aufstrebende Regionalmacht Rom, die ihren Lokalrivalen geschwächt fand. Für Elba hingegen begann eine Zeit des Schreckens. Die Flotte aus *Syrakus* nahm in der Folge die Insel ebenso wie das benachbarte Populonia (453 v. Chr.) ein, plünderte und brandschatzte die Küsten Elbas und des Festlandes und hielt sie eine Zeit lang besetzt. In diese Zeit fällt auch die Gründung des griechischen Hafens *Porto Argoo (Argoos)* in der Gegend des heutigen Portoferraio. Die griechischen Kolonisten wurden bald von den Römern bedrängt, gleichzeitig litt die Bevölkerung Elbas unter den anarchischen Zuständen: Die Buchten der Insel wurden zu Zufluchtsorten zahlloser Piraten, die die Küsten des Tyrrhenischen Meeres terrorisierten.

Römische Relikte auch auf Giannutri – die Villa

Auch nachdem Rom das etruskische Reich auf dem Festland zerschlagen hatte (Ende 4. Jh. v. Chr.) und sich schließlich auch auf der Insel Elba, dem römischen *Ilva,* behaupten konnte (Mitte des 3. Jh. v. Chr.), war es mit der Piraterie auf der Insel noch lange nicht vorbei.

Elba unter den Römern

Zu den ersten römischen Siedlungen auf Ilva zählten *Fabricia* (heute Portoferraio), *Caput Liberum* (Capoliveri) und *Post Montes* (Pomonte). Der Eisenabbau wurde unvermindert weiterbetrieben, und hinzu kam erstmals auch Granit, der im Westen Elbas aus dem *Monte-Capanne-Massiv* gebrochen wurde. Teile des elbanischen Granits wurden u. a. für den Bau des Pantheons in Rom verwendet. Elba stieg auf zum wichtigen Handelszentrum im westlichen Mittelmeer, umgeschlagen wurden neben den lokalen Bodenschätzen auch Wein und Öl. Zu Zeiten des *1. und 2. Punischen Krieges* (264–241 v. Chr. und 218–201 v. Chr.) gegen Karthago diente die Insel als bedeutender Stützpunkt für die römischen Flotten auf ihrem Weg nach Nordafrika.

Die Bedrohung durch die tyrrhenischen Seeräuber blieb hingegen bestehen. Erst 67 v. Chr. machte kein Geringerer als *Pompeius* – Partner, Schwiegersohn und schließlich Gegner Julius Caesars – ihrem Treiben ein Ende. Die *lex Gabinia de bello piratico* stattete den Feldherrn mit weitreichender Machtbefugnis, 20 Legionen und 500 Schiffen aus, und binnen 40 Tagen hatte er das Tyrrhenische Meer, das den Römer von nun an *mare nostrum* – "unser Meer" – sein sollten, von der Piraterie befreit.

Das Ende der römischen Republik und der Beginn der Kaiserzeit stellte für Elba eine Zäsur dar. Die Ausdehnung des Römischen Reiches nach Norden und die damit verbundene Erschließung neuer Eisenvorkommen bedeutete zunächst einen

Le Grotte – Reste der römischen Villa bei Portoferraio

drastischen Niedergang der elbanischen Wirtschaft. Doch nun entdeckten die Römer das Toskanische Archipel und allen voran *Ilva* als beliebte Sommerresidenz. Im 1. Jh. v. Chr. entstanden die römischen Patriziervillen an der Landspitze Linguella (Portoferraio), bei Cavo im Nordosten der Insel und als größtes römisches Bauwerk auf dem Toskanischen Archipel die Villa von *Le Grotte* (Bucht von Portoferraio), ein luxuriöser Landsitz mit großzügiger Badeanlage, den wahrscheinlich der Präfekt *Publius Acilius Attianus* erbauen ließ. Auf der Insel Elba, vormals Standort von Schwerindustrie, Handelshäfen und räuberischen Piraten, blühte nun eine antike Form des Tourismus.

Spätantike und frühes Mittelalter

Die ersten verfolgten Christen kamen im 3. Jh. auf die Inseln: Entweder als Gefangene – in dieser Zeit beginnt die Karriere Pianosas als Strafkolonie, ihre Katakomben gehören zu den bedeutendsten des Christentums (s. auch S. 222) – oder als Flüchtlinge vor Kaiser, Welt und später den Wirren der Völkerwanderung. Der Heilige *Mamilian* floh im 5. Jh. vor den Vandalen auf die Inseln, besiegte der Legende nach auf Montecristo einen Drachen und gründete eine bedeutende Glaubensgemeinschaft (s. auch S. 225). Im 6. Jh. wurde Elba der Kirchendomäne von Populonia angegliedert. Mit der Machtübernahme der Langobarden in der Toskana wurde der Bischof von Populonia, der später heilig gesprochene *Cerbone,* auf die Insel ins Exil gezwungen. Bei Poggio im Westen Elbas gründete er im Jahr 573 eine Eremitage. Die Inseln waren nun zum Fluchtpunkt für Einsiedler und "Andersgläubige", die von den Langobarden am Festland verfolgt wurden. Doch die Ruhe währte nicht lange, nur wenige Jahre später wurde auch Elba von den langobardischen Herzögen der Toskana eingenommen und geplündert. Knapp 200 Jahre später, im Jahr 774, erlitten die Langobarden eine vernichtende Niederlage gegen die Truppen *Karls des Großen.* Elba wurde nun päpstlicher Besitz, aber schon Ende des 8. Jh. zur Zielscheibe sarazenischer Piraten. Diese im ganzen Mittelmeer gefürchteten arabischen Freibeuter legten die Insel in den folgenden beiden Jahrhunderten mehrere Male in Schutt und Asche. Schließlich wurde der aufstrebenden Seerepublik Pisa die islamische Präsenz im toskanischen Meer zu viel.

Die Pisaner regieren

Nicht nur die Buchten Elbas nutzten die sarazenischen Seeräuber als Verstecke, sie verfügten auch über strategisch günstige Stützpunkte auf Korsika und Sardinien und waren so in der Lage, das gesamte Tyrrhenische Meer zu kontrollieren. Die Pisaner nahmen den Kampf gegen die Piraten im 10. Jh. auf. Nach anfänglichen Erfolgen in den Gewässern des Archipels musste der Stadtstaat auch schmerzliche Niederlagen hinnehmen, für die beispielhaft ein Name steht: *Mughedin*, auch bekannt als *Musetto*, Statthalter Sardiniens und legendärer sarazenischer Seeräuber. Bei einem Rachfeldzug für die Niederlage einer sarazenischen Flotte gelang es ihm im Jahr 1005, Pisa einzunehmen, zu plündern und Frauen und Kinder in die Sklaverei zu entführen. Dabei konnte *Musetto* der "Unbezwingbare" weder von Pisa noch von der Lokalrivalin Genua gestellt werden – erst 1034, bei einem groß angelegten Angriff auf das algerische *Bona*, bekam man den legendären Piraten zu fassen und richtete den mittlerweile 80-Jährigen unverzüglich hin.

Die Pisaner hatten Elba als Dank für die Verteidigung der toskanischen Küsten per päpstlicher Schenkung erhalten. In der zweiten Hälfte des 11. Jh. kamen auch Korsika und Sardinien in pisanischen Besitz. Elba erlebte unter der fast zwei Jahrhunderte andauernden pisanischen Herrschaft relativ geordnete Verhältnisse, auf der durch die langjährigen Pirateneinfälle nahezu entvölkerten Insel entstanden pisanische Festungsanlagen wie z. B. die Festung von Marciana Alta (12. Jh.) und die Befestigung *Luceri* bei Ferraia (der mittelalterliche Name für Portoferraio). Daneben errichtete man zahlreiche Wachtürme, um die Sarazenen, die die Insel noch immer bedrohten, frühzeitig erspähen und abwehren zu können. Hierzu zählen u. a. die Schutzfestung von *Volterraio* aus dem Jahr 1281, die *Torre di San Giovanni* (12. Jh.) bei Marina di Campo und die *Torre pisana* (ebenfalls 12. Jh.) am Hafen von Marciana Marina. Das Bergdorf Capoliveri wurde von den Pisanern mit wuchtigen Schutzmauern versehen. Festungen und Türme waren dabei Teil eines ausgeklügelten Vorwarnsystems: Jede der Bastionen lag mit mindestens einer anderen in Sichtweite, so dass mittels Feuer- und Rauchzeichen schnell die ganze Insel informiert werden konnte, wenn feindliche Segel am Horizont erschienen. Außerdem entstanden

Unbezwingbare Festung Volterraio

Pisanischer Wehrturm in Marciana Marina

überall auf der Insel pisanische Kirchenbauten im Stil der Romanik. Der Abbau von Eisenerz und Granit wurde unter den Pisanern wieder aufgenommen, und die Insel erlebte eine Phase des Wohlstands.

Mit der Abnahme der Gefahr durch die Piraten flammte die alte Rivalität zwischen den ehemaligen Verbündeten Pisa und Genua wieder auf. Genua hatte längst ein Auge auf die "pisanischen Inseln" geworfen und startete den ersten Übernahmeversuch 1162 bei Sant'Andrea, der aber durch das beherzte Eingreifen der elbanischen Bevölkerung vereitelt wurde. Weitere genuesische Angriffe auf Elba, Pianosa, Capraia und Gorgona folgten, die anschließenden Besatzungen waren aber nie von Dauer. Über den Streit der Stadtstaaten um die maritime Vorherrschaft im Tyrrhenischen Meer legte sich mit dem Anfang des 13. Jh. zudem die Auseinandersetzung zwischen Kaiser und Papst. Genua stand im Lager der Papsttreuen, Pisa auf Seiten des Kaisers. Als 1241 im Zuge dieses Ringens Bischöfe an Bord genuesischer Schiffe auf dem Weg nach Rom waren, um den Staufer Friedrich II. abzusetzen, rückte der Toskanische Archipel in den Blickpunkt der europäischen Politik: Vor Giglio nämlich brachte eine pisanische Flotte den Konvoi auf und verhinderte mit der Festsetzung der Bischöfe die Absetzung des Kaisers. Diese Aktion kostete Pisa allerdings Sardinien, das der Papst den Genuesern zuschlug. Der Höhepunkt des Kampfes zwischen Pisa und Genua, der auch Elba betreffen sollte, stand aber noch aus: Bei der Seeschlacht von *Meloria* (1284) wurde die pisanische Flotte von den Genuesern vernichtend geschlagen, die Macht Pisas über das Tyrrhenische Meer war gebrochen. Im Frieden von 1299 konnten die Pisaner zwar Elba zurückerlangen, nicht aber Sardinien und Korsika.

Elba unter den Appiani

Mit dem Niedergang der Republik Pisa fiel Elba dem Fürstentum von Piombino zu, das der *Familie Appiani* unterstand, die zuvor durch ein Mordkomplott die Macht über die ohnehin geschwächte Republik Pisa an sich gerissen hatte und später große Teile der pisanischen Besitztümer an *Herzog Visconti* von Mailand verkaufte. Elba selbst blieb in appianischem Besitz, erlitt aber einen wirtschaftlichen Niedergang und wurde wieder zur Zielscheibe piratischer Überfälle. 1442 waren weite Teile der Insel von einer sarazenischen Flotte in Schutt und

Asche gelegt worden, dem jungen appianischen Fürsten gelang es aber dank eines Abkommens mit dem Bey von Tunis, Elba aus der Schusslinie der Piraten zu nehmen. Schlechter erging es Gorgona und Giglio, die in der Folge von Piratenangriffen völlig verwaisten.

Korsaren des Mittelmeers

Die Dörfer gebrandschatzt, die Küsten verwüstet, Frauen und Kinder in die Sklaverei verschleppt und Männer, die den Kampf überlebten, an die Ruderbänke der Galeeren gekettet: kein Wunder, dass allein der Anblick der dreieckigen Korsarensegel genügte, um unter den Bewohnern der Inseln Panik auszulösen.

Die Piraterie ist so alt wie die Handelsschifffahrt, und der Terror, der von ihr ausging, begleitete die Seeleute und die Bevölkerung der Küsten durch die Jahrhunderte. Einen Höhepunkt erlebte das Korsarentum des Mittelmeers im 16. Jh., und ein Name war in besonderer Weise dafür verantwortlich: *Barbarossa*. Als "Rotbart" wurde zunächst *Aruj*, später dann sein Bruder *Khayr al-Din* bezeichnet. Beide Brüder, gebürtige Griechen, die ihre ersten Erfahrungen in der osmanischen Marine gesammelt hatten, waren exzellente Seefahrer und fähige Strategen. Aruj hatte früh großes Ansehen erworben, als er vor der Küste Elbas mit einer kleinen Galeote zwei Galeeren des Papstes kaperte. Anfang des 16. Jh. vertrieb er die Spanier aus Algier und festigte die Stadt als Stützpunkt für die Korsaren.

Sein Bruder Khayr al-Din, ein außerordentlich gebildeter Mann, übernahm das Kommando über die mittlerweile stattliche Kaperflotte. Khayr al-Din erwarb sich bald den Ruf, ein zweiter Musetto (siehe S. 29) zu sein, und brachte es dank seiner außergewöhnlichen Fähigkeiten sogar zum Großadmiral Suleimans des Prächtigen. 1534 segelte Khayr al-Din nach Elba und überfiel Grassera und Rio nell'Elba. Ein Teil der nach Tunis verschleppten Bevölkerung wurde ein Jahr später von den Spaniern befreit, aber es waren zu wenige, um Grassera wieder aufzubauen (siehe S. 126). Zehn Jahre später kreuzte Barbarossa erneut vor der Küste Elbas, versprach aber, die Insel zu schonen, wenn *Jacopo Appiani* den Sohn eines Freundes aus der Gefangenschaft entlassen würde. Appiani lehnte ab, woraufhin Barbarossas Truppen Capoliveri in Schutt und Asche legten. Angesichts der Verwüstung lenkte der elbanische Fürst ein. Der junge Mann aus Tunis wurde freigelassen, die übrigen Orte Elbas blieben verschont. Die Bucht, an der der legendäre Pirat angelandet sein soll, trägt noch heute seinen Namen: *Spiaggia di Barbarossa*.

Nutznießer der Überfälle der Barbarossa-Brüder und deren nicht minder gefürchteten Nachfolgers *Dragut* waren die Medici. *Cosimo I. de Medici* hatte längst ein Auge auf den Toskanischen Archipel geworfen und mehrfach seine militärische Unterstützung gegen die Piraten angeboten. Der misstrauische *Jacopo Appiani* wies diese Hilfe stets zurück, wohl ahnend, dass Cosimo nicht von purer Nächstenliebe geleitet wurde. Nach dem Tod Jacopos 1544, dessen Stammhalter noch ein Kind war, hatte die Stunde des florentinischen Fürsten geschlagen. Dank seiner enormen finanziellen Rücklagen konnte *Cosimo* Kaiser *Karl V.* überzeugen, ihm 1548 die Herrschaft über Elba zu übertragen. Die Witwe des letzten Appiani-Herrschers wurde ihrer Privilegien enthoben, der Sohn nach Genua verbannt, und die Medici konnten ungestört ihre Macht auf den Toskanischen Archipel ausweiten.

Portoferraio: einst von den Medici befestigt

Die Medici auf Elba

Nur wenige Tage nach der Machtübernahme machten sich mediceische Bautrupps daran, aus der Inselhauptstadt Ferraia eine uneinnehmbare Festung zu machen (siehe "Portoferraio", S. 84) – was ihnen auch gelang: Das nach seinem Gründer benannte *Cosmopoli* konnte von Piraten nie mehr besetzt werden. Unter der Führung Draguts, der die Festung begutachtet und für uneinnehmbar befunden hatte, verlagerten die Korsaren ihre Aktivitäten in den Osten und Süden der Insel und wüteten dort unbeeindruckt weiter. Dragut, der im Verbund mit französischen Truppen kämpfte und sich 1554 auf Korsika einen Stützpunkt eingerichtet hatte, verwüstete in den Jahren 1553 bis 1556 weite Teile der Insel, darunter erneut Capoliveri, Rio nell'Elba, Pomonte, San Piero in Campo und Sant'Ilario in Campo.

1557 mussten die Medici die Insel wieder an die Appiani abtreten, da die spanischen Habsburger eine zu große Machtausdehnung der Florentiner befürchteten. Einzig Cosmopoli und das Umland mit einem Radius von zwei Meilen blieben im Besitz der Medici.

Drei Herrschaftsbereiche auf Elba

Nach dem Tod des letzten männlichen Appiani im Jahr 1599 meldete Spanien unter Philipp III. selbst Besitzansprüche auf einen Teil der Insel an; *Porto Longone,* das heutige Porto Azzurro, wurde zur spanischen Garnison ernannt, 1603 begann man mit dem Bau der Festung. Der Rest der Insel – mit Ausnahme des mediceischen Cosmopoli – gehörte zunächst aber weiterhin zum Fürstentum von Piombino. Als *Isabella Appiani,* die letzte ihrer Familie, 1635 *Niccolò Ludovisi* heiratete, erhielt dieser das Fürstentum Piombino samt den verbleibenden Gebieten auf Elba, darunter Marciana Alta und die Gegend um Marina di Campo.

Angesichts der Präsenz spanischer Truppen auf elbanischem Boden war es unvermeidlich, dass die Insel in das große Ringen zwischen Bourbonen und Habsburgern im 17. Jh. hineingezogen wurde. 1646 wurde Porto Longone von französischen Truppen belagert, die nach vier Jahren in die Flucht geschlagen werden konnten. Die zahlreichen militärischen Auseinandersetzungen zwischen spanischen, französischen und österreichischen Truppen fanden ihren Höhepunkt während des *Spanischen Erbfolgekriegs* (1701–1713), der mit einem Sieg des Bourbonen *Philipp V.* über die Habsburger endete. Das dreigeteilte Machtverhältnis zwischen (mittlerweile bourbonischen) Spaniern, den florentinischen Medici und den Appiani-Nachfahren blieb aber vorerst bestehen, bis 1737 der letzte Medici starb und dessen Großherzogtum Toskana an *Franz von Lothringen*, den Ehemann der *Kaiserin Maria Theresia*, fiel.

Elba zu Zeiten Napoléons

1794 wurde die Insel von Franzosen besetzt, kurz darauf von Engländern, dann wieder von Franzosen, bis Elba 1802 durch den *Frieden von Amiens* (zwischen England und Frankreich) – erstmals vereint – komplett unter französische Herrschaft fiel. Die Insel wurde zunächst einem französischen Verwaltungskommissar unterstellt. 1805 schenkte *Napoléon*, mittlerweile mit dem Titel "Kaiser der Franzosen" versehen, Elba seiner Schwester Elisa, Fürstin von Piombino. 1814 marschierten österreichische Truppen in die Toskana ein, und Elisa musste das Land verlassen. Am 2. April 1814 wurde Napoléon vom französischen Senat abgesetzt. Der Druck der antinapoleonischen Koalition, bestehend aus Österreich, Preußen und Russland, lastete schwer auf Frankreich, ein Übriges tat das Debakel des Russland-Feldzuges ab 1812. Vier Tage nach seiner Absetzung dankte Bonaparte in Fontainebleau offiziell ab. Mit dem Vertrag von Fontainebleau (6. April 1814) wurde Elba zum souveränen Fürstentum erhoben. Dort durfte der Kaiser – diesen Titel konnte er zunächst behalten – zwar souverän regieren, aber mit der Auflage, zeit seines Lebens auf der Insel bleiben zu müssen. Dass er überhaupt auf Elba und nicht an einem entfernteren Ort gelandet war, hatte er dem russischen Zaren Alexander I., seinem ehemaligen Verbündeten gegen England, zu verdanken. Zwar war der kleine Mann mit dem arg geschrumpftem "Kaiserreich" nunmehr dem Spott der europäischen Öffentlichkeit ausgesetzt, doch wäre es nach den übrigen europäischen Machthabern gegangen, hätte man ihn auf die Azoren, eine entlegene Karibikinsel oder am besten gleich nach Sankt Helena verbannt. Trotzdem war der kaiserliche Absturz dramatisch, denn seinerzeit war Elba kaum mehr als eine von der großen Politik vernachlässigte Insel landwirtschaftlicher Prägung, deren Bevölkerung in Armut vor sich hin lebte. Immerhin war wenigstens die Freude der Elbaner groß, als angekündigt wurde, dass der gebürtige Korse und ehemalige Herrscher über ein Weltreich nun Fürst von Elba (so der offizielle Titel) werden sollte.

Napoléon auf Elba (3. Mai 1814 bis 26. Februar 1815)

Die Schreckensfahrt von Paris zum Hafenort St. Raphael (Südfrankreich) übersteht Napoléon nur in Verkleidung – etliche Mordanschläge sind auf ihn geplant, und wütende Menschenmengen trachten ihm nach dem Leben. Freundlich dagegen der Empfang auf der Insel: Ganz Elba erwartet den Kaiser, von den Festungen Portoferraios wird Salut geschossen, und die bescheidenen Überbleibsel der französischen Garnison postieren sich feierlich am Hafen. Zwar ist der symbolisch übergebene Stadtschlüssel nur vergoldet und passt lediglich zum modrigen Weinkeller des Bürgermeisters, zwar muss der Kaiser seine erste Nacht im neuen Reich – gänzlich unter seinem Niveau – in einer Kammer im Rathaus verbringen, aber dennoch: Napoléon fasst neuen Mut und macht sich mit gewohntem Elan daran, den kleinen Inselstaat neu aufzubauen.

Die Stadtresidenz des Kaisers im Exil – Villa dei Mulini

Auf Napoléons Spuren

Keine kaiserlichen Prunkbauten, eher Residenzen der bescheidenen Art findet man vor, wenn man auf den Spuren des großen Kaisers auf der Insel wandelt. Im oberen Bereich der Inselhauptstadt Portoferraio stößt man z. B. auf die **Villa dei Mulini**, die "Stadtwohnung" Napoléons. Im Garten des kleinen Palazzo wird gerne sein Lieblingsplatz gezeigt, eine Steinbank an einer kleinen Mauer, wo der Fels über 100 m steil abfällt. Hier soll er oft stundenlang gesessen und gebrütet haben. Weit reicht der Blick vom Garten übers Meer, im Westen fast bis nach Korsika, seiner Heimatinsel.

Die Zimmer der Stadtwohnung wurden dem Kaiser bald zu klein und zu dunkel und im Sommer vor allem zu heiß, so dass sich Napoléon auf die Suche nach einer angemessenen Sommerresidenz machte. Die **Villa San Martino** im gleichnamigen Tal bei Portoferraio wird eilig im Sommer 1814 gebaut, nachdem sich Napoléon für den Bau Geld von seiner Schwester geliehen hatte.

Erwähnung verdient an dieser Stelle noch die einsam und idyllisch gelegene Wallfahrtskirche **Madonna del Monte** im Westen Elbas. Auch hier soll der Kaiser oftmals gesessen haben und wehmütig den herrlichen Blick bis hinüber nach Korsika genossen haben. Bei Madonna del Monte traf er auch zum letzten Mal – und in aller Heimlichkeit – seine Geliebte Maria Walewska.

Unter dem Exilkaiser wird der Straßenbau auf der Insel ebenso vorangetrieben wie der Bau von Brücken und Kanälen und die Trockenlegung der Sümpfe, was zum Aufbau einer ertragreichen Landwirtschaft führt. Daneben wird der Erzabbau ein weiteres Mal in der elbanischen Geschichte zum wichtigen Wirtschaftszweig, ebenso fördert Napoléon den Weinbau der Insel. Aus seiner Heimatinsel Korsika lässt er Esskastanien- und Eichensetzlinge importieren, die Wälder werden wieder aufgeforstet, und auch die Wildbestände der Insel können unter Kaisers Gnaden aufatmen, als dieser eine Beschränkung der Jagd erlässt. Kurzum: Die darniederliegende elbanische Wirtschaft profitiert kräftig vom Aufenthalt des Kaisers. Probleme gibt es allerdings mit den Finanzen. Der französische Bourbonenkönig *Louis XVIII.* war zwar im Vertrag von Fontainebleau dazu verpflichtet worden, dem Exilkaiser jährlich zwei Millionen Francs zu zahlen – von diesem Geld sieht Napoléon aber nichts. Das Inselbudget bleibt während seines gesamten Aufenthaltes bescheiden, zumal seine Reformen große Summen verschlingen. Teilweise muss sich der Kaiser aus seinen Privatkassen finanzieren – und sparen.

Ein Ende findet Napoléons relativ beschauliche Zeit auf Elba, als das Gerücht kursiert, man plane auf dem Wiener Kongress die Verbannung des Ex-Kaisers auf eine weiter entfernte Insel – Napoléon fasst den folgenschweren Entschluss, es doch noch einmal mit den Mächtigen Europas aufzunehmen, und verlässt am 26. Februar 1815 die Insel in der Gefolgschaft rund 1.000 treuer Soldaten und Offiziere. Für *Hundert Tage* erzittert Europa noch einmal – der Rest ist Geschichte: *Waterloo* wird am 18. Juni 1815 zur verheerenden Niederlage für Napoléons Truppen, er selbst wird auf die Atlantikinsel St. Helena verbannt, wo er am 5. Mai 1821 stirbt.

Alte Machtverhältnisse und das neue Königreich

Zehn Monate war Elba unter Napoléon ein eigenständiger Staat, ehe es auf dem *Wiener Kongress* (1815) wieder dem Großherzogtum Toskana zugeschlagen wurde, das seit 1814 unter der Regentschaft *Ferdinands III.* stand. In der ersten Hälfte des 19. Jh. setzte im heutigen Italien das Zeitalter des *Risorgimento* ein, der Kampf für die Einheit der italienischen Nation. Zahlreiche Revolutionäre saßen zu dieser Zeit in den Gefängnissen Elbas und anderer toskanischer Inseln ein. 1861 schließlich wurde das Königreich Italien unter *Vittorio Emanuele II.* vereint, zu dem auch die Toskana und die Insel Elba zählten. Wirtschaftlich wurden die Verhältnisse auf der Insel gegen Ende des 19. Jh. allerdings zusehends schlechter (u. a. durch verheerenden Reblausbefall in den 90er Jahren bedingt), was zu einer großen Auswanderungswelle führte.

Elba im 20. Jahrhundert

Einen erneuten Aufschwung erlebte die Insel ab dem Jahr 1900, als bei Portoferraio in rascher Folge drei moderne Hochofenanlagen gebaut wurden. Die Arbeitsbedingungen der Industriearbeiter (die z. T. sogar vom Festland geholt werden mussten) hätten allerdings schlechter nicht sein können, so dass es schon bald zu Protesten und Streiks kam. Für die Kriegsindustrie wurde die Eisenverarbeitung der Insel bald zum wichtigen Wirtschaftsfaktor, so dass die Produktion im Lauf des 1. Weltkriegs auf ein später nie mehr erreichtes Maß gesteigert werden konnte.

Das Aus für die Eisenverarbeitung brachte der 2. Weltkrieg: Bei Angriffen der deutschen Luftwaffe in den Jahren 1943 und 1944 wurden nicht nur allein in Portoferraio über 100 Zivilisten getötet, sondern auch sämtliche Hochöfen der Insel zerstört. Nach Ende des Krieges beschloss man, die zerbombten Anlagen nicht wieder aufzubauen. Der Effekt: Um die 2.000 Menschen verloren ihre Arbeit und wanderten ab. Es dauerte jedoch nur wenige Jahre, bis die Insel ihre neue wirtschaftliche Bestimmung gefunden hatte: den Tourismus, der bereits in den 50er und 60er Jahren zu boomen begann. Heute ist Elba längst zur beliebtesten Ferieninsel der Italiener und zum attraktiven Reiseziel des gesamteuropäischen Tourismus avanciert (siehe auch "Wirtschaft und Tourismus", S. 20).

Der bequemere Teil der Anreise – die Fähre von Piombino

Anreise

Elba ist relativ leicht mit dem Auto zu erreichen, von München zum Fährhafen Piombino sind es nur rund 800 km. Gute Verbindungen bestehen auch per Bahn. Wer mit dem Charterflieger auf dem kleinen Inselairport landen möchte, sollte frühzeitig buchen und – die Flüge sind nicht gerade günstig.

Aufgrund hervorragender, relativ günstiger Fährverbindungen und einer fast durchgehenden Autobahnverbindung ab dem Brenner bzw. ab Chiasso (schweizerisch-italienischer Grenzübergang) liegt die Anreise mit dem eigenen Fahrzeug nahe. Lediglich das letzte Stück von Livorno bis nach Piombino muss man auf der gut ausgebauten *S 1 (Via Aurelia)* zurücklegen.

Mit dem Auto oder Motorrad

Vom Süden Deutschlands ist die Fahrt nach Elba in einer bequemen Tagesreise zu bewältigen, ab München über den Brenner sind es 825 km nach Piombino, von Basel sogar nur 725 km. Wenn sich mehrere Personen Maut- und Benzinkosten teilen, ist die Variante mit dem eigenen Auto sicherlich die attraktivste. Man sollte jedoch für die Hochsaison (vor allem an Wochenenden) unbedingt die Fähre von Piombino zur Insel frühzeitig zu buchen. Dies geht über die meisten Reisebüros (DER-Reisebüros) zu Hause oder auch über das Internet (z. B. unter www.toremar.it oder www.moby.it).

Gängige **Anreiserouten** sind von Süddeutschland die Brennerautobahn und weiter über Bozen, Verona, Modena, Bologna, Florenz, Pisa/Livorno und Cecina die Küste entlang nach Piombino bzw. aus dem Südwesten Deutschlands über Basel (oder Zürich), Luzern, Bellinzona, Como (Grenzübergang Chiasso), Milano, Piacenza, Parma, La Spezia, Viareggio und Pisa/Livorno nach Piombino. Wer in Richtung

Porto Santo Stefano am Monte Argentario (Fährhafen nach Giglio) weiterfahren will, muss ab Höhe Piombino die S 1/Via Aurelia (gebührenfrei) nach Grosseto und von dort weiter nach Orbetello (Abzweigung Monte Argentario) nehmen.

Mautgebühren und Vignetten (Stand: Nov. 2003)

Route München–Piombino: Brennerautobahn 8 € (ab 3,5 t 31 €!), Autobahngebühren in Italien 34,40 €.

Route Basel–Piombino: Autobahngebühren in Italien 27,90 €.

Vignette Österreich: Pkw/Wohnmobil: Jahresvignette 72,60 €, 2-Monats-Vignette 21,80 €, 10-Tages-Vignette 7,60 €; Motorrad: Jahresvignette 29 €, 2-Monats-Vignette 10,90 €, 10-Tages-Vignette 4,30 €. Anhänger (auch Wohnwagen) sind nicht vignettenpflichtig.

Vignette Schweiz: nur Jahresvignetten, 27,50 € jeweils für Autos, Motorräder, Wohnmobile und Anhänger. Über 3,5 t wird es deutlich teurer!

Die Vignetten gibt es an grenznahen Tankstellen und an der Grenze selbst zu kaufen.

VIACARD: magnetische Kreditkarte zur elektronischen Abbuchung der Autobahngebühren in Italien; erhältlich im Wert von 25,25 € und 50,50 € bei ACI-Büros an Grenzübergängen und großen Raststätten. An den Mautstationen bringt die Karte Zeitvorteile, da man sich in eine Extraspur für automatische Abbuchung einordnet (auf ausreichende Deckung achten – Restzahlung mit Bargeld ist nicht möglich!). Inzwischen können die Autobahngebühren – auf fast allen Teilstrecken – auch mit den gängigen Kreditkarten (Mastercard, Visa) bezahlt werden.

Autofahren in Italien ist schon lange kein großes Abenteuer mehr und auf der Autobahn bei einer allgemeinen Höchstgeschwindigkeit von Tempo 130 vielfach sogar entspannter als in Deutschland. Für Verkehrssünder gelten drastische Geldstrafen (bei Alkoholverstößen bis zu 2500 €!), die auch im Heimatland des Täters mittlerweile rigoros eingetrieben werden. Besonders hart geahndet werden neben den Alkoholfahrten auch Geschwindigkeitsverstöße (20 km zu schnell kosten etwa 150 €), ein einfacher Parkverstoß schlägt mit ca. 30 € zu Buche, bei größeren Delikten droht oftmals der sofortige Führerscheinentzug.

Im Falle einer **Panne** wende man sich direkt an die Straßenwacht des italienischen Automobilclubs *ACI*, die rund um die Uhr unter der Notrufnummer 800116800 (Fest- und Mobilnetz) zu erreichen ist.

Bei **Unfällen** gilt die landesweite Notrufnummer ✆ 113 (Polizei und Ambulanz), die italienische Pannenhilfe ist unter ✆ 116 zu erreichen. **Notrufsäulen** befinden sich im Abstand von zwei Kilometern an den Autobahnen.

Eine deutschsprachige **Notrufstation** des ADAC ist 24 Stunden am Tag unter ✆ 02/661591 in Mailand zu erreichen.

Geschwindigkeitsregelung in Italien

	innerorts	Landstraße	Schnellstraße	Autobahn
Pkw	50 km/h	90 km/h	110 km/h	130 km/h
Pkw u. Anhänger	50 km/h	70 km/h	70 km/h	80 km/h
Wohnmobil über 3,5 t	50 km/h	80 km/h	80 km/h	100 km/h
Motorräder	50 km/h	90 km/h	110 km/h	130 km/h

• *Weitere Verkehrsvorschriften* Vor dem **Anhalten** rechtzeitig blinken; **Abschleppen** auf Autobahnen verboten; auf **Autobahnen** auch tagsüber Abblendlicht einschalten; Wenden, Rückwärtsfahren und Spurwechsel im **Mautstellenbereich** ist verboten; **Promillegrenze** 0,5. Es besteht **Gurt-/Helmpflicht**. Telefonieren während der Fahrt ist nur mit einer **Freisprechanlage** gestattet. Im **Kreisverkehr** gilt grundsätzlich rechts vor links. **Parkverbot** an schwarz-gelb und an gelb markierten Bordsteinen, bei blauer Markierung ist das Parken **gebührenpflichtig**.

Warnschilder: Gegenstände, die auf dem Wagendach transportiert werden und über das Wagenende hinausragen (z. B. Surfbrett oder -mast), müssen mit dem dafür vorgeschriebenen 50 x 50 cm großen, rot-weiß gestreiften Schild gesichert werden.

Achtung: Motorräder unter 150 ccm sind auf italienischen Autobahnen verboten!

• *Italienische Verkehrsschilder* **attenzione uscita veicoli** = Vorsicht, Ausfahrt; **divieto di accesso** = Zufahrt verboten; **lavori in corso** = Bauarbeiten; **parcheggio** = Parkplatz; **rallentare** = langsam fahren; **senso unico** = Einbahnstraße; **strada senza uscita** = Sackgasse; **zona pedonale** = Fußgängerzone, **zona rimorchio** = Abschleppzone; **deviazione** = Umleitung; **zona di silenzio** = Hupverbot; **inizio zona tutelata** = Beginn der Parkverbotszone; **sbarrato** = gesperrt, **tutte le direzioni** = in alle Richtungen.

Weitere Informationen finden Sie im Abschnitt "Unterwegs auf Elba" (siehe S. 46).

Autoreisezug nach Verona und Livorno

Wer sich die Fahrt über den Brenner sparen und vor Ort mobil sein will, kann mit dem Autoreisezug bis Verona oder Livorno fahren. Die Züge starten ab Berlin, Dortmund, Frankfurt/M., Hamburg, Hildesheim und Köln, gefahren wird von Mai bis Oktober. Sicher entspannend, aber nicht unbedingt günstig: Von Frankfurt nach Verona zahlt man für die Hin- und Rückfahrt je nach Abreisetag 272–466 €, dazu kommen noch 142–245 € für den Liegewagenplatz. Nach Livorno sind es 310–536 € plus 142–245 € für den Liegewagenplatz. Da die Kapazitäten begrenzt sind, empfiehlt sich für die Hauptreisezeit eine rechtzeitige Buchung. Weitere Informationen in der Broschüre "AutoZug Katalog", unter ✆ 01805/241224 (täglich 9–21 Uhr) oder im Internet unter www.dbautozug.de.

Mit dem Flugzeug

Der kleine **Inselflughafen** von Elba befindet sich nördlich von Marina di Campo beim Ort *La Pila*. Landen und starten können hier nur Maschinen bis zu vier Tonnen Gewicht (Startbahnlänge: 800 m). Entsprechend gering sind auch die Kapazitäten, und wer per Flugzeug anreisen will, muss sich frühzeitig um eine Buchung bemühen.

Der **Flugpreis** richtet sich prinzipiell nach dem Zeitpunkt der Buchung: Die günstigste Kategorie ist am schnellsten ausgebucht, so dass man bei späterer Buchung in hochpreisige Kategorien ausweichen muss – und im ungünstigsten Fall bis zu 700 € für das Rückflugticket bezahlt.

Buchungen sind über die Call-Center der Linien direkt möglich. Den besten Service bieten allerdings die Reisebüros: umfangreiche Beratung zu allen Flügen, besserer Überblick über die günstigsten Tarife.

Pauschalreisen mit Flug, meist im Drei- bis Vier-Sterne-Hotel, gibt es für Elba nur in begrenztem Umfang. Einer der wenigen Anbieter ist die österreichische Gesellschaft VIP Touristik, hier auch Nur-Flüge.

Informationen VIP Touristik GmbH, Bahnhofstr. 10, A-6900 Bregenz, ✆ 0043/5574/48800, 📠 0043/5574/4880076, www.viptouristik.com.

Fluggesellschaften: Direktflüge nach Elba werden von Mai bis Anfang Oktober je einmal wöchentlich ab München, St. Gallen/Altenrhein in der Schweiz und ab Wien mit Zubringerflug nach St. Gallen/Altenrhein angeboten. Veranstalter ist die **InterSky,** geflogen wird mit Dash8-300-Maschinen, die Flugdauer liegt ab St. Gallen/Altenrhein bei ca. eineinhalb Stunden, Preise ab 355 € (hin und zurück). Buchungen möglichst frühzeitig nur über VIP Touristik, Adresse s. oben. Ansonsten gibt es weder Linien- noch Charterflüge auf die Insel!

Beschaulichkeit am Fährhafen von Rio Marina

• *Flughafeninformation Elba* Der Flughafen in La Pila ist für Auskünfte unter ✆ 0565/976011 erreichbar. Am kleinen Airport gibt es eine Bar und einen Souvenirshop, Reisebüros und Autoverleiher *(Madrugada Travel,* Kleinwagen ab ca. 45–50 €, ✆ 0565/977973, 📠 0565/977150, Loc. La Pila).

Eine **Alternative** könnte der **Flug nach Pisa** sein: Hier gibt es sowohl mit Lufthansa als auch mit Alitalia tägliche Verbindungen, mit der **Lufthansa** nonstop ab München, mit **Alitalia** ab München via Milano oder Rom. Bei längerer Vorausbuchungsfrist (42 Tage/30 Tage) kommt man hier sogar recht günstig ans Ziel: der Hin- und Rückflug mit Linie ist ab 172 € (LH) bzw. 190 € (Alitalia) zu haben. Weitere Infos unter ✆ 01803/803803 für Lufthansa und ✆ 01805/074747 für Alitalia oder aber in jedem IATA-Reisebüro. Günstigster Anbieter für Pisa ist **Ryanair**: Flüge zu absoluten Niedrigpreisen ab Frankfurt-Hahn im Hunsrück, Informationen und Buchungen nur im Internet unter www.ryanair.com.

Mit der Bahn

Die preislich günstigste Strecke führt von München via Österreich/Brenner nach Piombino (Fährhafen). Der Zeitaufwand liegt je nach Verbindungen bei 13–15 Stunden, Abfahrt ab München um 9.30 Uhr morgens oder um 23.30 Uhr abends, umsteigen muss man in Florenz, Pisa oder Livorno und bei der Tagverbindung auch noch in Campiglia (von dort mit dem Bus nach Piombino). Der **Normalpreis** ab München beträgt 215,60 € hin und zurück, der **Frühbucher-Sparpreis** liegt bei 161,80 € hin und zurück (Stand: Nov. 2003), hinzu kommen noch mal 15 € bzw. 21 € für den Liegewagen (im 4er- oder 6er-Abteil). Fragen Sie am Schalter unbedingt auch nach dem **SparNight-Ticket** (gilt auch im Ausland), mit dem Sie für die

Strecke München–Florenz inkl. Liegewagen gerade mal 39 € bezahlen! Von längeren Telefonaten mit der Auskunft (✆ 11861) der Deutschen Bahn AG möchten wir an dieser Stelle dringend abraten, der Preis ist mit 0,36 € pro 15 Sekunden (die ersten 15 Sekunden allerdings für "nur" 0,25 €) geradezu horrend.

Die Bahn ist im **Internet** unter www.bahn.de vertreten, hier sind Fahrpläne für die gewünschte Verbindung abrufbar (auch Ausland), des Weiteren Online-Ticketbuchung und -ausdruck für Ziele im Inland, Information über aktuelle Sparpreise etc.
Wer sein **Fahrrad** im Zug nach Italien transportieren möchte, wendet sich an die zuständige Radfahrer-Hotline, ✆ 01805/151415. Informationen hierzu gibt es außerdem beim **Allgemeinen Deutschen Fahrrad-Club** (ADFC) unter ✆ 0421/346290, 📠 0421/3462950 bzw. www.adfc.de.

Trotz aller Rabatte der DB bleibt Bahnfahren in Italien wahrscheinlich auch in Zukunft günstiger als in Deutschland, so dass sich diese Form der Anreise am ehesten für Reisende aus Süddeutschland lohnt, weniger für Hamburger, die im teuren ICE zunächst ganz Deutschland durchqueren müssen. Diverse Sondertarife sowie die italienischen und internationalen Bahnpässe helfen, Kosten zu senken:

- *Plan & Spar Europa (DB)* 40 % Preisnachlass bei Buchung mind. 7 Tage vor Reiseantritt (zwischen Hin- und Rückfahrt muss die Nacht von Samstag auf Sonntag liegen), Mitfahrer zahlen die Hälfte, die Bahncard 25 bringt zusätzlich 25 % auf den vollen Preis. Die Plan-&-Spar-Tarife sind kontingentiert und gelten nicht für alle Züge!
- *Sondertarife in Italien* Ab einem Mindestpreis von 30 € pro Ticket (2. Klasse) können auch in Italien nach einem ähnlichen System wie dem deutschen Plan & Spar die Kosten reduziert werden; die deutsche Bahncard bringt auch in Italien 25 % Ermäßigung auf den Normalpreis.

Euro Domino: Netzfahrschein für Italien, innerhalb eines Monats an 3–8 Tagen auf dem gesamten italienischen Bahnnetz zuschlagsfrei gültig, im Wohnsitzland bekommt man einen Rabatt von 25 %, das Gleiche gilt für Transitländer (in diesem Fall also Österreich oder die Schweiz). Das günstigste Euro-Domino-Ticket (3 Tage gültig, 2. Klasse) gibt es schon für 35 €.

Carta verde: Mit dieser ein Jahr gültigen Karte bekommen Reisende unter 26 Jahren 20 % Ermäßigung auf alle Bahnfahrkarten. Gegen Vorlage eines Ausweisdokuments an allen größeren italienischen Bahnhöfen zum Preis von 25,82 € erhältlich.

Carta d'argento: das Pendant zur "Grünen Karte" für Reisende über 60 Jahre.

Informationen auch im Internet unter **www.trenitalia.com**.

Mit dem Bus

Eine der günstigsten Anreisevarianten, jedoch gelangt man mit dem internationalen Linienbus nur bis Pisa, von wo es auf eigene Faust weitergeht. Die *Deutsche Touring GmbH* bietet von April bis Oktober mit ihren Europabussen von folgenden deutschen Großstädten mehrmals wöchentlich Fahrten nach Pisa an: Dortmund, Essen, Düsseldorf, Köln, Frankfurt, Heidelberg, Karlsruhe, Stuttgart und Ulm. Start ab Dortmund am Nachmittag (von den anderen Orten entsprechend später), Ankunft in Pisa am nächsten Mittag um ca. 13 Uhr. Geduld und Sitzfleisch sollte man also mitbringen, eine etwaige schwache Blase besser nicht, da nicht alle Busse mit einem WC ausgestattet sind und die Pausen an den Rastplätzen variabel gestaltet werden.

- *Auskünfte und Prospektmaterial* Deutsche Touring GmbH, Am Römerhof 17, 60486 Frankfurt, ✆ 069/790350, www.deutsche-touring.com.

Buchungen nur über DER-Reisebüros, in den Reise-Centern der Deutschen Bahn (an jedem größeren Bahnhof) und bei den Büros der Deutschen Touring selbst.

Wichtig: Vergessen Sie nicht, sich die *Reservierung für die Rückfahrt* bestätigen zu lassen, und zwar spätestens vier Tage vor der Rückreise: ✆ 055/357110 (in Florenz). Unter dieser Nummer kann auch nur die einfache Fahrt ab Pisa nach Deutschland gebucht werden.

Köln – Pisa	116 € einfach, hin/zurück 197 €
Frankfurt – Pisa	91 € einfach, hin/zurück 154 €
Stuttgart – Pisa	83 € einfach, hin/zurück 141 €

Ermäßigungen: Kinder bis 4 Jahre 50 %, bis 12 Jahre 25 %. Zwei Gepäckstücke werden kostenlos transportiert.

Mit der Mitfahrzentrale

Die preiswerteste Anreiseart erfreut sich noch immer großer Beliebtheit, vor allem bei Schülern, Auszubildenden und Studenten. In allen größeren Städten gibt es Mitfahrzentralen (MFZ), die zum Großteil unter einer einheitlichen Telefonnummer zu erreichen sind: ✆ **19440** (plus die jeweilige Vorwahl der Stadt). Die Büros sind Mo–Fr 9–18 Uhr, Sa 9–13.30 Uhr und So 10–13 Uhr geöffnet.

Freie Plätze gehen bei den Mitfahrzentralen oftmals sehr kurzfristig ein, so dass man ein gewisses Maß an Flexibilität mitbringen muss, länger als zwei Wochen vor dem Wunschtermin braucht man allerdings kaum anrufen. Mehrfaches Nachfragen kann durchaus sinnvoll sein, auch bei verschiedenen MFZ, sofern man bereit ist, gegebenenfalls von einer etwas weiter entfernten Stadt zu starten. Darüber hinaus werden auch Sonderwünsche berücksichtigt: Mitfahrt nur bei Frauen oder Paaren, Nichtrauchern etc.

Der Preis für die Fahrt wird nach Kilometern (ca. 0,05 € pro km) plus Vermittlungsgebühr (richtet sich ebenfalls nach der Entfernung) berechnet, nach Pisa beträgt der Gesamtpreis ab Nürnberg z. B. 40,50 €. Gegen einen geringen Aufpreis (1 €) kann man eine Unfall- und Pannenversicherung abschließen, die im Falle des Falles den Weitertransport per Bahn zum Zielort gewährleistet. Die Mitfahrzentrale ist mit ihren aktuellen europaweiten Angeboten auch im Internet vertreten (www.citytocity.de).

Mit der Fähre ab Piombino

Einziger Fährhafen zur Insel ist Piombino, ca. 10 km von Elba entfernt. Von hier geht fast stündlich eine Autofähre zur Inselhauptstadt Portoferraio, außerdem bestehen noch einige Verbindungen nach Rio Marina, Porto Azzurro und Cavo.

Zwei Schifffahrtsgesellschaften, die staatliche *Toremar* (Fähren und Tragflächenboote) und die private *Moby Lines*, bedienen die Route nach Elba. Der Fährhafen ist von der Haupteinfallstraße nach Piombino großzügig ausgeschildert, auch fast alle Züge nach Piombino fahren durch bis zur *Stazione Marittima*. Am Hafen zahlreiche Ticketverkaufsbüros (Preise überall gleich), Snackbars, Cafeterias etc.

Wer in der Hochsaison (Juli/August), am Wochenende oder zu Ostern und Pfingsten mit dem eigenen Fahrzeug nach Elba reisen will, sollte das Fährticket unbedingt **rechtzeitig buchen** (über fast alle DER-Reisebüros oder im Internet, s. u.); ohne Buchung anzureisen ist zu diesen Zeiten nicht sinnvoll. Wichtig: Man sollte eine Stunde vor Abfahrt am jeweiligen Fährbüro sein uns sein Ticket abholen, sonst kann es passieren, dass ein reserviertes Ticket anderweitig vergeben wird!

Toremar, 57025 Piombino, Nuova Stazione Marittima, ✆ 0565/31100 oder 0565/226590, 📠 0565/35294, twww.toremar.it.

In der Hochsaison 15x tägl. auf der Strecke **Piombino–Portoferraio**, erste Abfahrt 5.30 Uhr, letzte Fahrt 22.30 Uhr, Fahrtdauer 1 Std. *Preise* (in der Hochsaison): pro Person 5,20-7 €, Auto 30,50–35,70 € (über 4 m Länge 35,70–40,90 €), Wohnwagen/-mobil 25,90 € oder 9,90 € pro Meter, Mopeds/Motorräder 10,40–11,40 €, Fahrrad ca. 4 €. Hinzu kommt jeweils noch die Hafentaxe von 0,54 € (Person) bzw. 0,97 € (Fahrzeug).

Nach **Rio Marina** 5–7x tägl., gleiche Preise wie Portoferraio; nach **Porto Azzurro** 2x tägl., ebenfalls gleiche Preise. Nach **Cavo** (6x täglich) nur mit dem *Aliscafo* (Tragflächenboot), Dauer 20 Min., nur Personenbeförderung, 4,70 € pro Person. Des Weiteren besteht eine Verbindung mit dem *Aliscafo* nach Portoferraio (30–40 Minuten, 9,30 € pro Person).

Moby Lines, 57025 Piombino, Piazzale Premuda (Stazione Marittima), ✆ 0565/221212, 📠 0565/220781, www.moby.it. Diverse Ticketbüros am Fährhafen.

Erste Abfahrt nach Portoferraio in der Hochsaison 5 Uhr, letzte Fahrt 21.30 Uhr oder 23.30 Uhr, bis zu 15x täglich, Fahrtdauer 1 Std. Diverse Spar- und Sondertarife sorgen für Verwirrung, Normalpreis aber teurer als Toremar: pro Person 6,50–9,50 €, Auto 34–49 € (über 4 m 39,50–59 €), Wohnwagen/-mobil 11,50–13 € pro Meter, Moped/Motorrad 13–18 €, Fahrrad 5 €; die Hafentaxe ist bei Moby ebenfalls höher als bei Toremar.

Stopover Piombino

Der Fährhafen für Elba ist ein bedeutendes Zentrum der Schwerindustrie. Im trostlosen Hafenviertel qualmen die Schlote der Hochöfen.

Die 130.000-Einwohner-Stadt liegt am Südende einer hügeligen Halbinsel, die erst durch Ablagerungen des Flusses Corina mit dem Festland verbunden wurde. Auch heute noch findet man hinter diesem Vorgebirge eine sumpfige Ebene, die einst *Leonardo da Vinci* zu Plänen für Entwässerungsanlagen inspirierte.

Eisen hat Tradition in Piombino. Am *Falesia-Hafen,* dem Vorgänger des heutigen Handels- und Industriehafens, verarbeiteten schon die Römer das Eisenerz Elbas. Ende des 16. Jh. wurde Piombino Fürstentum. Im ausgehenden 18. Jh. siedelten sich hier Kleinbetriebe an, die Industrielle Revolution brachte dann die Großanlagen – die im 2. Weltkrieg der Stadt die weitgehende Zerstörung bescherten.

Erhalten blieb allerdings die kleine Altstadt auf einem Plateau, das zum Meer hin abfällt. Das *Centro storico* steht in starkem Kontrast zu den unschönen Fabrikanlagen am Meer, die die meisten Besucher auf ihrem Weg zum Fährhafen kennen lernen, und ist einen Streifzug durchaus wert. Fähren nach Elba verkehren fast stündlich, also lässt sich die Besichtigung mühelos dazwischenschieben.

An der *Piazza Giovanni Bovio,* auf einer kleinen Landzunge hoch über dem Fischerhafen gelegen, trifft man sich zum Flanieren. Vom Aussichtspunkt *Rocchetta* in exponierter Lage genießt man eine wundervolle Aussicht über das Meer – und nicht nur auf qualmende Stahlwerke und stampfende Fähren.

Knapp oberhalb der Piazza steht der *Palazzo Comunale.* Das Gebäude datiert aus dem 15. Jh. und wurde 1932–35 zum letzten Mal restauriert.

Unweit davon findet man die *Kirche Sant'Antimo.* Sie wurde 1377 erbaut und derart oft umgestaltet, dass vom Originalbau nur noch der Spitzbogen an der Fassade erhalten ist. Der Innenraum, der in zwei ungleiche Schiffe unterteilt ist, beherbergt zwei Gräber aus dem 14. und 15. Jh.

Vom Palazzo Comunale führt die Hauptgasse, der Corso Vittorio Emanuele II, zum *Torrione,* einem wuchtigen Befestigungsturm aus pisanischer Zeit. Dahinter beginnt das moderne Piombino.

Piombino – nicht nur Industrieschlote

• *Information* Drei **A.P.T.-Büros**: im Vorort Fiorentina (an der Zufahrtsstraße, von Norden kommend), 10–13 Uhr und 17–20 Uhr, Mo geschlossen), am Fährhafen (10–13 Uhr und 17–20 Uhr, Di geschlossen) und im Palazzo Comunale in der Altstadt (9–15 Uhr und 17–23 Uhr, Di geschlossen). Info-Broschüren, Stadtpläne und Hotellisten liegen aus. ✆ 0565/276478, 0565/226627 oder 0565/225639.

• *Verbindung* **Bahn**, mit der Stichbahn ab Piombino/Stazione Marittima (Bhf. am Hafen) und Piombino/Stazione Centrale (Hbf.) nach Campiglia (20 Minuten, 1,30 €), von dort problemlos nach Livorno, Pisa, Grosseto, Florenz, Mailand und Rom. Es gibt auch einige Direktverbindungen ab Stazione Marittima (alle über Piombino/Stazione Centrale): 3x tägl. Pisa (2 Std.), 6x tägl. Livorno (1,5 Std.) und 3x tägl. Florenz (2,5 Std.).

Bus: Etwa stündlich Busse zwischen dem Zentrum und dem Fährhafen und zur Stazione FS Campiglia; ab der Busstation **ATM** in der Via Leonardo da Vinci Verbindung nach: San Vincenzo (11x tägl.), Populonia Stazione (3x), zur Baratti-Bucht (4x), Massa Marittima (2x), Follonica (5x), Campiglia Marittima (14x) und nach Siena (1x). Auskunft und Fahrpläne bei **ATM**, Via Leonardo da Vinci (beim Torrione).

Fähre: Die Verbindungen nach Elba finden Sie auf S. 41/42.

Übernachten/Camping/Essen & Trinken (siehe Karte S. 45)

*** **Hotel Central (5)**, komfortable Unterkunft am Tor zur Altstadt. Moderne, helle Zimmer, EZ 78 €, DZ 130 €. Piazza Verdi 2, 57025 Piombino, ✆ 0565/220188, ℻ 0565/220220.

*** **Collodi (2)**, Via Collodi 7, in einer ruhigen Seitenstraße schräg gegenüber vom Bahnhof gelegen, beschildert. Alle Zimmer mit Bad und Aircon., EZ 42 €, DZ 57 €, Dreier 75 €, Vierer 91 €, Frühstück 5,50 € pro Person. Ganzjährig geöffnet, ✆ 0565/224272, ℻ 0565/224382.

** **Roma (4)**, Via San Francesco 43, DZ mit Dusche 57 €, ohne Dusche 46 €, EZ 41 € (ohne Dusche 31 €). Zimmer nicht sehr geräumig. Kleines Stadthaus in relativ ruhiger Seitenstraße, zentrumsnah, recht günstig. Ganzjährig geöffnet, ✆ 0565/34341, ℻ 0565/34348.

** **Il Piave (3)**, Piazza Niccolini 2, gegenüber dem Bahnhof (daher auch eher etwas für ruhelose Geister), Restaurant im Haus – der Preis von ca. 10 € für ein komplettes Menü dürfte wohl kaum zu unterbieten sein. Schlichte Zimmer, alle mit Bad, EZ ca. 31 €, DZ 51 €, Dreier 64 €, in der Nebensaison ca. 20 % günstiger. ✆/℻ 0565/226050.

*** **Moderno (1)**, Corso Italia 44, Eckhaus an der Piazza Gramsci, nahe beim Bahnhof. Schlichte Zimmer mit frisch renovierten Bädern, einige wenige auch mit Balkon. EZ 44 €, DZ 62 €, Dreier 72 €, Vierer 82,50 €, Frühstück ca. 3 €. ✆ 0565/33204, Moderno@infol.it.

• *Camping* Einen stadtnahen Campingplatz sucht man vergebens. Wer Piombino nur als Sprungbrett nach Elba benutzt, sucht sich besser gleich ein Hotel. Nächster Camping ist der **Sant'Albinia** auf halber Strecke zwischen San Vincenzo und Piombino: 800 m vom Strand, wenig reizvoller, aber sehr schattiger Platz, Zelte und Wohnwagen stehen z. T. fast übereinander, kein freundlicher Service, Massenabfertigung. Pluspunkt: der herrliche *Golfo di Baratti* liegt direkt vor der Tür. Anfang Mai bis Mitte Sept. geöffnet, es werden auch Wohnwagen vermietet. 57025 Piombino, ✆ 0565/29389, ℻ 0565/22310.

An der Verbindungsstraße nach Follonica findet man weitere Plätze:

Orizzonte Camping & Bungalows, ca. 350 Stellplätze (z. T. überdacht) und 48 Bungalows, riesiges Areal an der Verbindungsstraße von Piombino zur Via Aurelia. Unpersönlicher Massenbetrieb mit Pool und Tennisplätzen, die Bungalows können auch pauschal von Deutschland aus gebucht werden. 1 km vom Meer entfernt, Restaurant, Bar, Supermarkt. Hinter dem Busch ragen die rot-weiß gestreiften Schlote der Industrie in den Himmel. 57020 Riotorto, ✆ 0565/28007, ℻ 0565/28033.

Riotorto, mit Abstand der angenehmste Platz der Umgebung. Ca. 100 Stellplätze, im Vergleich zum benachbarten Orizzonte geradezu familiär. Mit Swimmingpool, Tenniscourt, Bar, Restaurant und viel Schatten, freundliches Personal. Ca. 1 km vom Meer entfernt, nur wenige hundert Meter vom Orizzonte, beschildert, 10 km von Piombino, mit Fahrradverleih. Geöffnet Ende April bis Ende Sept. 57020 Riotorto, ✆ 0565/21008, ℻ 0565/21118, www.campingtoscana.it/riotorto.

• *Essen & Trinken* **Bar Osteria Volturno (6)**, nettes Restaurant am Palazzo Comunale in der Fußgängerzone (Corso Vittorio Emanuele II). Auf Fisch und Meeresfrüchte spezialisiert, freundlicher Service, mittags und abends geöffnet. Mo Ruhetag, ✆ 0565/49081.

Umgebung/Baden

Östlich von Piombino beginnt der 40 km lange *Golfo di Follonica,* dessen feiner Sand aber wider Erwarten nicht zum Baden einlädt – Industrieanlagen prägen das Bild. Einer der besseren Strände der Gegend ist die **Spiaggia Carlappiano** nahe dem Camping Riotorto – vom Camping die Straße Richtung Piombino nehmen, dann links (beschildert). Gut besuchter, lang gezogener Sandstrand mit typischer Bagno-Infrastruktur, verliehen werden Sonnenschirme, Liegestühle, Tretboote und Surfbretter. Direkt am Strand das Fischrestaurant "La Baracchina", tagsüber Snackbar, abends Ristorante.

Am besten badet man zweifelsohne am **Golfo di Baratti,** einer traumhaften Bucht mit feinem, gelbbraunem Sandstrand. Ausgedehnte Wiesen bieten viel Platz zum Sonnen, Ballspielen, Frisbee oder Badminton. Durch die relativ flache Uferzone erwärmt sich das Wasser schnell, so dass man bereits früh im Jahr ein Bad wagen kann. Am Strand einige Snackbars, außerdem Sonnenschirme, Liegestuhl- und Tretbootverleih. Schatten findet man in einem angrenzenden kleinen Pinienhain etwa in der Mitte der Bucht. Meiden sollten Sie die Wochenenden im Hochsommer. Dann nämlich ist das Gelände so voll wie der Petersplatz in Rom, wenn der Papst den Ostersegen erteilt, und verzweifelte Polizisten kämpfen gegen die Flut der Blechkarossen an.

• *Parken* Von Anfang Juni bis Ende September sind fast alle Plätze und Seitenstreifen gebührenpflichtig (bis zu 8 € am Tag). Die wenigen kostenlosen Parkplätze, z. B. gegenüber der Zufahrtsstraße zum Hotel Alba und oberhalb der Bar Pergola in Baratti, sind meist belegt. Parkscheinautomaten zwischen dem Hotel Alba und dem Strand, 0,50 € pro Std., max. Parkdauer jedoch nur 2 Std. Alternative: der Parkplatz (0,50 €/Std.) am Eingang zum Archäologie-Park von Populonia.

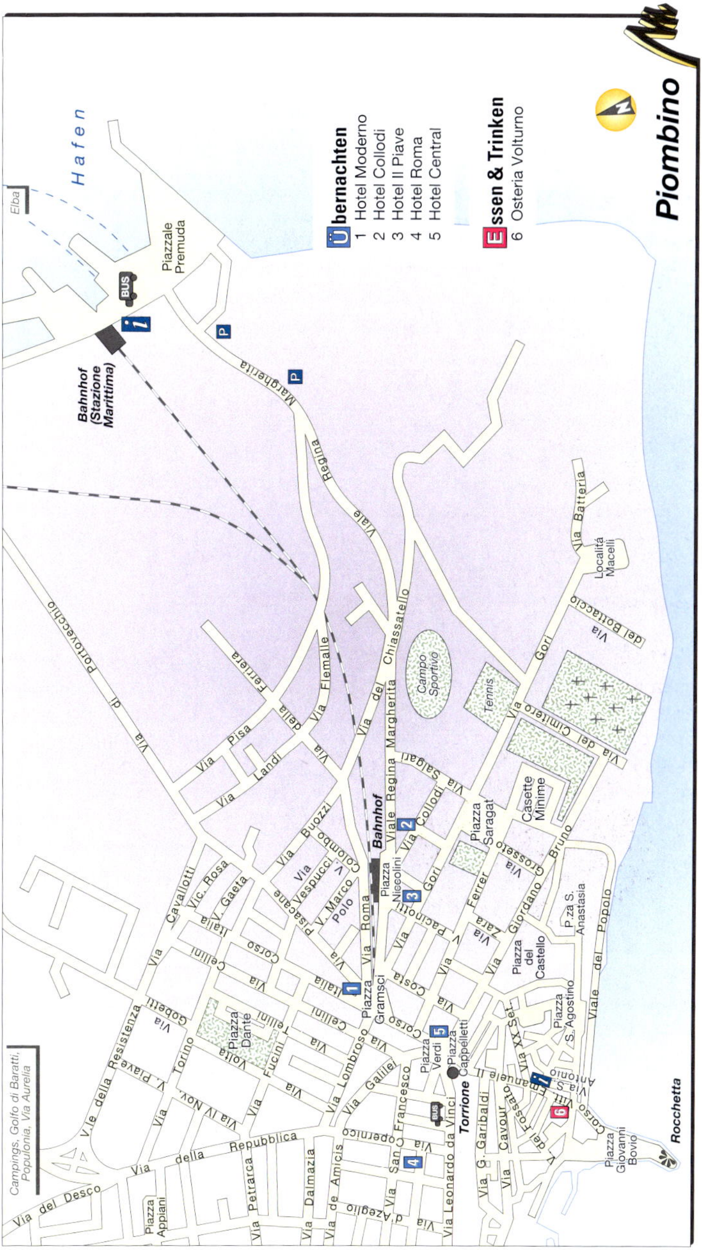

Elba – Reisepraktisches

Unterwegs auf Elba

Mit dem eigenen Fahrzeug

Die meisten Gäste kommen mit dem eigenen Auto auf die Insel und sind demnach mobil. Das Straßennetz ist hervorragend ausgebaut, fast alle größeren Straßen sind asphaltiert, Ausnahme sind die Pisten um den *Monte Calamita* im Südosten und die Verbindung von *Bagnaia* nach *Nisporto*. Die Straßen befinden sich in überwiegend gutem Zustand, und auch die wenigen verbliebenen Schotterstraßen auf Elba sind normalerweise bestens befahrbar, Schlaglöcher eher die Ausnahme als die Regel.

Portoferraio: die Porta a Mare, das Tor zur Altstadt

Sämtlichen elbanischen Straßen gemeinsam ist jedoch ihr Kurvenreichtum, und das vor allem entlang der Küste. Allzu schnelles Fahren ist daher auf den meisten Strecken der Insel nicht möglich, und auch bei den eigentlich kleinen Distanzen verschätzt man sich leicht: Was auf der Karte wie ein Katzensprung aussieht, entpuppt sich auf der Strecke dann als langatmige Slalomfahrt bergauf und bergab. Dennoch: Elba ist überschaubar. Bei Nachtfahrten und auf unbekannten Strecken sollte man vorsichtig fahren.

Hauptverkehrsader der Insel ist die Verbindungsstraße von *Portoferraio* nach *Porto Azzurro*. Hier herrscht in der Hochsaison sehr dichter Verkehr, nicht selten bildet sich zu Stoßzeiten in Richtung Portoferraio ein Rückstau bis zur *Villa Romana* (Le Grotte), das sind immerhin knapp sechs Kilometer! Außerhalb der Hochsaison trifft man jedoch eher auf ein gemäßigtes Verkehrstreiben. Sehr reizvoll ist die *Panoramastraße* entlang der Küste an der westlichen Halbinsel von Marina di Campo nach Marciana Marina – auf der Strecke passiert man auch die eindrucksvoll am Monte Capanne gelegenen Bergdörfer Marciana Alta und Poggio.

▶ **Parken**: normalerweise kein Problem, ausgenommen ist mal wieder die Hochsaison. In Portoferraio gibt es am Fährhafen einen großen und kostenlosen Parkplatz, der jedoch oftmals bis auf den letzten Platz belegt ist. Das gleiche gilt für Porto Azzurro, Capoliveri, Marina di Campo etc., hier ebenfalls große Parkplätze am Ortsrand. Des Weiteren einige kleinere Parkplätze, z. T. mit Parkscheinautomat oder Parkscheibe. Ins Parkverbot sollte man sich nicht stellen, abgeschleppt wird auch auf

Entfernungstabelle

(Straße; in Kilometern)	Capoliveri	Cavo	Chiessi	Lacona	Marciana Alta	Marciana Marina	Marina di Campo	Porto Azzurro	Portoferraio	Rio Marina
Capoliveri	•	25	35	11,5	36,5	30	21	5,5	16,5	17,5
Cavo	25	•	52,5	29	54	48	38	19,5	34	7,5
Chiessi	35	52,5	•	23	13	21	14	33	32	45
Lacona	11,5	29	23	•	25	19	9	10	14	21,5
Marciana Alta	36,5	54	13	25	•	7,5	19	35	27	46,5
Marciana Marina	30	48	21	19	7,5	•	13	28	20	40,5
Marina di Campo	21	38	14	9	19	13	•	19	18	31
Porto Azzurro	5,5	19,5	33	10	35	28	19	•	14,5	12
Portoferraio	16,5	34	32	14	27	20	18	14,5	•	26,6
Rio Marina	17,5	7,5	45	21,5	46,5	40,5	31	12	26,6	•

Elba. Außerdem: Bescheide wegen Falschparken werden seit einigen Jahren (ab einem Bußgeld von ca. 30 € aufwärts) auch nach Hause nachgeschickt, auf die Lahmheit der Bürokratie sollte man lieber nicht spekulieren. Unkompliziert gestaltet sich das Parken in den kleineren Dörfern der Insel.

- **Tanken**: Elba besitzt ein ausreichend dichtes Tankstellennetz, und eine Tankfüllung reicht auf der kleinen Insel fast ewig. Bleifreies Benzin wird überall angeboten. Die normalen Öffnungszeiten sind Mo–Sa 8.30–12.30 Uhr und 15–19 Uhr. In Portoferraio, Porto Azzurro und Marina di Campo gibt es auch Tankstellen mit *Tankautomat,* bei denen man jederzeit mit unzerknitterten(!) Scheinen nachfüllen kann.
- **Pannenhilfe (Soccorso stradale)**: In ganz Italien unter ✆ **116** (ohne Vorwahl) oder ✆ 800116800 (Fest- und Mobilfunknetz) zu erreichen. Unterhalten wird der Pannendienst vom italienischen Verkehrsclub ACI. Der deutschsprachige ADAC-Notruf in Mailand ist unter ✆ 02/661591 rund um die Uhr erreichbar.
- **Motorrad/Enduro**: als Verkehrsmittel vor Ort sicher recht reizvoll – kurvenreiche Straßen, viel Panorama, keine Parkplatzsorgen. Man sollte jedoch bedenken, dass Elba nicht gerade groß ist und man die Insel relativ schnell abgefahren hat. Mopeds bzw. Scooter und Enduros werden in jedem größeren Ort der Insel auch vermietet. *Achtung:* Im Sommer Rutschgefahr auf den älteren, durch die Hitze aufgeweichte Asphaltstraßen. Erfreulich sind die günstigen Preise für die Fährpassage ab dem Festland.

Busverbindungen

Hervorragende Busverbindungen auf der Insel, alle größeren Orte werden von den Bussen der *ATL (Azienda Trasporti Livornese)* häufig angefahren, auch zu den kleineren Dörfern bestehen gute Verbindungen. Busfahren auf Elba ist zudem ein wirklich günstiges Vergnügen (Höchstpreis pro Fahrt 3 €), gelegentlich muss man jedoch umsteigen, um ans Ziel zu gelangen. Im Sommer fährt neben den normalen Linienbussen auch noch der *Marebus* ab Portoferraio zu verschiedenen Stränden der Insel, des Weiteren besteht dieser Service zwischen den Orten und Stränden um Sant'Andrea im äußersten Nordwesten sowie ein privater Bus-Shuttle von Capoliveri zu den umliegenden Stränden. Infos erhalten Sie im Busbüro der ATL in Portoferraio, Viale Elba (Querstraße zur Hochhauspassage am Hafen). Hier kann man sich auch einen für die ganze Insel gültigen *Orario* (Busfahrplan) besorgen. Überdies publiziert auch die italienische Tageszeitung *Il Tirreno* in ihrem Elba-Teil täglich die Abfahrtszeiten. **Achtung**: der *Orario feriale* gilt wochentags, für sonntags richtet man sich nach dem *Orario festivo*. Bustickets *(Biglietti)* entweder bei der ATL in Portoferraio oder in kleineren Orten meist in der Bar/Tabaccheria zu kaufen, teilweise auch im Bus selbst.

Nach 20.15 Uhr fahren von Portoferraio auch im Sommer nahezu keine Busse mehr ab. Deshalb: Abfahrtszeiten der Fähre von Piombino darauf abstimmen! Die Busstation in Portoferraio ist täglich von 6–20 Uhr geöffnet, Auskünfte unter ✆ 0565/914392 oder 0565/914783.

Wer sich auf der Insel ausschließlich per Bus fortbewegen möchte, sollte die **Elbacard** in Erwägung ziehen. Damit können sämtliche Busse der Insel benutzt werden (auch Stadtbusse in Portoferraio), der Preis liegt bei 6,50 € für einen Tag und bei 18 € für sechs Tage. Zu kaufen an der zentralen Busstation der ATL in Portoferraio.

Weitere Informationen zu den Busverbindungen der Insel unter den jeweiligen Orten.

Taxis

Auf Elba ausreichend vorhanden, aber sicherlich kein billiges Vergnügen, es sei denn, man fährt zu dritt oder viert und kann sich die Kosten teilen. Die Fahrt von Portoferraio nach Porto Azzurro kostet beispielsweise 23,50 € (Festpreis). Taxistände in den größeren Orten der Insel, Näheres finden Sie dort. Die meisten Taxifahrer sind auch mobil auf dem *Telefonino* (Handy) erreichbar.

Pendelboote

Verkehren nur von Anfang Juni bis Ende September zwischen Bagnaia, Ottone, Magazzini, San Giovanni und dem Darsena-Yachthafen von Portoferraio. Etwa stündliche Verbindung ab Bagnaia, Ottone und Magazzini (einfach 3 €, hin und zurück 5 €); häufiger ab San Giovanni (einfach 1 €, hin und zurück 2 €), hier auch gute Parkmöglichkeiten. Eine echte Alternative zur Parkplatzsuche in der Inselhauptstadt! Ein weiterer Bootsshuttle besteht – ebenfalls nur im Sommer – zwischen der Naregno-Bucht bei Capoliveri und Porto Azzurro, allerdings nur abends (hin und zurück 5 €).

Mietwagen und -zweiräder

Die Auswahl ist groß, neben den zahlreichen Anbietern in fast allen größeren Orten oder an den Urlaubsorten kann man auch in vielen Reisebüros ein Fahrzeug mieten. Allerdings gilt auch hier: Für die Hochsaison muss dringend reserviert werden, und das am besten einige Wochen vorher!

In der Regel sind die lokalen Vermieter für Autos günstiger als große internationale Firmen. Größter, aber nicht unbedingt günstigster Anbieter der Insel ist *TWN* mit

Agenturen in Portoferraio (Viale Elba 32/Busbahnhof, ✆ 0565/914666), Porto Azzurro, Lacona, Procchio, Marina di Campo und Marciana Marina. Mietfahrzeuge (v. a. Autos) werden auch von den größeren Hotels auf Elba vermittelt.

Sehr beliebte Fortbewegungsmittel auf der überschaubaren Insel sind auch **Scooter** bzw. Roller/Vespas und Mofas, die praktisch in jedem größeren Ort an der Küste, ausgenommen die Westküste, angeboten werden. Man sollte sich bei Anmietung vom guten Zustand des Gefährts überzeugen (v. a. Bremsen, aber auch Lenkung und Reifendruck etc.). Seit 2000 gilt übrigens in ganz Italien ein verschärftes Gesetz zur **Helmpflicht,** und es hält sich – man glaubt es kaum – wirklich jeder daran (oben ohne kostet ca. 80 €). Helme und Kartenmaterial werden bei Anmietung normalerweise zur Verfügung gestellt, bei Autos kann man z. T. gegen Aufpreis auch einen Kindersitz bekommen.

Fahrräder, auch hochwertige Mountainbikes, werden in Portoferraio, Porto Azzurro, Capoliveri, Lacona, Marina di Campo und Marciana Marina angeboten.

Mit dem Scooter auf Inselerkundung

Weitere Informationen und Adressen zu allen Vermietern bei den jeweiligen Orten.

• *Einige Autoverleiher der Insel* **Portoferraio**: TWN, Viale Elba 32, ✆ 0565/914666; **Porto Azzurro**: Spazio Mare, am Fähranleger, ✆ 0565/95115; **Capoliveri**: Autonoleggio Roberto in der Via Menotti 6, ✆ 0565/968533; **Marina di Campo**: Baby Rent, Via Donizetti 27; halblinks gegenüber der Tourist Info, ✆ 393/3325256.

• *Preise und Konditionen* Die Preise differieren sehr stark, ein **Kleinwagen** ist z. B. in Capoliveri schon ab 35 €/Tag zu bekommen, in Portoferraio kostet er mindestens 45 €, in Porto Azzurro sogar 48 €. Im Angebot ist meist die Marke Fiat (z. B. Cinquecento oder Panda), **Cabriolets** sind etwa 50 % teurer. Auch die Preise für Zweiräder variieren, ein **Moped (Scooter)** ist ab etwa 20–25 € pro Tag zu bekommen, allerdings sollte man darauf achten, ob das Fahrzeug nur allein oder auch zu zweit befahren werden kann, Letzteres schlägt sich nämlich noch mal kräftig auf den Preis nieder. Auf der ganzen Insel sehr teuer ist das Mieten einer **Enduro**, wofür man mindestens 50–60 € am Tag hinblättern muss.

Fahrräder werden ab ca. 12 € am Tag angeboten, bessere Mountainbikes kosten ca. 16 €. Die Preise verringern sich allgemein mit der Dauer der Mietzeit, allerdings kann man sich in der Hochsaison bei zahlreichen Anbietern auf diesen Rabatt nicht verlassen.

Die Preise beinhalten eine **Haftpflichtversicherung**, für Vollkasko (meist mit hoher Selbstbeteiligung!) muss man noch mal mit 8–20 € am Tag rechnen. Das Fahrzeug nimmt man vollgetankt in Empfang, und so muss es auch wieder abgegeben werden. **Kilometerbegrenzungen** (i. d. R. 100 Freikilometer am Tag) spielen auf Elba keine allzu große Rolle, oftmals sind die Tarife hierfür günstiger als bei einem Vertrag mit unbegrenzten Kilometern, die Tendenz geht inselweit jedoch zu Letzterem.

Das **Mindestalter** für die Anmietung eines Pkw liegt bei 21 Jahren, der Mieter muss seit mindestens einem Jahr den **Führerschein** besitzen. Mopeds werden ebenfalls nur mit Führerschein vermietet!

Die **Kaution** wird fast immer per Kreditkarte hinterlegt, falls man sie bar zahlen will oder muss, sollte man sich auf mindestens 150 € einrichten.

• *Achtung* Erkundigen Sie sich beim Verleiher (v. a. bei Mopeds/Rollern), welche Regularien im Fall einer **Panne** oder eines platten Reifens gelten. Manche Anbieter schleppen kostenlos ab, es kann aber auch sein, dass man mit 20–40 € an den Kosten beteiligt wird!

Spar-Tipp: In der Nebensaison gibt *TWN* diverse Rabatte (10–30 %), z. B. bei Internetbuchung (www.twn-rent.it) oder in Verbindung mit einer Bahnfahrkarte.

Motorbootverleih

Ideal, um einsame Strände anzulaufen. Verleiher in Porto Azzurro, Marina di Campo, Sant'Andrea und Marciana Marina (Informationen und Adressen unter den jeweiligen Ortsbeschreibungen), kleinere Boote mit Außenborder können auch ohne entsprechenden Führerschein angemietet werden. Die Preise hierfür liegen zwischen 45 € und 70 €, Platz haben max. vier Personen, größere Boote für sechs Personen kommen auf etwa 100–120 €. Achtung: Auf Grund begrenzter Kapazitäten ist hier eine frühzeitige Buchung für die Hochsaison besonders wichtig!

Zu den anderen Inseln

Wer sich für den Toskanischen Archipel ein Island-Hopping à la Griechenland vorstellt, wird sicherlich enttäuscht sein: Es bestehen von Elba aus lediglich nach Capraia, Pianosa und (dreimal pro Woche) nach Giglio regelmäßige Verbindungen. **Capraia** lässt sich von Porto Azzurro (Fahrzeit einfach 3 Stunden), Portoferraio (2 Stunden) und Marciana Marina (1 Std. 45 Min.) ansteuern; nach **Pianosa** kann man sich von Porto Azzurro (1,5 Stunden) und Marina di Campo (45 Minuten) aus einschiffen; und zur südlich gelegenen Insel **Giglio** (2–3 Stunden) legt die Fähre nur in Portoferraio und Porto Azzurro ab. Von Portoferraio aus werden auch immer wieder **Tagesausflüge nach Korsika** angeboten (aktuelle Informationen bei der APT in Portoferraio, s. S. 86).

Die Fahrten auf die kleineren Inseln des Toskanischen Archipels sind nicht unbedingt günstig, aber attraktiv – sei es ein Nachmittag am herrlichen Strand *Cala Giovanna* mit dem kristallklaren Meer rund um Pianosa oder aber ein Besuch des idyllischen Hafens von Giglio. Die Preise liegen bei ca. 35 € pro Person, Kinder zahlen etwas mehr als die Hälfte. Montecristo und Gorgona sind nur mit vorherigem Antrag (und auch dann nur bei nachgewiesenem Forschungsinteresse) zu besichtigen, Ausflüge nach Giannutri gibt es von Elba aus nicht.

Nähere Informationen zu den Ausflugsbooten bei den jeweiligen Orts- und Inselkapiteln.

L'Ape Elbana – das älteste Hotel der Insel

Übernachten

Über 200 Hotels (Alberghi) und Residenzhotels (Aparthotels), zahlreiche Ferienwohnungen, 30 Campingplätze und eine geringe Anzahl von Privatzimmern stehen auf Elba zur Verfügung – das Preisniveau ist zumindest in der Hochsaison weit oben, auch bei bescheidenen Unterkünften.

Vom Luxushotel in exklusiver Strandlage bis zur Low-Budget-Pension in Portoferraios lärmendster Straße ist fast alles zu haben, vorausgesetzt man hat für ersteres das nötige Kleingeld und kümmert sich frühzeitig um eine Reservierung für die Monate Juli und August. Kein Scherz: Wer ohne vorherige Buchung in der Zeit um *Ferragosto* (15. August) auf die Insel kommt (sofern man einen Platz fürs Auto auf der Fähre ergattert hat), sollte sich auf eine Nacht im Schlafsack am Strand (offiziell übrigens verboten) oder im Auto einrichten. Es bleibt dann erfahrungsgemäß auch bei der einen Nacht, da die meisten, die auf gut Glück zu dieser Zeit übersetzen, in Anbetracht der aussichtslosen Herbergssuche am nächsten Tag entnervt wieder abreisen – sofern sie einen Platz auf der Fähre kriegen ...
Spontaneität ist für diesen Teil des Elba-Urlaubs nicht gefragt, vielmehr dagegen umsichtiges und frühzeitiges Buchen (bei besonders beliebten Hotels teilweise schon im Februar/März). Auch die Campingplätze sind im Juli/August komplett ausgebucht, ein kleines Zelt lässt sich eventuell noch irgendwo dazwischenquetschen, verlassen sollte man sich darauf aber nicht. Eine Jugendherberge gibt es auf Elba nicht.

Wer sein Hotel über einen der großen deutschen Reiseveranstalter **pauschal** bucht, fährt meist günstiger als bei individueller Buchung. Nachteil: Unter einer Woche geht nichts, An- und Abreisetag sind festgelegt.

Hotelpool mit Meerblick, gesehen am Lido di Capoliveri

Auf Elba gibt es eine ausreichende Auswahl an wirklich sehr schönen und gepflegten Hotels im Drei- und Vier-Sterne-Bereich, oftmals in ganz herrlicher Lage am Meer bzw. Hang oder versteckt im grünen Inselinneren. Auch in unteren Kategorien kann man durchaus angenehme Überraschungen erleben – allerdings auch das Gegenteil. Alle italienischen Hotels werden von den lokalen Fremdenverkehrsämtern klassifiziert, die Preise legen die Hoteliers allerdings selbst fest. Und in der Regel werden diese Preise – zumindest im Hochsommer – bezahlt, auch wenn sie manchmal völlig überzogen sind. Der Preis muss somit nicht unbedingt eine Garantie für hohe Qualität in puncto Ausstattung, Lage und Service sein, auch wenn man sich generell schon danach richten kann. Die Klassifizierung der *Alberghi* von offizieller Seite ist übrigens nicht immer ganz nachvollziehbar, es spielen auch Kriterien wie Häufigkeit des Wäschewechsels, das Radio im Zimmer oder auch einfach die Gesamtanzahl der Zimmer des Hotels eine Rolle.

Insgesamt dominieren auf der Insel gepflegte Hotels im oberen Mittelklassebereich, Bettenburgen à la Mallorca gibt es höchsten in der Lacona-Bucht oder in Marina di Campo, und auch hier nur in der dezenten Variante. Ein Mangel besteht an kleinen gemütlichen Familienpensionen, die man auf Elba kaum findet.

Preisangaben im Buch beziehen sich auf das Doppelzimmer in der *Altissima stagione* (August), die dazugehörigen Pensionsleistungen sind jeweils einzeln aufgeführt – für viele sind die teilweise horrenden Zahlen zunächst ein echter Schock, wir möchten aber unbedingt darauf hinweisen, dass im Lauf der Sommermonate ein echtes Preisgefälle herrscht: Von der *Altissima stagione* zur *Alta stagione* (Juli) können das 20 % sein, zur *Media stagione* (etwa Juni und Anfang bis Mitte September) noch mal ca. 20 % und in der *Bassa stagione* (ab Ostern bis etwa Ende Mai sowie Mitte September bis zum Saisonende) zahlt man in der Regel nur etwa die Hälfte des Hochsaisonpreises.

***** = **Obere Luxusklasse**, gibt es auf der Insel nicht, wird aber von den Vier-Sterne-Häusern quasi ersetzt.

**** = **Luxus-Hotels**, für gehobene Ansprüche, sehr komfortable und geschmackvoll eingerichtete Häuser in Bestlage, mit vornehmem Restaurant, diverse Sportmöglichkeiten, fast ausnahmslos auch mit Pool, gehobene Zimmerausstattung mit Aircondition, Balkon, TV, Radio, Kühlschrank etc. Die Preise fürs DZ (meist mit obligatorischer Halbpension) überschreiten im August auch schon mal die 300-Euro-Grenze – und zwar pro Nacht! Es geht aber auch günstiger, mit mindestens 200 € sollte man jedoch immer rechnen.

*** = **(Obere) Mittelklasse-Hotels**, eine dehnbare Rubrik, in dieser – auf der Insel übrigens vorherrschenden – Klasse sind die größten Schwankungen sowohl in Ausstattung als auch bei den Preisen zu verzeichnen. Normalerweise jedoch gute Ausstattung, nicht immer in allerbester (Strand-) Lage, Zimmer mit Bad, nicht immer Balkon oder Terrasse, z. T. Aircon. Die Preise können je nach Pensionsleistung von 120 € (mit Frühstück) bis zu 200 € und mehr reichen (mit Halbpension). Generell sollte man für ein DZ mit Frühstück mit etwa 150 € rechnen, bei Halbpension kommen noch mal etwa 30 € dazu (Richtwert). Ausreißer nach oben und unten sind besonders in dieser Kategorie möglich.

** = **Untere Mittelklasse**, auch hier sind große Schwankungen in puncto Ausstattung und Preis möglich, manchmal gepflegte Familienbetriebe, teilweise auch abgewohnte Herbergen mit wenig Komfort. Die Preisspanne liegt bei 80–140 €, je nach Pensionsleistung, wobei man in einem einfachen Hotel im Bergdorf fernab vom Meer auch schon mal für 60–70 € im DZ mit Frühstück unterkommen, ein "besseres" Zwei-Sterne-Haus am Strand und mit Halbpension aber auch bis zu 150 € kosten kann.

* = **Unterste Kategorie**, auf der Insel kaum zu finden. Die Hotels dieser Klasse bewegen sich zwischen Absteige (auf Elba selten) und netter kleiner Pension. Preise fürs DZ (nicht immer mit eigenem Bad) um die 50–70 €, manchmal sogar darunter, teilweise mit Frühstück.

Elbas Herbergen auf einen Blick: Die *APT (Azienda di Promozione Turistica)* in Portoferraio gibt kostenlos ein Hotel-, Appartement- und Campingverzeichnis der Inseln Elba und Capraia heraus. Angaben aller Leistungen, Preisangaben jedoch nur zu den Hotels. Sinnvoll zur ersten Orientierung in der Nebensaison, in der Hochsaison hilft auch das Verzeichnis nicht mehr. Liegt bei der APT zum Mitnehmen aus.

Zimmerpreise: Müssen an der Rezeption und in den Zimmern aushängen und offiziell haben sich die Hoteliers natürlich auch daran zu halten. Bei längerer Aufenthaltsdauer in der Nebensaison kann man eventuell mal einen Rabatt rausschlagen, vor allem in kleineren Hotels und Pensionen. *Achtung:* Die Preise sind oftmals "per persona", manchmal aber auch für das ganze Zimmer angeschlagen, deshalb immer genau hinschauen, bevor man sich verfrüht über die vermeintlich günstige Herberge freut.

Einzelzimmer: Alleinreisende haben es nicht so einfach auf Elba, EZ sind oft nur wenig günstiger als die DZ (ca. 25–30 %), außerdem nicht in jedem Hotel vorhanden. Manchmal muss man dann mit einem DZ vorlieb nehmen, der Preis reduziert sich allerdings etwa um den ein Viertel. Gute Chancen hat man dagegen in den besseren Drei- und Vier-Sterne-Hotels, hier kostet das EZ nur knapp mehr als die Hälfte eines DZ.

Zustellbetten/Kinderrabatt: Eine *Culla* (Babybett) kostet für Kleinkinder bis 2 Jahre ca. 15–20 € pro Nacht, für größere Kinder kann man u. U. auch ein *terzo letto* bekommen (ca. 30–40 % Aufschlag zum DZ).

Pensionspflicht: Leidiges Thema und bedauerlicherweise tendenziell eher die Regel als die Ausnahme. Mit anderen Worten: In der Hochsaison hat man Glück, wenn man ein Zimmer bzw. Hotel findet, in dem die Halbpension nicht obligatorisch ist. Außerhalb der Monate Juli/August wird in fast allen Hotels auf die Halbpensionspflicht jedoch verzichtet.

Reservierungen: Wir können nicht oft genug darauf hinweisen, dass man für die Hochsaison frühzeitig buchen muss, will man nicht frustriert im Auto schlafen. Am besten tut man dies übrigens per Fax (schriftlicher Nachweis der Buchung), neuestens auch vermehrt per E-Mail. Faxnummern und Internet-Adressen finden Sie bei den jeweiligen Hotelbeschreibungen, E-Mail-Adressen sind nur dann gesondert aufgeführt, wenn sie von der üblichen Info-E-Mail-Adresse der Webseite abweichen.

Ferienhäuser, Appartements und Bungalows

Auch hier eine große Bandbreite, vom noblen Landhaus für zwölf Personen an der *Costa dei Gabbiani* bis hin zu vier zusammengezimmerten Holzwänden im hintersten Eck eines Campingplatzes, dazwischen natürlich auch die vielen gemütlichen Ferienwohnungen, die zum Teil auch privat vermietet werden. Bei dem Preisniveau auf der Insel v. a. im Sommer manchmal eine echte Alternative, allerdings sollte man für ein Appartement (2–4 Personen) in der Hochsaison mit mindestens 700 € und mehr pro Woche rechnen. Näheres hierzu in den jeweiligen Ortskapiteln. Ferienwohnungen bzw. Appartements sind auch über die großen deutschen Reiseveranstalter buchbar, und das sogar günstiger als vor Ort. Was für die Hotelsituation gilt, trifft für die Ferienwohnungen doppelt zu: Ohne langfristige vorherige Buchung geht gar nichts, vor allem italienische Gäste buchen schon bei Abreise "ihre" Wohnung wieder fürs nächste Jahr.

Appartements sind im Sommer nur wochenweise buchbar, z. T. muss man sich sogar für zwei Wochen verpflichten. In der Nebensaison kann man je nach Auslastung mit einer Mindestmietdauer von etwa drei bis vier Tagen rechnen.

Zahlreiche Reisebüros der Insel bieten ebenfalls Appartements/Ferienwohnungen oder -häuser an, die Prospekte hierzu werden auf Wunsch auch zugesandt, die Objekte sind z. T. auch im Internet ausgestellt (Näheres bei den Ortsbeschreibungen). Wer eine Ferienwohnung auf Elba bereits von zu Hause aus buchen will, sollte zu gegebener Zeit auch mal einen Blick in den Reiseteil der überregionalen Zeitungen werfen.

Adressen einschlägiger Unternehmen, die eine Vielzahl von Ferienhäusern und -wohnungen im Programm haben, finden Sie in diesem Buch im Kapitel "Wissenswertes von A bis Z/Reiseveranstalter", S. 78.

Großer Beliebtheit v. a. bei italienischen Gästen erfreuen sich auch die so genannten **Residenzhotels** *(Residence)*, Bungalowanlagen mit angeschlossenem Ristorante, Bar, Sportangebot, Abendunterhaltung etc. Oft über italienische Reiseveranstalter pauschal zu buchen.

Affittacamere (Privatzimmer) und Agriturismo (Ferien auf dem Bauernhof)

Privatzimmer sind auf Elba eher unterrepräsentiert. Meist recht schlicht, nur selten mit eigenem Bad, dafür aber familiäre Atmosphäre. Oftmals werden in einem Haus gerade mal ein paar Betten angeboten, und nicht nur in der Hochsaison soll man mindestens vier Tage bleiben, das Preisniveau ist – ausnahmsweise mal – relativ moderat. Bei den Büros der APT in Portoferraio, Marina di Campo und Marciana Marina ist eine Broschüre erhältlich, in der sämtliche *Affittacamere* nach Orten sortiert aufgeführt sind.

Ein weiterer Prospekt der APT listet alle Agriturismo-Betriebe der Insel (Aziende Agrituristiche), insgesamt sind dies knapp über 30. Allerdings gibt es auch hier wieder große Unterschiede, z. B. zwischen dem noblen Weingut und dem schlichten Bauernhof. Mehr Infos und eine Auflistung einiger Mitglieder findet man im Internet unter www.agriturist.it.

Camping (Campeggio)

Die Insel ist ein Eldorado für Campingfreunde, es gibt auf Elba 30 Plätze, und viele davon liegen wirklich sehr schön im Grünen *und* am Meer. Massenbetrieb findet man lediglich auf den dicht aneinander liegenden Plätzen in den Buchten im Süden der Insel, die Schönsten liegen zweifelsohne an der Nordküste Richtung *Capo d'Enfola:* kleine, schattige Anlagen, meist terrassenartig am Hang und mit eigener Badebucht.

Le Ghiaie – der beliebte Stadtstrand von Portoferraio

Die Idylle ist allerdings nicht gerade günstig, zu den in ganz Italien üblichen hohen Preisen für Camping kommt auf Elba noch mal ein kleiner Zuschlag. Pro Person bzw. Zelt sollte man in der Hochsaison mit etwa 10–12 € pro Tag rechnen, Wohnwagen und -mobile sind entsprechend teurer. In der Nebensaison purzeln die Preise, und vor dem bedauernden "tutto completo" des Besitzers braucht man sich außerhalb der Monate Juli/August auch nicht zu fürchten (Reservierung für die Hochsaison am besten einige Wochen vorher).

Viele elbanische Campingplatzbetreiber vermieten auch – eher bescheidene – Bungalows, die jedoch wie alle Unterkünfte der Insel für den Sommer frühzeitig gebucht werden sollten.

Die bei den Ortstexten angegebenen Preise beziehen sich auf die **Hochsaison**.

Die Campingsaison auf Elba beginnt in aller Regel Anfang April (oder Ostern) und dauert bis etwa Oktober, bei gutem Wetter wird auch mal verlängert, ist kein Gast mehr in Sicht, schließt man gegebenenfalls vor dem offiziellen Datum. Aus gutem Grund sind nur die wenigsten Plätze ganzjährig geöffnet – Gäste gibt es fast keine, und das feuchte elbanische Winterwetter ist nur für besonders Unerschrockene geeignet.

Die Campingplätze sind kategorisiert – ein bis drei Sterne, die sich auch auf die Preise niederschlagen. Drei-Sterne-Campingplätze unterscheiden sich ansonsten oftmals jedoch kaum von ihren zweisternigen Konkurrenten, häufig sind auch die kleinen Plätze der unteren Kategorien einfach gemütlicher und stimmungsvoller, wenn auch nicht ganz so komfortabel ausgestattet.

Wildzelten ist auf Elba – wie in ganz Italien – verboten, es drohen teilweise recht drastische Bußgelder.

Restaurant mit Blick auf das Inselchen Paolina – am gleichnamigen Strand

Essen und Trinken

Italien ist ein kulinarisches Paradies, und die Küche der Insel Elba macht hier keine Ausnahme, auch wenn sie bescheidener erscheint als in so mancher Region auf dem Festland. Dominiert wird die Speisekarte Elbas selbstverständlich von Fisch und Meeresfrüchten in zahlreichen Variationen.

In den Hafenorten sieht man morgens noch immer die Fischkutter mit vollen Körben zurückkehren. Gefangen wird an den felsigen Küsten Elbas eine große Vielfalt an Fischen, die besonders köstlichen *Astice* (Hummer) gibt es nur von Mai bis Juni. Alle Besucher können mit dem hier angelandeten Fisch jedoch nicht verköstigt werden. Zum Teil kommt er per Luftfracht aus Argentinien oder aus der Tiefkühltruhe (auf der Speisekarte mit dem Zusatz "prodotto congelato" oder "surgelato"). Fisch und Meeresfrüchte kommen in unzähligen Varianten und Gängen auf den Tisch, als köstlicher Eintopf "Cacciucco" oder als "Penne la Barca" (Nudeln nach Fischerart), oder als Hauptgerichte dann gebraten, gegrillt, gedünstet usw.
Bei den Fleischgerichten dominieren klassische "Importgerichte" wie z. B. *Scaloppine alla milanese* (Wiener Schnitzel), aber auch viel Gegrilltes. Zur Jagdsaison steht oftmals auch Wild auf der Speisekarte.

Wirklich charakteristische Gerichte der Insel (siehe "Elba-Specials") gibt es nicht allzu viele, zudem sind die Einflüsse anderer Regionen auf der Insel durchaus spürbar. Die bodenständig-einfache Küche spiegelt das wider, was traditionell auf der Insel vorhanden war und ist: zahlreiche Fischarten und eine Reihe von Gewürzen, mit denen seit Jahrhunderten auf Elba gekocht wird: Rosmarin, Salbei, Lorbeer, Kapern, Fenchel, Wacholder und Zitronen, um nur einiges zu nennen. Nicht zu vergessen sind auch der hervorragende Elba-Honig und im Herbst die Maroni (Esskastanien).

Elba-Specials

Cacciucco, der Fischeintopf, ist die bekannteste Spezialität der Insel: ein wahrer Berg aus verschiedenen Fischen und Meeresfrüchten in tomatiger Soße, der locker ein Hauptgericht ersetzen kann. *Cacciucco* gibt es in den Restaurants übrigens nicht jeden Tag – man sollte also zuschlagen, wenn die schmackhafte Fischsuppe gerade im Angebot ist. Typische Fischgerichte auf Elba sind außerdem die Fischsuppen *Sburrita* und *Acqua pazza.* Berühmt sind auch der Gemüseeintopf *Gurguglione* mit Ursprung im Bergdorf Rio nell'Elba und diverse Süßspeisen, darunter besonders erwähnenswert die *Schiaccia briaca*, ein mit Aleatico-Dessertwein getränkter Kuchen, sowie im Herbst der *Castagnaccio* (Maronenkuchen).

- **Frühstück (Colazione)**: Gibt es in der mitteleuropäischen Form in Italien nicht. Man geht in die Bar, trinkt im Stehen den ersten von vielen *Cappuccini* oder – später am Tag – *Caffè* (Espresso) und sucht sich in der Vitrine eine *Pasta* (süßes Gebäck) bzw. ein *Cornetto* (Hörnchen) aus, das reicht für den Anfang. Wer morgens mehr Hunger verspürt, greift zu *Toast* oder einem *Panino* (belegtes Brötchen). Das Frühstück in den Hotels fällt mit wenigen Ausnahmen ebenfalls meist bescheiden aus.

- **Mittagessen (Pranzo) und Abendessen (Cena)**: Auf beides wird in Italien großer Wert gelegt, wobei das gemeinsame Abendessen noch mal üppiger ausfällt als das Mittagessen. Die Essenszeiten werden relativ genau eingehalten, Mittagessen von 13 bis 14.30 Uhr (danach ist in praktisch allen elbanischen Restaurants die Küche geschlossen), Abendessen nicht vor 20 Uhr. Nur ein einzelnes Gericht zu bestellen geht vielleicht mittags in der Pizzeria, wer abends zum Essen ausgeht, bleibt oft mehrere Stunden am Tisch sitzen und zelebriert mit seiner Tischrunde mindestens vier Gänge. Man fängt mit *Antipasti* (Vorspeisen) an, danach der erste Gang *(Primo piatto)* – meist *Pasta* oder *Risotto* (Nudel- bzw. Reisgerichte) –, der Hauptgang *(Secondo)* mit einem Fleisch- oder Fischgericht *(Carne* bzw. *Pesce)* und Beilagen *(Contorno).* Es folgen *Formaggio* (Käse), *Frutta* (Obst) und *Dolce* (Süßes), schließlich geht man zu *Caffè* und *Grappa* über – so der vollständige und ideale Verlauf der italienischen Essenszeremonie. Auch wenn man so ausführlich nicht essen kann oder will – sich abends ins Ristorante zu setzen und nur eine Pasta oder ein einzelnes Hauptgericht zu bestellen stößt in der italienischen Gastronomie auf Befremden. Einzige Alternative fürs kleine Budget ist die bereits erwähnte *Pizzeria,* in der man getrost nur eine Pizza und ein Getränk bestellen kann.

- **Preise**: Das Essen in besseren *Ristoranti* bzw. *Trattorie* ist nicht billig. Für ein Menü à la carte mit drei bis vier Gängen und Wein muss man mit 25–35 € pro Person rechnen – es geht natürlich auch teurer. Viele Restaurants der Insel werben mit einem **Menù turistico** (Touristenmenü), die Preise hierfür liegen bei ca. 15–20 €. Allgemein ist im Preis bereits der Service von 15 % enthalten *(Servizio compreso),* hinzu kommen aber auf alle Fälle noch *Pane e Coperto* (Brot und Gedeck) mit ca. 1–2,50 € pro Person.

Platzwahl: Sich beim Restaurantbesuch auf den nächstbesten freien Platz zu stürzen ist in Italien unüblich. Man wartet, bis man vom Ober einen freien Tisch zugewiesen bekommt. Selbstverständlich kann man auch Wünsche äußern. Achtung: In einigen In-Restaurants der Insel sollte man für die Abende der Hochsaison

Reiche Auswahl: am Fischmarkt ...

dringend einen Tisch reservieren, die Telefonnummern dieser Lokale sind bei den entsprechenden Ortstexten angegeben.

Gastro-Konversation: Die in Deutschland übliche Höflichkeitsformel, ob es denn geschmeckt habe, stellt man in Italien ganz selbstbewusst nicht. Stattdessen fragt der Kellner nach dem Essen mit "Posso, signori?", ob er abräumen kann. Nachtisch, Obst, Caffè oder Grappa werden in fast allen Restaurants angeboten.

Die **Rechnung** ("il conto, per favore!") kommt diskret und verdeckt auf einem Tellerchen, man legt Geld (oder Kreditkarte) darauf und erhält das Wechselgeld zurück. Trinkgeld wird – anders als in Deutschland – nicht zwingend erwartet, wer besonders zufrieden war, lässt jedoch ein paar Münzen auf besagtem Tellerchen liegen, als Richtwert gelten ca. 5 % des Gesamtbetrages. Ebenso fremd ist in Italien die Zahlungsweise "jeder für sich". Wenn möglich, sollte man sich den Gepflogenheiten anpassen, zusammen bezahlen und die Rechnung danach teilen. Die Rechnung *(Ricevuta fiscale)* muss per Gesetz beim Verlassen des Lokals mitgenommen werden und bei eventuellen Kontrollen der Finanzpolizei vorgezeigt werden.

Speisekarte *(la lista* oder *menù)*: In den meisten elbanischen Restaurants zweisprachig (ital./engl.), oftmals auch auf Deutsch. Bei Unklarheiten nachfragen, der Ober holt dann meist zu ausschweifenden Erklärungen aus, so dass selbst dem Sprachunkundigen das Wasser im Mund zusammenläuft.

Wer ein eigenes Appartement mit Kochgelegenheit zur Verfügung hat, kommt sicherlich preiswerter weg. Doch ist auch der Einkauf von Lebensmitteln, Obst und Gemüse auf Elba teurer als auf dem italienischen Festland. In Portoferraio (siehe dort unter "Einkaufen") gibt es einen großen COOP-Supermarkt, in dem sich **Selbstversorger** relativ günstig eindecken können, nach unseren Erfahrungen etwas preiswerter als beim Konkurrenten CONAD.

Die Lokale

Die Bezeichnungen *Ristorante, Trattoria, Osteria* etc. sagen noch nichts über die Qualität des Essens aus – und auch nicht über die Preise; die Unterschiede zwischen den einzelnen Gattungen verwischen sich außerdem zusehends. Lediglich bei der *Pizzeria* kann man von einem moderaten Preisniveau ausgehen. Auch der Zusatz *Cucina casalinga* (nach Hausmannsart) lässt in aller Regel auf schmackhaftes Essen zu ehrlichen Preisen schließen. Gemeinsam haben fast alle Lokale einen Ruhetag (zumindest in der Nebensaison), der am Eingang angeschlagen ist.

Ristorante: Meist das auch preislich gehobene Speiselokal mit professionellem Service, in das man seine Freunde oder Geschäftspartner ausführt. Reiche Auswahl an *Antipasti* (Vorspeisen), oft in der Vitrine zu begutachten. Geboten sind allgemeine italienische Küche und regionale Spezialitäten, Schwerpunkt oft Fisch. In der Regel große Weinkarte, jedoch nicht immer offener Wein. Ein gutes Ristorante kann sehr teuer sein, man kann aber auch angenehm überrascht werden – deshalb immer die Speisekarte am Eingang studieren.

Trattoria: Dem Ursprung nach die einfache, bodenständigere und preiswerte Variante des Ristorante. Oft Familienbetriebe, die sich der Tradition der regionalen Küche verpflichtet fühlen, und das seit Generationen. Es hat sich einiges geändert, so dass man heute die Bezeichnung nicht mehr als Garantie für preisgünstigeres Essen deuten kann – manch schicke Ristoranti nennen sich Trattoria, um eine gewisse Authentizität zu betonen. Oftmals kann man bei den Trattorie echte Volltreffer landen, was die Qualität des Essens angeht. Dann zaubert die Mamma im Verborgenen, der Padrone plauscht mit den Gästen, und der Nachwuchs bedient, alles in persönlicher, netter Atmosphäre.

Osteria: Im klassischen Sinne selten geworden, einst die volkstümliche Variante der Trattoria, traditionell das Gasthaus um die Ecke, wo Arbeiter und Angestellte ihre Mittagspause verbringen, und man sich abends zum Weintrinken trifft. Osterie gibt es auf der Insel mittlerweile auch vermehrt in der Schick-Variante: Hinter dem Begriff verbirgt sich nicht selten ein superteures und gestyltes Restaurant.

Pizzeria: Taucht meist in Verbindung mit dem Zusatz Ristorante auf, was besagt, dass es neben einer großen Auswahl an Pizza auch alle anderen Gänge und Speisen gibt, in Bezug auf Preis und Qualität jedoch oft unter dem Niveau eines reinen Ristorante. Die Pizza kommt in aller Regel aus dem Steinofen, der eigens angestellte Pizzabäcker hat allabendlich alle Hände voll zu tun. Bestellungen von einzelnen Gerichten sind hier nicht unüblich, z. B. nur Pizza oder Nudeln und Salat – nicht von ungefähr ist die Pizzeria ein beliebter Treffpunkt bei jungen Leuten, die in den teureren Ristoranti höchsten im Familienverband auftauchen.

Birreria: Hier wird nicht nur getrunken, es werden auch ganze Mahlzeiten serviert. Man trifft sich zum Essen und Biertrinken. Auf Elba selten.

Enoteca/Vinaio: Weinlokal mit großem Angebot regionaler und überregionaler Weine. Man isst ein paar Snacks und trinkt sich

... und vom Küchenchef empfohlen

durch die Weinkarte. Auf der Insel ebenfalls kaum vertreten.

Tavola Calda/Rosticceria: Eine Art Garküche, den ganzen Tag über warm gehaltene Speisen (viele Nudelgerichte), oft auch zum Mitnehmen. Nur wenige Tische und Stühle, meist schlichte Einrichtung, günstig.

Bar: Weit verbreitet, jedes Dorf der Insel hat eine. Tagsüber, um im Vorübergehen einen *Caffè* zu trinken, ein paar Worte zu wechseln und die Mittagspause zu genießen; abends ist die Bar allgemeiner Treffpunkt. Sitzgelegenheiten sind traditionell rar, den *Caffè* konsumiert man am chromblanken Tresen stehend. Vorher (!) muss man an der Kasse zahlen, und dann den *Scontrino* (Bon) dem Barmann vorlegen. Meist eine kleine Auswahl an *Pasta* (Gebäck) und *Panino* (belegten Brötchen) in der Vitrine.

Caffè: Entspricht am ehesten den mitteleuropäischen Vorstellungen eines Cafés, obwohl die Übergänge zur Bar fließend sind. Meist an der *Piazza* eines Ortes in exponierter Lage, mit zahlreichen Tischen und Stühlen im Freien. Wenn man Platz nimmt (auch im Caffè kann man übrigens im Stehen am Tresen trinken) sind die Preise in aller Regel ziemlich hoch, am günstigsten fährt man noch mit einem Gläschen Wein. Gelegentlich mit angeschlossener *Pasticceria* (Konditorei), z. T. wird auch *Gelato* verkauft.

Gelateria: Die Eisdiele, oftmals nur ein Straßenverkauf. Die besten Gelaterie erkennt man an der Länge der anstehenden Schlange. Unzählige Sorten an leckerem *Gelato*, z. T. gibt es auch *Granita*, eine Art Sorbet.

Weine und Spirituosen

Alles Wissenswerte zur Geschichte des Weinbaus und den besten Anbaugebieten der Insel finden Sie im Kapitel "Elba erleben" auf S. 22. Die Winzer der Insel machen darauf aufmerksam, dass auch Weine von außerhalb (z. B. Sizilien) auf Elba abgefüllt werden und auf dem Etikett dann den entsprechenden Vermerk tragen: *Imbottigliato all'Elba*. Echten Elba-Wein versprechen auf alle Fälle die Flaschen mit dem DOC-Etikett.

Elba Bianco DOC (Procanico): Trockener Weißwein, gelbliche Farbe. Zu Vorspeisen und Fischgerichten; gekühlt trinken.

Elba Rosso DOC (Sangioveto): Trockener Rotwein. Vor allem zu Fleischgerichten; temperiert am besten.

Aleatico: Schwerer, süßer Wein von dunkelroter Farbe. Wird als Dessertwein getrunken.

Moscato: Schwerer, süßer Wein, bernsteinfarben. Als Aperitifwein oder zum Dessert.

Die kleine Insel beherbergt über **30 Weingüter,** auf denen man z. T. auch verkosten und einkaufen kann. Die beiden bekanntesten sind die *Azienda Agricola La Chiusa* (Magazzini), ✆ 0565/933046, und die *Azienda Agricola Sapere T.A.* (Porto Azzurro, Ortsteil Mola), ✆ 0565/95033.

Grappa & Co: Der italienische Nationalschnaps wird natürlich auch auf Elba gebrannt. Verkauft werden sowohl einjährige als auch mindestens dreijährige *(Stravecchia)*. Den *Grappa dell'Elba* bekommen Sie in den Enotheken und Feinkostgeschäften der Insel. Besondere Erwähnung verdienen an dieser Stelle auch die Liköre der Insel: **Limoncino** und **Arancino,** Zitronen- und Orangenlikör aus elbanischem Anbau. In den Weinhandlungen der Insel erhältlich.

Einer der vielen einladenden Badestrände Elbas – bei Seccheto

Was tun auf Elba?

Elba ist die Badeinsel par excellence, aber auch Segler und Taucher finden hier optimale Bedingungen, Surfer zieht es vor allem in die Buchten im Süden. Wem der feste Boden mehr zusagt, wandert oder fährt mit dem Mountainbike. Und wer eher die grauen Zellen oder die Hände bewegen will, besucht einen Keramikworkshop oder Italienischkurs.

Zahlreiche Urlauber genießen auf der Insel die Mischung aus Natur, Aktivität und entspanntem Stranddasein. Viele Segelanfänger starten von Elba aus ihren ersten Törn (Seemeilenbestätigung) und legen in der Folgewoche ihre erste Prüfung ab. Ebenso bieten die zahlreichen – teils recht renommierten – Tauchschulen Anfängerkurse an, man kann z. B. das Brevet *Open Water Diver (Padi)* erwerben. Neben den erwähnten Wanderern und Mountainbikern können vor allem Tennisspieler und Golfer auf Elba einen ausgefüllten Urlaub verbringen.

Baden

Die **schönsten Strände** befinden sich zweifelsohne im **Süden** Elbas: Hier warten gleich drei größere Sandbuchten (*Lido di Capoliveri*, *Lacona* und *Golfo di Campo*), die den faulen Tag am Strand ebenso wie ein straff organisiertes Wassersportprogramm ermöglichen; für Familien mit Kindern sind die meist flachen Buchten des Inselsüdens geradezu ideal. Traumhaft sind aber auch die Badestrände im **Westen** Elbas: Zwischen steiler Felsküste tun sich immer wieder herrliche kleine Sand- und Kiesbuchten auf, wobei hier natürlich die wunderschön gelegene Bucht von *Fetovaia* besondere Erwähnung verdient. Auch an der Nord- und Nordwestküste Elbas finden sich zahlreiche idyllische Buchten, z. B. der *Cotoncello*-Strand im äußersten

Nordwesten oder aber die sandige *Biodola*-Bucht ganz in der Nähe der Inselhauptstadt. Baden vor steiler Felskulisse kann man auch an der Küste gleich westlich von Portoferraio: Hier locken besonders das *Capo Bianco* und der traumhafte *Sansone*-Strand (beide Kies).

Weit weniger reizvoll präsentieren sich die Strände im **Nordosten,** eine Ausnahme bildet hier die überschaubare Dorfbucht von *Bagnaia*. Sehr ansprechend dagegen die vielen Strände der Halbinsel *Calamita* im **Südosten**: Beschauliche kleine Sandbuchten und einsame Kiesstrände um den südlichsten Punkt Elbas, die *Punta dei Ripalti*: Hier findet jeder das Passende.

Auf Elba gibt es auch einige abgelegene **FKK-Strände,** die zum Teil nur vom Wasser aus zugänglich sind, z. B. im westlichen Bereich des *Golfo Stella* und in einigen kleinen Buchten der Westküste.

Wer in den Hochsaisonmonaten Juli und August auf der Insel unterwegs ist, wird allerdings kaum die erträumte einsame Badebucht finden. Die Strände sind gut besucht bis voll, manche sind zu größeren Teilen für die angrenzenden Hotels reserviert. Schon bei der Parkplatzsuche stößt man schnell an Grenzen, überdies ist das Parken gerade bei den größeren Stränden fast immer gebührenpflichtig. An vielen Stränden werden Sonnenschirme und Liegestühle verliehen, außerdem sind häufig Tretboote, Kajaks und auch Motorboote im Angebot. Die Preise für den Strandservice sind meist sehr hoch: Für einen Sonnenschirm und zwei Liegestühle muss man in der Hochsaison mit bis zu 20 € pro Tag rechnen. Die **Wasserqualität** ist im Allgemeinen sehr gut, die Strände sind in aller Regel außerordentlich sauber und gepflegt.

Die Badesaison fängt auf Elba relativ spät an, wer bereits im Mai ein – wahrhaft erfrischendes – Bad nehmen will, muss mit Wassertemperaturen von gerade mal 17 °C rechnen, dafür ist das Meer im Oktober noch über 21 °C warm. Eine Tabelle mit den durchschnittlichen Wassertemperaturen finden Sie im Kapitel "Klima und Reisezeit" (siehe S. 19).

Ausflugsboote

Gutes Angebot auf der ganzen Insel: Inselrundfahrten (auch mit dem Glasbodenboot), Ausflüge zu den Grotten und an die *Costa dei Gabbiani* sowie Fahrten zu den Inseln *Capraia, Pianosa* und *Giglio* (z. T. mit Umrundung der Insel *Montecristo),* im Sommer (nur Juli/August) werden immer wieder auch Tagesausflüge nach *Korsika* angeboten. Die Ganz- und Halbtagestrips kosten etwa 20–35 € pro Person (in der Hochsaison bis 60 €/Person), Kinder zahlen oft nur die Hälfte. Die Boote sind in der Regel recht klein, und bei bewegter See kann es mitunter etwas schaukelig zugehen – der Kapitän hat Spucktüten dabei. Die APT in Portoferraio hält eine Liste aller Veranstalter bereit, nähere Informationen auch unter den jeweiligen Ortstexten. Bootsausflüge werden ab Portoferraio, Porto Azzurro, Marina di Campo und Marciana Marina angeboten.

Beach-Volleyball

Neben einigen Netzen an Hotelstränden außerdem Möglichkeiten an den Stränden von Rio Marina, Porto Azzurro und Marina di Campo (bei den Strandbädern *Bagni Tropical* und *Bagni Capriccio).*

Freeclimbing

Für das Klettern gibt es inzwischen auch auf Elba einen Club, mit dem man am besten Kontakt aufnimmt: *Elba Free Climbing Club,* Loc. Antiche Saline, Portoferraio,

Fußball am Strand von Marina di Campo

✆ 0565/917140, der Ansprechpartner ist Renato Bardi. Informationen auch im *Hotel Ilio* in Sant'Andrea, ✆ 0565/908018, ℻ 0565/908087.

Gleitschirmfliegen

Informationen bei der *Residence Itelba,* Loc. Norsi (am Golfo Stella), Ansprechpartner ist Giuseppe Brotto, ✆ 0565/940096.

Golf

Etwa 7,5 km südöstlich von Portoferraio (Abzweig von der Straße nach Porto Azzurro) gibt es eine 9-Loch-Anlage (Par 34). Betreiber ist der *Elba Golf Club dell'Acquabona,* ✆/℻ 0565/940066, www.elbagolfacquabona.com. Spielen kann hier jeder, der in irgendeinem Golfclub der Welt Mitglied ist. Das Greenfee kostet in der Hochsaison 34 € am Tag, für 9-Loch (nur ein Durchgang) 26 €, Gäste bestimmter Hotels (z. B. *Airone, Fabricia, Biodola, Hermitage* und *Mare)* erhalten Sonderkonditionen. Im Sommer wird auch Einzelunterricht für Nichtmitglieder angeboten, 25 € pro 30 Minuten.

In der Biodola-Bucht findet man den *Golf Club Hermitage,* eine 6-Loch-Anlage, Infos unter ✆ 0565/969932 bzw. ℻ 0565/969984.

Keramik und Ton

Keramikkurse im Sommer beim *Museo Italo Bolano (Giardino dell'Arte),* Wochenkurs ca. 250 € (siehe S. 102). Kurse im "Experimentellen Gestalten mit Ton" bieten Iskra und Oreste bei *Terra e Mano* an, nur im Frühjahr und Herbst, ebenfalls ca. 250 € pro Woche (siehe S. 104).

Minigolf

Anlagen für dieses familienfreundliche Vergnügen finden Sie in Lacona, bei Procchio, Rio nell'Elba und Porto Azzurro.

"Inselerlebnisse mit Sinn für Natur"

So lautet das Motto der 2002 gegründeten Organisation *Teams 4 Nature*, die alljährlich im November einwöchige Workshops zur Olivenernte veranstaltet. Die Teilnehmer helfen in Teamarbeit bei der Ernte und erfahren einiges über die Produktionsabläufe von der Olive bis zum fertigen Öl. Geleitet werden die Workshops von der Biologin und Geografin Marlies Moertter. Außerdem im Programm: Veranstaltungen zur Weinkultur der Insel und erlebnisorientierte Wanderungen, z. B. zum Thema "Kastanien und Granit". Weitere Infos bei Marlies Moertter, Loc. Campitelle 16, 57037 Portoferraio, ☎ 0565/917296, ℻ 0565/913085, www.teams4nature.com. Ein einwöchiger Workshop kostet inkl. Unterkunft und Halbpension 458–488 € pro Person.

Mountainbiken

Es gibt auf Elba mehrere ausgewiesene Mountainbike-Routen, die als solche auch in der von uns empfohlenen Kompass-Inselkarte (siehe "Wissenswertes von A bis Z/Landkarten und Literatur", S. 76) gekennzeichnet sind. Routen führen z. B. um die *Halbinsel Calamita* (Schwierigkeitsgrad: leicht), von *San Martino* zum *Colle Reciso* und zurück (mittel) oder rund um den *Monte Perone* im Westen der Insel (anspruchsvoll). Details zu den Routen in der Broschüre "Elba, un anno di sport", die von der APT in Portoferraio kostenlos herausgegeben wird. Das entsprechende Gerät leiht man sich am besten (sofern man das MTB nicht bereits von zu Hause mitgebracht hat) bei den spezialisierten Vermietern in Portoferraio (dort unter dem Stichwort "Adressen"). Auf der Insel werden selbstverständlich auch "normale" Fahrräder vermietet, jedoch sind für Ungeübte die überwiegend bergigen Strecken recht anstrengend.

Reiten

Es gibt mehrere Reitställe auf der Insel, die für Touristen Ausritte anbieten. Entgegen anders lautender Aussagen der Unternehmer sollte man nicht unbedingt blutiger Anfänger sein, wenn man einen Ritt quer durch die elbanische Hügellandschaft unternimmt, oder sich zumindest das zuverlässigste und lammfrommste Pferd des Stalles zuteilen lassen. Erfahrene Reiter haben auf den gepflegten und lebhaften Maremma-Pferden allerdings ihre Freude und können wirklich herrliche Ausritte erleben. Die Preise liegen bei etwa 20–25 € für einen etwa zweistündigen Ritt.

Fattoria Il Fortino del Buraccio, Loc. Buraccio, ☎/℻ 0565/940245.

Centro Ippico, Loc. Ripalte (Costa dei Gabbiani), ☎ 0565/935122.

Fattoria Sapere, Loc. Mola (Porto Azzurro), ☎ 338/1778525 (mobil).

Maneggio Gigi, Loc. Barbarossa, ☎ 0565/95605.

Centro Ippico L. E. Farms, Loc. Literno, ☎ 0565/979090 oder 339/3147179 (mobil).

Azienda Ricci e Rosi, Loc. La Pila (Marina di Campo), ☎ 339/2512134 (mobil).

Reit-Tipp: **Ranch Antonio,** Portoferraio, im Ortsteil Picchiaie (etwas außerhalb, an der Straße nach Porto Azzurro): ruhig und abseits gelegen mit herrlichem Ausblick. Im Stall stehen 15 Maremma-Pferde, der 2-stündige Ausritt kommt auf 20 €, Loc. Monte Orello, ☎ 347/0064650 (mobil). Der Beschilderung zum Hotel Le Picchiaie folgen, siehe auch S. 119.

Belohnung für Mountainbiker – Blick auf die Bucht von Marina di Campo

Segeln

Die Insel Elba ist ein nahezu perfekter Ausgangspunkt für Segeltörns im Tyrrhenischen Meer: Mehrere Charterflotten sind hier genauso beheimatet wie deutschsprachige Segelschulen. Elba verfügt aber auch über gut ausgestattete und sichere Häfen mit allen Einrichtungen.

Törn-Ziele: Dem erfahrenen Segler bieten sich Törns nach Giglio und Capraia, den kleineren Inseln des Toskanischen Archipels an. Auch die Halbinsel Argentario mit den Häfen Porto Santo Stefano, Porto Ercole und Cala Galera bietet lohnenswerte Törnziele. Bei guter Wetterlage reizt aber die meisten Skipper ein Törn nach *Korsika*. Nur etwa 40 Seemeilen entfernt warten die Häfen Bastia und Macinaggio auf die Segler aus Elba, wo mit Pastis und korsischem Wein eine gelungene Überfahrt zu feiern ist. Seit einigen Jahren brauchen Segler keine Zollformalitäten für Italien und Frankreich mehr über sich ergehen zu lassen. Somit steht einem Elba-Korsika-Törn fast nichts mehr im Wege.

Die **Charteryachten** sind nach italienischer Rina ausgerüstet, d. h. alle erforderliche Sicherheits- und Navigationsausrüstung ist an Bord; auch deutschsprachige nautische Literatur und Seekarten. Voraussetzung sind natürlich der amtliche *Sportbootführerschein* See sowie der *SKS* (*Sportküstenschifferschein*, ehemals *BR-Schein*) und im eigenen Interesse eine größere Erfahrung in Umgang mit Hochseeyachten. Denn dieses Segelrevier sollte auch im Hochsommer nicht unterschätzt werden: Plötzliche, ohne Vorwarnung auftretende *Mistral-* und *Sciroccowinde* in Sturmstärke können auftreten und unerfahrene Segler in große Schwierigkeiten bringen. Wem die nötige Erfahrung fehlt, sollte sich lieber auf einer Yacht mit Skipper einmieten; oder man bucht direkt bei einer der Segelschulen einen Ausbildungstörn. Erfahrene Schiffsführer kennen die Gefahren, vermitteln das Segelhandwerk und laufen natürlich auch einsame Buchten und Ankerplätze an, die der Laie nicht kennt. Zu empfehlen ist das Frühjahr und der Herbst, im Juli und August ist es fast unmöglich, in den zahlreichen Häfen gute Liegeplätze zu finden.

Für Jollensegler bieten sich in Elba mehrere geschützte Buchten mit Sandstränden an. Hier wehen auch in den manchmal sehr windarmen Sommermonaten erfrischende thermische Winde, die für Jollensegler herrlichen Segelspaß bedeuten. An einigen Stränden im Süden finden Sie Surfbrett- und Jollenverleiher. Die größeren Strände verfügen über abgeteilte Zonen für Schwimmer. Schmale Bojengassen sind für die Jollensegler zwischen diesen Zonen zwecks Anlandung vorgesehen. Schwimmwesten sind obligatorisch.

• *Segelschulen* Es existieren allein drei deutsche Segelschulen auf Elba, alle bieten den DSV-Segelscheinkurse für Jollen und Seesegeln an. Auch können auf Anfrage Jollen und Yachten gemietet werden.

Yachtschule Elba des DHH – Le Grotte del Paradiso, Portoferraio, ✆ 0565/933329, 📠 0565/933178. In Deutschland: Deutscher Hochseesportverband Hansa e. V., Rothenbaumchaussee 58, 20148 Hamburg, ✆ 040/44114250, 📠 040/444534, www.dhh.de.

Segelzentrum Elba, Gereon Verweyen, Loc. Bagnaia, 57037 Portoferraio, ✆ 0565/961090, 📠 0565/961184. In Deutschland: Sürther Hauptstr. 211, 50999 Köln, ✆ 02236/65505, 📠 02236/68516, www.segelzentrum-elba.de.

Segel Club Elba, Christian Renner, Loc. Magazzini 12, 57037 Portoferraio, ✆ 0565/933288, 📠 0565/933214. In Deutschland: Postfach 300327, D-51413 Bergisch-Gladbach, ✆ 02204/68703, 📠 02204/962951, www.segel-club-elba.de.

• *Charterfirmen* **Sun Charter**, Portoferraio/Werft, 18 Janneau-Yachten, 10–14 m, ✆ 335/8132040 (mobil).

Time Charter, Portoferraio, 6 verschiedene Yachten, 11–13 m, ✆ 347/4172247 (mobil).

Segelschule Elba Charter, Procchio, ✆ 0565/907838, 338/6436408 (mobil).

• *Buchungsadressen* **Charterwelt GmbH**, Karl-Hromadnik-Str. 16, 81241 München, ✆ 089/8299880, 📠 089/82998877, www.charterwelt.de.

Sun Charter, Am Gries 17 c, 82515 Wolfratshausen, ✆ 08171/29905, 📠 08171/72972, www.suncharter.de.

Die alten **Stadthäfen** von Portoferraio, Porto Azzurro und Marciana Marina sind nicht nur für die Landurlauber ein malerischer Anziehungspunkt: Oft total mit Yachten überfüllt, muss der fremde Skipper erst einmal lernen, mit den italienischen Verhältnissen klarzukommen. Die Plätze werden hier nicht vom Hafenmeister zugewiesen; es gilt das Recht des Erstankömmlings. Auch wird hier mit Anker rückwärts angelegt. Für Nordsee- und Ostseesegler kein leichtes Manöver.

Häfen: Stadthafen Portoferraio, zwei Marinas und Bootswerften sind an der gleichnamigen Bucht gelegen. Außerdem Cavo, Rio Marina, Porto Azzurro, Marina di Campo und Marciana Marina. In diesen Häfen gibt es öffentliche Liegeplätze (kostenlos) und auch kostenpflichtige Steganlagen (bis 50 €/Nacht).

Einreisebestimmungen/Papiere: Für die zeitweise Einfuhr (bis zu 12 Monate) von Wassersportfahrzeugen bedarf es keiner offiziellen Genehmigung. Lediglich gültige Schiffspapiere, ein Versicherungsnachweis und der amtliche *Sportbootführerschein See* sowie der *SKS* sind erforderlich. Weitere Informationen über die italienischen Fremdenverkehrsämter und den Deutschen Seglerverband.

Wetterberichte: Täglich bei der *Capitaneria* in Italienisch, oft auch in Englisch. Auf Kurzwelle sendet die Deutsche Welle einen Seewetterbericht Mittelmeer. Hochseeyachten müssen mit UKW-Funk ausgerüstet sein, die italienischen Küstenfunkstellen senden regelmäßige Wetterberichte auf UKW auch in Englisch.

Seglertreff Elba

Treibstoffversorgung: Zum Teil etwas umständlich. In den Sommermonaten muss man meist sehr lange warten, oft wird der Sprit in Kanistern zum Schiff geholt. Die Wassertankstellen sind nur in Portoferraio und Porto Azzurro zu empfehlen, in Marciana Marina ist es an der Tankstelle sehr flach!

Trinkwasser: Wenden Sie sich an die *Capitaneria* (Hafenmeisterei).

Sprachkurse

Egal, ob Sie erste Kenntnisse erwerben wollen oder Ihr Italienisch perfektionieren wollen, vor Ort geht das sicher am besten. Eine Möglichkeit ist z. B. das *Centro Lingua & Cultura Italiana,* Loc. Monserrato, 57036 Porto Azzurro, ✆ 0565/920155, 📠 0565/920166, www.abcelba.com.

Eine Alternative ist die Sprachschule *Centro Fiorenza,* sie veranstaltet zweiwöchige Kurse (Gruppen-, Einzel- und Konversationskurse), die z. T. auch als Bildungsurlaub anerkannt werden. Sitz der Schule ist in Procchio, es werden auch Unterkünfte vermittelt. Mehr darüber bei Centro Fiorenza, Via Santo Spirito 14, 50125 Firenze, ✆ 055/2398274, 📠 055/287148, www.centrofiorenza.com.

Informationen zu Sprachkursen auf Elba erhalten Sie auch von der renommierten *Società Dante Alighieri,* ✆ 0586/828364 (Livorno).

Tauchen

Gute Möglichkeiten auf der Insel, v. a. im Westen, an der Nordküste und an der *Costa dei Gabbiani* (Halbinsel Calamita). Mehrere Tauchschulen sind auf ganz Elba verteilt (meist *Padi),* darunter auch einige deutschsprachige. Details bei den entsprechenden Ortstexten.

• *Tauchschulen* **Unica Diving**, Loc. Magazzini, Werner und Genny, an Bord mobil erreichbar unter ✆ 348/4106761.

Unsere **Tauch-Tipps** sind **Orso Reale Diving** in der Reale-Bucht (bei Porto Azzurro, ✆/📠 0565/95158, www.orsorealediving.it) und die Tauchschule **Spiro Sub** des Schweizers Pitt Gsell in Marina di Campo, ✆ 0565/976102, 📠 0565/976424, www.spirosub.isoladelba.it. Anfänger können sich relativ unkompliziert an einem Probetauchgang versuchen, Kurse für Anfänger und für Fortgeschrittene.

Cavo Diving Center, Roland und Andrea, Cavo, ✆ 0565/931160.

Berndts Tauchbase, Madonna delle Grazie, ✆ 0565/939124.

Omnisub, Barbarossa-Bucht, ✆ 0565/95628, 📠 0565/958262.

Sirena Diving Center, Capo d'Enfola, ✆/📠 0565/918938.

Due Passi nel Blu, Porto Azzurro, ✆ 0565/920061, 📠 0565/958369.

Diving Center Porto Azzurro, ✆/📠 0565/920240.

Aquanautic-Elba.de, Morcone, ✆ 0565/935505.

Centro Sub Talas, Lido-Bucht, ✆/📠 0565/933572 oder 0565/933482.

Diving Center Blu Immersion, Lacona-Bucht, ✆ 347/9140881 (mobil).

Elba Diving Center, Marciana Marina, ✆ 0565/904256, 📠 0565/904363.

Diving Service Center, Seccheto, Hotel La Stella, ✆ 0565/987082.

• *Flaschenfüllstationen* Man wende sich an die Tauchschulen oder an: **Portoferraio**: Time Out, Via Carducci; Caccia e Pesca, Via Manganaro 10; **Porto Azzurro**: Tankstelle; **Capo d'Enfola**: Campingplatz; **Lacona**: am Strand (beschildert); **Marina di Campo**: Ferramenta Tesci, Piazza Vittorio Emanuele 14.

Tennis

Sehr viele 3- bzw. 4-Sterne-Hotels haben eigene Tenniscourts. Die Plätze werden, wenn nicht gerade von Hotelgästen belegt, auch an Personen vermietet, die nicht im Hotel wohnen. Weitere Tennisplätze finden Sie in *Portoferraio:* Loc. San Giovanni, ✆ 0565/915366; *Rio nell'Elba:* Al Barcocaio, ✆ 338/7597135 (mobil); *Porto Azzurro:* Longone Tennis Club, Viale Europa, ✆ 0565/957845; *Marina di Campo:* Loc. Sighello, ✆ 0565/977868; *Marciana Marina:* Viale Aldo Moro, ✆ 0565/997019.

Wandern

Die Insel ist von vielen landschaftlich oftmals sehr reizvollen Wanderwegen durchzogen. Die Markierungen sind in der Regel gut, und man hat in den letzten Jahren viel für den Ausbau des Wegenetzes getan, z. B. die Teilabschnitte von wuchernder Macchia befreit und alte Markierungen ersetzt sowie naturkundliche Schautafeln angebracht (leider nur in italienischer Sprache).

Das Niveau reicht von einfachen gemütlichen Spaziergängen bis zu anspruchsvollen Wanderwegen über Geröll im Gebiet des *Monte Capanne.* Überhaupt stellt die Besteigung des höchsten Bergs (1019 m) im Westen der Insel für viele den bergsteigerischen Höhepunkt auf Elba dar, der Westteil der Insel ist ohnehin der interessanteste für Wanderer. Einige Wanderungen sind durchaus sehr schweißtreibend, wirklich schwierige Kletterpassagen, die umfangreiche alpinistische Erfahrung erfordern, findet man auf der Insel jedoch nicht (mit Ausnahme von *Wanderweg 00*, der von Osten auf den Monte Capanne führt), gelegentlich aber einige geröllig-rutschige Stellen, die die Begehung der Pfade erschweren.

Equipment und Vorsichtsmaßnahmen beim Wandern

- **Verpflegung**: In jedem Fall ausreichend Trinkwasser mitnehmen! Ständige sprudelnde Quellen sind auf Elba selten. Beachten Sie außerdem, dass bei längeren Wanderungen gerade im Westen der Insel auf der Strecke kaum Einkehrmöglichkeiten bestehen.
- **Kleidung**: Gutes Schuhwerk ist notwendig. Wer im Bereich des Monte Capanne oder entlang des Gebirgszuges im Osten der Insel unterwegs ist, sollte Wanderschuhe tragen. Im Sommer Sonnenschutz nicht vergessen und im Frühjahr/Herbst bei Gebirgswanderungen Windjacke oder Pullover.
- **Wetter**: Auch wenn es "nur" auf etwa 1.000 m hinaufgeht, sind viele Strecken v. a. im Westen als Gebirgswanderungen zu charakterisieren. Deswegen sollte man Wetterumschwünge ernst nehmen. Wenn sich beispielsweise der Monte Capanne von der Küste aus betrachtet in malerische Wolken hüllt, kann der Nebel oben auf dem Berg die Orientierung erheblich erschweren.
- **Waldbrand**: Gerade während längerer Hitzeperioden (wie zuletzt im Sommer 2003) wächst natürlich die Waldbrandgefahr. Achten Sie also bei sommerlichen Wanderungen nicht nur auf die schöne Aussicht, sondern gelegentlich auch auf Rauchentwicklung (im Notfall dann zügig einen Weg entlang windabgewandter Hänge suchen). Ebenso wichtig ist natürlich die Waldbrand-Prävention: Kein Feuer entfachen (ob im Wald oder in der Macchia), Zigaretten immer sorgfältig ausmachen und kein Glas wegwerfen.
- **Tiere**: Halten Sie sich von wild lebenden Tieren fern, nicht nur zu deren Wohl. Ein Wildschwein-Frischling mag niedlich sein, die besorgte Muttersau ist es keineswegs. Sollten Sie den scheuen Tieren also begegnen, halten Sie einen Respektabstand. Auch die frei lebenden Mufflons kreuzen friedlich die Wanderpfade, eine Kollision mit dem beachtlichen Gehörn der Böcke sollte man vermeiden. Sehr scheu ist die Aspis-Viper (zu erkennen an ihrem dreieckigen Kopf und den schwarzen Querbändern), eine Begegnung aber nicht ausgeschlossen, vor allem in feuchtem Gemäuer (Ruinen) und nach Regen, wenn die Schlangen zum Sonnenbad herauskommen. Der Biss der Aspis-Viper soll sehr schmerzhaft sein, ihr Gift aber für einen gesunden Erwachsenen keine lebensbedrohliche Verletzung darstellen. Sind sie aber mit Kindern oder Hunden unterwegs, achten Sie darauf, dass Zwei- wie Vierbeiner der Schlange nicht zu neugierig auf die Pelle rücken.
- **Orientierung**: Auf einigen Routen sind die Markierungen noch nicht optimal, so dass man auf gutes Kartenmaterial bzw. gegebenenfalls auf spezielle – auch deutschsprachige – Wanderführer zurückgreifen sollte (in guter Auswahl in den Inselbuchhandlungen vorhanden). Informationen zu Kartenmaterial finden Sie auf S. 76.

Wir haben in diesem Buch eine Reihe von Wanderungen beschrieben und auch Alternativrouten bzw. weiterführende Wege angegeben. Außerdem macht die APT in ihrer Broschüre "Elba, un anno di sport" einige Wandervorschläge, jedoch ohne detaillierte Karten. Am besten, man besorgt sich die **Kompass-Karte Isola d'Elba,** in der genaue Angaben zu den Wanderwegen (mit Markierungen) zu finden sind (vor Ort und im deutschen Buchhandel für 6,95 € erhältlich).

Der Weg ist das Ziel – einer der vielen Wanderwege im Westen der Insel

Für Wanderfreunde sicher eine der attraktivsten Möglichkeiten, Landschaft und Natur der Insel kennen zu lernen ist die **Grande Traversata Elbana (G.T.E.)**, die von der Westküste (Pomonte) nach Cavo im äußersten Nordosten der Insel führt. Der Pfad ist insgesamt über 60 km lang und war noch bis ins 20. Jh. – vor dem Ausbau des elbanischen Straßennetzes – eine wichtige Ost-West-Verbindung, die v. a. mit Eseln bzw. Maultieren begangen wurde.

Der gut beschilderte Wanderweg ab *Pomonte* (ein Nebenpfad der G.T.E. beginnt in *Patresi* im äußersten Nordwesten der Insel) führt über den *Monte Capanne* und den benachbarten *Monte Perone* durch das *Valle Literno* (südlich von Procchio) und im Süden an *San Martino* vorbei zum *Cima del Monte* im Nordosten der Insel. Von hier – westlich an *Rio nell'Elba* vorbei – in Richtung Norden nach *Cavo*. Die gesamte Strecke ist in etwa vier Tagesetappen zu bewältigen, der Pfad wurde erst vor einigen Jahren neu hergerichtet und markiert, auch geben Schautafeln über Naturkundliches Auskunft. In näherer Zukunft soll der Weg um zusätzliche Abschnitte erweitert werden.

Achtung: Entlang der G.T.E. gibt es weder Einkehr- noch Einkaufs- und auch keine Übernachtungsmöglichkeiten, also ausreichend Proviant mitnehmen und eventuelle Abstecher (z. B. nach Marciana Alta, Procchio, San Marino oder Rio nell'Elba) in die Planung einbeziehen!

Windsurfen

Zum Teil sind die Surfschulen den Segelschulen der Insel angeschlossen. An den Stränden der Insel finden sich jedoch noch wesentlich mehr Surfschulen, manche bieten eine ganz hervorragende Ausbildung und bestes Equipment, es gibt aber auch provisorisch errichtete Buden am Strand – im Prinzip oft nur ein besserer Bretterverleih! Details zu Verleihern und Schulen bei den jeweiligen Ortstexten.

Surf-Tipp: Besonders empfehlenswert die **Surfschule Surf & Fun** unter österreichischer Leitung in der *Morcone-Bucht* (Halbinsel Calamita, ✆ 0565/968174) und die **Surfschule Tropical** in *Marina di Campo*, ✆ 0565/976006.

Wissenswertes von A bis Z

Ärztliche Versorgung

Wer Mitglied einer **gesetzlichen Krankenkasse** ist, sollte den Anspruchsschein für ärztliche Behandlung in EU-Ländern mitnehmen (E 111). Das Formular gibt's bei der eigenen Krankenkasse. Im Krankheitsfall geht man damit zur nächsten *Unità Sanitaria Locale (U.S.L.)*, der örtlichen Niederlassung des staatlichen italienischen Gesundheitsdienstes (meist sind die USL-Büros überfüllt) und bekommt dort einen italienischen Krankenschein, mit dem man sich kostenlos behandeln lassen kann – allerdings nur in einer Praxis, die das Papier der staatlichen Krankenkasse auch anerkennt. Staatliche Krankenhäuser nehmen den Anspruchsschein E 111 direkt an, man kann sich den Gang zur USL sparen, das Gleiche gilt für einige niedergelassene Ärzte, jedoch sollte man vorher nachfragen (einschlägige Listen existieren nicht).

Da viele Ärzte den Krankenschein des staatlichen Gesundheitsdiensts aber nicht annehmen, kann es vorkommen, dass man bar bezahlen muss, was grundsätzlich auch für **Privatversicherte** gilt. Gegen eine detaillierte Quittung *(Ricevuta fiscale)* des behandelnden Arztes, die Diagnose, Art und Kosten der Behandlung beinhalten sollte, erhalten Sie aber Ihre Ausgaben zu Hause von Ihrer Krankenkasse zurück. Auch bei Notfällen geht man natürlich sofort zum Arzt.
Für Österreicher ist der oben beschriebene Ablauf ebenfalls gültig, das Anspruchsformular heißt SE 100-07; Schweizer müssen ihre Behandlungskosten selbst bezahlen.

Der Abschluss einer (zusätzlichen) **privaten Auslandskrankenversicherung** kann durchaus sinnvoll sein. Sie wird von den meisten privaten Krankenversicherern (auch für Mitglieder gesetzlicher Kassen), von Banken und manchen Automobilclubs preiswert angeboten. Sie deckt nämlich außer den Apothekenkosten auch einen aus medizinischen Gründen notwendig gewordenen Rücktransport nach Hause ab.

Apotheken: Die *Farmacia* kann bei kleineren Problemen den Arzt ersetzen. Viele Medikamente sind rezeptfrei erhältlich, darunter auch verschiedene Antibiotika. Die Apotheken sind in der Regel Mo–Fr 8.30–13 Uhr und 16–19.30 Uhr geöffnet, wechselweise am Mi oder Sa geschlossen.

Farmacia di turno: die Not- und Wochenenddienste sind an jeder Apotheke angeschlagen.

Erste-Hilfe-Stationen (Soccorso medico urgente): In Touristengebieten gibt es während der Saison in so gut wie jedem Ort eine von der Gemeinde unterhaltene Station der *Guardia Medica Turistica*, in der angehende Ärzte gegen geringe Gebühr Erste Hilfe leisten. Die Sprechstunden sind von Ort zu Ort unterschiedlich. Die Stationen im Einzelnen: *Portoferraio:* Loc. San Rocco (Ospedale), ✆ 0565/914212; *Capoliveri:* Scuola Elementare (Grundschule), ✆ 0565/935070; *Marciana Marina:* Viale Regina Margherita (Uferpromenade), ✆ 0565/904436; *Rio Marina:* Via Principe Amedeo, ✆ 0565/962407; *Marina di Campo:* Via Fucini (Pubblica Assistenza), ✆ 0565/977988.

Notruf (Soccorso pubblico di emergenza): ✆ **113** wählen (in ganz Italien inkl. Elba), die Adresse nennen und um Hilfe *(Pronto soccorso)* bitten – die Polizia am anderen Ende der Leitung schickt dann die Ambulanz. Notarzt und Krankenwagen unter ✆ **118**.

Baden siehe S. 61.

Diplomatische Vertretungen

Nur für den akuten Notfall (z. B. Verlust sämtlicher Reisefinanzen) gedacht. Meist wird man aufgefordert, sich das nötige Geld für die Heimreise von zu Hause schicken zu lassen. Wenn jedoch gar nichts mehr geht, wird weitergeholfen – Bahnkarte plus etwas Verpflegungsgeld für unterwegs. Selbstverständlich sind alle Auslagen unverzüglich zurückzuzahlen.

Deutsche Botschaft, Via San Martino della Battaglia 4, 00185 Roma, ✆ 06/492131, 📠 06/49213319, www.deutschebotschaft-rom.de.

Österreichische Botschaft, Via Pergolesi 3, 00198 Roma, ✆ 06/8440141, 📠 8543286, www.austria.it.

Schweizer Botschaft, Via Barnaba Oriani 61, 00197 Roma, ✆ 06/809571, 📠 06/8088510.

Italienische Botschaften: Hiroshimastr. 1–7, 10785 **Berlin**, ✆ 030/254400, 📠 030/2544100, www.botschaft-italien.de.

Rennweg 27, 1030 **Wien**, ✆ 01/7125121, 📠 01/7139719.

Elfenstr. 14, 3000 **Bern**, ✆ 031/3524151, 📠 031/3511026.

Einkaufen

Nicht gerade günstig, egal, was man auf der Insel erstehen möchte, ein Schnäppchen lässt sich nicht so einfach machen, und auch für kulinarische Mitbringsel zahlt man in der Regel nicht wenig. Noble Bekleidungs- und Schuhgeschäfte sowie Seglerausstatter findet man vor allem in Portoferraio und Porto Azzurro. Günstiger wird's nur beim *Saldi* (Schlussverkauf) im Juli/August, Kleidung und Schuhe sind oftmals bis zu 50 % reduziert.

Laut Gesetz muss man beim Einkauf, aber auch im Restaurant bzw. Hotel den *Scontrino* (Kassenzettel) bzw. die *Ricevuta fiscale* (Quittung) immer mitnehmen und auch (kurzfristig) aufheben, um sie bei etwaigen Kontrollen der Finanzpolizei vorzeigen zu können. In der Praxis ist man als Tourist von dieser Vorschrift jedoch kaum betroffen – Ausnahmen bestätigen die Regel.

Das **Handeln** ist in den Geschäften übrigens völlig unüblich, bei Straßen- und vielmehr noch Strandhändlern allerdings gang und gäbe.

Der **Inselmarkt** durchreist quasi ganz Elba und macht jeden Tag woanders Station. Verkauft werden jeweils von 9 bis 13 Uhr Schuhe, Kleidung, Haushaltswaren sowie Obst und Gemüse. Der Wochenplan sieht folgendermaßen aus:

Montag: Rio Marina
Dienstag: Marciana Marina und Rio nell'Elba
Mittwoch: Marina di Campo und Cavo
Donnerstag: Capoliveri und Procchio
Freitag: Portoferraio
Samstag: Porto Azzurro
Im Sommer außerdem am **Sonntagmorgen** in Lacona.

Am Obstmarkt in Marciana Marina

Eintrittspreise

So wahnsinnig viel gibt es auf Elba nicht zu besichtigen, und die Eintrittspreise für das wenige halten sich erfreulicherweise im Rahmen. **Ermäßigungen** erhalten Rentner über 65 Jahren und Schüler unter 18, Studentenermäßigung gibt es in der Regel nicht. In Kirchen ist der Eintritt generell frei, für eines der Freilichtkinos der Insel (Flyer hierzu in jedem "besseren" Hotel und in Reisebüros) muss man mit 6–6,50 € rechnen, richtig teuer kann es in Diskotheken werden: Eintrittspreise ca. 10–15 €, z. T. ist ein Getränk im Preis inbegriffen.

Feste und Feiertage

Am 15. August, an Mariä Himmelfahrt, wird in ganz Italien **Ferragosto** (siehe "Italien macht Urlaub", S. 20) gefeiert. Dieses Hauptfest der Marienverehrung ist außerdem das größte Familienereignis in Italien und Höhepunkt der Urlaubssaison – an diesem Tag sind alle öffentlichen Einrichtungen geschlossen!

• *Die gesetzlichen Feiertage* **Weihnachten** (Natale), **Neujahr** (Capodanno) und **Dreikönigstag** (Epifania, 6.1.) wie zuhause. **Karfreitag** (Venerdì santo) ist kein Feiertag, **Ostermontag** (Lunedì di Pasqua) jedoch wie gewohnt. Am **25. April** ist *Anniversario della Liberazione*, Tag der Befreiung (von der deutschen Wehrmacht). **1. Mai**, selbstverständlich auch hier *Festa del Lavoro*. **Pfingsten** (Pentecoste) – nur der Sonntag. **6. Juni**, Tag der Republikgründung (Fondazione della Repubblica). **15. August**, Ferragosto (s. o.) – absolutes italienisches Hauptfest! **1. November**, Allerheiligen (Ognissanti), wie bei uns. **8. Dezember**, Marias unbefleckte Empfängnis (Festa dell'Immacolata).

• *Regionale Feiertage und Veranstaltungen* **29. April**, San Cristino in Portoferraio. **Mai**, Literaturpreisverleihung in Portoferraio. **1.–3. Mai**, Kleine Wallfahrt zur Madonna del Monte (Marciana Alta). 5. Mai, Messe zum Todestag Napoléons in der Chiesa della Misericordia in Portoferraio. Mitte Mai, Festa del Cavatore (Fest der

Minenarbeiter) in Capoliveri. **15. Juli**, San Giacomo e San Quirico in Rio nell'Elba. **7. August**, San Gaetano in Marina di Campo. **12. August**, Santa Chiara in Marciana Marina. **15. August**, Große Wallfahrt zur Madonna del Monte (Marciana Alta). **16. August**, San Rocco in Rio Marina. **29. August**, Prozession der Misericordia-Bruderschaft in Portoferraio. **8.–15. September**, Wallfahrten zur Madonna del Monserrato (Porto Azzurro). **Ende September**, Weintraubenfest in Capoliveri.

Weitere Feste und Veranstaltungen bei den jeweiligen Ortstexten.

Geld

Vorbei die Zeit, in der man die Taschen voller Tausender hatte; zur Entschädigung haben sich die Italiener aber sicher die schönsten Motive für ihre Euro- und Cent-Münzen ausgedacht: z. B. Michelangelos *Piazza di Campidoglio* auf dem 50-Cent-Stück, Leonardo da Vincis *Homo ad circulum* (1-Euro-Münze) oder aber das Konterfei *Dante Alighieris* auf dem 2-Euro-Stück. Mit der Einführung des Euro ist auch der Geldwechsel für Deutsche und Österreicher endgültig passé. Wer aus Sicherheitsgründen keine größeren Summen mit auf die Reise nehmen oder sich nicht ausschließlich auf die Geldautomaten verlassen will, sollte zu **Euro-Reiseschecks** greifen, die u. a. von American Express, Thomas Cook und Visa angeboten werden (die Kaufquittung ist aus Versicherungsgründen getrennt aufzubewahren, bei der Auszahlung in der Bank wird ein Ausweisdokument verlangt).

Öffnungszeiten der Banken: Mo–Fr 8.30–13.30 Uhr und 14.45–16.30 Uhr.

Geldautomat (Bancomat): Mit EC-Karte oder Kreditkarte bekommt man Bargeld bis ca. 400 € rund um die Uhr (Gebühren pro Abhebung ca. 3,30 €, bei Kreditkarten 4 % des Betrags, mindesten aber 5 €). *Achtung*: Der Bancomat sollte nicht der letzte Notnagel sein – manchmal ist er kaputt oder einfach leer, und gerade in ländlichen Gebieten oder auf den kleineren Inseln sind Geldautomaten nicht gerade an jeder Ecke zu finden.

Kreditkarten werden in vielen Hotels, gehobeneren Restaurants und Geschäften sowie an großen Tankstellen akzeptiert, z. B. Visa, Mastercard und – seltener – *American Express*.

- **Postbank**: Seit 1999 gilt das Postbanksparbuch nicht mehr im Ausland. Stattdessen gibt es die *SparCard 3000plus* im Kreditkartenformat, mit der man von allen Geldautomaten mit Visa-Plus-Zeichen und bei der italienischen Post abheben kann.

Haustiere

Wohlerzogene, gepflegte und freundliche Hunde sind auf Elba und den anderen toskanischen Inseln gern gesehene Gäste und dürfen in aller Regel mit ins Gartenrestaurant, auch auf Campingplätzen gibt es kaum Probleme. In Hotels und Appartements werden Hunde nur teilweise akzeptiert.

Bei der Einreise nach Italien braucht das Tier ein Tollwut-Impfzeugnis, das mind. 20 Tage und max. 11 Monate vor Einreise ausgestellt sein muss, ebenso ein tierärztliches Gesundheitszeugnis, das max. 30 Tage alt sein darf. Maulkorb und Leine muss man stets bei sich haben. Für die Einreise nach Österreich und in die Schweiz gelten folgende Bestimmungen: mind. 30 Tage, max. 11 Monate altes Tollwut-Impfzeugnis sowie ein tierärztliches Attest (möglichst neu ausgestellt).

Informationen/Fremdenverkehrsämter

- **Information von zu Hause aus**: Für erste allgemeine Anfragen wende man sich an das staatliche italienische Fremdenverkehrsamt *ENIT (Ente Nazionale Industrie Turistiche)*. Von allen europäischen Fremdenverkehrsämtern veröffentlicht ENIT wohl das meiste deutschsprachige Prospektmaterial. Zu jeder Provinz der Toskana gibt es stapelweise Broschüren, Listen, Landkarten und Verzeichnisse – alles kostenlos, auch der Versand.

Für die Bestellung kostenlosen Info-Materials ist die ENIT in Deutschland unter der gebührenfreien Service-Nummer 0080000482542 zu erreichen (Mo–Fr 8–20 Uhr, Sa/So 9–14 Uhr). Selbstverständlich ist die Tourismusorganisation auch im Internet vertreten ("Elba im Internet", s. u.), konkrete Anfragen können per E-Mail an enit-muenchen@t-online.de gerichtet werden.

Lassen Sie sich am besten allgemeine Informationen über die Inseln schicken, die sie besuchen wollen, eine Landkarte und bei Bedarf das Hotel- bzw. Campingverzeichnis. Vor Ort kann man gezielter fragen und sein Prospektmaterial noch aufstocken. Oft sind hier ebenfalls deutschsprachige Broschüren erhältlich. Im Reiseteil sind alle Touristenbüros unter den jeweiligen Orten aufgeführt.

Elba im Internet

Wer sich über das Internet informieren will, findet zahlreiche Websites, die meist sehr gut aufgebaut sind und die Informationen überwiegend auch in deutscher Sprache präsentieren.

www.elba-online.com: Äußerst ausführliche Website, komplett in deutscher Sprache, sehr informativ, nicht allzu viele Hotels, Ferienhäuser/-wohnungen etc., die wenigen aber mit Link zur entsprechenden Unterkunft. Große Fotogalerie, viele Zusatzinfos – gute Einstimmung auf den Urlaub.

www.elbalink.it: Hier finden sich die meisten Informationen zu Hotels. Zum Großteil in deutscher Sprache, Restauranttipps, viele Bilder, sehr detaillierte praktische Infos, Fährfahrpläne (Online-Reservierung möglich), Anreisetipps, Verleiher und Reiseagenturen der Insel, Veranstaltungskalender, Webcam in Portoferraio etc.

www.elbatuttanatura.com: Website des *Hotels Ilio* (Sant'Andrea), dessen Besitzer, Maurizio Testa, den gleichnamigen Newsletter herausgibt. Komplett in deutscher Sprache, ausführliche Infos über das Hotel und den Ort Sant'Andrea, aber auch Insellegenden, Kochrezepte, Wandertouren und Fotoalbum. Fähren, Züge, Mietwagen etc. können hier online reserviert werden.

www.elbacom.it: Nur in englischer Sprache, diverse Hotels mit Fotos, ausführliche Beschreibungen, Campingplätze etc. Außerdem: allgemeine Informationen, Sport, Kulturveranstaltungen, Fähr- und Zugfahrpläne etc.

www.aptelba.it: Website der regionalen Tourismusorganisation APT, auch in englischer Sprache, eher allgemeine Informationen über Elba und Capraia.

www.enit.it: Website des italienischen Fremdenverkehrsverbands. Informationen zu Italien allgemein, auch in deutscher Sprache, reichlich Adresslisten, für spezielle Information zu Elba und die toskanischen Inseln allerdings wenig hilfreich.

www.toremar.it und **www.moby.it** sind die Internetadressen der beiden Fährgesellschaften, die nach Elba übersetzen, Toremar zusätzlich nach Capraia und Giglio.

Sofern vorhanden, finden Sie bei den Angaben zu den Unterkünften im Reiseteil auch immer die entsprechende Web-Adresse; E-Mail-Adressen werden nur angegeben, wenn sie von der Webadresse abweichen.

▸ **Informationen vor Ort**: Auskunftsbüros der *APT (Azienda di Promozione Turistica)* gibt es auf Elba in Portoferraio, Marina di Campo und Marciana Marina, in den anderen Orten übernehmen oftmals Reisebüros diese Funktion. Kleinere Informationsbüros, *Pro Loco* genannt, auch auf den Inseln Capraia und Giglio. Ausgegeben werden u. a. kostenlose Unterkunftsverzeichnisse, Inselkarten, Stadtpläne und reichhaltiges Prospektmaterial. Gelegentlich spricht jemand hinter dem Schalter Deutsch oder Englisch.

Die Öffnungszeiten schwanken von Ort zu Ort; in der Regel gelten jedoch großzügige Auskunftszeiten: Mo bis Fr von 9 bis 13 und von 15 bis 19 Uhr, Sa und So oft nur vormittags, in der Hochsaison teilweise durchgehend und bis 20 Uhr geöffnet.

Landkarten und Literatur

Optimal für Wanderer ist die **Reise- und Wanderkarte Insel Elba** (Nr. 502), 1:25.000, Edizioni Multigraphic, Florenz; für ca. 6 € im Buchhandel der Insel erhältlich (z. B. bei *Il Libraio* in Portoferraio, s. S. 89).

Eine gute **Kompass-Karte Isola d'Elba** im Maßstab 1:30.000 gibt es ebenfalls vor Ort bzw. im deutschen Buchhandel (6,95 €). Sehr detailliert sind darauf Schotterstraßen, Mountainbike-Strecken und z. T. auch Wanderwege eingezeichnet.

Elba-Spiegel, deutschsprachige Urlauberzeitschrift mit hilfreichen (Hintergrund-)Informationen über die Insel. Erscheint einmal pro Jahr. Für 1,50 € an den Kiosken und in Buchhandlungen der Insel erhältlich. Von der Herausgeberin Elvira Korf stammt auch die Sonderausgabe **15 Jahre Elba Spiegel – 1982–1996**. Eine Auswahl der interessantesten Artikel der Zeitschrift, für 9 € in den Buchhandlungen der Insel zu kaufen.

Pierangela Pellizza Piras, **Kochbuch der Insel Elba**, Lecco 1982. Ein tolles Souvenir und sehr nützlich für Selbstversorger, für 12 € im Buchhandel und an größeren Kiosken/Zeitungsständen zu haben.

Nicht nur wer einen Bootsausflug Richtung Montecristo plant, sollte sich diesen Klassiker der Literatur auf keinen Fall entgehen lassen: **Der Graf von Monte Christo** von Alexandre Dumas (d. Ä.), 1845/46 entstandener, spannender Abenteuerroman über den jungen Seefahrer Edmond Dantès, der nach 14 Jahren unschuldiger Kerkerhaft fliehen kann und den berühmten Schatz von Monte Christo hebt. Zum Beispiel als Taschenbuchneuauflage 1999 bei dtv erschienen (19,50 €).

Für Napoléon-Fans empfiehlt sich die 1995 erschienene Biographie des großen Korsen: **Napoléon, Stratege und Staatsmann**. Der bekannte britische Biograph Vincent Cronin zeichnet ein menschliches Bild des Kaisers, der private Napoléon steht im Vordergrund – von der Kindheit auf dem benachbarten Korsika bis zu seinem Ende auf der Insel Sankt Helena. 652 spannende Seiten. Heyne-Taschenbuch (12,95 €).

Speziell für (Hobby-)Geologen: **Die Insel Elba und die kleineren Inseln des Toscanischen Archipels. Sammlung geologischer Führer, Bd. 64**, von Hans Waldeck. Recht trocken, aber sehr ausführliche und präzise Abhandlung über die elbanische Gesteinswelt mit Exkursionsvorschlägen. Verlag Bornträger, Stuttgart, 1986, 19 €.

Nello Anselmi, **Mostri di Pietra** (die Steinmonster von Elba), ein ungewöhnlicher Bildband mit Aufnahmen belebt erscheinender elbanischer Steine und Felsen. In elbanischen Buchhandlungen und im Hotel Cernia in Sant'Andrea (siehe S. 188 und 190), 15 €.

Lisola, italienischsprachige Wochenzeitschrift (Informationen, Sport, Kultur) des Toskanischen Archipels, mit aktuellem Veranstaltungs- und Kinoprogramm, Bus- und Fährfahrplänen sowie Zugverbindungen ab Piombino. Erscheint freitags, an Kiosken für 1,54 € zu kaufen.

ProntoElba, zweisprachige (it./dt.), monatlich erscheinende Informationszeitung für Touristen. Vor allem Reklame, aber auch Veranstaltungskalender, Fähr- und Busfahrpläne. Liegt gratis bei der APT in Portoferraio und in den meisten Hotels aus.

Die italienischen Tageszeitungen **Il Tirreno** und **La Nazione** haben einen Elba-Regionalteil. Die dünne Traditionszeitung **Corriere Elbano** erscheint 1x im Monat.

Öffnungszeiten

Grundprinzip ist die Mittagspause, die Siesta. Dafür hat man abends oft länger geöffnet, wenn die Hitze nachgelassen hat.

Apotheken: siehe "Wissenswertes von A bis Z / Ärztliche Versorgung", S. 71.

Geschäfte: generell nicht so starr geregelt wie nördlich der Alpen. Meist Mo–Fr 8.30/9–12.30/13 Uhr und ca. 16–19.30/20 Uhr, Sa 9–13 Uhr. Vor allem Souvenirläden und andere Geschäfte mit touristischem Bedarf schließen ihre Pforten aber erst wesentlich später – je nach Kundeninteresse. Gerade in Ferienorten läuft abends (z. T. bis Mitternacht) ein Großteil vom Umsatz.

Kirchen: von ca. 7–12 Uhr und 16/17–20 Uhr, z. T. auch durchgehend geöffnet. Sonntags während der Messen ist natürlich keine Besichtigung möglich.

Museen: grundsätzlich 9–12 Uhr und 16–19 Uhr, im Sommer oft durchgehend 9–19 Uhr, z. T. So geschlossen.

Banken: meist Mo–Fr 8.30–13.30 Uhr.

Postämter: Mo–Fr 8.15–19 Uhr, Sa nur bis 12.30 Uhr.

Geöffnet, wenn vorgefahren – mobiler Verkaufsstand in Capoliveri

Post

Die italienische Post genießt nicht den besten Ruf. Die Karte an die Lieben kann lange unterwegs sein, Briefe laufen schneller. Der Vermerk "per Eilpost" *(posta prioritaria)* bringt bei Karten und Briefen nichts, da sie generell im Flugzeug befördert werden. Dauer nach Deutschland etwa 5 bis 6 Tage. Briefmarken *(Francobolli)* kauft man nicht nur bei der Post, sondern in autorisierten Tabacchi-Läden und Bars. Das **Porto** für eine Postkarte bzw. einen Standardbrief in EU-Länder beträgt derzeit 0,41 € (in die Schweiz 0,52 €).

Poste restante: Jedes Postamt nimmt postlagernde Sendungen an. Diese können mit Personalausweis/Reisepass und gegen kleine Gebühr abgeholt werden. Ein Brief wird bis zu 2 Monaten aufbewahrt. Den Empfängernamen (Nachnamen unterstreichen!), das Zielpostamt und "Poste restante" auf den Umschlag schreiben. Tipp – falls der Beamte beim Abholen unter dem Familiennamen nicht fündig wird, auch unter dem Vornamen nachschauen lassen.

Postsparbuch/Postcard: → "Wissenswertes von A bis Z/Geld", S. 74.

Radio und Fernsehen

Die Zahl der privaten regionalen **Radiostationen** in Italien geht in die Hunderte, die Frequenzbereiche liegen entsprechend nah beieinander, die Reichweite ist in der Regel sehr gering, was besonders beim Autofahren durchaus ärgerlich sein kann. Folgende deutsche Radioprogramme können im Kurzwellenbereich empfangen werden: *Deutsche Welle* auf 6075 kHz, *Deutschland-Radio* auf 6005 kHz, *Bayern 1* auf 6085 kHz und *Radio Bremen* auf 6190 kHz.

Beim **Fernsehen** herrscht nicht ganz so große Vielfalt, jedenfalls nicht mehr. Selbst in Deutschland erfährt man Beunruhigendes über die Einflussnahme auf Fernsehsender und -programme unter der Regierung Berlusconi. Zuletzt machte eine Meldung die Runde, nach der zwei regierungskritische Journalisten eines TV-Magazins des öffentlich-rechtlichen Senders *RAI* nach einem unbequemen Beitrag ihre Posten räumen mussten.

Wer einen Fernseher auf dem Hotelzimmer hat, wird bei *RAI 1* mit Politik und Unterhaltung im weitesten Sinne versorgt, bei *RAI 2* mit teilweise anspruchsvollen (meist italienischen) Filmen und bei *RAI 3* mit Regionalprogrammen. Darüber hinaus empfängt man fast immer die privaten Sender *Mediaset* (mit viel Sport) sowie *Rete, Canale 5* oder *Italia 1*, die alle zu Berlusconis Medienkonzern *Fininvest* gehören.

Reisedokumente

Trotz Schengener Abkommens sollte man für die Einreise nach Italien einen Personalausweis *(Carta d'Identità)* oder Reisepass (*Passaporto*) dabeihaben, das Gleiche gilt für Schweizer. Kinder unter 16 Jahren benötigen einen *Kinderausweis* oder müssen im Pass der Eltern eingetragen sein. Kinder und Jugendliche, die ohne Erwachsene reisen, benötigen außer ihrem Ausweis eine schriftliche *Vollmacht* der Erziehungsberechtigten.

Bei Diebstahl oder Verlust: in jedem Fall sofort zur Polizei gehen. Falls dies der einzige Ausweis war, den man dabei hatte, bekommt man ein Formular, das zur Heimreise berechtigt. Kopien des verloren gegangenen Papiers sind nützlich und helfen der Polizei bei der Identitätsüberprüfung (Nummer des Passes, ausstellende Behörde etc.).

- **Einreise mit dem Kfz**: Nationaler Führerschein *(Patente di guida)* und Fahrzeugschein *(Libretto di circolazione)* genügen, die internationale grüne Versicherungskarte *(Carta verde)* ist keine Pflicht mehr, aber sehr hilfreich bei der Schadensregulierung. Wer noch kein EU-Kennzeichen hat, muss ein Nationalitätenkennzeichen am Fahrzeug anbringen, fehlt es, kann die italienische Polizei bis zu 50 € (!) kassieren (in der Schweiz bis zu 11 €, in Österreich bis zu 7 €).
- **Einreise mit dem Boot**: siehe "Sport und Freizeit/Segeln", S. 66.

Reiseveranstalter

Neben den bekannten großen Pauschalveranstaltern wie beispielsweise TUI (www.tui.de) und Neckermann (www.neckermann-reisen.de), über die man in jedem Reisebüro wochenweise Hotels oder Ferienwohnungen buchen kann – im Pauschalpaket übrigens oftmals günstiger als bei individueller Buchung bzw. vor Ort – gibt es noch eine ganze Reihe von Unternehmen, die hauptsächlich Ferienwohnungen und -häuser anbieten. Eine Auswahl:

Natours, mehrere Varianten von Wander- und Radtouren sowie Kanutouren. Anreise per Bus, das eigene Fahrrad kann auch hier mitgenommen werden. Natours-Reisen, Untere Eschstr. 15, 49177 Ostercappeln, ✆ 05473/92290, 📠 05473/8219, www.natours.de.

Aki-tours Villen, Hotels und Ferienhäuser, Fremersbergstr. 109, 76530 Baden-Baden, ✆ 07221/2072, 📠 07221/2073, www.aki-tours-villen.de.

Ciao Italia Reisen, Ferienwohnungen auf Elba, Kolumbastr. 5, 50667 Köln, ✆ 0221/2576608, 📠 0221/2576607, www.ciao-italia-reisen.de.

cultura GmbH, Ferienhäuser u. Wohnungen, Kaiserdamm 95, 14057 Berlin, ✆ 030/820408, 📠 030/820410, www.cultura-online.de.

GRIES Italia – Repräsentanz GmbH, Hotels an der Nordwestküste, Elisabethstr. 79, 40217 Düsseldorf, ✆ 0211/381045, 📠 0211/373721, www.gries-reisen.de.

Italian Step Reisen, Hermann-Lingg-Str. 7, 80336 München, ✆ 089/5309500, 📠 089/5309523, www.italianstep.de.

Renate Drescher Travel Taverne, Hotels, Appartements und kleinere Häuser auf der Insel, Marienstr. 18, 80331 München, ✆ 089/ 29160505, 📠 089/29160498, www.toscanaalacarte.de.
Siglinde Fischer, Appartements, Ahornweg 10, 88454 Hochdorf, ✆ 07355/93360, 📠 07355/ 933666, www.siglinde-fischer.de.
Toscana Reisedienst, relativ großes Angebot an Ferienhäusern und Appartements, Bahnhofstr. 94a, 82166 Gräfelfing, ✆ 089/8545521, 📠 089/8545522, www.toscanareisedienst.de.

Sprache

Die effektivste Form des Spracherwerbs – ein Plausch auf der Piazza

Die meisten Elbaner sprechen Englisch, viele auch ein wenig Deutsch, so dass die Verständigung eigentlich kein Problem ist. Dennoch: Ein paar Worte Italienisch sollte sich jeder aneignen, die gängigen Begrüßungsfloskeln und Höflichkeitsformeln sitzen relativ schnell. Eine Hilfe dabei kann Ihnen unser kleiner Sprachführer am Ende dieses Buchs sein. Wer es langfristig ernst meint mit dem Italienischlernen, sollte einen Intensivkurs vor Ort in Erwägung ziehen, Kurse werden auch auf Elba angeboten (siehe "Was tun auf Elba?", S. 67). Umfangreiche Informationen zum Thema Sprachreisen erhalten Sie auch bei der **Aktion Bildungsinformation (ABI),** Alte Poststr. 5, 70173 Stuttgart, ✆ 0711/ 22021630, 📠 0711/22021640, www.abi-ev.de. Die Broschüre heißt “Italienisch lernen in Italien“ und kostet inkl. Versand 16 € (Rechnung oder Verrechnungsscheck).

Strom

Fast überall 220 Volt, allerdings passen die deutschen Schukostecker nicht immer. Adapter *(Spina di adattamento)* kann man überall kaufen bzw. im Hotel ausleihen, am besten aber schon zu Hause besorgen.

Telefonieren

Das italienische Fernsprechsystem hat sich in den letzten Jahren stark verbessert. Mittlerweile ist die Durchwahl ins Ausland von fast allen Telefonzellen problemlos möglich. Und seit in Italien sowieso jeder ein Handy *(Telefonino* oder *Cellulare)* hat, gibt es auch keine Warteschlangen mehr vor den Kabinen. Sehr praktisch sind die modernen Apparate mit Digitalanzeige, die mit magnetischen **Telefonkarten** funktionieren. Die *Carta telefonica* kann man für 2,50 € bzw. 5 € in Tabacchi-Läden und Bars kaufen.
Die **Tarife** für Gespräche von Italien nach Deutschland, Österreich und die Schweiz sind höher als umgekehrt, am günstigsten telefoniert man werktags nach 22 Uhr und sonntags.

Wer mit dem **Handy** in Italien unterwegs ist, wird nur selten in ein Funkloch stürzen, das italienische Netz arbeitet nahezu flächendeckend, lediglich in abgelegenen Tälern herrscht noch Funkstille. Aber: Die Gebühren sind sehr hoch (man zahlt ankommende Gespräche mit), machen Sie sich auf eine horrende Rechnung gefasst!

Internationale Vorwahlen von Italien nach Deutschland: ✆ 0049, nach Österreich: ✆ 0043, in die Schweiz: ✆ 0041. Nach Italien aus dem Ausland: ✆ 0039. Die **italienische Auskunft** ist unter ✆ 12 erreichbar (Auslandsauskunft ✆ 176).

Vor einigen Jahren hat die italienische Telecom das Vorwahlensystem geändert. Die Null der Vorwahl muss aus dem Ausland mitgewählt werden, und in Italien ist die Vorwahl immer obligatorisch, selbst bei innerörtlichen Gesprächen. Auch die Handy-Vorwahlnummern wurden umgestellt: die Null der Vorwahl ist entfallen!

Zeitungen/Zeitschriften

Die meistgelesenen italienischen Tageszeitungen sind der mailändische *Corriere della Sera* (konservativ), die römische *La Repubblica* (gemäßigt links) und *La Stampa* (politische Mitte) aus Turin; größte Sportzeitung ist der täglich erscheinende, rosafarbene *Corriere dello Sport*. Auf Elba liest man außerdem *Il Tirreno* und die nur einmal monatlich erscheinende Traditionszeitung *Corriere Elbano*.

Typische Boulevardblätter gibt es fast nicht (diesen Part übernehmen wöchentlich erscheinende Regenbogenblätter wie *Gente*, *Chi* und *Oggi*), und auch die Vertriebsstruktur unterscheidet sich erheblich von den Gepflogenheiten nördlich der Alpen: Die meisten Zeitungen gehen per Straßenverkauf an ihre Leser, der Anteil der Abonnements liegt bei unter 10 %. Der traditionelle Zeitungskiosk (*edicola*) hat vor ein paar Jahren übrigens sein Monopol verloren, Zeitungen gibt es jetzt auch an Tankstellen, in Bars, Supermärkten und Buchhandlungen.

Überregionale deutsche Zeitungen wie die *Süddeutsche* und die *FAZ* gibt es in größeren Orten meist am Erscheinungstag, und auch der *Spiegel* kommt in den elbanischen Zeitschriftenläden und Buchhandlungen pünktlich am Montag heraus.

Zoll

Im Zuge des Binnenmarkts gelten großzügige Richtlinien für die Einfuhr italienischer Waren nach Deutschland oder Österreich. Im privaten Reiseverkehr innerhalb der EU dürfen Waren zum eigenen Verbrauch unbegrenzt mitgeführt werden. Um diese vage Formulierung zu präzisieren und eine Abgrenzung zwischen privater und gewerblicher Verwendung vorzunehmen, gelten folgende Richtmengen pro Person:

800 Zigaretten, 400 Zigarillos, 200 Zigarren, 1 kg Rauchtabak, 10 l Spirituosen, 20 l Zwischenerzeugnisse bis 22 % Alkoholgehalt (z. B. Campari), 90 l Wein, davon max. 60 l Schaumwein und 110 l Bier.

Bei den vorgesehenen stichprobenartigen Kontrollen muss den Zollbeamten im Falle einer Mengenüberschreitung glaubhaft gemacht werden, dass die Waren tatsächlich nur für den privaten Konsum gedacht sind!

Da die **Schweiz** nicht zur Europäischen Union gehört, ist beim Transit eine freiwillige Deklaration der mitgeführten Waren fällig, wenn die in der Schweiz geltenden Freimengen (200 Zigaretten, 50 Zigarren, 2 l Wein und 1 l Spirituosen) überschritten werden. Für Waren, die das Limit überschreiten, muss eine Kaution in Landeswährung hinterlegt werden, die man bei der Ausreise zurückerhält.

29

Blick auf Portoferraio

Portoferraio

Die quirlige Inselhauptstadt liegt auf einer Landzunge im Nordwesten der großen Bucht von Portoferraio. Sie ist die wichtigste Anlaufstelle der Fähren, Neuankömmlinge landen zunächst in der wenig attraktiven und hektischen Neustadt. Die ruhigere Altstadt, das Centro storico, erstreckt sich hinter der Porta a Mare am alten Hafen Darsena den Hang hinauf. Auf der Nordseite der Landzunge laden saubere Kiesstrände zum Baden ein.

In der Stadt leben etwa 11.000 Elbaner, das ist mehr als ein Drittel der Gesamtbevölkerung der Insel. Portoferraio ist etwa stündlich mit der Hafenstadt Piombino an der etruskischen Küste verbunden, im Sommer herrscht reger Fährverkehr, aber auch Kreuzfahrtschiffe und Yachten legen hier an. Letztere ankern im romantischen, hufeisenförmigen alten Hafen *Darsena,* der durch einen von den Medici erbauten Torbogen, die *Porta a Mare,* mit der Altstadt verbunden ist. Die Grenze zwischen der modernen, wenig ansprechenden Neustadt und der **idyllischen Altstadt** mit ihren winkeligen Gassen bildet das ebenfalls von den Medici errichtete *Forte Falcone,* die Falkenfestung, mit deren Bau im Jahr 1548 begonnen wurde.

Vor allem in den Urlaubsmonaten Juli und August ist die Inselhauptstadt von Besuchern überfüllt. Kein Wunder, denn an **historischen Sehenswürdigkeiten** ist Portoferraio überdurchschnittlich gut ausgestattet, neben den zahlreichen Medici-Hinterlassenschaften sind dies vor allem die Napoléon-Residenz *Villa dei Mulini,* die *Pinacoteca Foresiana* (im Jahr 2003 wegen Restaurierung geschlossen) und schließlich das *Archäologische Museum* mit den Resten einer römischen Villa am Meer.

Auch in Sachen **Shopping** hat das Inselstädtchen viel zu bieten, zahlreiche schicke Geschäfte befinden sich an der lang gezogenen Hafenpromenade und in der Altstadt rund um die *Piazza Cavour*. Hier und am Yachthafen *Darsena* spielt sich auch das Nachtleben von Portoferraio ab. Und das heißt wie in ganz Italien: flanieren bis spät in die Nacht hinein. Die Straßen werden zu diesem Zweck abends für den Verkehr gesperrt, fliegende Händler bauen ihre Stände auf, Straßencafés und Bars sind bis auf den letzten Platz besetzt, und vor jeder Gelateria bildet sich eine lange Schlange.

Dennoch lohnt sich ein längerer Aufenthalt in Portoferraio nur bedingt, denn die wenigen Hotels im Zentrum bestechen nicht unbedingt durch Komfort. **Badefreunde** sollten sich daher eine Bleibe an der *Spiaggia delle Ghiaie* oder noch weiter westlich an der *Spiaggia Padulella* suchen: zentrumsnah und dennoch am Strand. Das Preisniveau ist hier jedoch in der Regel eher hoch.

Geschichtliches

An der Stelle des heutigen Portoferraio siedelten vermutlich bereits die Etrusker und die Griechen. Letztere nannten ihren Ort *Argoos*, da hier der Mythologie zufolge die Argonauten gelandet sein sollen. Unter den Römern entstand dann die Stadt *Fabricia* (von lat. "faber" = Handwerker, Schmied), die zum bedeutenden Handelszentrum wurde. Neben der Verhüttung und Verschiffung von Eisenerz nach Populonia auf dem gegenüberliegenden italienischen Festland spielte die Stadt als geschützter Naturhafen auch eine strategisch wichtige Rolle. Ab dem 1. Jh. v. Chr. verlor die Eisenverhüttung an Bedeutung, u. a. durch die Ausdehnung des Römischen Reiches, wodurch andere Eisenabbaugebiete auf dem nördlicheren Festland erschlossen werden konnten. Fabricia wurde berühmt als Sommerresidenz der römischen Kaiserfamilie. Von dieser glanzvollen Epoche zeugen noch die beiden römischen Villen an der "Linguella" (gehört zum Archäologischen Museum) aus dem 1. Jh. v. Chr. und "Le Grotte" (Ende 1. Jh. v. Chr.) auf der gegenüberliegenden Seite der Bucht von Portoferraio.

Meist recht steil sind die Gassen im Centro storico von Portoferraio

Nach dem Ende des Weströmischen Reichs kamen im 6. Jh. die Langobarden und zerstörten zahlreiche Dörfer der Insel. Während des Mittelalters wurde Fabricia in *Ferraia* umbenannt. Die Pisaner, die im 11. Jh. die Macht über Elba ergriffen, setzten den Eisenerzabbau wieder in Gang und gründeten bei Ferraia die Festung Luceri.

Ein Medici als Stadtplaner

Man schreibt das Jahr 1548. *Cosimo I.*, Spross aus dem Florentiner Geschlecht der Medici und Herzog von Florenz, ist erst seit wenigen Tagen im Besitz der elbanischen Hafenstadt Ferraia, als auf seinen Befehl über 1.000 Soldaten unter Anleitung der berühmten Baumeister Giovanni *Battista Belucci* und *Giovanni Camerini* ans Werk gehen, um aus dem neuen Besitz eine uneinnehmbare Festung zu machen. Wenige Jahre später – der Bauherr herrschte mittlerweile im Prinzip über die ganze Toskana – reiste Cosimo I. höchstpersönlich zur Einweihung seiner Stadt auf die Insel, die zunächst nach ihrem Gründer benannt werden sollte: "Cosmopoli", was ja auch so viel wie "Weltstadt" bedeutet. Der Name wurde jedoch später verworfen, und die Stadt erhielt den Namen, den sie bis heute behalten hat: Portoferraio, der "Eisenhafen".

Forte Stella – die "Sternenfestung" vom Meer aus gesehen

In rascher Folge entstanden die Befestigungen *Forte Falcone* (Falkenfestung) und *Forte Stella* (Sternenfestung). Die Bauwerke waren durch mächtige Schutzmauern, die bald das gesamte Stadtgebiet durchzogen, miteinander verbunden. Am Ostende des mittlerweile befestigten Hafenbeckens *Darsena* entstand ein achteckiger Turm, die *Torre del Martello* (Hammerturm), von dem aus die Kontrolle sämtlicher ein- und ausfahrender Schiffe möglich war. Zusätzlich zur Sicherung der Stadt wurden die beiden Stadttore *Porta a Mare* und *Porta a Terra* gebaut, damals die einzigen Zugänge zur Stadt.

Cosimos militärischer Stadtbau, der in nur zehn Jahren quasi aus dem Nichts herausgestampft wurde, hatte weitreichende Folgen für die weitere Geschichte von Portoferraio: Während Piratenüberfälle – inzwischen unter dem berühmt-berüchtigten *Dragut* – andere Teile der Insel nach wie vor verwüsteten, galt Portoferraio schon nach wenigen Monaten mediceischer Bautätigkeit als uneinnehmbar. Die Stärke der Stadt hatte sich unter den Piraten bald herumgesprochen und zog nun die Bewohner anderer Teile der Insel (z. B. aus Capoliveri und Rio nell'Elba) wie auch vom toskanischen Festland zunehmend an. Die Bevölkerung stieg schlagartig an, was von Cosimo u. a. durch Steuervergünstigungen und andere Privilegien unterstützt wurde.

Die Zeit der Pirateneinfälle war ab Mitte des 16. Jh. zumindest für Portoferraio vorbei, und die florierende Stadt lebte überwiegend vom Export von Eisenerz und Wein.

Anfang des 17. Jh. war die Insel in drei Herrschaftsbereiche unterteilt: Portoferraio war noch immer im Besitz der Medici, *Porto di Longone,* das heutige Porto Azzurro, gehörte zum Einflussbereich der Spanier, und die anderen Teile der Insel besaßen die *Appiani,* die Fürstendynastie von Piombino. Als *Leopold I.* 1765 das Großherzogtum Toskana übernahm, begann für Portoferraio eine Zeit der militärischen und wirtschaftlichen Schwächung: Große Teile der Marine wurden auf das Festland bei Livorno verlegt, und beinahe wäre die Stadt sogar an die Engländer verkauft worden. Die kamen aber erst 31 Jahre später, und zwar als Antwort auf die 4.000 Mann umfassende französische Truppe aus Toulon, die 1794 ihrer englisch belagerten Heimatstadt entflohen und nach Portoferraio gekommen war. Unter Admiral Nelson nahmen die Engländer die Stadt zwei Jahre später ein. 1802 übernahmen die damals verhassten Franzosen die ganze Insel, aus den drei Herrschaftsbereichen wurde erstmals einer.

Im Garten der Villa dei Mulini – Napoléons Stadtresidenz

Als *Kaiser Napoléon* am 3. Mai 1814 in seinem Exil auf der kleinen Insel eintraf, wurde er im Hafen von Portoferraio mit großem Jubel empfangen, und Elba erreichte unverhofft den Höhepunkt seiner Geschichte, von dem die Insel noch heute zehrt (→ "Geschichte im Überblick", S. 33). Nach Napoléons endgültiger Niederlage bei der legendären Schlacht von Waterloo wurde die Insel 1815 dem Großherzogtum Toskana angegliedert und vereinigte sich 1860 schließlich mit dem neuen Königreich Italien.

Bedeutung erlangte Portoferraio erst wieder im Jahr 1900 mit dem Bau der großen Hochofenanlagen auf dem Gelände, wo sich heute die Schiffswerften befinden. Rund 2.000 Arbeiter waren in der Eisen verarbeitenden Industrie beschäftigt, und als es 1910 aufgrund mangelnder Nachfrage zu ersten Entlassungen kam, antworteten die Industriearbeiter mit Streiks. Während der beiden Weltkriege erfuhr die Eisenindustrie nochmals einen Aufschwung; die Hochöfen wurden jedoch durch Luftangriffe der Alliierten 1943 weitestgehend zerstört und 1949 endgültig geschlossen. Ein alliierter Luftangriff am 16. September 1943 traf auch Teile der Altstadt und forderte über 100 Todesopfer. Nach dem 2. Weltkrieg kam es mangels Arbeitsplätzen zu einer großen Abwanderungswelle, die erst in den 60er Jahren des 20. Jh. durch den im großen Stil einsetzenden Tourismus gestoppt werden konnte. Seitdem sind die Einwohnerzahlen stabil.

Information/Vorwahl

• *Information* **Azienda per il Turismo dell'Arcipelago Toscano (A.P.T.)**, Calata Italia 43 (nahe der Anlegestelle von Moby Lines). Sehr umfangreiche allgemeine Informationen über Elba, viele Broschüren, Inselkarten und Stadtplan zu Portoferraio kostenlos, englisch- und deutschsprachig (fragen Sie nach Sonia). Im Sommer Mo–Sa 8–20 Uhr, im Winter 8–14 Uhr und 15–18 Uhr, sonn- und feiertags geschlossen. 57037 Portoferraio, ✆ 0565/914671, 📠 0565/914672, www.aptelba.it, info@aptelba.it.

• *Zimmervermittlung* **Associazione Albergatori Elbani** (Vereinigung der Hotelbesitzer Elbas), Calata Italia 20 (Ilva-Reisebüro). Hier bekommen Sie eine komplette Hotelliste samt Preisen und können Reservierungen für die ganze Insel vornehmen, darüber hinaus vermittelt man auch freie Zimmer und Appartements. ✆ 0565/91475-4/-5, 📠 0565/917865. Im Sommer Mo–Fr 9–13 Uhr und 15.30–19 Uhr, Sa 9.30–12.30 Uhr und 16–19 Uhr, So geschlossen. Im Winter eingeschränkte Öffnungszeiten.

• *Reisebüros* An der Calata Italia, z. B. **Tesi Viaggi** (Calata Italia 8). Flug- und Fährtickets, kostenlose Zimmervermittlung, Autoverleih (s. u.), hier können sämtliche auf der Insel angebotenen Ausflüge (überwiegend per Schiff) gebucht werden; das Reisebüro gibt ebenfalls ein Hotelverzeichnis heraus. Mo–Sa 9–13 Uhr und 15.30–19.30 Uhr (im Sommer auch sonntags), während der Sommermonate ist auch eine Filiale in Marina di Campo (Via Marconi 33) geöffnet. Hilfsbereiter Service, auch deutschsprachig, ✆ 0565/930222, 📠 0565/915368, www.elbatravel.com, tesi@elbalink.it.

• *Telefonieren* Die **Vorwahl** für die ganze Insel lautet ✆ 0565 und muss auch vor Ort immer mitgewählt werden.

Verbindungen/Bootsausflüge

Portoferraio verfügt über ausgezeichnete Busverbindungen, zahlreiche Ausflugsboote warten am Hafen, um Tagesausflügler zu den umliegenden Inseln zu bringen, und die Auswahl an Leihwagen, Mopeds und Fahrrädern ist ausreichend. Achtung: Wer im Monat August kommt (vor allem um den 15. herum), sollte in jedem Fall reservieren, das gilt besonders für Leihwagen, aber auch für Mopeds bzw. Scooter.

• *Fähre* Im Sommer bestehen zwischen 5 und 22 Uhr ca. stündliche Verbindungen zwischen Portoferraio und Piombino an der toskanischen Küste, Fahrtdauer 1 Std., mit dem **Aliscafo** (Tragflächenboot) etwa 30 Min.

Preise (einfache Fahrt): Pro Person 5,20–6,50 € (an Wochenenden der Hochsaison ca. 9,50 €), mit dem Aliscafo ab 9,30 €. Autos bis 5 m Länge 20–34 € (an Hochsaison-Wochenenden bis 40 €!), Wohnwagen/Wohnmobil ab 26 € bzw. an Wochenenden der Hochsaison 10–13 € pro Meter, Motorrad 10,50–13 € bzw. 11,50–18 €, Fahrrad 5 €. Achtung, es kommt noch die Hafentaxe (0,54–1,20 €) hinzu. Außerhalb der Hochsaisonwochenenden werden interessante Spezialtarife angeboten, z. B. Auto und Fahrer für 26 €, Wohnwagen/-mobil bis 6 m und Fahrer 31 €. Die Spezialtarife (gibt es hauptsächlich bei Moby Lines) sind kontingentiert und daher frühzeitig zu buchen, rechtzeitige Buchung ist auch für die Wochenenden der Hochsaison dringend anzuraten!

Bei den Normaltarifen ist die staatliche Toremar etwas günstiger als die Privatgesellschaft Moby Lines. Die Ticketbüros der beiden Fährlinien befinden sich nahe den Anlegestellen.

Toremar: Calata Italia 23, ✆ 0565/918080, 📠 0565/917444, www.toremar-elba.it, toremar@toremar-elba.it.

Moby Lines: Viale Elba 12 (beim Busbahnhof), ✆ 0565/914133, www.moby.it, info@moby.it.

> **Achtung!** Nach 20 Uhr fahren keine Busse mehr ab Portoferraio. Denken Sie daran, wenn Sie mit der Fähre und ohne eigenes Fahrzeug kommen!

• *Inselbus* Große Busstation der **A.T.L.** (Azienda Trasporti Livornese) auf dem Viale Elba 20 (beim Hochhaus), ✆ 0565/914392 oder 0565/914783. Auch Gepäckaufbewahrung für 1,30 € pro Tag und Gepäckstück (über Nacht 2,60 €). Der *Orario* (Busfahrplan) ist hier erhältlich und auch in einer Vitrine einzusehen. Entsprechende Angaben findet man auch in Elba-Teil der italienische Tageszeitung "Il Tirreno" und in "ProntoElba". Von Portoferraio bestehen Verbindungen zu allen größeren Orten: 5x tägl. Bagnaia, 10x Capoliveri, 11x Cavo, 12x Fetovaia, 6x Lacona, etwa stündl. nach Marciana Alta, Marciana Marina, Marina di Campo und Porto Azzurro, halbstündlich nach Pomonte (im Wechsel via Marina di Campo oder Marciana Alta), etwa halbstündlich nach Procchio, 11x nach Rio nell'Elba und weiter nach Rio Marina sowie 6x nach Sant'Ilario und San Piero in Campo (meistens mit Umsteigen in Marina di Campo). Darüber hinaus verkehrt während der Hochsaison (Juli bis Anfang September) die **Lineablu 2** alle eineinhalb Stunden zu den Stränden von Biodola und Viticcio (Letztere über Padulella, Capo Bianco und Acquaviva). Die Busverbindungen an Sonntagen sind erfreulicherweise kaum eingeschränkt.

Die **Preise** für eine Busfahrt zu den Inseldörfern liegen bei 1–3 €, im Bus gekaufte Tickets sind teurer!

Tipp! Mit der **Elba Card** können sämtliche Busse der Insel (auch Stadtbusse) benutzt werden, das Ticket kostet am Tag 6,50 €, für 6 Tage 18 €, Kinder unter 4 Jahren bzw. einem Meter Größe fahren umsonst, darüber gilt der Normaltarif. Dank hervorragender Busverbindungen auf der ganzen Insel eignet sich das Tagesticket der Elba Card auch für **Inselrundfahrten** auf eigene Faust.

• *Stadtbus* Die Busse pendeln zwischen Piazza Cavour und Hafen durch die Innenstadt, mit der **Linea 1** außerdem etwa stündlich nach San Martino (Napoléon-Villa), Abfahrt an der Calata Italia; mit der **Linea 2** ca. stündlich nach San Giovanni, ebenfalls ab Calata Italia (je 0,85 € einfache Fahrt).

• *Park & Ride* In den Sommermonaten pendelt tagsüber ein kostenloser Shuttle-Bus zwischen dem Parkplatz am Viale Ilario Zambelli (an der großen Einfallstraße nach Portoferraio, beschildert) und der Piazza Cavour im Centro storico (Darsena-Hafen).

• *Taxi* Taxistand am Molo Massimo (am unteren Ende des Viale Elba, beim Hochhaus), ✆ 0565/915112. Preise: Porto Azzurro 23,50 €, Capoliveri 26 €, Lacona 18 €, Marina di Campo 25,50 €, Marciana Marina 28,50 €, Enfola 12,50 €, Biodola 18 €, Rio nell'Elba 26 €, Flughafen La Pila 22,50 €. Die Preise sind festgelegt und jederzeit einsehbar.

Forte Stella von oben – der Leuchtturm

• *Pendelboote* Von Anfang Juni bis Ende September nur tagsüber etwa stündlich mit der **Gabbiano II** zwischen Portoferraio und San Giovanni (einfache Fahrt 1 €) sowie zwischen Portoferraio und Magazzini, Ottone und Bagnaia (einfach 3 €, hin und zurück 5 €). ✆ 328/7095470.

• *Bootsausflüge* Mit dem Motorschiff "Ulisse" von Mai bis September jeden Dienstag ganztägiger Ausflug zur **Insel Capraia** (Zwischenstopp in Marciana Marina), pro Pers. 36–40 € (Kinder 20–23 €), Mittagessen inklusive. Außerdem montags und donnerstags **Inselrundfahrten** (gleicher Preis, ebenfalls mit Mittagessen), Informationen/

Buchungen unter ✆ 335/6955026 (mobil) oder abends an der Anlegestelle (Piazza Citi, Richtung Molo Gallo, etwa auf Höhe der Forte Falcone). Etwas günstiger sind die Ausflugsfahrten nach **Capraia** (dienstags und donnerstags) mit der "Vacanze": 35 € pro Person (Kinder 20 €), allerdings ohne Mittagessen. Montags, mittwochs und freitags fährt die "Vacanze" nach **Giglio** (4 Std. Aufenthalt, gleicher Preis wie Capraia), ✆ 328/7095470.

Adressen/Mietfahrzeuge

• *Adressen* Das **Ospedale** von Portoferraio befindet sich in der Neustadt (Loc. San Rocco) an der Via G. Carducci, ✆ 0565/926111, **Notruf** unter ✆ 118. Vom 15. Juni bis 15. Sept. gibt es im Ospedale auch die *Guardia Medica Turistica*, einen eigens für Touristen eingerichteten medizinischen Service, ✆ 0565/914212.

Deutscher Zahnarzt: Dr. Kremser, Calata Italia 26 (Hochhaus am Molo Massimo, Ecke Viale Elba), ✆ 0565/914498.

Tierärzte: Dr. Murzi/Dr. Barsotti, Loc. Le Foci 32/A, ✆ 0565/916632.

Banken: im Zentrum ausreichend vorhanden, fast alle mit EC-Automat (akzeptiert werden auch die gängigen Kreditkarten), z. B. die *Banca dell'Elba* am Molo Massimo (Hochhaus) oder die *Cassa di Risparmio di Firenze* an der Piazza Cavour. Die Banken sind in der Regel Mo–Fr 8.30–13.30 Uhr geöffnet.

Hafenamt: *Capitaneria di Porto* in der Calata Buccari (Linguella Richtung Torre del Martello), ✆ 0565/914000.

Polizei: Die *Carabinieri* finden Sie auf dem Viale Elba 52, ✆ 0565/922200, **Notruf** unter ✆ 112. Die *Polizia Stradale* (zuständig u. a. für Unfälle) befindet sich in der Via della Cementeria, ✆ 0565/918950, **Notruf** unter ✆ 113.

Post: Hauptpost der Insel an der Piazza della Repubblica. Im Sommer Mo–Fr 8.15–19 Uhr, Sa 8.15–12.30 Uhr. Richten Sie sich auf lange Warteschlangen ein.

Tauchbedarf: Flaschenfüllung im Sport- und Tauchgeschäft *Time out* in der Via Manganaro (Verlängerung der Via Carducci stadtauswärts) oder bei *Nautica-Sport* am Hafen, Calata Italia 3.

• *Autoverleih* Bei **TWN** (→ "Mopeds & Motorräder"), Fiat Panda für 45 € am Tag (9–19 Uhr), 24 Std. 50 €; bei **Rent Mondo** (→ "Mopeds & Motorräder") kostet ein Fiat Panda ab 50 € pro Tag. Jeweils ohne Kilometerbegrenzung, Preise inkl. Vollkasko mit 300 € Selbstbeteiligung. **Tesi Viaggi** (siehe "Adressen/Reiseagenturen") vermietet den Panda für 48–56 € pro Tag (300 € pro Woche), hier außerdem Cabriolets (Fiat Punto) für 60–71 €.

• *Fahrräder* Mountainbikes werden bei **Luciano Brandi** in der Via Carducci 33–35 vermietet (Ladenaufschrift "Cicli Brandi"). Fahrradladen, Ersatzteile und Reparatur, Marken-MTBs, Preise variieren je nach Qualität (z. B. Federgabel, Schaltung etc.): pro Tag (8.30–18.30 Uhr) 8–13 €, 24 Std. 11–16 €, 3 Tage 19–31 €, 1 Woche 31–48 €. Rücktransport bei schweren Unfällen, Reparaturset wird bei Anmietung mitgegeben. Geöffnet Mo–Sa 8–13.30 Uhr und 15–19.30 Uhr, So geschlossen, ✆ 0565/914128.

MTBs werden auch bei **TWN** (siehe "Mopeds & Motorräder"), dem größten Anbieter der Insel, ab 13,50 € pro Tag vermietet, bei **Rent Mondo** (→ "Mopeds & Motorräder") ab 10 € am Tag.

• *Mopeds & Motorräder* **Rent Mondo**, Via R. Fucini 6. Scooter (50 ccm) 26 € pro Tag, 80-ccm-Scooter für 2 Pers. 37 €, 125-ccm-Scooter 45 €, unbegrenzte Kilometer. März–Nov. tägl. 8.30–20 Uhr, ✆ 0565/917276 oder ✆ 338/2088604.

Bei **TWN** kostet ein 50-ccm-Moped/Scooter 35–41 € am Tag, ein 125-ccm-Scooter (für 2 Personen) 46–64 €. Rabatte bei längerer Mietdauer und außerhalb der Hochsaison (ca. 15 %) und für alle, die ein Bahnticket nach Piombino vorweisen können (10 % auf sämtliche Gefährte von TWN), darüber hinaus 10 % für Studenten und Besitzer dieses Buches. Wer bei TWN ein Fahrzeug im Internet reserviert, erhält je nach Verfügbarkeit einen Rabatt von 10–30 %. Helme und Kartenmaterial im Preis inbegriffen, Kaution über alle gängigen Kreditkarten. Achtung: Längere Strecken auf nicht asphaltierten Straßen dürfen nicht gefahren werden! Im Fall einer Reifenpanne trägt der Kunde 50 % der Abschleppkosten, ansonsten muss für Abschleppkosten selbst aufgekommen werden (ca. 20–40 €). Vollkasko 8–20 € pro Tag, unbegrenzte Kilometer. Viale Elba 32 (neben dem Busbahnhof), März–Okt. tägl. 9–14.30 Uhr und 15.30–19 Uhr, ✆/📠 0565/914666, mobil unter 329/2736412 zu erreichen, im Internet: www.twn-rent.it. Filialen in Lacona, Marina di Campo und Bagnaia. Die Fahrzeuge können bei allen Filialen zurückgegeben werden.

Bei Seglern äußerst begehrt – die Liegeplätze im Darsena-Hafen

Portoferraio
Karte Umschlagklappe vorne

Einkaufen

Portoferraio ist ohne Zweifel das Shopping-Paradies der Insel. Zahlreiche, auch noble Bekleidungsgeschäfte, Juweliere und Antiquitätengeschäfte befinden sich entlang der Calata Mazzini (am Hafen Darsena), hier auch Souvenirshops. Bekleidungsläden hauptsächlich an der Piazza Cavour und in den umliegenden Altstadtgassen. An der Piazza Cavour werden außerdem allabendlich zahlreiche Verkaufsstände aufgebaut: viel Schmuck und Esoterisches, aber auch Kleidung etc.

Supermarkt COOP, Viale Tesei (vom Fährhafen stadtauswärts, auf der rechten Seite), ideal für Selbstverpfleger und nach unseren Erfahrungen etwas günstiger als CONAD. Mo–Sa 8–20.30 Uhr, So 8.30–13 Uhr.

Täglicher Markt (mercato coperto) in den Markthallen der Altstadt (nahe Piazza Cavour). Durch sehr sorgfältige Renovierung leider etwas seelenlos geraten. Obst, Gemüse, Fisch, Fleisch, Wein etc. Mo–Sa 7–13 Uhr und 16–20 Uhr, So 7–13 Uhr.

Inselmarkt an der Einfallstraße Richtung Hafen (Viale Zambelli) jeden Freitag 8–13 Uhr.

Naturkostläden, *Le Erbe*, Via Garibaldi 37; *L'Erbavoglia* in der Calata Mazzini.

Bücher und Zeitschriften, *Il Libraio*, gut sortierte Buchhandlung an der Calata Mazzini (Hafenpromenade). Große Auswahl an deutschsprachiger Literatur zur Insel, Kartenmaterial, englisch- und deutschsprachige (Trivial-)Literatur, deutsche Tageszeitungen (vom gleichen Tag) sowie Magazine und Zeitschriften, auch Segel-, Surf-, und Tauchmagazine. Eine ähnlich große Auswahl an deutschen Zeitungen und Magazinen auch am *Kiosk* an der Porta a Mare zur Piazza Cavour.

La Libreria in der Via Manganaro 26, Buchhandlung mit ähnlichem Angebot wie Il Libraio, außerdem gibt es hier einen Internet-Service (5 €/Std.).

Musikgeschäfte: Für Freunde italienischer Pop- und Schlagermusik bieten die beiden Läden an der Piazza Repubblica eine große Auswahl an MCs und CDs, z. T. auch noch auf Vinyl, außerdem internationale Musik. Beide bis spät abends geöffnet.

Feste & Veranstaltungen

Alljährlich am 29. April findet am Hafen die große **Prozession** zu Ehren des Stadtpatrons *San Cristino* statt.

Am 5. Mai jeden Jahres **Gedenkgottesdienst** zum Todestag von Napoléon Bonaparte in der Chiesa della Misericordia.

Le Notti dell'Archeologia, die "Nächte der Archäologie", jedes Jahr in der ersten Juliwoche in der ganzen Toskana, auf Elba finden neben Sonderausstellungen (im Archäologischen Museum von Portoferraio und in der Torre del Martello) auch diverse Vorträge statt. Nähere Infos im Archäologischen Museum, s. S. 99.

Festival Elba Isola Musicale D'Europa, Anfang bis Mitte September. Hauptsächlich Klassik, aber auch Jazz und Tanz, die Veranstaltungen finden zumeist im *Teatro dei Vigilanti* und im *Duomo* in der Altstadt statt, einige auch in Marciana Marina, Rio nell'Elba und Sant'Andrea. Ankündigungen u. a. in "ProntoElba", Informationen unter ✆/℻ 0565/917632 (*Consorzio Elba Promotion*).

Wechselnde Kunstausstellungen in der *Torre del Martello*, ansonsten ist der Turm nur von außen zu besichtigen.

In der *Arena della Linguella* (neben der *Torre del Martello*) von Juni bis September **Freilichtkino** (hauptsächliche amerikanische und europäische Kassenschlager, Eintritt 6 €) sowie **Theater**- und **Tanzaufführungen**.

Centro Arti Figurative e Visive Telemaco Signorini, städtische Ausstellungsräume an der Calata Mazzini (Hafenpromenade Richtung Darsena-Hafen). Wechselnde Ausstellungen zeitgenössischer elbanischer Künstler. Öffnungszeiten wechseln je nach Ausstellung, Eintritt frei.

Übernachten (siehe Karte Umschlagklappe vorne)

Die angegebenen Preise gelten für die Hochsaison (August). Wie auch in den meisten anderen Hotels der Insel sind die Zimmer außerhalb der Hauptsaison um 30–50 % billiger. Die Auswahl an Unterkünften im Stadtzentrum ist bescheiden, empfehlenswert ist es, zu den Hotels an den beiden Stränden *Le Ghiaie* und *La Padulella* auszuweichen. Frühzeitige Reservierung für die Hochsaison ist auch bei Hotels in der Hauptstadt absolut notwendig. Wenn sie ein **Privatzimmer** suchen, wenden Sie sich entweder an die A.P.T. (→ siehe "Information", S. 86) oder an das Reisebüro Tesi Viaggi (→ "Adressen/Reiseagenturen", S. 86). Dort bekommen Sie ein komplettes Verzeichnis aller Privatzimmer und Appartements auf der Insel (mit Preisangaben).

** **L'Ape Elbana (8)**, das älteste Hotel Elbas, mitten im alten Zentrum an der Piazza della Repúbblica und dabei nur wenige Minuten vom Stadtstrand Le Viste entfernt. Altmodische Einrichtung, hohe Räume, von den 24 renovierten Zimmern (alle mit Bad, die meisten auch mit Aircon.) z. T. netter Blick. EZ 40–70 €, DZ ab 75 € (je inkl. Frühstück), im August nur mit obligatorischer Halbpension (DZ 126 €). Sehr beliebtes und empfehlenswertes Ristorante mit gemütlicher, überdachter Terrasse. Die exzellente Fischsuppe *Cacciucco* bekommen Sie hier schon für unschlagbare 13 €, und auch ansonsten bietet die Küche des Ape Elbana kulinarisch Hochwertiges zu vergleichsweise günstigen Preisen. Salita Cosimo de'Medici (zwei Häuser neben dem Dom), ✆ 0565/914245, ℻ 0565/945985, apelbana@elba2000.it.

*** **Massimo (22)**, Calata Italia 23, am Fährhafen. Alle Zimmer mit Bad, Aircon. und TV, teilweise auch mit Balkon und Blick auf den Hafen. Netter Service. EZ 80 €, DZ 142 € (mit Halbpension in der Hochsaison nur geringfügig teurer), in der Vorsaison bis zu 50 % billiger. ✆ 0565/914766-67, ℻ 0565/930117, www.elbahotelmassimo.com.

** **Nobel Hotel (15)**, Via Manganaro 72 (Verlängerung der Via Carducci). Der Name trügt gewaltig. Bescheidene Zimmer an der Hauptausfallstraße (ziemlich laut), für das Gebotene teuer, für die Insel billig: EZ 40 €, DZ 60 €, alle Zimmer mit Bad. Einfache Bar im EG. ✆ 0565/915217, ℻ 0565/915415, hotelnobel@tin.it.

• *Außerhalb des Zentrums* * **Albergo Le Ghiaie (1)**, direkt am gleichnamigen Stadtstrand, überdachte Terrasse übers Meer gebaut, im Café (Snackbar) ist immer ziemlich viel los, nebenan die *Bagni Elba* (Sonnenschirm- und Liegestuhlverleih). Recht schlicht, nette Atmosphäre, freundlich-re-

Treffpunkte in der Altstadt: Porta a Mare und Piazza Cavour

solute Besitzerin, eher jüngeres Publikum, ca. 500 m vom Zentrum. Nur wenige Zimmer, alle mit Bad und Terrasse (einige zum Meer hin), oft ausgebucht. Für Portoferrraio geradezu günstig: EZ 40 €, DZ 82 €, Preise inkl. Frühstück. ✆/℻ 0565/915178. Loc. Le Ghiaie, in Portoferraio ab Via Carducci/ Piazza Citi beschildert.

*** **Villa Ombrosa (3)**, oberhalb des Le Ghiaie, 30 m vom Strand (privater Abschnitt). Sehr gepflegtes Haus mit gemütlicher Terrasse unter schattenspendenden Bäumen, alles nicht mehr ganz neu. Komfortable, aber recht kleine Zimmer mit Bad, TV und Balkon (teilweise zum Meer), DZ mit obligatorischer Halbpension 182 €, EZ 104 €, in der Nebensaison erheblich günstiger. Gediegenes Hotel mit Ristorante und freundlichem Service. Ganzjährig geöffnet, Loc. Le Ghiaie, ✆ 0565/914363, ℻ 0565/915672, www.villaombrosa.it.

*** **Villa Padulella (2)**, der Straße vom Ghiaie-Strand weiter in Richtung Enfola folgen, auf der Anhöhe linker Hand liegt das unscheinbare beige Haus. Zum gleichnamigen Strand sind es ca. 5 Minuten zu Fuß, ins Zentrum von Portoferraio knapp 1 km. DZ mit Bad und Balkon 166 €, EZ 104 €, jeweils inkl. Frühstück. Mit Bar und Restaurant, Privatparkplatz, ganzjährig geöffnet. Via Einaudi 1, Loc. Padulella, ✆ 0565/914742 oder 0565/915506, ℻ 0565/916510.

*** **Acquamarina (2),** verdient eigentlich ein extra Sternchen, unser **Tipp!** Im Ortsteil Padulella, ca. 1 km vom Zentrum, kurz nach der Villa Padulella rechts ab (Straße an der Nordküste Richtung Enfola). EZ 87–93 €, DZ 147–154 €, Dreier 190 €, jeweils inkl. Frühstück (in der Nebensaison etwa die Hälfte). Geschmack und die Liebe zum Detail zeigen sich schon in den Gängen – eine Galerie alter und neuerer Ölgemälde sorgt fürs private Ambiente. Modern und geschmackvoll eingerichtete Zimmer, geräumig, alle mit Bad und Balkon (schöner Blick auf die grüne Bucht). Besonders schöne Terrasse, netter Service, gutes Preis-Leistungs-Verhältnis, ein Haus zum Wohlfühlen. Fußweg (ca. 300 m) zum Padulella-Strand mit Bar und Strandservice. März bis Oktober geöffnet. Loc. Padulella, ✆/℻ 0565/914057, www.hotelacquamarina.it.

Portoferraio
Karte Umschlagklappe vorne

Camping

Die Campingplätze liegen alle etwas außerhalb, die schönsten findet man westlich der Hauptstadt um das Capo d'Enfola. Pflanzenliebhabern sei der Platz **Rosselba le Palme** bei Magazzini/Ottone auf der anderen Seite der Bucht von Portoferraio empfohlen. Siehe die Abschnitte "Capo d'Enfola" (ab S. 109) und "Die Bucht von Portoferraio" (ab S. 114).

Essen & Trinken (siehe Karte Umschlagklappe vorne)

Trattoria La Barca (14), gediegenes Restaurant der etwas gehobeneren Preisklasse, in der ruhigen Via Guerazzi gelegen. Von den Bewohnern der Stadt sehr geschätzt, besonders für Fisch und Meeresfrüchte. Große Weinauswahl. Mittags und abends geöffnet, Mi Ruhetag. Ab ca. 21 Uhr meist bis auf den letzten Platz besetzt, daher am besten reservieren unter ✆ 0565/918036.

Da Lido (6), eines der besten Restaurants im Centro storico von Portoferraio, schöne, kleine Terrasse, gepflegter und überaus stilvoller Innenraum, zuvorkommender Service. Schwerpunkt Fisch, hervorragende Weinauswahl, gehobene Preisklasse. Nur wenige Tische auf der Terrasse, deshalb sollte man für abends dringend reservieren. Mittags und abends geöffnet, Salita Falcone 2, ✆ 0565/914650.

Stella Marina (12), was auf den ersten Blick nach überteuertem Touristenlokal aussieht, erweist sich als ausgezeichnetes und bei den Elbanern sehr beliebtes Fischrestaurant mit Tradition. Hervorragende Muschelsuppe mit Kräutern und frischer Petersilie, leckere Pasta (z. B. Ravioli mit Auberginen), auch Pizza (Holzofen, der bereits mittags angeworfen wird). Mittleres Preisniveau. Einziges Manko ist die wenig idyllische Lage zwischen zwei Parkplätzen am Hafen – Blick auf die anlegenden Fähren inklusive. Mittags und abends geöffnet, Via V. Emanuele II 1, für abends Reservierung unter ✆ 0565/915983 empfehlenswert. Mo geschlossen.

L'Ape Elbana (8), gutes und beliebtes Ristorante mit schöner Terrasse und flottem Service, relativ günstig. Näheres unter "Übernachten" auf S. 90.

Il Castagnacciaio (7), Via Mercato Vecchio (Gässchen parallel unterhalb der Piazza Repùbblica). Die beliebteste und dem allabendlichen Andrang zufolge wahrscheinlich auch die beste Pizzeria der Stadt – Pizza ab 4–5 €, sehr günstig. Kleiner Verkaufsraum mit heißem Pizzabackofen. Rustikale Bänke und Tische auf einer kleinen Holzveranda in der engen Gasse davor. Jeden Abend brechend voll, man sollte sich daher auf etwas längere Wartezeiten einrichten. Mittags und abends geöffnet, Via Mercato Vecchio 5, ✆ 0565/915845.

Da Vittorio (19), nettes kleines Ristorante in der Via dell'Amore 54 (nahe der Markthalle). Recht gemütlich, nur abends geöffnet, mittleres bis gehobenes Preisniveau, relativ günstige Pizza. Im Sommer sollte man reservieren, ✆ 0565/917446.

Trattoria Il Buchino (20), am Ende der Piazza Cavour, in der Via Corta 3 zwischen zwei Hauswänden (überdacht und im Freien). Nostalgisch-schlichte Einrichtung, aber sehr gemütlich, nette Stimmung. Gute Salate als Hauptgericht (z. B. Käsesalat, Thunfischsalat), große Pasta-Auswahl (besonders gut sind die *Penne La Barca* – nach Fischerart mit Muscheln und Knoblauch-Sahne-Soße), hervorragende knusprig-saftige Pizza (auch mittags), spritziger weißer Hauswein. Nicht teuer: Fleischgerichte ab 7–8 €, Pizza ab ca. 5 €. **Rundum-Tipp**. Mittags und abends geöffnet, dienstagmittags geschlossen, ✆ 0565/916791.

Bar-Trattoria La Scalinata (4), in der Via Victor Hugo neben dem Teatro dei Vigilanti (Piazza Gramsci), etwas abseits vom Rummel. Nicht besonders schick, bodenständige, schmackhafte *Cucina casalinga*, preisgünstig. Hauptgerichte ab 7 €, von der Terrasse Blick über die Stadt, mittags und abends geöffnet.

L'Ombelico del Mondo (13), der "Nabel der Welt" liegt ganz unscheinbar am Anfang der Via Carducci bei der Piazza Citi (Neustadt). Nur abends geöffnet, winzige Pizzeria und Bar. Schlichte Einrichtung, gute Musik, leckere *Schiaccine* (gefüllte Pizzafladen), günstig.

Da Nedo (5), schlichtes Lokal am Parkplatz im Zentrum, das Essen einfach und bodenständig – die Preise entsprechend günstig. Sehr einfaches Ambiente unter graffitibesprühtem Plastikzelt, wenig schick, dafür gibt es den Liter Hauswein hier für 6 €. Mittags und abends geöffnet, Piazza della Repubblica 27.

Bar Residence (23), am Taxistand an der Calata Italia (Ecke Viale Elba). Relativ günstiges Selfservice-Restaurant mit guter Auswahl in der Vitrine, ideal für das kleine Mittagessen. Ganztägig geöffnet, mit Bar und Tabaccheria.

• *Enoteche* **GustaVino (16)**, nicht sehr idyllisch liegt diese erst 2003 eröffnete Nichtraucher-Enoteca in der Via Carducci 70. Ein Besuch lohnt dennoch, sei es zum Mittagssnack (Panini, kalte Gerichte, Salate, dazu ein Glas Wein) oder zum Einkauf meist italienischer Weine aus den verschiedensten Regionen, darüber hinaus sind Grappa, Limoncino u. a. im Angebot. Angenehme, gemütliche Einrichtung (klimatisiert), freundlicher Service, nicht ganz billig, ganztägig bis ca. Mitternacht geöffnet (So tagsüber geschlossen), ✆ 0565/918100.

Das **Gusto**, eine weitere Enoteca im Zentrum, befindet sich an der Piazza della Repubblica 29.

• *Cafés/Gelaterie* Man trifft sich abends in den zahlreichen Cafés an der Flaniermeile Calata Mazzini und an der Piazza Cavour, z. B. im **Caffè Roma (10)**: Das Traditionscafé der Stadt mit Eingängen von der Calata Mazzini (vom Hafen) und von der Piazza Cavour aus. Cocktailbar, Gelateria und Café, zum Aperitif werden kleine Snacks gereicht. Morgens bis spät abends geöffnet.

Ebenso zentral liegt die **Bar Kursaal (11)** an der Piazza Cavour 48: schattige Terrasse mitten im Geschehen und einige ruhigere Plätze an der Rückseite des Hauses in der Via del Mercato Vecchio, in der Bar gibt es auch einige Snacks, Panini etc., überaus freundlicher Service.

Bar Bonini/Bar Centrale (17), in der Porta a Mare. Ganz hervorragendes Gelato, wirklich typisch italienische, winzig kleine Café-Bar (es gibt auch zwei Tische), ideal für den Cappuccino zum Frühstück mit *Pasta* (süßes Gebäck).

Ausgezeichnetes Gelato und Granita (äußerst erfrischendes Halbgefrorenes mit Fruchtpüree, z. B. Pfirsich, Erdbeere, Limo-

Anglerglück am Hafen – mit Torre del Martello im Hintergrund

ne) gibt es auch beim Straßenverkauf **Zero Gradi (21)** am großen Hafenparkplatz an der Auffahrt zur Forte Falcone (Via Vittorio Emanuele II).

• *Bars/Nachtleben* **Il Baretto (9)**, Calata Mazzini 21, tagsüber Café, abends eine der derzeit angesagtesten Cocktailbars der Stadt. Hochwertige Whiskys (um 6 €), Margaritas, Caipirinha etc. Bis spät nachts geöffnet, erfreut sich aber auch zum Aperitif allergrößter Beliebtheit. Draußen einige Tische, man sitzt gemütlich am Yachthafen, junges, überwiegend schickes Publikum.

Sail Port (18), "Stranden Sie an diesem Stückchen Erde, das allen echten Seebären gewidmet ist", so der Slogan – die Kneipe ist vor allem bei Seglern beliebt. Zwischen Fachgesprächen über Wind und Wetter fließen Cocktails und anderes Hochprozentiges in Strömen, im kleinen Hinterraum spielen oft Cover-Bands. Tägl. 18 Uhr bis ca. 3 Uhr morgens geöffnet, Happy Hour 22–23 Uhr.

Enoteca Inferno, ca. 4 km außerhalb an der Straße nach Procchio auf der linken Seite. Im Sommer jeden Abend ab 23 Uhr Livemusik (Eintritt frei), mit Osteria und Weinbar. An Sommerwochenenden brechend voll, vor allem bei Elbanern sehr beliebt. Geöffnet täglich ab 21 Uhr, Loc. Le Foci, ✆ 0565/918783 oder 347/3767308.

Sehenswertes in der Altstadt von Portoferraio

Beim Rundgang durch das *Centro storico* der Inselhauptstadt fallen zahlreiche historische Gebäude auf, die zumeist aus der Zeit der Medici stammen. Im Großen und Ganzen ist der Grundriss der Altstadt noch immer mit dem aus dieser Zeit identisch, dramatische Veränderungen im Erscheinungsbild haben – sieht man einmal von den wenigen Napoleonischen Bauwerken ab – nicht stattgefunden. Lediglich die breite Uferpromenade, die Calata am **Darsena-Hafen,** ist ein Werk aus der Mitte des 18. Jh.; das Hafenbecken war ab Mitte des 16. Jh. durch eine hohe Mauer begrenzt, die die Stadt somit geradezu hermetisch gegen Angriffe der von den Franzosen unterstützten türkischen Flotte schützte.

Der Zugang von der Meerseite, die **Porta a Mare,** stammt aus dem Jahr 1549 und liegt nahezu symmetrisch in der Mitte des Hafenbeckens. An Stelle der Uhr über dem Torbogen waren früher die Wappen der jeweils Herrschenden angebracht: zuerst das der Medici, später das der Lothringer und für kurze Zeit auch das Napoléons. Das Gegenstück zur Porta a Mare bildet die **Porta a Terra** aus dem gleichen Jahr, die noch heute als tunnelartiger, etwa 30 m langer Durchgang unterhalb des Forte Falcone zu besichtigen ist.

Von der Porta a Mare gelangt man auf die lang gezogene *Piazza Cavour* und von hier rechter Hand zur heutigen Markthalle, in der sich unter den Medici die **Arsenali**, die militärische Schiffswerft, befanden. In dem 1575 entstandenen Bauwerk waren zwei *Galeazze* (Kriegsschiffe) untergebracht, drum herum siedelten sich Handwerksbetriebe und Fischhändler an. Später wurde das Gebäude mehrfach umgebaut, zuletzt vor wenigen Jahren, als man hier den *Mercato Coperto* (Markthalle) der Stadt modernisierte und ihm dabei leider auch jeglichen Charme raubte.

Von der Markthalle über die Via dell'Amore und dann links ab in die Via Roma gelangt man zur – heute als Parkplatz genutzten – *Piazza della Repùbblica*, an deren östlicher Stirnseite sofort der apricotfarben gestrichene **Duomo La Pieve** ins Auge fällt. Die Grundsteinlegung der Kirche geht auf das Jahr 1549 zurück. Unter Cosimo I. diente das ehemals einschiffige Gotteshaus zunächst als Garnisonskirche, sein heutiges Erscheinungsbild erhielt es durch zahlreiche Anbauten im 17. und 19. Jh. Nach umfangreichen Restaurierungsarbeiten wurde die Kirche 1993 wieder eröffnet (ganztägig bis spätabends geöffnet).

Von der Piazza della Repùbblica in westliche Richtung stößt man auf das **Municipio** (Rathaus) im **Palazzo Comunale.** Im großen rosa Gebäude sind heute Stadtverwaltung und Polizei untergebracht. Unter dem Medici-Architekten Camerini entstand das imposante Bauwerk in den Jahren 1559–61 und diente zunächst als Warenlager und Zwieback- und Brotbäckerei, daher auch der Beiname "Biscotteria". Im Innenhof des Rathauses sind zahlreiche Gedenktafeln angebracht, die an große Männer erinnern, die sich um Elba und ganz Italien verdient gemacht haben – oder zumindest mal einen Fuß auf die Insel gesetzt haben: der Revolutionär *Francesco Domenico Guerrazzi* (1804–1873), der in den Kerkern des Forte Falcone als politischer Gefangener einsaß; Freiheitskämpfer *Giuseppe Garibaldi* (1807–1882), der im Jahr

Autofrei und sehr beschaulich – am Hafen Darsena

1849 dem Ort Cavo im Nordosten der Insel einen kurzen Besuch abstattete; *Giuseppe Mazzini* (1805–1872), neben Garibaldi einer der wichtigsten Unabhängigkeitskämpfer zur Zeit des *Risorgimento* und Vordenker des modernen italienischen Staats; der französische Dichter *Victor Hugo* (1802–1885), der einige Jahre seiner Kindheit auf der Insel verbrachte, sowie viele andere Inselpersönlichkeiten.

Vom Municipio führt die **Via Garibaldi,** früher wegen zahlreicher Gaststätten auch "Via del Buon Gusto" (Straße des guten Geschmacks) genannt, bergan. Gleich auf der Linken befindet sich die unscheinbare *Chiesa del Santissime Sacramento,* die ebenfalls unter Cosimo I. im Jahr 1551 entstand. Die Kirche befindet sich noch heute in Besitz der Sacramento-Bruderschaft und wurde 1945 in Teilen nach altem Vorbild rekonstruiert. Im überraschend prachtvoll ausgestatteten Inneren des Gotteshauses befindet sich eine Gedenktafel für die Kriegsgefallenen.

Auf der Via Garibaldi weiter die Treppen nach oben stößt man auf der rechten Seite auf die schlichte, aber dennoch elegante **Chiesa della Misericordia** (Kirche der Ehrwürdigen Barmherzigkeit) aus dem Jahr 1677. Das Gotteshaus gehörte einer Bruderschaft, deren Gründung auf das Jahr 1566 zurückgeht. Auffällig im Inneren die prachtvolle Orgel aus dem ausgehenden 18. Jh. und die Tromp-l'œil-Decke, die unseren Augen eine Kuppel vorspielt. Sehenswert außerdem die marmorne Balustrade, an der sich einst Napoléon in seiner Sommerresidenz in San Martino erfreute. Unter dem Altar liegen die Gebeine des Stadtpatrons *San Cristino.* Ein kleines Schmuckstück in Sachen Madonnenverehrung ist in der Seitenkapelle der Kirche untergebracht: Hier befindet sich eine Kopie der berühmten "Schwarzen Madonna" aus der *Casa Santa* von Loreto, eines der wichtigsten Pilgerziele Italiens bei Ancona in den Marken. Übrigens: Dem großen Bonaparte huldigt man hier alljährlich am 5. Mai mit einem Gedenkgottesdienst zu seinem Todestag. Die Kirche ist ganztägig geöffnet.

Museo della Misericordia

Das kleine Museum neben der gleichnamigen Kirche beherbergt vor allem Exponate, die an den Aufenthalt Napoléons erinnern. Hier hängt zum Beispiel eine der Drei-Bienen-Flaggen, die zu Ehren des Verbannten gehisst wurden. Weiterhin sind in den drei liebevoll hergerichteten Räumen unter anderem Hand und Totenmaske Napoléons aus Bronze zu sehen. Diese Stücke wurden nach Gipsabdrücken gefertigt, die der Leibarzt von der Leiche des Kaisers genommen hatte. Ausgestellt ist auch der Sarg, in dem der große Kaiser von St. Helena nach Paris überführt wurde – es handelt sich allerdings um eine Kopie.

Sehenswert sind aber auch die Exponate, die nichts mit dem Kaiser und seinem Elba-Aufenthalt zu tun haben. Im ersten Raum finden sich nicht nur ein prächtiges *Antiphonar* (Liturgiebuch mit Wechselgesängen) von 1676 und die Gründungsurkunde des Ordens der Barmherzigkeit (Misericordia) aus dem Jahr 1566, sondern auch die aus Carrara-Marmor gefertigte "Madonna mit dem Kind", die *Tino Camaino* (14. Jh., Pisaner Schule) zugeschrieben wird.

Öffnungszeiten/Eintritt Von Ostern bis Ende September tägl. 11.30–13 Uhr und 17.30–19 Uhr. Erwachsene 1,50 €, Kinder 12–18 Jahre 1 €, Kinder unter 12 Jahren frei.

Von der Via Garibaldi in westliche Richtung gelangt man unweigerlich auf die Via Victor Hugo, die auf die kleine *Piazza Antonio Gramsci* führt. Von hier bietet sich der Blick auf touristisch wenig besuchte Altstadtgassen. Auffälligster Bau an der Piazza ist das rosa angestrichene **Teatro dei Vigilanti** (Theater der Wächter), das von Napoléon in Auftrag gegeben wurde. Ursprünglich befand sich hier eine Kapelle aus dem Jahr 1618, später eine größere Kirche. Im Teatro dei Vigilanti gab der Exilkaiser den letzten Ball vor seiner Abreise am 26. Februar 1815. Bis 1954 wurden Opern und Operetten aufgeführt; nachdem die Stadt das Gebäude gekauft und restauriert hatte, finden seit 1997 ausgewählte Konzerte des *Festival Elba Isola Musicale D'Europa* (→ "Feste & Veranstaltungen", S. 90) statt.

Mediceische Festungsanlagen (Fortezze Medicee)

Im Jahr 1548 begann *Cosimo di Medici* damit, sein "Cosmopoli", das spätere Portoferraio, zu errichten. Die Kernstücke der militärischen Stadtanlage waren die beiden Festungen Forte Stella (Sternenfestung) und Forte Falcone (Falkenfestung), die im gleichen Jahr begonnen wurden. Die Arbeiten waren nach nur rund zehn Jahren im Wesentlichen abgeschlossen; Ende des 17. Jh. fanden lediglich einige Erweiterungen statt.

Der **Forte Stella** in erhöhter Lage am östlichen Ende der Altstadt war durch eine in Teilen noch erhaltene Befestigungsmauer mit dem wesentlich größeren Forte Falcone verbunden. Ihren Namen erhielt die Sternenfestung durch den gezackten Grundriss, heute befinden sich innerhalb der Mauern private Wohnhäuser und der Leuchtturm von Portoferraio aus dem 18. Jh. Der Besuch lohnt nur bedingt – ein paar schöne Aussichtspunkte auf Portoferraio, auf Napoléons Villa Mulini und auf die Bucht, das war's. Dazwischen hängt Wäsche zum Trocknen auf der Leine, Kinderspielzeug liegt herum – innerhalb der Festungsmauern wird hauptsächlich gewohnt.

Öffnungszeiten Von April bis Okt. müssen Auswärtige zwischen 9 und 19 Uhr 1,30 € Eintritt bezahlen (Kinder unter 12 Jahren frei), abends und nachts ist die Anlage ihren Bewohnern vorbehalten.

Die Villa dei Mulini – gesehen vom Forte Stella

Portoferraio
Karte Umschlagklappe vorne

Die Besichtigung des **Forte Falcone,** der die Trennungslinie zwischen Alt- und Neustadt markiert, beschränkt sich auf den äußeren Verteidigungsring. Die Festung selbst, das Kernstück auf dem höchsten Punkt der Mediceischen Anlage, ist nicht nur renovierungsbedürftig, sondern auch militärisches Sperrgebiet der Marine und dementsprechend nicht zu besichtigen; der Aufstieg zum ehemaligen Haupttor über die *Via del Falcone* lohnt nicht. Gut erhalten und durchaus besuchenswert sind hingegen die trutzigen Außenmauern der Festung. Der Pirat *Dragut* sah übrigens nach der Begutachtung des Bollwerks vorsorglich von einem Angriff auf die Festung ab. Auf dem Gelände der Festung befindet sich eine kleine Parkanlage, von der sich immer wieder schöne Blicke über die Altstadt und den Hafen sowie die Buchten an der Nordküste der kleinen Halbinsel von Portoferraio bieten. Auf einer der unteren Terrassen gibt es einen kleinen Spielplatz und weiter oben Tische und Bänke, die zum Picknick oder einfach nur zum Relaxen einladen. In die Festungsanlage gelangt man vom modernen Hafen aus durch die *Porta a Terra* (beschildert).
Öffnungszeiten März–Okt. tägl. 9.30–19.30 Uhr, Eintritt 2 €, Kinder frei.

Villa dei Mulini/Palazzina dei Mulini (Museo napoleonico)

Seine Stadtresidenz wählte Napoléon in allerbester Lage in der Oberstadt zwischen den beiden Festungen. An der Stelle von ehemals vier mediceischen Mühlen (= Mulini) befanden sich bei Ankunft des Exilkaisers die heruntergekommenen Offiziersquartiere des Pionierkorps. Nicht die Baulichkeiten, sondern die exponierte und gleichzeitig geschützte Lage war der Grund, dass Napoléon sich hier häuslich niederließ; zudem hatte er nach seiner Ankunft am 4. Mai 1814 zunächst in einem eiligst hergerichteten Appartement im heutigen Rathaus untergebracht werden müssen, einer Unterkunft, die dem kaiserlichen Standard in keinster Weise gerecht wurde. Die *Villa dei Mulini* wurde in nur zwei Wochen Renovierung und Erweiterung so weit hergerichtet, dass Napoléon einziehen konnte, endgültig abgeschlossen waren die Arbeiten an dem Gebäude allerdings erst im September 1814. Während Napoléon selbst im Erdgeschoss der Villa residierte, wurden die Räumlichkeiten des oberen Stockwerks von seiner Lieblingsschwester *Paolina Borghese* bewohnt. Vom ursprünglichen Mobiliar der Villa, das zum Großteil von Napoléons Schwester *Elisa* aus Piombino gestiftet wurde, ist nur noch wenig Originales erhalten. Die meisten Möbelstücke stammen zwar aus Napoléons Zeit, jedoch nicht aus seinem persönlichen Besitz; ausgestellt sind außerdem einige Kopien.

Rundgang: Die Besichtigung der Villa dei Mulini beginnt im *Empfangsraum* der Offiziere, von dem aus man in die verhältnismäßig prachtvoll ausgestattete *Galerie* gelangt, den Empfangsraum für inoffizielle Besucher. Neben dem Arbeitszimmer Napoléons und der Bibliothek mit über 2.000 Büchern – darunter auch Boccaccios "Decamerone" und Rousseaus "Nouvelle Heloïse" – ist auch das Schlafzimmer des Kaisers zu besichtigen. Zu Napoléons Zeit befanden sich hier außerdem Portraits seiner engsten Familienangehörigen. Im *Vorzimmer* schließlich eine Reihe von Gemälden aus dem Ersten Kaiserreich und Stiche von Portoferraio.

Eindrucksvollster Raum im Obergeschoss ist der große *Salon,* den Paolina selbst entscheidend mitgestaltet hat. Von hier bietet sich ein schöner Blick sowohl auf die Altstadt als auch auf den kleinen Garten der Villa und das Meer. Im Salon befindet sich auch das prunkvolle kaiserliche Bett, dessen Kopfende von einem goldenen Baldachin überdacht ist – Napoléons Mutter hat es aus Sorge um die angemessene Bettruhe ihres Sohnes eigens aus Paris nach Elba schaffen lassen. Die Verzierungen am Bett sind übrigens "nur" vergoldet. Die Marmorbüsten im Salon stellen Paolina und den Kaiser als 30-Jährigen dar. In den Nebenräumen weitere Büsten und Portraits von Verwandten, in einem kleinen Nebenzimmer des großen Salons ist übrigens das eher bescheidene "Feldbett" des Kaisers samt Schlachtgepäck zu besichtigen.

Wirklich herrlich ist der schattige *Garten* der Napoleonischen Stadtresidenz: eine Terrasse hoch über der steil abfallenden Küste mit Blick auf den Leuchtturm des Forte Stella, das Inselchen Scoglietto und bis zum toskanischen Festland. Sehr gepflegter, grüner Garten, Steinbänke laden zum Sitzen ein, leider gibt es keine Bar.

• *Öffnungszeiten* März bis Mitte Okt. tägl. 9–19 Uhr, an Sonn-/Feiertagen 9–13 Uhr, dienstags geschlossen. Im Winter eingeschränkte Öffnungszeiten. Eintritt 3 €, unter 18 und über 65 Jahren frei, Jugendliche zwischen 18 und 25 Jahren zahlen 1,50 €. Das **Kombiticket** für die beiden Napoléon-Museen Villa dei Mulini und Villa San Martino (→ S. 104) kostet 5 € (ermäßigt 2,50 €) und ist 3 Tage gültig. ✆ 0565/915846.

Pinacoteca Foresiana im Centro De Laugier

Die Pinakothek ist im ersten Stock eines ehemaligen Franziskanerklosters von 1558 untergebracht, dessen Gründung ebenfalls auf *Cosimo I. di Medici* zurückgeht. Anfang des 19. Jh. wurde es zur Kaserne umfunktioniert, die später nach *Cesare de Laugier,* einem der Offiziere Napoléons, benannt wurde. Mittlerweile ist hier die Privatsammlung von *Mario Foresi* (1849–1932) untergebracht, einem bedeutenden Literaten und Mäzen der Insel, der der Stadt neben seinen Bildern auch noch eine Privatbibliothek mit rund 40.000 Bänden vermacht hat. Die Foresis spielten im kulturellen Leben in der Toskana des 19. Jh. eine nicht unbedeutende Rolle und machten sich v. a. als Kunstsammler einen Namen.

Zu sehen sind in der Pinacoteca zahlreiche Landschaftsansichten von Elba und Portoferraio, Portraits der Familie Foresi, Karikaturen des florentinischen Malers *Emilio Lapi* (1814–1898) sowie weitere, z. T. romantische Landschaftsbilder und

Römische Villa und Torre del Martello

Portoferraio
Karte Umschlagklappe vorne

Stadtansichten von Rom, Florenz, Livorno etc. Die Gemälde stammen zum Großteil aus dem 18. und 19. Jh., des Weiteren zählen zu den Exponaten einige religiöse Darstellungen aus dem 16. Jh. Die Pinakothek besitzt außerdem zahlreiche Bilder der elbanischen Maler *Pietro Senno* (1831–1905) und *Giuseppe Mazzei* (1867–1944). Kopien berühmter Werke (z. B. von *Botticelli*), hübsche Möbel aus dem 19. Jh. und Radierungen runden die äußerst sehenswerte und sorgfältig aufgebaute Ausstellung, die eine gute Vorstellung von Elba in früheren Jahrhunderten vermittelt, ab.

Achtung Renovierung!

Zum Zeitpunkt der Recherche im Sommer 2003 fanden im Gebäude der Pinacoteca umfassende Restaurierungsarbeiten statt. Nach Auskunft von offizieller Seite soll die Ausstellung im Jahr 2004 wieder für die Öffentlichkeit zugänglich sein, **Öffnungszeiten** und **Eintrittspreise** waren allerdings noch nicht in Erfahrung zu bringen. Informationen zur Wiedereröffnung erteilt die A.P.T. in Portoferraio.

Archäologisches Museum (Museo Civico Archeologico)

Es befindet sich auf dem Gelände der ehemaligen **Fortezza della Lingua** an der *Linguella*, dem "Zünglein" von Portoferraio. Zu Zeiten der Medici im 16. Jh. befand sich an der Landzunge neben Forte Falcone und Forte Stella die dritte Festung der Stadt, einziges Überbleibsel davon ist die wuchtige *Torre del Martello* (Hammerturm) aus dem Stadtgründungsjahr 1548, der Turm erhebt sich unübersehbar am östlichen Hafenende. Die Befestigungsmauern der Medici wurden im Zweiten Weltkrieg durch das Bombardement der Alliierten zerstört. Neben dem Martello-Turm sind die äußerst spärlichen Reste einer **römischen Villa** aus dem 1. Jh. v. Chr. zu sehen. Die Besichtigung lohnt nur für speziell Interessierte.

Besichtigung: Das großzügig auf zwei Etagen untergebrachte Museum beherbergt u. a. Funde aus der nahe gelegenen zweiten römischen Villa *Le Grotte* (→ S.116), außerdem Mosaikfragmente und marmorne Dekorationsstücke sowie Amphoren aus dem 7.–5. Jh. v. Chr. aus der Gegend um Elba, Montecristo und Capraia. Die Amphoren, wichtigste Gefäße der Antike, stammen z. T. aus gestrandeten oder gesunkenen Handelsschiffen griechischer, phönizisch-punischer und römischer Seefahrer – Elba lag an einer wichtigen Handelsroute der damaligen Zeit. Die schönsten und am besten erhaltenen Amphoren sind im oberen Stockwerk effektvoll unter Arkaden ausgestellt und beleuchtet.

Des Weiteren sind Kleinfunde aus etruskischer und römischer Zeit zu sehen, auch Schmuck, Kochgeräte und kleinere (Trink-)Gefäße. Neben den antiken Überresten der Insel Elba, u. a. eine Grabstele aus Seccheto (2. Jh. n. Chr.) sowie verschiedene Funde aus der Gegend um Procchio, Sant'Andrea, Chiessi, Capoliveri und Porto Azzurro, sind hier auch Funde römischer Siedlungen auf den Nachbarinseln Montecristo und Capraia ausgestellt (1.–3. Jh. n. Chr.).

Ein großes Lob an die Ausstellungsregie: Schautafeln führen anschaulich in das Transportwesen der Antike und die wichtigen Handelswege ein. Man erfährt viel über den Mittelmeerhandel im Allgemeinen, aber auch Spezielles, z. B. über den antiken Weinhandel oder die Eisenverarbeitung bei den Etruskern und den Römern. Die Exponate sind detailliert beschrieben und gut ausgeleuchtet, die Erklärungen sehr ausführlich – allerdings leider nur auf Italienisch. Interessierten sei der Kauf des englischsprachigen Museumsführers empfohlen.

• *Öffnungszeiten/Eintritt* Das Museum ist von Ostern bis 30. September geöffnet: Di–So 10–13 Uhr und 15.30–19 Uhr, Mo geschlossen. In der Hochsaison von 15. Juni bis 15. September täglich 9.30–14 Uhr und 18–24 Uhr. Eintritt 2 €, Kinder unter 12 Jahren 1 €. ✆ 0565/944024 oder 0565/917338.

Die Umgebung östlich von Portoferraio finden Sie im Abschnitt "Die Bucht von Portoferraio" ab S. 114, nach Nordwesten zum Baden kommen Sie beim "Capo d'Enfola/Viticcio" auf S. 109, und die westliche Nachbarschaft von Portoferraio ist unter der Überschrift "Biodola-Bucht/Scaglieri-Buch" ab S. 112 zu finden.

Baden in und um Portoferraio

Portoferraio ist zwar nicht gerade ein Badeort, aber die beiden Stadtstrände an der Nordküste sind so schlecht nicht. Der Hauptstrand **Le Ghiaie** (nordwestlich der Stadt), heißt auf Deutsch "die Kiesel", und der Name ist durchaus zutreffend. Abends ist die breite Promenade ein beliebter Treffpunkt, der Strand liegt schließlich nur knapp 500 m vom Zentrum entfernt. Von Le Ghiaie gelangt man über einen Fußweg (schwierig zu begehen) zur westlich gelegenen, kleinen und kaum besuchten Nachbarbucht **Cala dei Frati** (ebenfalls Kies).

Attraktiver ist der kleine Stadtstrand **Le Viste** (Sand und Kiesel) mit gemütlichem Ristorante, von der Altstadt aus zu erreichen über einen steilen Fußweg unweit der Villa dei Mulini. Blick auf die vorgelagerte Insel Scoglietto – das "Klippchen".

▸ **Strände westlich von Portoferraio**: Etwa 800 m vom Zentrum entfernt liegt, beidseitig von steilen Felsen eingerahmt, die ruhige Kiesbucht **La Padulella**. Glasklares, türkis schimmerndes Wasser, allerdings wird gelegentlich Seetang angeschwemmt.

Weitere Bademöglichkeiten finden sich in den vielen kleinen Kiesbuchten entlang der teils steilen Nordküste in Richtung Capo d'Enfola, z. B. am **Capo Bianco**: Etwa

200 m nach dem Hotel Acquamarina (Straße Richtung Enfola) geht es rechts ab (beschildert), vom gebührenpflichtigen und an Sommerwochenenden meist hoffnungslos überfüllten Parkplatz (3 €/ Tag) führen Stufen hinunter zum sauberen Strand vor der steil aufragenden Felswand des Capo Bianco. Große weiße Kiesel, man sollte sich daher eine weiche Unterlage mitbringen, am Strand gibt es einen Sonnenschirm- und Liegestuhlverleih, des Weiteren werden Tretboote und Kanus angeboten, leider fehlt eine Bar. Das Meer am Capo Bianco ist türkis und glasklar, ideal für Schnorchler.

Es folgen in westlicher Richtung die Buchten **Acquaviva** und **La Sorgente** (**Acquavivetta**), beide recht klein und durch die angeschlossenen Campingplätze relativ stark frequentiert.

Eine der schönsten Buchten westlich von Portoferraio ist die größere **Sansone-Bucht**: weißer Kies und türkisblaues Wasser. Zu erreichen von La Sorgente über einen Fußpfad an der Steilküste entlang (in westlicher Richtung). Die Bucht ist nur selten überfüllt, Vorsicht jedoch mit Kindern: der Pfad zum Strand ist nicht gesichert. Keine Bar, kein Strandservice.

Spiaggia Le Viste, der kleine Stadtstrand von Portoferraio

Sehenswertes im Hinterland von Portoferraio

Museo Italo Bolano/Giardino dell'Arte

Eine Symbiose zwischen Kunst und Natur herzustellen ist die Idee, die hinter dem Open-Air-Museum des zeitgenössischen Künstlers *Italo Bolano* steht. In einem kleinen Park im Tal von San Martino hat der gebürtige Elbaner quasi sein gesamtes Lebenswerk ausgestellt: 19 große Keramik-Konstruktionen, deren mediterraner Charakter nicht zu übersehen ist und die sich kontrastreich und harmonisch zugleich in das verschwenderische Grün des schönen Kunstparks einfügen. Nach den Worten ihres Schöpfers Italo Bolano sollen die Keramikarbeiten in der mediterranen Kulturlandschaft "erblühen" und im jahreszeitlichen Wechsel in jeweils neuen Perspektiven erscheinen.

Bolanos abstrakte Werke sind von Kandinsky, Picasso und Paul Klee inspiriert, den größten Einfluss auf seine Arbeit aber nimmt nach eigenen Aussagen seine Heimatinsel Elba selbst, deren Mittelmeerflair er in intensiven Farben künstlerisch umsetzt. Weitere große Keramiken von Bolano sind auch auf Plätzen der Inselorte Portoferraio, Porto Azzurro, Capoliveri und Marina di Campo ausgestellt. Zu den

Im Giardino dell'Arte

bedeutendsten Arbeiten des 1936 in Portoferraio geborenen Künstlers zählen seine Zyklen über das Leben Napoléons und zu den Werken des Dichters Mario Luzi.

Zum 1993 eröffneten Giardino dell'Arte, der an ein bereits im Jahr 1965 gegründetes *International Art Center* angeschlossen ist, gehört auch eine kleine Galerie mit Aquarellen, Öl- und Acrylbildern, eine Keramikwerkstätte (hier werden im Sommer auch Kurse angeboten) sowie das Atelier von Bolano, in das alle Interessierten gerne einen Blick werfen dürfen – Kunst zum Anfassen.

Den bekannten Künstler selbst trifft man im Sommer meist in seinem Kunstgarten an, und im Juli und August hat man jeden Donnerstagabend (ab 21 Uhr) sogar die Gelegenheit, ihn persönlich kennen zu lernen und in kleiner Runde über Kunst und Kultur zu diskutieren – allerdings nur auf Italienisch, was den Kreis der potenziellen Gesprächsteilnehmer leider etwas einschränkt. Gelegentlich ist jedoch jemand dabei, der zumindest ins Englische übersetzt.

Beim Besuch des *Giardino dell'Arte* werden Sie in der Regel von dem Keramikkünstler Aldo Guasti herumgeführt, der seit vielen Jahren mit Bolano zusammenarbeitet und sich über jeden Besucher freut.

• *Öffnungszeiten* 1. Juni bis 30. Sept. 10–12.30 und 16–19.30 Uhr, So geschlossen. Eintritt frei.

• *Keramikkurse* werden von 1. Juli bis 10. September angeboten, der Wochenkurs ab 250 €, 10-Tages-Kurs 400 €, Infos unter ✆ 0565/914570 oder 347/6434610 (mobil).

• *Anfahrt* Von Portoferraio kommend gleich nach der Abzweigung von der Straße nach Procchio zur Villa San Martino (Villa Napoléone) weist ein gelbes Schild zum Open-Air-Museum. Über kleine Feldwege geht es weiter (dabei immer der Beschilderung folgen).

• *Einkaufen* Man kann kleinere Keramiken (15–25 €), Glasarbeiten/Mosaiken sowie Öl-, Acryl- und Aquarellbilder (Letztere ab ca. 500 €) des Künstlers kaufen – große Auswahl in verschiedenen Preislagen. Weitere Informationen über Bolano finden Sie im Internet unter www.italobolano.com.

Portoferraio/Umgebung
Karte S. 103

Terra e Mano, die Töpferwerkstatt von Iskra und Oreste

Die beiden Kunstkeramiker haben 1977 den Absprung aus Deutschland gewagt und fertigten in den folgenden 20 Jahren zahlreiche Gebrauchs- und Kunstkeramiken, die, wie sie selbst sagen, stark von ihren persönlichen Eindrücken auf Elba beeinflusst waren. Oreste: "Elba, meine Trauminsel! Steine, Meer, Felder, Weinberge, wuchernde, duftende Macchia, da fühl' ich mich zu Hause, meinem Ursprung nah. Und aus diesem archaischen Grund entstehen Keramiken und Skulpturen, immer offen, fragmentarisch." Das Anwesen von Iskra und Oreste liegt abgeschieden am Hang über dem Tal von San Martino.

Mittlerweile widmet sich das Künstlerpaar dem Schreiben, doch noch immer werden jedes Jahr von April bis Juni und im Oktober Wochenkurse in "Experimentellem Gestalten mit Ton" veranstaltet, in denen die Selbsterfahrung genauso wichtig ist wie die Arbeit mit dem Material (Kursgebühr 250 €, Tageskurse 55–75 €, hinzu kommen die Materialkosten). Die Kurse beginnen mit einer Meditation. Entwürfe für ein Selbstportrait in Ton zeichnen die Schüler mit verbundenen Augen, um so eine höhere Sensibilität für das eigene Aussehen zu entwickeln und sich nicht von spiegelverkehrten Abbildungen oder Fotos etc. irreführen zu lassen. Weitere Informationen unter ✆ 0565/933560.

• *Adresse/Anfahrt* Casa Castiglioncello, Località San Martino, 57037 Portoferraio. Die Straße zur Villa Napoleone (San Martino) nehmen, nach der Abzweigung zum Museo di Italo Bolano die erste Möglichkeit links ab (bei der grünen Mülltonne, nicht beschildert), auf einen Feldweg, kurz darauf (bei den Briefkästen) nach rechts, von hier 900 m auf holprigem Feldweg den Berg hinauf – die Straße ist für tiefer gelegte Autos ungeeignet.

• *Übernachten* In der Casa Castiglioncello werden im Sommer auch Appartements vermietet – rustikale und sehr gemütliche Einrichtung, komfortabel und absolut ruhig, genau das Richtige für Erholungssuchende, die Natur dem Strandrummel vorziehen. Das 4er-Appartement (2 Schlafzimmer und große Wohnküche) kostet im August 85 €/Tag, ansonsten 60–75 €. Mindestaufenthalt 5 Tage, Familienrabatt und Ermäßigung bei längerem Aufenthalt. ✆ 0565/930452, mobil unter 339/1100134 zu erreichen, per E-Mail: castiglioncello@elba-online.com. Die Appartements können vorab im Internet besichtigt werden: www.elba-online.com/smartino/paginasmartino.html.

Die Villa Napoléons von San Martino

Eines vorneweg: Das Reizvollste an Napoléons Sommerresidenz im hinteren Teil des Tales San Martino ist sicherlich die idyllische Lage, leicht erhöht und mit fürstlichem Blick über die Insel bis zum Meer. Die kleine Landvilla selbst wird von der unterhalb angebauten *Galerie Demidoff* bei weitem in den Schatten gestellt. Auch die prachtvolle Auffahrt zu dem Anwesen und das gusseiserne Tor mit den vergoldeten kaiserlichen Adlern lässt mehr erwarten, als Napoléons Sommerfrische schließlich zu bieten hat.

Napoléon wurde es im Sommer 1814 in Portoferraio zu heiß, ein Landsitz musste her. Vermutlich beim Ausreiten entdeckte er den nur 6 km entfernten ehemaligen Bauernhof im kühlen und wasserreichen *Valle San Martino,* kaufte ihn für 180.000 Francs und ließ das Gebäude flugs zur repräsentativen Landvilla umbauen.

Besichtigung: Vorzimmer, Schlafzimmer und Studierzimmer wirken etwas dürftig. Vom ehemaligen kaiserlichen Luxus ist heute beim Rundgang nicht mehr viel zu spüren. Beim Mobiliar handelt es sich größtenteils um Imitationen, da fast der ganze Besitz von den Erben verkauft wurde. Die einzige Überraschung ist das Speisezimmer, der etwas kitschige *ägyptische Saal:* antikisierende Trompe-l'œil-Gemälde, gemalte ägyptische Skulpturen und die Darstellung des Ägypten-Feldzugs aus glorreicheren Tagen des Kaisers. Über der Tür der vergoldete Original-Schild Napoléons mit dem Adler als Symbol der kaiserlichen Macht, die Decke des Speisesaals schmückt ein gemalter Himmel, in der achteckigen Vertiefung in der Mitte des Raums waren Blumen angeordnet. Zur Besichtigung der Villa gehört auch das ansprechende kleine Badezimmer im Untergeschoss mit Wanne, Kamin und dem Wandbild einer Badenden (nur durch das Fenster einsehbar).

Auffahrt zur Galerie Demidoff

Weit prachtvoller als die Villa von San Martino ist – zumindest von außen – das ihr vorgelagerte Gebäude, die **Galerie Demidoff.** Anatoli Demidoff, bedeutender Kunstsammler im 19. Jh., war ein glühender Verehrer des Kaisers. Ob die Bewunderung für Napoléon der Grund für die Heirat mit dessen Nichte Matilde (der Tochter von Jerome Bonaparte) war, sei dahingestellt; die Ehe, die Demidoff nebenbei auch noch einen Fürstentitel einbrachte, hielt jedenfalls nur sechs Jahre, und nach der Trennung von Matilde im Jahr 1846 erwarb Anatoli die Villa San Martino und ließ hier die Galerie im neoklassizistischen Stil errichten. Das Gebäude ist einem dorischen Tempel nachempfunden, sein einziger Schmuck am Fries ist ein skulptiertes Band aus lauter "N"s (für Napoléon) im Wechsel mit dem Bienenwappen (für die fleißigen Elbaner). 1859 wurde die Galerie nach achtjähriger Bauzeit eröffnet, zu den Exponaten zählten bereits damals Erinnerungsstücke aus dem Privatbesitz Napoléons, die Demidoff schon während seiner Ehe mit Matilde erstanden hatte, die jedoch später von seinen eigenen Erben zum Großteil wieder verkauft wurden. Das letzte Stück der Napoléon-Sammlung fiel in den 60er Jahren des 20. Jh. bei Sotheby's in London unter den Hammer.

1932 erwarb der italienische Staat das repräsentative Gebäude und brachte hier zwischenzeitlich die Collezione Foresiana (jetzt *Pinacoteca Foresiana* im Centro de Laugier siehe "Portoferraio/Sehenswertes", S. 98) unter, heute bildet das feierliche Ambiente der Galerie den Rahmen für klassische Konzerte. Des Weiteren sind hier gelegentlich Ausstellungen zum Thema Napoléon zu sehen.

Zu den ständigen Ausstellungsstücken der Galerie zählen alte Stiche aus der Zeit des Kaisers (Napoléon im Krönungsornat, aber auch bei der verheerenden Schlacht von Waterloo). Prachtstück der kleinen Ausstellung ist zweifelsohne die von *Antonio Canova* (1757–1822) aus weißem Marmor gearbeitete "Galatea", für die Napoléons Lieblingsschwester Paolina persönlich Modell saß.

Ein bescheidenes Landhaus: Napoléons Residenz im Valle San Martino

Am Parkplatz bieten zahlreiche Souvenirstände Napoléon-Souvenirs an, in den Imbissbuden nebenan werden Erfrischungsgetränke und Panini verkauft.

• *Verbindungen/Anfahrt* Etwa stündlich **Busse** von und nach Portoferraio (Linea 1 bzw. Lineablu), Abfahrt an der Calata Italia, einfache Fahrt 0,85 €. Die Napoléon-Residenz liegt ca. 10 Autominuten von Portoferraio entfernt, zunächst Richtung Procchio, dann links ab (Beschilderung San Martino). **Parken** kostet pauschal 1,50 €.

• *Öffnungszeiten Villa & Galerie* Di–Sa 9–19 Uhr, So 9–13 Uhr, Mo geschlossen. Eintritt 3 €, Kinder und Jugendliche unter 18 sowie Rentner über 65 Jahren frei, 18- bis 25-Jährige zahlen den halben Preis (gilt nur für EU-Bürger). Die kombinierte Eintrittskarte für beide Napoléon-Museen (siehe "Portoferraio/Villa dei Mulini", S. 97) kostet 5 € und ist drei Tage gültig. Fotografieren ohne Blitz ist erlaubt, Filmen verboten.

In der Biglietteria kann man auch einen Museumsführer zu den Napoléon-Residenzen kaufen (ca. 9 €).

• *Übernachten* Gleich neben der Auffahrt zur Villa befindet sich das **** **Park Hotel Napoleone**, dessen Luxus sämtliche kaiserlichen Einrichtungen in den Schatten stellt. Vermutlich würde Napoléon heute lieber hier nächtigen: wunderschöne Villa mit großem schattigem Garten, Pool mit Kinderbecken, Poolbar, Tennisplätze, Minigolf, im Inneren herrscht gediegenes Ambiente, Salon mit Piano-Bar. Den Hotelgästen steht ein privater Strandabschnitt in der Bucht von Biodola zur Verfügung, Shuttle-Service vom Hotel. Darüber hinaus kann man Mountainbikes ausleihen. Sehr zuvorkommender Service, 64 Zimmer, geschmackvoll eingerichtet, DZ mit Bad, Aircon., TV und Frühstück 210 €, EZ 115 € (in der Nebensaison noch nicht mal die Hälfte!). Geöffnet von Ostern bis Anfang Okt., 57037 San Martino di Portoferraio, ✆ 0565/9111111 oder 0565/918502, ℻ 0565/917836, www.elbalink.it/hotel/phnapoleone, phnapoleone@elbalink.it

*** **Il Caminetto**, gegenüber vom Parkplatz, angenehme Zimmer mit Bad, TV, Terrasse oder Balkon, zum Hotel gehört ein Pool mit netter Liegewiese (Stühle und Schirme vorhanden), angeschlossenes Restaurant mit gemütlich-rustikalem Speisesaal, dazu eine sehr nette Terrasse mit Blick auf die Bucht von Portoferraio. Aufmerksamer Service, sehr freundliche und um ihre Gäste bemühte Besitzerin. DZ mit obligatorischer Halbpension in der Hochsaison 120–160 € (EZ 75–95 €), das DZ mit Frühstück kostet in der Nebensaison 70–85 € (EZ 50–58 €). Loc. San Martino, 57037 Portoferraio, ✆ 0565/915700 oder 0565/918332, www.hotelilcaminetto.it, info@hotelilcaminetto.it.

Wanderung 1: In den Hügeln um San Martino

Überwiegend im Wald verläuft diese einfache Rundwanderung über die Hügel rund um die Napoléon-Villa von San Martino, dazwischen eröffnen sich immer wieder herrliche Blicke auf das Tal von San Martino und auf die Bucht von Procchio.

Mittels **GPS kartierte Wanderung** – Waypoint-Dateien zum Downloaden unter: *www.michael-mueller-verlag.de/gps/homepage.html*

Anfahrt: wie zur Villa Napoleone. Von Portoferraio Richtung Procchio, dann rechts ab nach San Martino (beschildert) und geradewegs in das Tal hinein.

Versorgungsmöglichkeit: teure Bars am Ausgangs- bzw. Endpunkt der Wanderung, ansonsten keinerlei Versorgungsmöglichkeiten.

Kurzbeschreibung: Leichte Wanderung überwiegend im Schatten des Mischwaldes, meist auf Waldpfaden und Forstwegen, als Mountainbikestrecke nur bedingt geeignet. Nach zunächst etwas anstrengendem Aufstieg geht es auf der Höhe an Monte Barbatoia und Monte San Martino entlang und schließlich über den Monte Pericoli zurück hinunter ins Tal. Gesamtdauer: ca. 2,5 Std., Länge: ca. 7 km, Höhenunterschied: ca. 480 m.

Karte: s. S. 108, zu empfehlen außerdem: Reise- und Wanderkarte Insel Elba (Nr. 502), 1:25.000, Edizioni Multigraphic, Florenz. Für ca. 6 € im Buchhandel der Insel erhältlich (z. B. bei *Il Libraio* in Portoferraio, siehe S. 89).

Ausgangspunkt der Wanderung ist das Park Hotel Napoleone **(WP 01)**. Gegenüber dessen Einfahrt führt zwischen Souvenirständen eine asphaltierte Straße in südwestlicher Richtung am Parkplatz des Hotels vorbei und geht in einen Schotterweg über. Eine Abzweigung nach 200 m ignorierend, geht es auf einem Steinweg leicht bergauf und in den Wald hinein. Nach ca. 15 Min. gelangt man zu einer Weggabelung **(WP 02)** mit Rastplatz, Tischen und Bänken (rechter Hand eine zugewachsene Brücke), hier geradeaus weiter und an der Schranke vorbei den Waldweg hinauf, der bald darauf in Serpentinen steiler bergauf führt. Nach weiteren 30 Minuten stetigen Aufstiegs erscheint eine Infotafel **(WP 03)** mit einigen Sitzbänken, von der aus man den rechten Pfad bergauf einschlägt. Auf schmaler werdendem Waldpfad geht es nun in Kehren weiter bergan, nach ca. 15 Minuten (ab Infotafel) erreichen Sie eine Rechtskehre **(WP 04)**, an der man in die Abzweigung nach halblinks einbiegt und auf schmalem, etwas verwachsenem Pfad aufsteigt. Nach ca. 100 m erreicht man wiederum eine Rechtskehre (die Abzweigung nach links ignorieren) und gelangt nach ca. 10 Minuten ab der unteren Rechtskehre **(WP 04)** auf einen breiten Forstweg **(WP 05)**, in den man nun rechts einbiegt (Gesamtdauer bis hier knapp 1 Std.).

Der zunächst recht breite Forstweg verläuft am Hang entlang und wird bald etwas schmaler, gelegentlich erlaubt die üppige Vegetation einen kurzen Blick auf die Bucht von Portoferraio. Nach knapp 30 Minuten auf diesem Forstweg erreicht man ein große Kreuzung **(WP 06)** – hier kreuzt auch der G.T.E. Geht man von der Kreuzung ein Stück geradeaus die Schneise hinauf, öffnet sich der Blick auf den Westen der Insel und den Monte Capanne.

Von der Kreuzung folgt man nun nach rechts dem beschilderten Weg 48/45 in den Wald, der Pfad führt nun im Wechsel zwischen Wald und einer Feuerschneise hin und her. Bald eröffnet sich der Blick auf die Bucht von Procchio

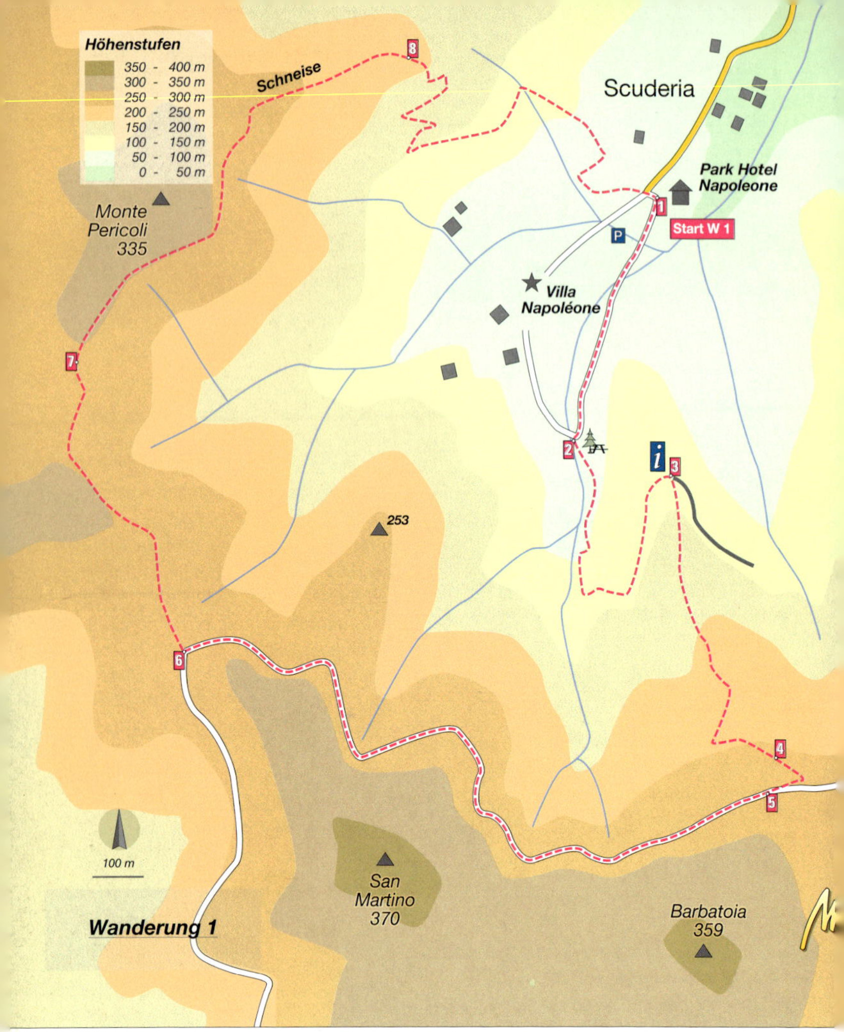

und hinüber zum Monte Capanne, kurz darauf geht es wieder in den Wald hinein **(WP 07)**. Der Markierung 45 folgend, umgeht man nun den Gipfel des Monte Pericoli an seiner östlichen Seite. Bereits nach wenigen Minuten trifft man erneut auf besagte Schneise (und wieder ein schöner Weitblick, diesmal auf die Bucht von Portoferraio) und folgt ihr geradewegs bergab, bevor es wieder in den Wald geht **(WP 08)**.

Mit der Markierung 45 (rot-weiß, San Martino) verläuft der schmale Pfad durch lichten Wald die letzten 20 Minuten stetig und meist in Serpentinen hinab (teilweise etwas rutschig durch Geröll). An einer Hausruine vorbei erreicht man bald eine betonierte Straße und sieht das Park Hotel Napoleone schon vor sich. Hinten um das Hotel herum erreicht man nach wenigen Minuten den Ausgangspunkt **(WP 01)**.

Capo d'Enfola/Viticcio

Wie ein grüner Kegel ragt die acht Kilometer westlich von Portoferraio gelegene Landzunge aus dem Meer heraus. Außer zum Badeausflug etwas abseits des großen Rummels lädt das Capo d'Enfola auch zur Rundwanderung an der unzugänglichen Felsküste ein.

Bereits auf dem Weg zum Capo d'Enfola kann man an sauberen Kiesbuchten vor der steil abfallenden Felskulisse der elbanischen Nordküste Zwischenstopps einlegen, z. B. am *Acquaviva-* und am kleineren *La-Sorgente-Strand* (*Acquavivetta*) sowie der besonders schönen *Sansone-Bucht* (siehe S. 101). An der Landenge des Capo d'Enfola befindet sich ein weiterer, größerer Kiesstrand mit herrlichem Blick auf die westelbanische Bergwelt. Das Wasser ist glasklar, und Camper kommen auf den drei Plätzen an der Küste voll auf ihre Kosten. Außerdem bietet eine Tauchschule ihre Dienste an.

Von der Straße zweigt eine kleine Stichstraße links ab nach **Viticcio,** einem kleinen, abgeschiedenen Badeort, der eigentlich nur aus drei Hotels und einer Hand voll Privathäusern besteht. Einzige Bademöglichkeit hier sind einige winzige Kiesstrände mit terrassenförmigen Felsen, vor der ruhigen Bucht gehen zahlreiche Yachten vor Anker. Ein Trampelpfad verbindet Viticcio mit der südlich gelegenen Bucht von Scaglieri und Biodola.

Schroffe Felsküste am Capo d'Enfola

• *Verbindungen* Keine Busse direkt zum Capo d'Enfola, allerdings verkehrt die **Lineablu 2** in der Hochsaison ca. alle eineinhalb Stunden nach Viticcio, und man kann an der Abzweigung nach Enfola aussteigen (ab hier ca. 1 km zu Fuß bergab auf der Straße). Taxi ab Portoferraio 12,50 €.

• *Übernachten* *** **Acquaviva Park Hotel**, auf einer Anhöhe mitten im Wald gelegen, 1 km vom Acquaviva-Strand, sehr ruhig. Vertragshaus deutscher Reiseveranstalter. Toller Blick aufs Meer, mit Pool, schöner Terrasse und Bocciabahn. Kleine, aber äußerst gemütliche Zimmer mit Bad und Balkon. Gediegene Atmosphäre, nicht ganz junges Publikum. DZ mit Halbpension 186 € (in der Nebensaison 104–155 €), EZ werden nur in der Nebensaison angeboten. 3 km von Portoferraio, auf der Straße nach Enfola links ab (beschildert), geöffnet Mai bis Anfang Okt., Loc. Acquaviva, ✆ 0565/915392, 📠 0565/916903.

*** **Viticcio**, bestes Haus in Viticcio, auf den ersten Blick ein unschöner Betonklotz, innen jedoch nobles Ambiente. Zuvorkommender Service, ausgezeichnete Küche, elegant eingerichtete Zimmer, relaxte Atmosphäre – ideal zum Ausspannen. Zum Hotel gehört ein schattiger Garten über dem Meer, Fußweg zur kleinen Kiesbucht (Einstieg ins Wasser etwas steinig). DZ mit obligatorischer Halbpension 220–250 € (Nebensaison 30–50 % günstiger), EZ 110–125 €. Apr.–Okt. geöffnet. Loc. Viticcio, 57037 Portoferraio, ✆ 0565/939058, 📠 0565/939032, www.hotelviticcio.it, mailbox@hotelviticcio.it.

*** **Paradiso**, terrassenförmig angelegtes und sehr gepflegtes Hotel mit Pool und Tennisplatz, nette Hotelbar, professionell geführt, Vertragshotel vieler Reiseveranstalter. Zimmer mit Bad, TV und Terrasse/Balkon (mit teilweise ganz herrlichem Blick über die Bucht und zu den Bergen im Westen), eigener kleiner Strandabschnitt (unterhalb gelegen). DZ mit Frühstück 190 €, mit Halbpension 210 €, in der Nebensaison kostet das DZ ca. 100–140 € (mit Frühstück). Frühzeitige Reservierung (ca. April für die Hochsaison) ist empfehlenswert. Das Hotel liegt gleich am Ortsanfang von Viticcio auf der linken Seite. Mitte April bis Anfang Oktober geöffnet, ✆ 0565/939034, 📠 0565/939041, www.elbaturistica.it, paradiso@elbaturistica.it.

** **Scoglio Bianco**, in Viticcio am Ende der Straße, günstigste Unterkunft des Orts. Hübsch gelegen, schöner Innenhof und Restaurant mit Blick aufs Meer. Fußweg hinunter zu den Badefelsen, alle Zimmer mit Bad und Terrasse oder Balkon, DZ (mit obligatorischer Halbpension) 136–170 €, in der Nebensaison 100–120 €. 57037 Portoferraio, ✆ 0565/939036, 📠 0565/939031.

• *Camping* ** **Camping Acquaviva**, ca. 5 km westlich von Portoferraio in Richtung der Halbinsel Enfola. Netter Platz, die gleichnamige Kiesbucht ist sehr schmal und nicht besonders attraktiv. Schattige Stellplätze am Hang mit Blick aufs Meer. Nette Atmosphäre, kein Massenbetrieb, sanitäre Einrichtungen sehr sauber. Kinderplanschbecken und Spielplatz, Tretboot- und Fahrradverleih (8 €/Tag), Mini-Market, Ristorante/Pizzeria und Bar am Platz, im Sommer spielt manchmal eine Band. Pro Pers. 11 €, Zelt 10–12 €, Wohnwagen 12 €, Wohnmobil 14,50 €, Auto 2,50 €, es werden auch wochenweise Zimmer (DZ 420 €/Woche), Appartements (4–5 Pers., 840–990 €/Woche) und Wohnwagen (3–4 Pers., 500–570 €/Woche) vermietet. Frühzeitige Reservierung für Zimmer/Apps. ist ratsam, der Platz ist von der Straße in Richtung Enfola beschildert. 57037 Portoferraio, ✆/📠 0565/915592, www.campingacquaviva.it.

** **Camping La Sorgente**, gepflegter, schattiger Platz, netter Besitzer, ca. 6 km von Portoferraio Richtung Capo d'Enfola rechts ab auf einen Schotterweg, beschildert. Den Gästen stehen zwei schöne Kiesbuchten (La Sorgente und die traumhafte Sansonse-Bucht), durch Felsen unterbrochen, zur Verfügung. Einziger Nachteil: kein Ristorante, nur Bar und Supermarkt, geringfügig teurer als der Camping Acquaviva, auch Bungalows mit Aircon. für 4 Pers. (127 €/Tag), geöffnet 1.4.–30.10. 57037 Portoferraio, ✆/📠 0565/917139, www.campinglasorgente.it.

*** **Camping d'Enfola**, am Ende der Straße, 8 km von Portoferraio. Terrassenförmig an einen Hang gebaut, sehr schattig, direkt bei der Kiesbucht von Enfola. Kleiner Platz, nur wenige Stellplätze, besonders nett sind die Zeltplätze ganz oben – teilweise mit eigener Terrasse über dem Meer. Netter Service, Tauchschule nebenan, die sanitären Einrichtungen sind o. k. Mit Ristorante, Bar und Market, gleiche Preise wie Camping Acquaviva (s. oben), es werden auch einige Wohnwagen für 4 Pers. (83 €/Tag) und Bungalows (5 Pers., 130 €/Tag) vermietet, Letztere sollte man frühestmöglich buchen. Geöffnet 1.4.–31.10., Loc. Enfola, 57037 Portoferraio, ✆ 0565/939001, 📠 0565/918613, www.campingenfola.it.

• *Essen & Trinken* **Ristorante Emanuel**, am Ende der Straße. Angenehmes Strandrestaurant (tagsüber auch Bar) unter schattigen Bäumen mit Blick auf die Bucht. Ausgezeichnete Küche (fast ausschließlich Fisch und Meeresfrüchte, oft gegrillt), auch kleine Gerichte, das Ganze mehrfach von Veronelli prämiert. Abends Cocktailbar, gehobenes Preisniveau, sehr freundlicher Service, mittags und abends geöffnet. ✆/📠 0565/939003.

• *Wassersport* **Enfola Diving Center**, an der Landzunge von Enfola (neben Ristorante Emanuel) gelegen. Getaucht wird hauptsächlich an der Nordküste um Enfola und Marciana Marina. Geführter Tauchgang inkl. Ausrüstung 30 €, Schnuppertauchen für Anfänger 40 €, CMAS-Kurse (z. B. Open Water Diver) mit Zertifikat 350 €, Flaschenfüllstation, Bungalows des benachbarten Campingplatzes können vermittelt werden (im Paket mit einem Tauchkurs). Es gibt auch einen deutschsprachigen Tauchlehrer (fragen Sie nach Gianfranco Pedroni), Kursmaterial auch auf Deutsch. Geöffnet April bis Anfang November, ✆ 335/8264753 (mobil), 📠 0565/918938, www.elbalink.it/enfoladiving.

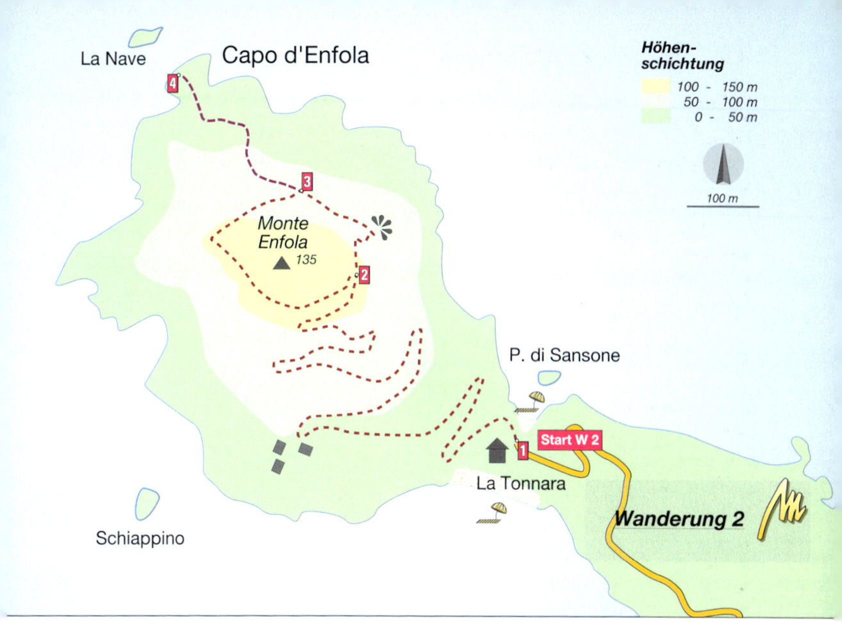

Wanderung 2: Zum Capo d'Enfola

Die in weiten Teilen einfache, anfangs aber recht schweißtreibende Wanderung führt über die kleine Halbinsel zum Capo d'Enfola, wo die absolute Ruhe am Aussichtspunkt auf einer Felsnase über dem Meer nur durch das Geschrei der Möwen unterbrochen wird.

Mittels **GPS kartierte Wanderung** – Waypoint-Dateien zum Downloaden unter: *www.michael-mueller-verlag.de/gps/homepage.html*

Anfahrt: Die Halbinsel liegt ca. neun Kilometer nordwestlich von Portoferraio, Näheres zu Bus- und Taxiverbindungen s. S. 109, Parkmöglichkeiten an der Landenge am Capo d'Enfola (an Sommerwochenenden oft überfüllt).

Länge/Dauer: ca. 5 km, Gesamtdauer: ca. 2,5 Std., Höhenunterschied: ca. 400 m.

Versorgungsmöglichkeit: Bar und Ristorante am Strand an der Landenge (Emanuel).

Kartenmaterial: S. Karte oben, weiteres Kartenmaterial ist nicht nötig, der Weg ist gut beschildert und nicht zu verfehlen.

Ausgangspunkt für die knapp zweistündige Rundwanderung zum Kap ist die "Tonnara" **(WP 01)**, die alte Thunfischfabrik an der Landenge, deren Restaurierung und Wiedereröffnung als *Museo del Mare* noch immer auf sich warten lässt. Rechts von dem Gebäude folgt man einem breiten Schotterweg in Serpentinen hinauf in Richtung *Monte Enfola* (135 m) – schattenlos geht es stetig bergauf, der anstrengendste Teil der Wanderung. Hier finden sich bereits einige Aussichtspunkte, der Blick reicht, je höher man kommt, immer weiter Richtung Osten bis hin zur Medici-Festung in Portoferraio. Nach gut 30 Minuten erreicht man eine Abzweigung **(WP 02)**, hier geht es rechts ab auf den "Anello" (Ringweg) in Richtung Kap, der aber zu ignorieren ist. Es geht geradeaus weiter auf dem Schotterweg, der knapp unter dem Monte Enfola in einen Waldpfad übergeht. Hier sind noch einige Bunker aus dem Zweiten Weltkrieg zu sehen, die man wegen Einsturzgefahr jedoch keinesfalls betreten sollte. Von hier oben bietet sich ein herrlicher Blick auf die Nordküste und auf die Bucht von Procchio mit dem *Monte Capanne* im Hintergrund. Nun auf schmalem Pfad geht man ca. 15 Minuten an der Westseite der Enfola-Halbinsel entlang, bis man an einer Abzweigung **(WP 03)** den beschilderten Pfad nach links hinunter zum Kap einschlägt. Bereits nach wenigen Metern verlässt man den lichten Wald, es folgt ein steiler und schattenloser Abstieg (ca. 15 Minuten) teilweise über Felsstufen, die eine gewisse Trittsicherheit erfordern. Über einen ca. 20 m langen und auf ca. drei Metern Breite begehbaren Grat (links steiler Absturz) gelangt man zum Capo d'Enfola **(WP 04)** mit Sitzbank im Schatten: absolute Ruhe und das Geschrei der Möwen, die hier zahlreich zu Hause sind. Vor dem Kap liegt die kleine Felseninsel *La Nave.*

Zurück zur Abzweigung **(WP 03)** geht es nun geradeaus auf dem Rundweg in östliche Richtung weiter. Bereits nach 10 Minuten auf überwiegend schattigem, aber steil bergauf führendem Pfad ist man zurück auf der breiten Schotterstraße des Hinwegs **(WP 02)**, die man nun weitaus weniger anstrengend hinunter zum Ausgangspunkt bzw. Endpunkt **(WP 01)** einschlägt. Dauer des Abstiegs: ca. 25 Minuten.

Lohnendes Wanderziel: das einsame Capo d'Enfola

Biodola-Bucht/Scaglieri-Bucht

Die traumhafte Nachbarbucht südlich von Viticcio ist mit dem Fahrzeug nur von Portoferraio aus zu erreichen, einzige direkte Verbindung entlang der Küste ist ein Wanderpfad. Die Biodola-Bucht mit ihrem breiten Sandstrand – verständlicherweise sehr begehrte Liegeplätze – ist mehr oder weniger den Luxushotels vorbehalten. Das "Biodola" und an der Westseite das "Hermitage" beanspruchen einen großen Teil der Bucht für sich. Neben der Asphaltstraße führt auch ein kurzer Fußweg in Richtung Osten über die Klippen nach **Scaglieri**. Durch eine vorspringende Felsnase hat sich hier eine winzige Bucht gebildet, die etwas ruhiger als die Hauptbucht ist, allerdings ist der Strand hier meist nur handtuchschmal und im Sommer entsprechend überfüllt. Knapp einen Kilometer weiter gelangt man nach **Forno** (Abzweigung von der Straße hinunter nach Biodola, beschildert), zwei Hand voll bunter Häuser, direkt bis an den Strand der zweiten, winzigen Seitenbucht gebaut.

Sehr einladend und oft überfüllt: die Scaglieri-Bucht

• *Verbindungen/Parken* Nur im Sommer mit der **Lineablu 2** ca. alle eineinhalb Stunden von Portoferraio nach Biodola, Abfahrt in Portoferraio an der Calata Italia. Die **Parkplatzsuche** kann während der Hochsaison zum echten Problem werden, das betrifft auch die Nachbarbucht Scaglieri. Daher am besten schon früh am Morgen kommen oder aber in Kauf nehmen, dass man ziemlich weit oben an der Straße parken muss und ein gutes Stück zu laufen hat.

• *Übernachten/Camping* **** **Hermitage**, Luxushotel mit allen nur erdenklichen Einrichtungen, u. a. auch ein 6-Loch-Golfplatz, verschiedene Pools, gepflegte Liegewiese, schattenspendende Bäume, traumhafter Sandstrand, Tennisplätze, verschiedene Restaurants und Piano-Bar, sehr nobles Ambiente. Außerordentlich komfortable Zimmer, das DZ mit obligatorischer Halbpension kostet in der Hochsaison ab 360 €. La Biodola, 57037 Portoferraio, ✆ 0565/9740, ✆ 0565/969984, www.hotelhermitage.it.

Ebenso nobel und komfortabel, dabei aber etwas günstiger ist das benachbarte **** **Biodola**, DZ hier ab 300 € (obligatorische Halbpension), ✆ 0565/974812, ✆ 0565/969852, www.biodola.it.

*** **Casa Rosa**, hübsche Lage, das Hotel ist auf verschiedene Häuser am Hang ca. 300 m oberhalb des Biodola-Strandes verteilt. Pool, Tennisplatz, zum hoteleigenen Strandabschnitt führt ein Fußweg. Halbpension ist Pflicht, DZ 174 €, EZ die Hälfte, Vollpension nur unwesentlich teurer. Geräumige, nette Zimmer mit Bad, Balkon und Blick auf die Bucht, die meisten mit eigenem Zugang von außen. La Biodola, 57037 Portoferraio, ✆ 0565/969919, ✆ 0565/969857, www.elbasolare.it, casarosa@elbalink.it.

*** **Danila,** unser **Tipp!** Das überaus geschmackvolle Hotel liegt in der benachbarten Scaglieri-Bucht, nur wenige Meter vom Strand entfernt. Ruhige Lage in schönem Garten, alles sehr behaglich, freundlicher Service. DZ mit obligatorischer Halbpension (Juni–Sept.) 176 €, EZ 109 €, in der Nebensaison 110–140 € (EZ 76–91 €). Für die Hochsaison ist frühzeitige Buchung ratsam. Loc. Scaglieri 21, 57037 Portoferraio, ✆ 0565/969915, ✆ 0565/969865, www.hoteldanila.it.

Camping Scaglieri, schattige, terrassenförmige Anlage, einer der schönsten Plätze der Insel, aber relativ teuer: pro Pers. 12,50 €, Zelt 10–15,50 €, Wohnwagen 16,50 €, Wohnmobil 17,50 €. Auch Bungalows und Appartements (um 140 € für 4 Pers. pro

Nacht), die man für die Hochsaison frühzeitig buchen sollte. Den Gästen stehen fast schon luxuriöse Sanitäranlagen zur Verfügung, außerdem ein kleiner und gepflegter Pool, Animation, Market, Bar, Ristorante etc. Vom untersten Teil ist es ein Katzensprung (über die Straße) ins Meer. Einige Stellplätze bieten allerdings relativ wenig Schatten. Mit 40-jähriger Geschichte einer der ältesten Campingplätze Elbas. Geöffnet von Ostern bis Mitte Okt. La Biodola, 57037 Portoferraio, ✆ 0565/969940, 📠 0565/969834, www.campingscaglieri.it.

• *Essen & Trinken/Nachtleben* **Da Luciano**, Scaglieri-Bucht. Reizendes Restaurant und Bar mit einer schattigen Terrasse direkt am Meer. Gute Nudelgerichte, Pizza aus dem Holzofen, mittags und abends geöffnet, Mi Ruhetag. ✆ 0565/969952.

Piccolo-Bar, Scaglieri-Bucht, Strandbar. Badekabinen, Sonnenschirm- und Liegestuhlverleih (16 €/Tag), außerdem Tretboote.

L'Ostrica, in der Nachbarbucht Forno, unser **Tipp!** Nur wenige, aber erlesene Gerichte, fast ausschließlich Fisch, auch wechselnde Tagesgerichte, sympathische kleine Trattoria mit besonders schöner Terrasse am Meer, mittags und abends geöffnet, leicht gehobenes Preisniveau. Für abends sollte man besser reservieren unter ✆ 0565/969922. Von der Straße nach Biodola rechts ab, beschildert.

Club 64 und **Norman's** sind die beiden Diskotheken oberhalb von Biodola an der Straße Richtung Procchio: z. T. Openair, schickes Ambiente, nicht nur junges Publikum. Es gehört zum guten Ton, nicht vor Mitternacht hier aufzutauchen.

Die Bucht von Portoferraio

An der großen Reede der Inselhauptstadt *(Rada di Portoferraio)* befinden sich die drei deutschen Segelschulen der Insel. Wer einen reinen Badeurlaub verbringen möchte, ist hier allerdings am falschen Küstenabschnitt. Abgesehen von Bagnaia mit schönem Dorfstrand am östlichen Ende der Bucht sind die Strände eher dürftig und teilweise auch nicht ganz sauber. Kulturelles Highlight an der Bucht ist die römische Villa *Le Grotte,* weithin überragt wird die Gegend von der verfallenen Festung *Volterraio.* Es bestehen ausgezeichnete Busverbindungen nach Portoferraio, neben zahlreichen Hotels und Appartements (fast) aller Kategorien gibt es hier auch einen großen Campingplatz. Weinliebhaber sollten sich einen Besuch im herrlich gelegenen Weingut *La Chiusa* nicht entgehen lassen.

San Giovanni/San Giovanni Terme

Die Ortschaft **San Giovanni** ist ein gemütliches, kleines Dorf am Meer geblieben, ohne Strand zwar, aber mit Hafen und einem kleinen Park an der Uferpromenade. Wenig Tourismus, schöner Blick auf das gegenüberliegende Portoferraio, empfehlenswerte Restaurants, Segelschule und Yachtcharter am Hafen *(Scuola Nautica Bartolini,* ✆/📠 0565/916957, www.bartoliniyachting.com). Eine Eukalyptusallee führt von der Hauptstraße Portoferraio – Porto Azzurro zu dem abgenutzten Flachdachbau älteren Baujahres, in dem die Kureinrichtungen von **San Giovanni Terme** untergebracht sind (beschildert). Im Kräuterladen nebenan werden Kosmetika auf Meeresalgenbasis verkauft, aber auch Tees, Kräuter, Honig und Gewürze.

• *Information* Wer hier eine richtige Kur unter medizinischen Gesichtspunkten machen möchte, kann sich an das **Kurzentrum** unter ✆ 0565/914680, 📠 0565/918791 wenden. In Verbindung mit einer Kur werden auch Unterkünfte vermittelt. Weitere Informationen unter www.termelbane.com.

• *Verbindungen* Mit dem **Stadtbus** (Linea 2) etwa stündlich von und nach Portoferraio (Calata Italia), einfache Fahrt 0,85 €.

Nur im Sommer verkehren tagsüber etwa stündlich **Personenfähren** vom Ort San Giovanni nach Portoferraio und retour (einfache Fahrt 1 €).

Die Bucht von Portoferraio von Volterraio aus gesehen

• *Übernachten* **** **Airone Residential Hotel**, an den Thermalanlagen, 85 moderne Zimmer und 12 3-Sterne-Appartements, einige der Zimmer mit Thermaleinrichtungen für Fangotherapie und Wassermassage im Bad. Noble Ausstattung, zwei Swimmingpools mit Meerwasser, aufgeschütteter, privater Sandstrand, Tennisplätze, Kinderspielplatz und ein 8.000 qm großer Garten. Das Hotel verfügt über eine eigene Thermalabteilung, Massage, Gesichtsbehandlung, türkisches Bad etc. DZ 170 €, EZ 128 € (inkl. Frühstück), im August mit obligatorischer Halbpension: DZ 268 €, EZ ca. 200 € (in der Nebensaison erheblich günstiger). Die Preise für ein Appartement im ca. 300 m vom Hotel entfernten Nebengebäude liegen je nach Saison bei ca. 600–1000 € pro Woche (2 Personen). Ganzjährig geöffnet. Loc. San Giovanni, 57037 Portoferraio, ✆ 0565/929111, 📠 0565/917484, www.hotelairone.info.

• *Essen & Trinken* **Pizzeria 2001**, im alten Ortskern von San Giovanni. Ausgezeichnete Pizza und obendrein preiswert und freundlich, man sitzt ausgesprochen gemütlich unter großen Sonnenschirmen in einer schmalen Gasse. Der Holzofen wird nur abends angeschürt, mittags bietet sich dagegen eines der empfehlenswerten Fischgerichte an. Via Damiani 24, von der Durchgangsstraße beschildert. ✆ 0565/915903.

La Rada, gute elbanische Küche und wirklich sehr leckere, saftige Pizza. Das Restaurant besticht außerdem durch die Panoramalage am kleinen Hafen von San Giovanni, schöner Blick auf die Bucht und hinüber nach Portoferraio. Bei Elbanern geschätztes Restaurant. Mittleres Preisniveau, mittags und abends geöffnet. ✆ 0565/915652.

▸ **Kuren in San Giovanni**: Es gibt hier eine seltene Form von Lagunenschlamm, die als Allheilmittel wahre Wunder bewirken soll. Die geschmeidige, fettig wirkende Substanz kommt aus den ehemaligen Salinen der Bucht, in deren Sammelbecken sich der mit Mineralien und organischen Bestandteilen angereicherte Meeresschlamm niedergeschlagen hat. Seine Besonderheit ist u. a. der Gehalt von Eisen und Schwefel, die sich zur Zeit der Hochöfen in der Bucht von Portoferraio hier abgelagert hatten. Nachdem der Meeresschlamm eine Zeitlang in konzentriertem Salzwasser aufbewahrt wurde, kommt er zur Anwendung gegen alle erdenklichen Leiden. Indikationen sind vor allem Rheuma und Gicht, aber auch bei Stoffwechselerkrankungen,

Atemwegserkrankungen und Frauenleiden sowie bei Verrenkungen und zur Nachbehandlung von Knochenbrüchen wird er eingesetzt. In jüngster Zeit erfreut sich die dunkle Substanz auch größerer Beliebtheit bei Problemen mit unreiner Haut und wird auf kosmetischem Gebiet auch als Mittel gegen frühzeitige Hautalterung verwendet (ob's in diesem Bereich tatsächlich hilft, entzieht sich leider unserer Kenntnis). Die Behandlungen erfolgen entweder durch direktes Auftragen auf die Haut oder durch Inhalation, Bäder oder Spülungen.

• *Öffnungszeiten* Vom 20.4.–31.10. Mo–Fr 8–12.30 Uhr und 16–19 Uhr, Sa nur vormittags, So geschlossen. Der angeschlossene Kosmetikladen ist Mo–Sa 9–12.30 Uhr und 16–19 Uhr geöffnet (So geschlossen). Hier werden u. a. auch die Thermalprodukte verkauft, die nebenan zur Anwendung kommen.

• *Anwendungen* Die Preise für eine **kosmetische Behandlung** (z. B. Massage oder Gesichtsmaske) liegen bei 12–24 €, Fangotherapie 22 €.

Le Grotte/Villa Romana

Auf der Anhöhe bei der *Punta delle Grotte* wurden im Jahr 1960 die Reste einer römischen Villa ausgegraben (siehe auch das Foto auf Seite 28). Gebaut wurde das Anwesen am Ende des 1. Jh. v. Chr., vermutlich vom Präfekten *Publius Acilius Attianus,* aber bereits im 1. Jh. n. Chr. hatte man die Villa wieder aufgegeben. Die Mauerfundamente lassen eine Rekonstruktion der ehemals luxuriösen "Villa rusticana" (Landvilla) zu, eine weitläufige Anlage mit vielen Wohnräumen, Dienstboten- und Vorratskammern – die Villa von Le Grotte war die größte auf dem Toskanischen Archipel. Zu sehen sind außerdem noch die spärlichen Überreste einer **römischen Badeanlage** mit Caldarium, Frigidarium und dem Wasserleitungssystem. Einige Teile der erhaltenen Mauerreste sind auffallend schön: Quaderförmig behauene Steine, dunkelgrüner Serpentinit und grauweißer Kalk wurden zu einem mosaikartigen Mauerwerk abwechselnd neben- und aufeinander gesetzt. Vom Areal aus genießt man einen phantastischen Rundblick auf Portoferraio und die westelbanische Bergwelt.

Phantastische Lage mit Weitblick – die römische Villa Le Grotte

• *Öffnungszeiten* Im Sommer tägl. 9.30–13 Uhr und 14.30–19 Uhr, Eintritt frei.

• *Übernachten/Wassersport* ** **Le Grotte del Paradiso**, Zufahrt ab Ausgrabungsstätte durch ein parkähnliches Wäldchen. Schlichte, recht kleine Zimmer mit Bad und Terrasse, DZ mit Frühstück 68–78 €, in der Hochsaison mit obligatorischer Halbpension 114–132 €. In einem riesigen Park mit uralten Bäumen und direkt am Meer gelegen. Restaurant mit großer Terrasse, schöner Blick auf die Bucht. Segelschüler der DHH-Schule genießen hier Sonderkonditionen. Loc. Le Grotte, 57037 Portoferraio, ✆ 0565/933057, ℻ 0565/940754, www.elbarlink.it/hotel/grottedelparadiso.

Dem Hotel angeschlossen ist die **Yachtschule Elba des DHH – Le Grotte del Paradiso**. Alle Scheine, Grundkurse, Kinderkurse, Jollensegeln (ohne Schein), Skippertraining und 1- bis 2-wöchige Hochseetörns. Kurse werden von Ende März bis Ende Oktober veranstaltet. ✆ 0565/933329, ℻ 0565/933178, in Deutschland: Deutscher Hochseesportverband "Hansa" e. V., Rothenbaumchaussee 58, 20148 Hamburg, ✆ 040/44114250, ℻ 040/444534, www.dhh.de, yse@dhh.de.

*** **Hotel Garden**, zwischen Le Grotte und Magazzini gelegen, ca. 6 km von Portoferraio auf der Straße nach Porto Azzurro links ab, beschildert. Nette Lage in einem Pinienwäldchen, einladende Terrasse unter Palmen, aufgeschütteter Sandstrand mit Stufen ins Meer, auch Animation. Zimmer mit Bad und Balkon, DZ 175 €, EZ 131 €, jeweils inkl. obligatorischer Halbpension. Ganzjährig geöffnet, Loc. Schiopparello, 57037 Portoferraio, ✆ 0565/933043, ℻ 0565/933268, garden@tuscanhotels.it.

Magazzini

Nur wenige Häuser entlang der Durchgangsstraße nach Bagnaia und am Hang, das kleine Zentrum von Magazzini befindet sich an der befestigten Mole in der beschaulichen Bucht. Hier befindet sich auch das *Albergo Mare* mit gemütlichem, aber relativ teurem Restaurant. Von der Terrasse kann man bei Sonnenuntergang die Rückkehr der Segelboote der deutschen Segelschule von Magazzini verfolgen, alles in allem recht idyllisch. Weniger schön ist allerdings der etwa 200 m lange Kiesstrand, der westlich vom kleinen Hafen anschließt – schmal und viele angeschwemmte Wasserpflanzen.

Wichtigste Sehenswürdigkeit der Umgebung ist neben dem herrschaftlichen *Weingut La Chiusa* (s. u.) die Kirche **Santo Stefano alle Trane,** etwas landeinwärts und in unmittelbarer Nähe des gleichnamigen Hotels gelegen (Beschilderung "Hotel S. Stefano" folgen). Das Gotteshaus im romanischen Baustil stammt aus dem 12.–13. Jh. und erinnert an die Epoche der pisanischen Herrschaft auf Elba. Das Innere ist noch sehr gut erhalten und mit reichen Ornamenten (Blütenblätter, Adler, Pferde, Köpfe von Fabelwesen) versehen, Charakteristikum der damaligen Bauweise ist auch hier die halbkreisförmige Apsis. Die Kirche ist nur sonntags zum Gottesdienst geöffnet.

Bademöglichkeit findet man in der nördlichen Nachbarbucht von Magazzini beim Hotel "Villa Ottone": ein kleiner, nicht allzu gepflegter Sand-Kies-Strand, aber immer noch besser als der Dorfstrand von Magazzini: der nämlich ist handtuchschmal und ganz und gar nicht sauber. Besser badet man auf alle Fälle im benachbarten Bagnaia (siehe S. 120).

• *Verbindungen* **Busse** verkehren 5x tägl. auf der Strecke Portoferraio–Bagnaia mit Halt in Magazzini. Vom Hafen gibt es im Sommer außerdem einen **Bootstransfer** (mit der "Gabbiano II") nach Portoferraio: einfach 3 €, hin und zurück 5 €. Etwa stündliche Verbindungen.

• *Übernachten* **** **Villa Ottone**, Straße Richtung Bagnaia, eines der nobelsten Hotels der Insel. Herrschaftliche Villa aus dem 19. Jh. mit stilvollem Salon, gepflegtem Park, Pool, Tennisplatz, direkt am schmalen Strand gelegen, schickes Publikum. Herrliche Terrasse mit Blick auf die Bucht, wirklich schönes Ambiente, äußerst einladende Bar, die allein einen Besuch lohnt. Die Ausführungen der luxuriösen Zimmer reichen von "Old Fashioned" mit Panoramaterrasse und Meerblick (DZ mit obligatorischer HP in der Hochsaison 284–342 €) bis "De Luxe" mit Jacuzzi (346–410 €), es geht allerdings auch etwas günstiger. EZ nur auf Anfrage, im Sommer 3 Tage Mindestaufenthalt, Hotelgäste erhalten beim benachbarten Golfclub Acquabona 20 % Rabatt. Loc. Ottone, 57037 Portoferraio, ✆ 0565/933042, ℻ 0565/933257, www.villaottone.com.

Portoferraio/Umgebung
Karte S. 103

Luxusherberge Villa Ottone bei Magazzini

**** **Fabricia**, hinkt trotz gleicher Kategorie dem "Ottone" weit hinterher. TUI-Haus, an der Straße nach Magazzini auf der linken Seite, beschildert. Schon etwas ältere Anlage, sehr weitläufig, schöner Garten, ruhige Lage, großes Schwimmbad, Whirlpool, eigener gepflegter Strand, Tennisplätze. Nicht mehr ganz junges Publikum, DZ mit obligatorischer Halbpension ab 252 €, EZ 189 € – zu teuer. Pauschal wesentlich günstiger zu haben, der Mindestaufenthalt beträgt 1 Woche. Loc. Magazzini, 57037 Portoferraio, ✆ 0565/933181, ✆ 0565/933185, www.hotelfabricia.it.

*** **Mare**, am Hafen von Magazzini, hübsch gelegen an einem schattigen Hang mit Blick zum Meer, frisch renoviert und recht nobel, mit Swimmingpool, Bar und Ristorante am Hafen. Alle Zimmer mit Aircon., Kühlschrank, Bad, TV, Terrasse oder Balkon. DZ mit obligatorischer Halbpension 196 €, das DZ mit Frühstück ist außerhalb des Hochsaisonmonats August für 97–113 € zu haben (EZ 70–87 €). Loc. Magazzini, 57037 Portoferraio, ✆ 0565/933069, ✆ 0565/933408, hotelmare@elba-on-line.com.

** **Tirrena**, von der Straße nach Magazzini links ab auf einen Feldweg, beschildert. Sehr netter Service, mit Garten, ruhige Lage, familiäre Atmosphäre, 200 m zum nur mäßig attraktiven Strand. Zum Teil frisch renovierte Zimmer mit Bad und Balkon oder Terrasse, DZ mit obligatorischer Halbpension 134 €, keine Einzel. In der Nebensaison kostet das DZ mit Frühstück 60–80 €. In einem etwa 100 m entfernten, gepflegten Landhaus werden ebenfalls Zimmer vermietet. Geöffnet April–Okt., Loc. Schiopparello, ✆ 0565/933002, ✆ 933452, www.elba-hotel-tirrena.de, anselmis@elbalink.it.

* **Santo Stefano**, gut 1 km landeinwärts von Magazzini, beschildert. Die günstigste Übernachtungsmöglichkeit der Gegend: schlichte Zimmer, DZ mit Bad 98 €, im Neubau 134 €, Einzel (ohne Bad) 52 €, obligatorische Halbpension inklusive. Außerhalb der Hochsaison kostet das Doppel mit Frühstück 60–80 € (EZ 30–34 €). Mit uneingeschränkt empfehlenswertem Hotelrestaurant (→ Essens-Tipp). Geöffnet von Ende März bis Ende Okt., ✆ 0565/933161, ✆ 0565/933452. www.elba-hotel-santostefano.de, anselmis@elbalink.it.

• *Camping* *** **Rosselba le Palme**, etwa auf halbem Weg zwischen Magazzini und Bagnaia gelegen, inmitten eines 2 ha großen botanischen Gartens (der gegen 1,50 € täglich von 8–20 Uhr besichtigt werden kann). Viele exotische Gewächse aus der ganzen Welt spenden hier Schatten. An der Rezeption ist eine Beschreibung der interessantesten Pflanzen erhältlich (5,50 €). Am Pool mit Kinderbecken und Rutsche herrscht dagegen Freibadatmosphäre; Tennisplätze, Restaurant, Bar, zahlreiche Abendveranstaltungen, die Ruhesuchende etwas beeinträchtigen dürften. Professionelle Leitung, komfortable, große Anlage, 10 Min. zum Strand Ottone. Mehrere Bungalow-Hütten für 4 Pers. zu mieten (122–161 €/Tag), außerdem Zimmer und Appartements in der stilvollen Villa "Le Palme": für 2 Pers. 77 €/Tag, das 6er-Appartement kostet 160–175 € am Tag, Mindestaufenthalt 1 Woche. Camping: pro Pers. 13 €, Zelt 13–16 €, Wohnwagen und Wohnmobil je 17,50 €. Geöffnet von April bis Ende Sept. Loc. Ottone 3, 57037 Portoferraio, ✆ 0565/933101, ✆ 0565/933041, www.rosselbalepalme.it.

• *Essen & Trinken* **La Carretta**, preiswerte und gute Pizzeria. Aus Portoferraio kommend, rechts an der Straße gelegen (gegenüber der Einfahrt zum Weingut La Chiusa).

Essens-Tipp! Das gemütliche Restaurant des kleinen **Hotels Santo Stefano** in einer ehemaligen Klosteranlage. Schöne Terrasse mit Oleander und Weinranken, herrlicher Blick auf die Bucht. Sehr gute Küche (viele, auch ausgefallene Fischgerichte und Meeresfrüchte), hausgemachte Pasta. Das romantische Abendessen in gediegenem Ambiente wird von ebensolcher Musik unterlegt, man sollte sich allerdings einen Tisch mit Blick auf die Bucht geben lassen. Mittleres Preisniveau, nur abends geöffnet, Tischreservierung ist zu empfehlen! Geöffnet Ende März bis Ende Okt., ✆ 0565/933161.

• *Wassersport* **Segelschule des Segelclubs Elba (SCE)**, geleitet von Christian Renner. Alle Scheine, 8 Optimisten, 30 Jollen, 5 Katamarane, 6 Yachten für Törns mit Skipper, 6 Motorboote. Bootsvermietung, Hotel- und Appartementvermittlung, Tauchkurse, Ausflugsprogramm. Geöffnet von Ostern bis Mitte Okt. Loc. Magazzini 12, 57037 Portoferraio, ✆ 0565/933288, ℻ 0565/933214. In Deutschland: PF 300327, D-51413 Bergisch-Gladbach, ✆ 02204/68703, ℻ 02204/962951, www.segel-club-elba.de, info@segel-club-elba.de.

• *Reiten* 15 gepflegte Maremma-Pferde stehen in der **Ranch Antonio** zum Ausritt bereit. Sattelfest sollte man für einen etwa eineinhalb- bis zweistündigen Ausritt in die elbanische Hügellandschaft schon sein, falls nicht, bekommt man vom urigen Antonio Pellegrini, einem wirklich eingefleischten Reiter, das lammfrommste Exemplar des Stalls zugewiesen. Ausritte werden 3x tägl. veranstaltet und kosten 20 €, vorher anrufen unter ✆ 347/0064650 (mobil). Anfahrt: Von der Straße nach Porto Azzurro geht es (kurz nach der Abzweigung nach Magazzini) rechts ab den Berg hinauf, der Beschilderung zum Hotel Picchiaie und zur Ranch Antonio folgen. 1,5 km von der Hauptstraße (das letzte Stück Schotterpiste) liegt die Ranch völlig abseits auf einem Hügel. Schöner Ausblick.

Agriturismo mit Stil – im Weingut La Chiusa

Weingut La Chiusa

Hinter einer hohen Mauer und von außen kaum einsehbar liegt "La Chiusa" – die Eingeschlossene. Eine lange Schotterstraße führt durch Olivenbäume und entlang der Weinstöcke zu der herrschaftlichen toskanischen Villa mit eigener Hauskapelle.

Allein schon das imposante Anwesen aus dem 18. Jh. – inmitten der Weinberge und trotzdem fast direkt am Meer gelegen – lohnt einen Besuch. La Chiusa ist aber auch geschichtsträchtig: Napoléon wartete hier nach seiner Ankunft auf der Insel, bis man die gegenüberliegende Inselhauptstadt für ihn vorbereitet hatte, und 1815 wurde in der noblen Villa den Ministern der Heiligen Allianz, die nach dem Wiener

Kongress mit dem Auftrag zur Wiederherstellung alter Machtverhältnisse in Italien unterwegs waren, eine angemessene Herberge bereit gestellt. Heute steht La Chiusa für stilvollen Agriturismo: Hier kann man sich in einem der sechs Appartements des Anwesens einmieten und wirklich ruhige Urlaubstage in herrlicher Umgebung verbringen.

▶ **Einkaufen auf dem Weingut**: Das eindrucksvolle elbanische Landgut befindet sich im Besitz der römischen Familie Corradi. Weinliebhaber können sich bei ihr mit hochwertigen Weiß-, Rot- und Roséweine der Rebsorten *Trebbiano Toscano* und *Sangioveto* eindecken, daneben werden hier auch der bekannte *Aleatico*, ein roter Dessertwein, Grappa und Olivenöl verkauft. Die Preis für eine Flasche *Elba Bianco DOC* liegt bei 9 €, den *Elba Rosso DOC* gibt es für 10 €, Aleatico und Grappa kosten je ca. 22 € pro Flasche, ein halber Liter Olivenöl 13 €.

• *Öffnungszeiten* von Ende März bis Ende Okt. tägl. 8–12 Uhr und 15–19.30 Uhr, im Winter Mo–Sa 8–12 Uhr; sonn- und feiertags geschlossen. Tenuta "La Chiusa", Loc. Magazzini, 57037 Portoferraio, ✆ 0565/933046, ℻ 0565/940782.

• *Anfahrt* Von der Straße nach Magazzini geht es etwa auf Höhe des Ristorante "La Carretta" links ab zum Weingut.

• *Übernachten* Zur Villa gehören sechs abgetrennte, über Außentreppen erreichbare **Appartements** für 2–5 Pers., die Räume im EG verfügen zusätzlich über einen eigenen kleinen Garten/Terrasse. Die Preise sind für das Gebotene angemessen: in der Hochsaison für 2 Personen 620 € pro Woche, 5er-Appartement 980 €. Adresse s. oben unter "Öffnungszeiten".

Bagnaia

Gemütliches ehemaliges Fischerdorf mit einladendem Kiesstrand, sehr hübsch in einer kleinen Bucht gelegen, umgeben von üppigem Grün. Für Badefreunde sicher der einladendste Ort in der weiten Bucht von Portoferraio.

Der ursprünglich stille Charakter des Orts hat sich durch zwei riesige Feriensiedlungen knapp oberhalb des Dorfs stark verändert: Bagnaia ist mittlerweile zum familienfreundlichen und lebhaften Badeort mit autofreier Promenade geworden. Dennoch geht es hier noch vergleichsweise ruhig zu, und in den schicken Strandbars und Ristoranti lässt es sich aushalten – vor allem abends, wenn die Badegäste Bagnaia wieder verlassen haben. Im Ort befindet sich eine der drei deutschen Segelschulen der Insel, am Strand Sonnenschirm- und Liegestuhlverleih, außerdem werden Tretboote, Kajaks und Surfbretter vermietet.

• *Verbindungen* 5x tägl. **Busse** nach Portoferraio. Im Sommer außerdem etwa stündlich **Pendelboote** von und nach Portoferraio, einfach 3 €, hin und zurück 5 €.

• *Übernachten/Appartements* *** **La Feluca**, etwas oberhalb vom Ort in Hanglage, sehr ruhig. DZ mit Bad und Balkon 120 € (inkl. Frühstück), keine Einzel, in der Hochsaison obligatorische Halbpension: DZ 150–170 €. Schöner Garten mit kleinem Pool, an dem 1x pro Woche stilvoll diniert wird. Gepflegt und komfortabel, netter Service, mit Bar, 10 Min. zu Fuß vom Strand entfernt. Loc. Bagnaia, 57037 Portoferraio, ✆ 0565/961084, ℻ 0565/961085.

*** **Residence-Hotel Villa Mare**, schöne alte Villa mit einigen Anbauten und Garten. An der Strandpromenade im Zentrum, alle Zimmer mit Bad, TV und Balkon bzw. Terrasse, Appartements zusätzlich mit Kochnische, Parkplatz vorhanden. DZ 140 €, EZ 100 €, jeweils inkl. Frühstück, Halbpension 15 € pro Person extra, Appartement für 2–7 Pers. 990–1800 € pro Woche. Zur Villa Mare gehört auch das günstigere ** **Hotel Punta Pina**, wo das DZ 90 € und das EZ 75 € kostet (mit Frühstück). Geöffnet Ostern bis Ende Okt., ✆ 0565/961009 oder 0565/961146, ℻ 0565/961191 (im Winter ✆ 0565/914677, ℻ 0565/918308), www.bagnaia.com, villamare@bagnaia.com.

Der Strand von Bagnaia

Le Palme, Ristorante-Bar im Zentrum von Bagnaia (am Strand) mit angeschlossener Pension. Eine der günstigsten Übernachtungsmöglichkeiten im Ort. DZ mit Bad und Gemeinschaftsdachterrasse ca. 75 € (inkl. Frühstück). Es gibt nur 5 Zimmer, also frühzeitig reservieren! ✆ 0565/961096.

• *Essen & Trinken* **Il Giardino degli Aranci**, überaus stilvolles und gemütliches Gartenrestaurant mit Pizzeria in der Ferienanlage Sant'Anna (beschildert), etwas versteckt gelegen. Man speist in gepflegter Umgebung unter Orangenbäumen, die Preise für dieses gelungene Ambiente sind erstaunlich moderat. April bis Oktober abends, nur am Wochenende auch mittags geöffnet, in der Hochsaison sollte man reservieren, ✆ 0565/961069.

Pizza Sunset, am Südende der Bucht (Ortsausgang Richtung Portoferraio), unser **Tipp!** Halbrund gebaute Terrasse direkt am Meer, wunderbare Lage am Strand mit bunt angemaltem Bootssteg. Sehr gute Pizza und Pasta, die Preise halten sich im Rahmen, der Service ist äußerst zuvorkommend und freundlich. Mittags und abends geöffnet, ✆ 0565/930786.

• *Wassersport* Am nördlichen Ende des Strandes befindet sich das **Segel-Zentrum Elba**. Geleitet wird diese überaus sympathische Segelschule von Gereon und Helga Verweyen. Ebenso empfehlenswert wie die Schulen von Le Grotte und Magazzini. Auch hier alle gängigen Segelscheine und Törns (auch mit Skipper); Kindersegeln etc. Das Zentrum organisiert auch Tauchkurse, Reitausflüge, Grillpartys usw., für Kinderbetreuung ist gesorgt. Beginn der einwöchigen Kurse ist immer montags (An- und Abreise sonntags), Yachtcharter wird mit und ohne Skipper angeboten, für Segelschüler werden auch Unterkünfte organisiert. Ostern bis Mitte Okt. geöffnet. Segel-Zentrum Elba, Gereon Verweyen, Loc. Bagnaia, 57037 Portoferraio, ✆ 0565/961090, 📠 0565/961184. Adresse in Deutschland: Sürther Hauptstr. 211, 50999 Köln, ✆ 02236/65505, 📠 02236/68516, www.segelzentrum-elba.de.

Wanderung 3: Von Bagnaia nach Rio nell'Elba

Sehr schöne, nicht besonders anstrengende Wanderung ohne jegliche Schwierigkeiten, vorbei am Monte Capanello (496 m) zu dem beschaulichen Bergdorf Rio nell'Elba.

Anfahrt: Vom Ortseingang von Bagnaia der Beschilderung zum Hotel Feluca folgen.

Kartenmaterial: siehe S. 124; außerdem: Reise- und Wanderkarte Insel Elba (Nr. 502), 1:25.000, Edizioni Multigraphic, Florenz, für ca. 6 € im Buchhandel der Insel erhältlich (z. B. bei *Il Libraio* in Portoferraio, s. S. 89).

Kurzbeschreibung: Nicht schwierig und kaum anstrengend, Gesamtdauer ca. 2–2,5 Std., keine Versorgungsmöglichkeit auf der Strecke, Bars/Restaurants in Bagnaia und Rio nell'Elba. Auf dem letzten Stück vor Rio nell'Elba fällt die Orientierung nicht immer ganz leicht, da man ein Stück querfeldein laufen muss.

Ausgangspunkt ist in Bagnaia das Hotel Feluca (hier parken). An der letzten Linkskurve der Hotelzufahrtsstraße geradeaus weitergehen und dann links hoch (man passiert gleich eine gelb gestrichene Appartementanlage linker Hand), dann zwischen einem roten Haus und dem dazugehörigen Taubenschlag geradeaus den unmarkierten Pfad bergauf. Nach ca. 20 Min. erreicht man die Schotterstraße nach Nisporto, dieser ca. 300 m in nördliche Richtung folgen, dann bei einem braunen Gatter (Hausnr. 79) wieder auf den Pfad, der zunächst parallel zur Fahrstraße verläuft. Der Pfad wird im Verlauf steiniger, zur Linken bieten sich ganz herrliche Ausblicke auf die Bucht von Nisporto und die kaum besiedelte Küste. Nach ca. 45 Min. Gehzeit gelangt man zu einer Kreuzung (Wanderweg Nr. 62 G.T.E.), hier geradeaus und gleich darauf rechts hinunter in einer Schleife zu der Straße, die von Volterraio nach Rio nell'Elba führt. Alternativ kann man den linken Pfad nehmen, der zunächst ein Stück am Hang entlang führt, dann rechts vom ersten Zaun querfeldein den Berg hinunter. An dem kleinen Gehöft unterhalb rechts auf den Feldweg biegen, der nach Rio nell'Elba führt. Gleicher Weg zurück nach Bagnaia.

Die etruskische Küste zum Greifen nah: bei Cavo am nördlichsten Punkt Elbas

Der Nordosten der Insel

Der Nordostzipfel Elbas ist nicht unbedingt ein Badeparadies: Zu schroff ist die Küste hier an vielen Stellen, so dass sich nur einige kleinere Buchten auftun.

Der Nordosten Elbas war – zusammen mit der südlich anschließenden Halbinsel Calamita – quasi die Erzkammer der Insel, wovon auch nach der Stilllegung der Bergwerke noch einiges zu sehen ist: verlassene Minen, gepaart mit der herben Romantik von Industrieruinen, an der Ostseite die schwarzen Strände und immer wieder bizarre Abbruchlandschaften.

Prägend für diesen Teil von Elba ist ein von Nord nach Süd verlaufender Bergkamm, dessen höchster Gipfel mit 516 m der *Cima del Monte* südlich von Rio nell' Elba ist. Der Nordosten der Insel ist vor allem in der hügeligen und nahezu menschenleeren Gegend um *Cavo* ziemlich waldreich, zahlreiche Bergquellen versorgen die Täler von *Nisporto, Nisportino* und *Monserrato* mit ausreichend Wasser, so dass man hier auch im Sommer üppiges Grün vorfindet. Ein großer Teil der Küste der Halbinsel ist steinig (besonders an der Ostseite) und nur selten durch kleine Buchten unterbrochen, größere Badestrände findet man lediglich nördlich von *Rio Marina,* in *Cavo* und um *Porto Azzurro.*

Touristisches Zentrum ist unangefochten *Porto Azzurro* mit seinem lebhaften Hafen, während *Cavo* ganz im Norden Elbas, einer der ältesten Badeorte, touristisch mittlerweile keine bedeutende Rolle mehr spielt. *Rio Marina,* einst wichtiges Zentrum in Sachen Eisenerz, bietet ein interessantes Mineralienmuseum und wenig besuchte Strände nördlich des Orts. Auf keinen Fall entgehen lassen sollte man sich einen Besuch im beschaulichen Bergdorf Rio nell'Elba und den Ausflug zur

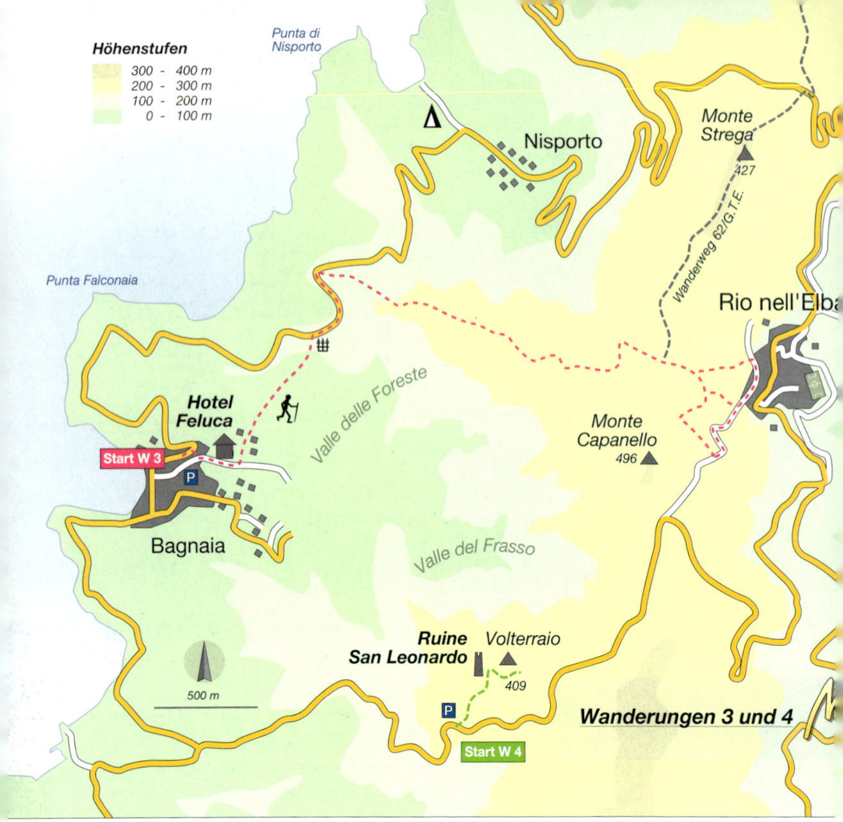

Wallfahrtskirche *Madonna di Monserrato,* in einem sehr idyllischen Tal bei Porto Azzurro gelegen.

Cavo, Rio Marina und *Porto Azzuro* sind durch Fähren mehrmals täglich mit Piombino auf dem Festland verbunden.

Castello del Volterraio

Hoch und mächtig thront die Ruine der Festung auf einem Felsklotz in 409 m Höhe am Rand der nordelbanischen Hügellandschaft, quasi als Wahrzeichen über der Bucht von Portoferraio.

Über die Herkunft des Namens Volterraio kursieren gleich mehrere Versionen: Er könnte vom lateinischen "vultur" (Geier) herrühren, was dann so viel wie Geiernest bedeuten würde, oder aber von dem älteren etruskischen Begriff "ful tur" (hoher Felsen). Eine dritte Version beruht auf der simplen Annahme, dass der Name mit der toskanischen Stadt *Volterra* in Zusammenhang steht, da die Pisanerfestung von einem Architekten aus Volterra gebaut wurde. Auch über die Zeit der ersten Besiedlung des schroffen Burgbergs ist man sich im Unklaren: Der Mythologie zufolge soll hier bereits unter der legendären etruskischen Prinzessin *Ilva* eine Befestigung entstanden sein, später haben die Römer die strategisch günstige Lage des Burgbergs genutzt. Fest steht jedenfalls, dass Volterraio auch zu Zeiten massiver Piratenüberfälle niemals eingenommen wurde. 1281 gründeten die Pisaner hier auf dem Fundament einer bereits bestehenden Burg aus dem 11. Jh. eine Festung, aus deren großartiger Panoramalage die feindlichen sarazenischen Piraten frühzeitig erspäht werden konnten. Volterraio war dabei Teil eines Systems von Wachposten, die – in Sichtweite zueinander liegend – mittels Feuersignalen die Nachricht von feindlichen Schiffen binnen kürzester Zeit über die Insel verbreiten konnten. Außerdem war die Festung während der Pirateneinfälle im 15. und 16. Jh. der wichtigste Zufluchtsort der Inselbewohner, und selbst die gefürchteten Piraten *Khayr al-Din*, der jüngere der *Barbarossa*-Brüder, und *Dragut* mussten hier nach längerer Belagerung unverrichteter Dinge wieder abziehen. Als die Medici ab 1548 Portoferraio als Festungsstadt aufbauten, verlor Volterraio an Bedeutung, diente aber noch immer als Wach- und Kontrollstation. Im 17. und 18. Jh. wurde Volterraio zur Garnison und fungierte weiterhin als Kommunikationsposten: Aus Portoferraio abgeschickte Blinksignale wurden von hier über das Inselchen *Palmaiola* zur italienischen Küste und von dort nach Florenz weitergeleitet. Von der ehemaligen Zugbrücke, den Unterkünften der Soldaten und der Kapelle im Inneren der Burg ist fast nichts mehr zu sehen, das alte Castello verfällt zusehends.

Wanderung 4: Zum Castello del Volterraio

Anfahrt: Von der Straße Magazzini–Bagnaia rechts ab in Richtung Rio nell'Elba und Volterraio (beschildert). Nach 1,7 km ein Parkplatz auf der linken Seite, hier beginnt der anfangs gut markierte Pfad.

Ausrüstung/Dauer: Festes Schuhwerk ist unbedingt notwendig, man sollte auf jeden Fall die Mittagshitze meiden, und etwas zu trinken mitnehmen. Der Aufstieg dauert 30–45 Min.

Die Uneinnehmbarkeit der Festung kommt nicht von ungefähr, der Weg dorthin ist ziemlich anstrengend (wenn auch ungefährlich). Zunächst auf einem gut erkennbaren Pfad bis zur Ruine der ehemaligen *Kapelle San Leonardo*. Diese links liegen lassen, ab hier ist der Pfad kaum noch auffindbar, es geht mühsam über steinigen, z. T. auch rutschigen Boden den steilen Berg hinauf. An der Ruine angekommen, belohnen ein grandioser Ausblick und herrliche Sonnenuntergänge für die Mühe, man trifft auf andere, ebenfalls schweißgebadete Wanderer. Über eine Strickleiter gelangt man ins Innere der Festung (Schatten!).

Nördlich von Bagnaia

▸ **Nisporto**: Die Bucht mit ihren wenigen Häusern ist eine der beiden zugänglichen Badestellen an der schroffen Küste nördlich von Bagnaia. Nisporto liegt ca. 5 km nördlich von Bagnaia und ist von dort über eine Schotterpiste zu erreichen, bequemer ist aber die Anfahrt auf Asphalt über Rio nell'Elba. Neben dem unten genannten Campingplatz findet man hier einige größere Appartementanlagen, die sich den Hang hinauf erstrecken und das Ortsbild entscheidend prägen. Im "Dorf" ein Supermarkt und Pizzeria sowie zwei Bars am sauberen Kiesstrand (steiniger Einstieg), der durch meterhohes Schilf begrenzt wird. Der relativ ruhige Ort wird hauptsächlich von italienischen Touristen besucht und ist generell ein teures Pflaster. Am Strand werden Sonnenschirme, Liegestühle, Tretboote und Kanus vermietet.

• *Übernachten* **Camping Sole e Mare**, schattiges Gelände mit großzügigen Stellplätzen nur wenige Meter vom Strand entfernt. Sehr freundlicher Service, Restaurant, Laden, Bar, Tennisplatz. Außerdem Wohnwagen- und Bungalowvermietung. Allerdings ist der Platz ziemlich teuer: pro Pers. 12 €, Zelt 16–19 €, Wohnwagen und -mobil je 19 €, Mietwohnwagen für 3–5 Pers. 390–550 € pro Woche, Bungalow/Appartement

Der Nordosten der Insel
Karte S. 127

(4–5 Pers.) 720–1100 € wöchentlich. Geöffnet von Ostern bis Mitte Oktober. Loc. Nisporto, 57039 Rio nell'Elba, ☎ 0565/934907, 📠 0565/961180, www.soleemare.it.

• *Tauchen* **Diving in Elba**, am Strand von Nisporto. Tauchschule und Equipmentverleih, Flaschenfüllung. Ein Tauchgang kostet 33 €, der Open Water Diver (PADI/CMAS) 335 €. Auch Schnorchelkurse für Kinder. Weitere Infos beim Camping Sole e Mare oder unter www.divinginelba.com. Der Hauptsitz der Schule ist in Procchio: Via del Mare 10, ☎/📠 0565/907251, mobil unter 338/4119393 zu erreichen.

▸ **Nisportino**: Der Ort liegt von Nisporto aus weitere 4,5 km Richtung Norden. Von der Asphaltstraße an den Westhängen des Monte Strega und teils hoch über der Küste eröffnen sich teilweise herrliche Ausblicke. Kleiner Kiesstrand, Ristorante "La Battigia" (ganztägig geöffnet) am Strand, ansonsten keine Bars und mittlerweile auch kein Campingplatz mehr, nur noch ein Residenzhotel mit ein paar uniformen Bungalows, die die Gegend völlig dominieren. Nisporto ist ein sehr abgeschiedenes Retortendorf, extrem ruhig, man könnte auch sagen: langweilig, bietet aber eine schöne Bucht.

Rio nell'Elba

Auf knapp 180 m über dem Meer liegt das urelbanische Bergdörfchen mit seinem mittelalterlichen Kern. Wenn am Abend die letzten Tagesausflügler verschwundenen sind, gehört Rio nell'Elba wieder seinen Bewohnern, und die idyllische Piazza del Popolo wird zum großen Wohnzimmer für alle.

Der weite Ausblick, den man von hier oben genießt, war im Mittelalter oft lebensrettend, herannahende Feinde konnten rechtzeitig ausgemacht werden. Die Pisaner bauten im 12. Jh. eine Stadtmauer, um den Schutz zusätzlich zu verstärken. 1534 wurde Rio nell'Elba dennoch vom Piraten Barbarossa eingenommen, und große Teile der Bevölkerung wurden als Sklaven nach Tunis verschleppt.

Der Ort soll bereits in der Antike ein bedeutendes Zentrum des Eisenerzabbaus gewesen sein, der heutige Stadtkern mit der nach Überfällen mehrfach wieder aufgebauten Kirche *Santi Giacomo e Quirico* geht auf eine pisanische Gründung im 11. Jh. zurück. Rio war im Mittelalter überaus bedeutend, man verlegte sogar kurzzeitig die Inselverwaltung hierher.

Das verschwundene Dorf

Rio nell'Elba (von lat. "rivus" = Fluss) hat seine Gründung einer Quelle zu verdanken. Die Bewohner des etwa zwei Kilometer nordöstlich gelegenen, älteren Dorfes **Grassera,** das auf eine römische Siedlung zurückging, kamen hierher, um Wasser zu holen, bis es ihnen zu mühselig wurde und die ersten Häuser an der Quelle selbst entstanden. Rio blühte und gedieh, Grassera versank mehr und mehr in die Bedeutungslosigkeit. Bei dem verheerenden Pirateneinfall von 1534 wurden Rio und Grassera von den Piraten um den jüngeren der beiden Barbarossa-Brüder verwüstet. Die Bewohner der Orte, so sie nicht in die Berge geflohen waren, verteidigten sich noch einige Zeit in der nahe gelegenen Festung *Giogo,* mussten sich aber der erdrückenden Übermacht ergeben und wurden nach Tunis verschleppt. Die Überlebenden konnten zwar im darauf folgenden Jahr von den Spaniern befreit werden, doch waren es zu wenige, um beide Dörfer wieder zu bevölkern: Während sich Rio nell'Elba von der Heimsuchung durch die sarazenischen Piraten erholte, blieb der antike Nachbarort Grassera seither von der Landkarte verschwunden.

Der Nordosten der Insel
Karte S. 127

Rio hat von allen Gemeinden der Insel die stärkste Abwanderung erfahren, nicht zuletzt auch wegen der Schließung der unrentabel gewordenen Eisenerzminen der Umgebung. Waren es Ende des 18. Jh. noch 5.000 Einwohner, so sind es heute nur noch etwa 900, meist alte Menschen.

Ein Ausflug nach Rio nell'Elba lohnt allein schon wegen der exponierten Lage, die einen reizvollen Gegensatz zu den umliegenden Badeorten bildet. Sehenswert die Kirche *Santi Giacomo e Quirico* an der Piazza mit ihrer Renaissancefassade und barocken Stilelementen im Inneren sowie die *Sorgente dei Canali*, das ehemalige Waschhaus an der unterhalb des Dorfes verlaufenden Verbindungsstraße nach Cavo (tagsüber geöffnet). In Rio gibt es außerdem ein äußerst sehenswertes Mineralienmuseum und neuerdings auch ein kleines archäologisches Museum (→ "Sehenswertes in und um Rio nell'Elba").

• *Verbindungen* 3x tägl. mit dem **Bus** nach Capoliveri, 12x über Rio Marina nach Cavo, 10x nach Porto Azzurro und weiter nach Portoferraio.

• *Parken* Gebührenpflichtiger Parkplatz (0,50 €/Std.) am Ortseingang (aus Porto Azzurro kommend). Das Gebäude der Polizei befindet sich direkt daneben, deshalb sei dringend geraten, ein Ticket zu ziehen.

Rio nell'Elba

• *Adressen* **Bank** mit Bancomat gegenüber der Kirche an der Piazza, im Zentrum außerdem **Post** und **Ambulanz**.

• *Übernachten* *** **Hotel Ginestra**, im gleichnamigen modernen Ortsteil (Località Ginestra) gelegen, 1 km außerhalb vom Zentrum an der Straße nach Porto Azzurro auf der rechten Seite. Nette Anlage in ruhiger Lage am Hang, viele Bäume, mit Pool und Tennisplatz, wer hier absteigt, sollte motorisiert sein. Nicht mehr ganz neu, DZ mit Bad, Balkon/Terrasse (und kleinem Vorgarten) 150 € bei obligatorischer Halbpension, Dreibettzimmer 10–30 % Rabatt, EZ nur in der Nebensaison, das DZ kostet in der Nebensaison ab ca. 80 €. 57039 Rio nell'Elba, ✆ 0565/943181, ℻ 0565/916172.

Sehr gemütliche und geschmackvoll eingerichtete **Ferienwohnungen** vermietet Frau Veronika Krömer. Die Wohnungen für 3–4 Pers. liegen im historischen Zentrum von Rio nell'Elba und kosten ab ca. 300–350 € pro Woche (Mindestmietdauer), ✆ 0565/939173. Unbedingt frühzeitig reservieren.

• *Essen & Trinken* **La Cipolla**, die "Zwiebel" liegt an der Piazza del Popolo im Zentrum. Einladende Trattoria mit sehr großer Auswahl und guten Fischgerichten, mittleres bis gehobenes Preisniveau. Ganztägig geöffnet, auch Bar und Tabaccheria. Unbedingt einen Blick nach innen werfen: Hier findet sich ein Foto der Bar La Cipolla aus dem Jahr 1948 – das typische Bild eines elbanischen Bergdorfs in der Nachkriegszeit.

Bar International, freistehendes, eindrucksvolles Gebäude an der Piazza, typische italienische Bar, jüngst renoviert, liegt quasi gegenüber von La Cipolla.

• *Feste & Veranstaltungen* **Festa dei Santi Giacomo Apostolo e Quirico**, am letzten Wochenende im Juli findet das traditionelle Dorffest zu Ehren der beiden Ortsheiligen statt.

Sehenswertes in und um Rio nell'Elba

Museo dei Minerali Elbani della "Gente di Rio" (Museo Minerali Alfeo Ricci): Der Gründer dieser sehenswerten Mineraliensammlung war *Alfeo Ricci* (1924–1964). Seinen Lebensunterhalt verdiente der mineralogische Autodidakt bei der elbanischen Eisenminengesellschaft, aber die Mineralien blieben seine lebenslange Passion, die ihn sogar dazu brachte, elbanische Mineralien von internationalen Museen zurückzutauschen oder -zukaufen. Die im Museum ausgestellten Stücke stammen ausnahmslos von der Insel und wurden von Ricci in jahrelanger Arbeit zusammengetragen. Die Sammlung ist seit 1992 in einem kleinen, sorgfältig und informativ aufgebauten Museum in mittelalterlichen Gemäuern untergebracht. Zu sehen sind z. T. sehr große Pyrite, Hämatite, Quarze, Turmaline etc., auch in diversen Verbindungen. Schaubilder zur Mineralgeschichte der Insel mit italienischen und englischen Erläuterungen runden die gelungene Ausstellung ab.

• *Öffnungszeiten/Eintritt* Von April bis Ende Sept. tägl. 10–13 Uhr und 17.30–20.30 Uhr. Von Oktober bis März nur nach Voranmeldung unter ✆ 0565/939182 oder per E-Mail: museirioelba@tiscali.it. Eintritt 3 €, ermäßigt 2 €, das Kombiticket für Mineralmuseum und das neue archäologische Museum (s. unten) kostet 5 € (ermäßigt 3 €).

Das Museo dei Minerali ist von der Piazza del Popolo aus etwas unzureichend beschildert. Vom Dom aus wendet man sich nach rechts und folgt der Via Marconi bis zu einem kleinen Kirchplatz, dort führt links eine Treppe hinauf zum Museum.

Brunnen an der Piazza von Rio nell'Elba

Museo Archeologico del Distretto Minerario: Bereits architektonisch bildet das im Frühjahr 2003 eröffnete Archäologische Museum einen schönen Kontrast zum Mineralienmuseum. Direkt unter der Terrazza Guiliano Cignoni gelegen, befindet sich die Ausstellung auf und unter einer Galerie in einem modernen, lichtdurchfluteten Saal. Zu sehen sind Fundstücke, die die Besiedlung und Erzverarbeitung auf Elba von prähistorischer Zeit bis ins frühe Mittelalter belegen: Pfeilspitzen und Schmuck aus der Grotta di San Giuseppe (2000–1800 v. Chr.), etruskische Werkzeuge aus Porto Argoo (Portoferraio) oder Terrakotta-Wasserleitungen aus der römischen Villa von *Capo Castello* (Cavo). Ergänzt werden die Exponate durch informative Schautafeln, diese allerdings nur in italienischer Sprache.

• *Öffnungszeiten und Eintritt* Von April bis Ende Sept. tägl. 10–13 Uhr und 16.30–19.30 Uhr. Von Okt. bis März nur nach Voranmeldung unter ✆ 0565/939182 oder per E-Mail: museirioelba@tiscali.it. Eintritt 3 €, ermäßigt 2 €. Das Kombiticket (mit Museo dei Minerali, s. o.) kostet 5 €, ermäßigt 3 €. Zum Museo Archeologico gelangt man, wenn man die Piazza del Popolo an ihrer nordöstlichen Ecke verlässt und von der Aussichtsterrasse die rechte Treppe hinunter nimmt.

Kloster Santa Caterina

Kloster Santa Caterina: Etwas nördlich des Orts, am Hang des *Monte Serra* und mit nettem Blick auf Rio nell'Elba, liegt diese seit vielen Jahren verlassene Einsiedelei. Der ursprünglich romanische Bau wurde 1634 umgebaut, im Innenraum der einschiffigen Kirche erinnert eine Gedenktafel an die Heilige Caterina. Seit einiger Zeit finden im Kloster Kulturveranstaltungen statt, und ein von dem deutschen Künstler *Hans-Georg Berger* gegründeter Verein kümmert sich seit 1990 um den Erhalt der Gemäuer. Neben der Einsiedelei befindet sich der kleine botanische Garten *Orto dei Semplici* (nur im Sommer Di, Do und So jeweils 15–20 Uhr geöffnet).

• *Anfahrt* An der Straße nach Nisporto/Nisportino geht es nach ca. drei Kilometern rechts ab auf einen Feldweg (beschildert), von dort führt ein schöner Panoramaweg zum alten Kloster (etwa 10 Minuten zu Fuß).

Rio Marina

Der Hafenort mit seinen 2.000 Einwohnern ist alles andere als eine Touristenhochburg, wohl auch, weil es hier an schönen Stränden mangelt. Rio Marina wirkt nüchtern, Fischerromantik sucht man am funktionalen Hafen, wo früher das Eisenerz verschifft wurde, vergeblich.

Der Eisenabbau in der Umgebung (v. a. am nördlich gelegenen *Monte Giove)* geht bis in die Antike zurück. Den achteckigen Wachturm am südlichen Ende des großen Hafenbeckens bauten im 16. Jh. die Appiani, im 19. Jh. wurde noch ein kleinerer Uhrturm draufgesetzt. Im 18. Jh. erlangte Rio Marina als Hafen von Rio nell'Elba größere wirtschaftliche Bedeutung – in Rio Marina befand sich auch der Verwaltungssitz des Eisenbergwerks – und erklärte sich 1882 schließlich zur unabhängigen Gemeinde. Das so entstandene Konkurrenzverhältnis zwischen den beiden Orten steigerte sich bis zur Feindseligkeit, so dass man untereinander nicht mehr heiratete und sich bei Kirchweihfesten mit Steinen bewarf. Mit provokativ großem Pomp feierte die Gemeinde 1982 ihre 100-jährige Unabhängigkeit. Am 16. August findet in Rio Marina das Fest zu Ehren des Ortspatrons *San Rocco* statt.

Angesichts der langen Bergbautradition Rio Marinas ist es nicht verwunderlich, dass die Sehenswürdigkeiten des Ortes sich vor allem um das drehen, was aus den umliegenden Bergen zu Tage gefördert wurde: Im kürzlich entstandenen *Parco Minerario* wird der Besucher durch die Halden und Erzwäschen eines Tagebergwerks geführt, und im *Museo Minerali* in der Via Magenta lässt sich nicht nur die Ausstellung "Fiori di Ferro" bewundern (Näheres s. u.). Wer sich auf eigene Faust auf die Suche begibt, kann mit etwas Glück am sechs Kilometer nördlich gelegenen Strand *Le Fornacelle* noch kleinere Malachite und Calcite finden.

Fiori di Ferro – Mineralien und mehr

Im *Palazzo del Burò*, dem ehemaligen Sitz der Bergbaudirektion, ist Rio Marinas neues und überaus sehenswertes *Museo Minerali dell'Elba e Arte Mineraria* untergebracht. Auf rund 400 m^2 und verteilt über acht Säle ist eine gelungene Mischung aus Mineraliensammlung, Museum für Bergbaugeschichte und Ausstellung für zeitgenössische Kunst entstanden. Hier sind sämtliche auf Elba gefundenen Mineralienarten – über 170 an der Zahl – ausgestellt, unter ihnen auch der *Ilvait*, den es nur auf Elba gibt. Die annähernd 800 Exponate sind übersichtlich in 24 Vitrinen angeordnet, z. T. sehr schöne Pyrite, Hämatite und Calcite, u. a. auch Pyrit-Hämatit- und Pyrit-Quarz-Verbindungen sowie Alabaster, der aber nicht von der Insel stammt. Wichtigste Fundorte für Mineralien auf Elba sind die Gegend um Rio Marina (die Gruben von *Bacino* und *Valle Giove)* und die Halbinsel Calamita.

Daneben sind in der aufwendig gestalteten Umgebung Ausstellungsstücke zu sehen, die die harte Arbeit der Eisengewinnung und -verarbeitung dokumentieren; in einer kleinen "Mine" kann sogar am eigenen Leib erfahren, wie dunkel, staubig und eng die Grabungsschächte waren. Fotomaterial aus einer Zeit, als auf Elba noch gegraben wurde, bietet darüber hinaus ästhetische "Außenansichten" des Bergbaus.

Abgerundet werden die Exponate durch Gemälde, Skulpturen und Fotografien der deutschen Wahlelbaner Helga, Kurt und Stefan Mergenthal, deren Arbeiten sich rund um den elbanischen Bergbau drehen.

Maßgeblich beteiligt am Aufbau des – bis 2001 noch im Rathaus untergebrachten – Mineralienmuseums war der Bamberger Lehrer und Mineraloge *Theo Döring*. Er wurde Anfang der 70er Jahre durch einen Aufsatz in der mineralogischen Fachzeitschrift "Aufschluss" auf die Mineralien der Insel Elba aufmerksam und kam bald darauf zum ersten Mal selbst hierher. Seine Funde sind heute zum Teil im Museum von Rio Marina zu sehen. Von Döring stammt übrigens auch die Konzeption für die Ausstellung, die Mitte der 80er Jahre des 20. Jh. unter seiner Leitung und in Abstimmung mit der örtlichen Verwaltung umgesetzt wurde.

Vom Museum werden Führungen in den *Parco Minerario*, das Bergbau-Freilichtmuseum des Ortes, angeboten, wo noch einige beeindruckende Monumente der Industriegeschichte zu sehen sind. Der Rundgang führt durch ein altes Bergarbeiterdorf, zu einer restaurierten Erzwäsche und schließlich in die Halde. Nach einer Einführung in den Tagebergbau haben Besucher die Möglichkeit, selbst nach Pyriten und Hämatiten zu "klopfen".

• *Öffnungszeiten des Museums* März bis Juni und Sept. bis Okt. 9.30–12.30 und 15.30–19.30 Uhr, im Juli und August 9.30–12.30, 16.30–19.30 und 21–23 Uhr. Eintritt 2,50 €, Kinder bis 8 Jahre frei. Zum Museum geht es von der zentralen Piazza Vittorio (dem kleinen "Stadtpark") in die schmale Via Magenta, das Museumsgebäude befindet sich am Ende der Gasse, nur wenige Meter von der Piazza entfernt.

• *Führungen durch den Bergbaupark* Von März bis Oktober jeden Di, Do und Sa um 10 Uhr, im Juli und August immer um 18 Uhr. Die etwa einstündige Tour kostet pro Person 3,50 €, Kinder unter 8 Jahren sind frei. Anmeldung und Treffpunkt im Museum, hier auch Informationen zur großen Rundtour (12 €, Kinder unter 8 Jahren frei), die Touren sind auch telefonisch zu buchen. Palazzo del Burò, Via Magenta 26, ✆ 0565/962088, ✆ 0565/925698, sopamie@tiscalinet.it.

• *Information/Reisebüro* **Forti**, Via Palestro 26 (am kleinen Park im Zentrum). Hotel- und Zimmervermittlung (auch Appartements), Fährtickets, Bootsausflüge, allgemeine Informationen etc., gute Anlaufstation in Rio Marina. Mo–Fr 9–13 Uhr und 16.30–19.30 Uhr, Sa 9–13 Uhr. ✆ 0565/924087, 📠 0565/924091, www.forti.it, info@forti.it.

• *Verbindungen* Im Sommer mind. 5x tägl. **Fähren** der *Toremar* nach Piombino, 45 Min. Fahrtzeit, pro Pers. 4 €, Auto 29,50–34,50 €, Motorrad ca. 8,50 €, Wohnwagen/-mobil 10 € pro Meter. Tickets beim Reisebüro Forti oder bei Toremar am Hafen: Calata Voltoni 20, ✆/📠 0565/962073.

Busse, 3x tägl. nach Capoliveri, jeweils 12x nach Cavo und Rio nell'Elba, 10x über Porto Azzurro nach Portoferraio.

• *Adressen* **1. Hilfe**, Via Principe Amedeo (Hauptstraße), ✆ 0565/962407, und in der Via Roma 9, ✆ 0565/962425.

Bank, mit EC-Bancomat im EG des Rathauses, Via Principe Amedeo.

Post, an der Hauptstraße (Ortseingang aus Rio nell'Elba) neben der Kirche Santa Barbara, Mo–Fr 8.30–13.30 Uhr, Sa 8.30–12.30 Uhr.

Hafenmeisterei, ✆ 0565/962109.

Polizei (Carabinieri), Via Principe Amedeo, ✆ 0565/924223.

• *Übernachten/Camping* *** **Rio sul Mare**, Via Palestro 31 (an der zentralen Piazza), DZ 140 €, EZ 105 €, Frühstück inklusive, bis Mitte Juli und ab Anfang Sept. kostet das DZ hier 80 € (EZ 55 €). Alle Zimmer mit Bad und TV, nur einige wenige im obersten Stock auch mit Balkon. Mittelklasse in Hafennähe, im Inneren etwas dunkel, freundlicher und hilfsbereiter Service. April bis Anfang November geöffnet, ✆ 0565/924225, 📠 0565/924162, www.elbahotelrio.it.

*** **Mini-Hotel Easy Time**, gepflegtes, noch relativ neues Haus am Hang oberhalb von Rio Marina, mit Bar und Ristorante. Toller Blick von der Terrasse, nur 8 Zimmer, alle mit Bad, TV und Balkon. DZ (mit Frühstück) 134 €, EZ ca. 100 €, ✆ 0565/962531. Anfahrt: vom Ort auf der Straße Richtung Rio nell'Elba, links abbiegen, Beschilderung "Via panoramica del porticiolo" (Aussichtspunkt), nach 300 m rechts ab (Beschilderung Hotel), dann extrem steil bergauf.

Camping Canapai, etwa 5 km von Rio Marina, sehr abgeschieden am Rand der Bucht von Ortano gelegen (ca. 500 m vom Meer). Bescheidene, schattige Terrassenanlage inmitten üppigen Grüns, freundliche und um die Gäste bemühte Leitung, aber doch recht weit abgelegen. Mit Bar, Ristorante und Mini-Market. Pro Person 11,50 €, Auto 3 €, Zelt 9–12,50 €, Wohnwagen 12,50 €, Wohnmobil 14,50 €, ein einfacher kleiner Bungalow für 4 Personen kommt auf ca. 110 € am Tag. Geöffnet Mitte April bis ca. Anfang Oktober, ✆/📠 0565/939165, www.camping-canapai.it. Anfahrt: Von Rio Marina zunächst Richtung Rio nell'Elba, dann links ab zur Ortano-Bucht (beschildert). In der Bucht (die zu großen Teilen von einem hermetisch abgeriegelten Ferienclub in Beschlag genommen wird) geht es rechts ab zum Camping, beschildert, das letzte Stück auf Feldweg.

• *Essen & Trinken* **La Canocchia**, Via Palestro 3. Zwei kleine Speiseräume im Souterrain, gepflegt-rustikales Ambiente. Bekannt für hervorragende und oft recht extravagante Fischgerichte, für Liebhaber von Fisch und Meeresgetier ein absoluter Tipp. Von diversen Restaurant-Guides gleich mehrfach ausgezeichnet. Leicht gehobenes Preisniveau, mittags und abends geöffnet, Montag Ruhetag. ✆ 0565/962432.

La Cantinetta – Ristorante da Uberti, ursprüngliche, kleine Trattoria an der Marktstraße (Via Appiani 29, gegenüber vom Rathaus die Stufen hinunter) mit guter *Cucina casalinga*, es wird auch ein Tagesmenü angeboten. ✆ 0565/962007.

In der gleichen Gasse weitere einfache und preiswerte **Rosticcerie** und **Trattorie**. **Pizzerie** und **Ristoranti** findet man außerdem auch an der Straße nach Cavo.

• *Cafés* **Caffè Centrale**, Tische direkt an der zentralen Piazza Vittorio mit Blick auf den kleinen Park und exzellentem Eis.

Weitere Cafés befinden sich am Hafen bzw. an der Flanierterrasse oberhalb des Hafens.

• *Spezialitäten/Einkaufen* **Pasticceria Muti & Lupi**, Via Palestro 13. Als lokale Spezialität gilt die *Schiaccia briaca*, zu Deutsch "die Betrunkene" – ein Mürbteiggebäck, zu dessen Ingredienzen neben Pinienkernen, Rosinen und Nüssen vor allem der Süßwein Aleatico gehört. Weitere köstliche Kalorienbomben sind in der Vitrine aufgetürmt.

Markt: in Rio Marina jeden Montagvormittag in der Via Palestro.

Von der Erzgrube zur Badebucht – die Strände um Rio Marina

Baden in Rio Marina und Umgebung

An der Hafenmole führt eine Treppe zum kleinen *Kieselstrand* beim Uhrturm hinunter. Zum Baden besser geeignet sind aber die hier folgenden Strände nördlich von Rio Marina:

- **Spiaggia i Topinetti**: Ca. drei Kilometer nördlich vom Ort, von der Straße Richtung Cavo rechts ab, ausgeschildert, ca. 250 m auf einem Feldweg zum Strand hinunter. Schwarzer Sand vor roten Felsen, dazwischen große weiße Kieselsteine. Sauber und nicht übermäßig besucht, keine Bar.
- **Cala Seregola**: Kurz nach der Abzweigung zum Topinetti-Strand passiert man rechter Hand ein längst stillgelegtes und verfallenes Eisenbergwerk. Gleich darauf rechts ab über eine Schotterpiste zum Strand (500 m von der Hauptstraße, beschildert). Nicht besonders idyllisch, aber bestens frequentierter Sand-Kies-Strand, getrübt wird der Blick durch das alte Eisenwerk (Achtung: Einsturzgefahr!) mit Verlademole. Riesiger Parkplatz am Strand, Snackbar, Sonnenschirm- und Liegestuhlverleih.
- **Spiaggia Le Fornacelle**: Kurz vor Cavo geht's rechts ab (beschildert) und dann eine steile Betonpiste hinunter. Kaum attraktiver Strand, viel Kiesel, wenig Sand, relativ klein. Badende genießen den Blick auf die Industrieschlote von Piombino und ein vorgelagertes kleines Inselchen. Pluspunkt ist allerdings das *Ristorante Le Fornacelle* mit netter Terrasse. Pizza, Pasta und relativ günstige Fischgerichte. Von dem Restaurant rechter Hand am Strand entlang stößt man nach ca. 100 m auf eine Halde, hier lassen sich mit Glück vereinzelt noch kleinere Mineralien finden.

Cavo

Einer der ältesten Badeorte der Insel. Von den heutigen Elba-Touristen wird Cavo allerdings ziemlich vernachlässigt, es fehlt an attraktiven Stränden, und auch sonst wirkt der Ort ziemlich verschlafen. Dabei ist Cavo in nur 15 Minuten mit dem Tragflächenboot vom Festland aus zu erreichen.

Im nördlichsten Ort Elbas finden sich einige prächtige Villen der vorletzten Jahrhundertwende, die früher im Besitz der Eisenminenbetreiber waren. Mehrheitlich sind es aber bescheidene Privathäuser, die das Bild des gleichförmig in der flachen Bucht angelegten Dorfes bestimmen.

In Cavo gibt es einen kleinen Hafen mit langer Mole und einen mit Kiesel durchsetzten, lang gezogenen Sandstrand mit Sonnenschirm-, Liegestuhl- und Tretbootverleih. Piombino auf dem Festland scheint von hier zum Greifen nah. Vom Hafen aus hat man auch einen schönen Blick auf die kleine, karge *Isola dei Topi* ("Mäuseinsel"), ihren verwitterten Leuchtturm und den vorgelagerten Felsen *Il Frate*, den "Bruder". An der Uferpromenade befinden sich einige Pizzerie und Bars, im Dorf selbst auch eine einfache Rosticceria. Im Hafen liegen zwar einige Yachten, aber ein schicker Seglertreff ist das abgelegene, fast langweilige Cavo sicherlich nicht. Einmal im Jahr – am zweiten Juliwochenende – trifft man sich hier zur Regatta mit großem Publikum.

Cavo, am Strand

Sein historisches Highlight erfuhr Cavo 1849, als Freiheitskämpfer Garibaldi hier auf seinem Weg nach Capraia einen kurzen Zwischenstopp einlegte. Unweit des Orts liegt mitten in der Macchia das **Mausoleum Tonietti,** das der gleichnamige Bergwerksbetreiber im 19. Jh. als Familiengrabstätte errichten ließ. Der Spaziergang zum Mausoleum dauert etwa 20 Minuten. Tonietti gehörte auch das *Castello,* eine festungsartige Villa, die von der Uferpromenade aus zwischen Bäumen zu erspähen ist.

Der Ausflug an den Nordostzipfel der Insel lässt sich mit einer netten Wanderung verbinden: vom *Capo Castello,* der Landzunge am nördlichen Ende der Bucht, wo sich die spärlichen Reste einer römischen Villa befinden (nicht zugänglich), geht es zum *Capo Vita,* dem nördlichsten Punkt Elbas – Macchia und Strandkiefern, so weit das Auge reicht.

• *Verbindungen* Von Cavo aus besteht die kürzeste **Fährverbindung** zum Festland. Im Sommer bis zu 6x tägl. mit dem *Aliscafo* (Tragflächenboot) der Toremar von und nach Piombino, nur Personenbeförderung, Fahrtzeit 15 Minuten, pro Person 5,20 €. Toremar-Agentur in Hafennähe, Via Michelangelo 54, ✆/📠 0565/949871.

Busse, 3x tägl. nach Capoliveri, 10x über Rio Marina, Rio nell'Elba und Porto Azzurro nach Portoferraio.

Der Yachthafen von Cavo

• *Sonstiges* In Cavo gibt es **Bank, Post, Tankstelle** und **Supermarkt**, im Hochsommer außerdem einen **Fahrradverleih**. Am Mittwochvormittag **Markt**.

• *Übernachten/Camping* *** **Pierolli**, in zweiter Reihe vom Hafen, nicht mehr ganz neues Haus, DZ mit Bad, Balkon und obligatorischer Halbpension 154 €, EZ 87 €. Mit Restaurant und hübscher, schattiger Bar, Hollywood-Schaukel im Garten. Geöffnet 1.6.–30.9. Lungomare Kennedy, 57030 Cavo, ✆ 0565/931188, ✆ 0565/931044, www.hotelpierolli.it.

*** **Maristella**, gleich daneben, ähnliches Niveau, ebenfalls nicht mehr ganz neu, aber gut in Schuss. Das DZ mit obligatorischer Halbpension kostet hier 158 €, außerhalb der Hochsaison ist auch Übernachtung mit Frühstück möglich (DZ ca. 80 €), alle Zimmer mit Bad, TV und Kühlschrank. Sympathischer Service, Restaurant angeschlossen. Geöffnet Ostern bis 30.9. Lungomare Kennedy 3, 57030 Cavo, ✆/✆ 0565/949859, www.hotelmaristella.com.

*** **Cristallo**, in gleicher Reihe wie die beiden anderen, auch schon etwas älter, sehr freundlich, DZ (mit Bad und Balkon) 110 €, EZ 65 €, Dreier 145 €, jeweils inkl. Frühstück. Hier werden auch Appartements für 4 und 6 Personen vermittelt. 1.3.–31.12. geöffnet. 57030 Cavo, ✆ 0565/949898, ✆ 0565/949960, www.elbalink.it/hotel/cristallo, cristallo@elbalink.it.

** **Ginevra**, ruhig, im hinteren Teil des Orts, 300 m zum Strand. Schon etwas älteres Hotel, DZ mit Bad und obligatorischer Halbpension 150 €, EZ nur in der Nebensaison. Via De Gasperi, 57030 Cavo, ✆ 0565/949845, ✆ 0565/931084, www.albergoginevra.it.

Camping Paguro's, von Rio Marina kommend, beim Ortseingang links abbiegen (beschildert). Ca. 800 m vom Meer entfernt, sehr abgeschiedener, wenig attraktiver Platz mit Bar, für einfachere Ansprüche. Pro Pers. und Zelt je 8 €, Auto 3 €, Wohnwagen 11 €, Wohnmobil 12 €. Geöffnet 1.5.–15.9. ✆ 0565/949966 oder 0565/931168.

• *Essen/Trinken/Nachtleben* **Mokambo-Bar**, bei Paolo Conte, dem italienischen Chansonnier mit der rauchigen Stimme, bleibt die Mokambo-Bar Poesie, in Cavo ist sie hand- und trinkfeste Wirklichkeit. In dem weiß getünchten Haus mit Neonreklame am Meer gibt's nicht nur ein großes Whiskey- und Bierangebot, sondern auch hausgemachtes Eis, leckere Panini und andere Snacks.

Sehr einladend auch die **Bar Rendez-vous** am Hafen: nette Atmosphäre, überzeugende Auswahl in der Vitrine, mit Creperie.

Weitere Bars, Restaurants und Pizzerie an der Uferpromenade.

▸ **Baden**: Der Dorfstrand (Sand-Kies) von Cavo ist so schlecht nicht und erstreckt sich auf einer Länge von fast 500 m entlang der Uferpromenade. Großer Beliebtheit erfreut sich auch die **Bucht von Frugoso**: Der Kiesstrand liegt an der Nordseite der Landzunge Capo Castello. Es wird relativ viel Seegras angespült, entschädigend wirkt der nette Blick auf die kleine Insel *"dei Topi"*. Kein Strandservice oder Bar, schattiger Parkplatz am Strand.

Porto Azzurro

Der vielleicht schönste Hafen der Insel. Zwischen zahlreichen Segel- und Motoryachten dümpeln noch immer bunte Fischkutter, an der Uferpromenade mit der großen Piazza Matteotti herrscht in den vielen Cafés und Restaurant reges Leben. Der "Blaue Hafen" erfreut sich besonders bei italienischen Gästen allergrößter Beliebtheit.

Das Städtchen an der Nordseite der großen, geschützten *Bucht von Mola* ist mit rund 3.000 Einwohnern (bis zu 6.000 im Sommer) einer der größten Orte Elbas. Die Häuser ziehen sich zu beiden Seiten des Hafens fast wie ein Amphitheater die grünen Hänge hinauf. Überragt wird Porto Azzurro von der Festung *San Giacomo* aus dem 17. Jh., in der heute noch immer ein Gefängnis untergebracht ist. Alljährlich am 24. Juli findet das Fest des Ortspatrons und Namensgeber der Festung statt.

Hinter der großen Hafenpiazza befindet sich das *Centro storico* – das alte Viertel von Porto Azzurro mit teilweise recht verwinkelten Gassen und zwei- bis dreigeschossigen Häusern aus dem 17. und 18. Jh. Heute ist die Altstadt Fußgängerbereich für die flanierenden Touristen. Straßenhändler, Schnellporträtisten und Zukunftsdeuter finden sich allabendlich ein, die Geschäfte bleiben oft bis Mitternacht und länger geöffnet. Der spanische Einfluss in Porto Azzurro, dem früheren **Porto (di) Longone,** ist noch immer sichtbar, schließlich geht die Stadtgründung auf *Philipp III.* von Spanien zurück. Noch immer gibt es spanische Straßennamen wie z. B. die Via d'Arlacon, und die Kirche *Sacro Cuore di Maria* wurde 1727 von spanischen Architekten vollendet.

Die Häuser des historischen Zentrums sind mittlerweile begehrte Objekte der Immobilienbranche. Die Quadratmeterpreise kommen denen einer deutschen Großstadtlage nahe – bis zu 2.000 Euro pro Quadratmeter Wohnfläche werden für ein Prestigeobjekt gezahlt.

Von Porto Azzurro werden zahlreiche Bootsausflüge zu den umliegenden Inseln veranstaltet, es gibt zwei Tauchschulen, diverse Bootsverleiher und eine Segelschule. Im Zentrum gibt es einige recht komfortable Hotels, die Auswahl ist allerdings nicht allzu groß. Campingplätze finden Sie in den umliegenden Buchten, deren saubere Strände in jedem Fall dem Dorfstrand *La Rossa* an der Durchgangsstraße von Porto Azzurro vorzuziehen sind: schmal, meist überfüllt und nicht unbedingt sauber. Besser badet man in Porto Azzurro an dem schönen, aber sehr kleinen Kiesstrand *La Pianotta* bei der Fähranlegestelle. Es bestehen Fährverbindungen nach Piombino und zur *Insel Pianosa* (siehe S. 219).

Geschichtliches

Vor einigen Jahren fand man in der Bucht auf dem Meeresboden die Überreste eines römischen Hafens, nähere Informationen über eine Ansiedlung der Römer gibt es jedoch nicht. Der berühmte Genueser *Andrea Doria* soll es gewesen sein, der bereits Mitte des 16. Jh. den Spaniern unter Karl V. den guten Rat gab, hier einen Ge-

Blick auf den Hafen von Porto Azzurro

genpol zum schnell wachsenden *Cosmopoli* (Portoferraio) der Medici zu schaffen. Gebaut wurde Porto Longone jedoch erst ab 1603 unter Philipp III. von Spanien. Zunächst entstand die *Piazza di Longone,* die Festung auf dem Hügel oberhalb der Bucht. Das bald darauf entstandene kleine Fischer- und Handelsdorf nannte man zunächst *Porto di Longone.* Der Ort wuchs rasch, neben den über 2.000 Soldaten der Garnison siedelten sich hier immer mehr Händler, spanische Gefolgsleute und Fischer aus dem damals ebenfalls spanischen Neapel an. In den folgenden Jahrhunderten wechselten sich spanische und französische Herrscher ab, während des Spanischen Erbfolgekriegs (1701–1713) hatten kurzzeitig auch einmal die Österreicher das Sagen. Ende des 18. Jh. stellten sich die Bewohner der Stadt geschlossen gegen die Franzosen, die die Insel 1794 erstmals besetzt hatten. Als Elba 1802 erneut französisch wurde und damit zum ersten Mal nur einen Regenten hatte, musste sich auch Porto Longone unterwerfen. Napoléon schließlich sollte dem Hafenort die entscheidende Niederlage beibringen, und das nicht einmal mit Waffengewalt: Er schlug sein Lager in Portoferraio auf und leitete somit den wirtschaftlichen Niedergang des einst so mächtigen Porto Longone ein. 1815 wurde die ganze Insel an das Großherzogtum der Toskana angeschlossen, aus der Garnison wurde ein Gefängnis. Erst 1947 änderte man den Namen der Stadt in "Porto Azzurro". Der Verweis auf das blaue Meer sollte vom über 100-jährigen Straflager-Image ablenken.

Information/Verbindungen/Bootsausflüge

• *Information/Reisebüros* Das kleine private **Reisebüro Mantica** an der großen Piazza ist eine gute Anlaufstelle in Porto Azzurro. Angeboten werden Bootsausflüge zur Costa dei Gabbiani an der Südseite des Monte Calamita (s. S. 158), der dreistündige Ausflug kostet ca. 17–18 € pro Person; Ausflüge auf die Inseln Gorgona, Pianosa und Giglio können vermittelt werden. Darüber hinaus Vermittlung von Hotelzimmern und Appartements in und um Porto Azzurro, Geldwechsel sowie Fährtickets für Moby

Lines. Mo–Fr 9–13 Uhr und 16–19.30 Uhr, Sa 9.30–12.30 Uhr und 16–19 Uhr, So geschlossen. Piazza Matteotti 13, 57036 Porto Azzurro, ✆ 0565/95351, ✆ 0565/95443, www.manticaviaggi.it, www.manticareisen.com.

Reisebüro Arrighi, Banchina IV Novembre (südöstliches Ende der Hafenpromenade, nahe der Fähranlegestelle). Fährtickets, Hotel- und Ferienhausvermittlung, Bootsausflüge, darüber hinaus Tickets für einen Direktbus nach Milano. Geöffnet Mo–Sa 9–12 Uhr und 16–19.30 Uhr, So geschlossen. 57036 Porto Azzurro, ✆ 0565/95000, ✆ 0565/958245, www.agenziaarrighi.it, arrighi@elbalink.it.

Toremar-Agentur, gegenüber dem Fähranleger, Tickets nach Piombino (s. unten) und jeden Dienstag **Ausflüge auf die Insel Pianosa**, pro Person 18,40 € (davon 6 € Gebühr für den Nationalpark Toskanisches Archipel), Abfahrt um 10.15 Uhr, retour ab Pianosa bereits um 13.30 Uhr, die Überfahrt dauert 1,5 Std. Für die Hochsaison sollte man Tickets nach Pianosa vorsorglich reservieren! Das Büro ist jeweils vor Abfahrt der Fähren geöffnet, Fahrpläne hängen aus. Banchina IV Novembre 26, 57036 Porto Azzurro, ✆/✆ 0565/95004.

Porto Azzurro – die zentrale Piazza Matteotti

• *Verbindungen* 2x tägl. **Fähren** nach Piombino, Fahrtzeit 1 Std., pro Person 5,70–6,70 €, Auto 21–34,50 €, Motorrad 8,40 €, Wohnwagen/-mobil 7–11 € pro Meter. Tickets bei Toremar (s. oben).

Busse, 5x tägl. nach Capoliveri, 11x über Rio nell'Elba und Rio Marina nach Cavo, 13x nach Portoferraio.

Taxis, am Ende der Hafenpiazza (Richtung Fähranleger), die Fahrt nach Portoferraio kostet 23,50 €, nach Capoliveri 16,50 €, ✆ 339/7161332, 338/8609896 oder 338/9250734 (alle mobil).

Parken, Hafenpromenade und das *Centro storico* sind autofrei oder mit Parkverbot belegt. Der große Parkplatz am Viale Italia (Straße Richtung Rio nell'Elba) ist nachmittags und abends oft voll, jedoch nur von 20 bis 4 Uhr gebührenpflichtig. Versuchen Sie es etwas außerhalb in einer Seitenstraße.

• *Bootsausflüge* Ganztägige Fahrten mit dem Motorboot "Mistral" (mit Mittagessen), 3x wöchentlich Inselumrundungen mit der "Ulisse" sowie halbtägige Ausflüge zur Halbinsel Calamita (Badestopp) mit der "Dollaro II". Die Ausflüge sind am einfachsten über eines der Reisebüros (z. B. Mantica, s. oben) zu buchen.

Adressen/Mietfahrzeuge

• *Adressen* **1. Hilfe**, ✆ 0565/920202. Es gibt in Porto Azzurro auch einen deutschsprachigen **Arzt**: Dr. Mario Prignacca, Via IV Novembre, ✆ 0565/95055 oder 95050. Im Sommer außerdem Guardia Medica Turistica, ✆ 0565/95250 (tägl. 15–19 Uhr).

Bank, mehrere im Zentrum, z. B. am kleinen Parkplatz im Zentrum (Viale Italia) beim Hafen, mit Bancomat.

Hafenamt, Banchina IV Novembre 18, ✆ 0565/95195.

Polizei, im Rathaus (neben dem Hotel Belmare), ✆ 0565/95005, Notruf unter ✆ 113.

Post, am großen Parkplatz an der Ausfallstraße in Richtung Rio nell'Elba auf der rechten Seite, Mo–Fr 8.15–13.30 Uhr, Sa bis 12.30 Uhr, mit Geldwechsel.

Waschsalon, *Easy Wash*, Selfservice, Vicolo Marignano (nahe Hafenpiazza, s. auch Stadtplan S. 141), Waschen 5 €, Trocknen 4 €, tägl. 8.30–23 Uhr geöffnet.

• *Autos und Zweiräder* Bei **Spazio Mare** gegenüber der Toremar-Anlegestelle am östlichen Hafenende. Mountainbike ab 12 €, Moped/Scooter ab 29 € (50 ccm), Kleinwagen ab 48 €. Geöffnet Anfang Mai bis Ende Dezember, in der Hochsaison unbedingt einige Tage vorher reservieren! Banchina IV Novembre, ✆ 0565/95115 oder 348/6017862.

• *Boote* **Spazio Mare**, Bude gegenüber dem Hotel Arrighi am Dorfstrand. Motorboot (15 PS) für max. 6 Personen 70 € am Tag, auf Anfrage werden auch Yachten (Hurricane 315) verchartert. ✆ 0565/95112 oder 348/6017863/-64 (mobil).

Etwa das gleiche Angebot bei **Rent Boats Reale**, am Hafen neben dem Ristorante "Delfino Verde", für August ungefähr 4 Wochen vorher und am besten per Fax reservieren, ✆ 0565/921075, ℻ 0565/920175.

Wassersport/Einkaufen

• *Tauchen* In Porto Azzurro gibt es zwei Schulen (beide PADI): **Due Passi Nel Blu** an der Piazza Matteotti gegenüber dem Taxistand, Schnuppertauchen 41 €, Tauchgang 29 €, Anfängerkurs (Open Water Diver) 260 €, getaucht wird hauptsächlich vor der Halbinsel Calamita, Kurssprache ist Englisch. April (Ostern) bis Ende November geöffnet, ✆ 0565/920061, mobil unter 336/817727, ℻ 0565/958369, www.duepassinelblu.it.

Diving Center Porto Azzurro, Banchina IV Novembre 19, etwas zurückversetzt an der Straße in Richtung Anlegestelle. Ähnliches Angebot wie Due Passi, auch ganztägige Ausfahrten zum Capo di Fonza (bei Lacona), Ende März bis Anfang Dez. geöffnet, ✆ 0565/920240.

• *Einkaufen* Zahlreiche **Mineraliengeschäfte** werben um Kundschaft. Im Angebot sind meist zu kitschigen Figuren verarbeitete (Halb-)Edelsteine wie Türkis, Lapislazuli oder Malachit, dazwischen aber auch immer wieder Hochwertiges. Den Geschäften angeschlossen sind oftmals private Ausstellungsräume (daher bezeichnen sich einige Läden auch als "Museo") mit gigantisch großen Quarzen, Pyriten etc.

Des Weiteren im Zentrum zahlreiche **Bottiglierie** (Weinhandlungen) mit riesiger Auswahl, jedoch vergleichsweise teuer und diverse **Sport- und Seglerbekleidungsgeschäfte**.

Markt: jeden Samstag 8–13 Uhr.

Porto Azzurro Karte S. 141

Übernachten (siehe Karte S. 141)

• *Hotels* *** **Cala di Mola (13)**, ca. 1 km außerhalb (Straße Richtung Portoferraio), oberhalb der Mola-Bucht am Hang, rustikaler Stil, Pool am Meer (Strand nicht zum Baden geeignet). 44 geräumige Zimmer mit großem Balkon und eigenem Eingang – wie in einem kleinen Reihenhaus. Hübsche, großzügige Anlage mit viel Grün dazwischen. Schöner Blick auf die Bucht. Im oberen Teil der Anlage Appartements, DZ/Halbpension 208 €, in der Nebensaison 120–150 €, Appartements für 2 Personen 137 €, für 4 Personen 176 €. Geöffnet Mitte Mai bis Ende September. Via Provinciale Ovest 131, 57036 Porto Azzurro, ✆ 0565/95225 oder 0565/95449, ℻ 0565/958395, www.elbalink.it/hotel/caladimola.

*** **Due Torri (3)**, Via XXV Aprile (Nebenstraße des Viale Italia, beschildert), der **Tipp** für Porto Azzurro! Ruhige, aber zentrale Lage, gepflegte Mittelklasse, angenehme Einrichtung, freundlicher Service. DZ mit Bad, TV und inklusive Frühstück 92 €, EZ ca. 65 €, Appartements um 100 €. 57036 Porto Azzurro, ✆ 0565/95132 oder 0565/95076, ℻ 0565/957797.

*** **Belmare (11)**, am südöstlichen Ende der Hafenpromenade. Netter Service, schlichte, aber gepflegte Zimmer mit Bad, TV und teilweise auch Balkon, relativ günstig: DZ 90–95 €, EZ 60 €, jeweils mit Frühstück. Frühzeitig reservieren. Banchina IV Novembre 21, ✆ 0565/95012 oder 0565/95181, ℻ 0565/958245, www.elba-hotelbelmare.it

** **Villa Italia (2)**, DZ mit Bad und TV 80 € (inkl. Frühstück), keine EZ. Für Porto Azzurro eine der preisgünstigsten Übernachtungsmöglichkeiten, man sollte daher frühzeitig buchen. Direkt an der Hauptstraße in Richtung Rio nell'Elba, daher laut – fragen Sie nach einem Zimmer nach hinten hinaus. Vom Hotel werden auch Appartements (2 km außerhalb) vermietet, der Wochenpreis für 2 Personen liegt bei 720 €.

Viale Italia 41, 57036 Porto Azzurro, ✆/℡ 0565/95119.

** **Baia Blu (12)**, am westlichen Hafenende. DZ 83 € (mit Frühstück), keine EZ. Wegen des Preises und der Lage sind die 18 recht schlichten Zimmer (mit Bad und Balkon zum Hafen) trotz Straßenlärms schnell ausgebucht. Via V. Veneto 18, 57036 Porto Azzurro, ✆ 0565/95315.

• *Appartements/Studios* Zu buchen über die Reiseagenturen *Arrighi* und *Mantica* (→ "Information/Reisebüros").

• *Außerhalb/Camping* → "Baden in der Umgebung von Porto Azzurro", S. 143.

Essen & Trinken/Nachtleben

• *Essen/Trinken* **Paride – Il Delfino Verde (9)**, Traditionsrestaurant in Porto Azzurro – in den Hafen hineingebauter Pfahlbau, tolles Panorama, der große Speisesaal ist oft bis auf den letzten Platz besetzt, vor allem bei italienischen Touristen beliebt. Bekannt ist das Lokal wegen seiner *Cacciucco* – ein riesiger "Suppen-Berg" von Weißfischen, Red mullets etc. mit einer tomatigen Soße. Die berühmte Vorspeise ist für ca. 16 € zu haben. Viel Betrieb, trotzdem guter und professioneller Service, leicht gehobenes Preisniveau, mittags und abends geöffnet, für abends sollte man zumindest in der Hochsaison reservieren. ✆ 0565/95197.

La Caravella (10), die Alternative gleich daneben, ebenfalls überm Wasser, nicht ganz so beliebt wie der Klassiker nebenan, dafür auch etwas günstiger, sympathisches Lokal. Sehr freundlicher Service, mittags und abends geöffnet, ✆ 0565/95066.

Osteria dei Quattro Gatti (4), an der ruhigen Piazza del Mercato im Centro storico. Wer sich in Porto Azzurro etwas gönnen will, kommt hierher, Primi ab ca. 8–9 €, Secondi um 15 €, ausgefallene Küche, z. B. Ravioli in Nusssoße und Tintenfisch in Mangoldsoße, viel Fisch und Meeresfrüchte. Gemütliche, überdachte Holzveranda, nur abends geöffnet, Reservierung unter ✆ 0565/95240 empfohlen, Mo Ruhetag.

Pizzeria La Taverna (7), Piazza Matteotti 19 (Hafenplatz). Spezialität des bei Touristen beliebten Lokals sind die *Schiaccine* – heiße gefüllte Fladenbrote. Auch Pasta und Salate, mittags und abends geöffnet. ✆ 0565/957885.

Rock Bar (8), weit über die Grenzen von Porto Azzurro hinaus bekannt für unschlagbar gute Pizza, außerdem große Auswahl an Pasta, Secondi überwiegend Fisch. Flotter Service, innen rustikal, mittleres Preisniveau, mittags und abends geöffnet. Banchina IV November 16, an der Hafenpromenade. ✆ 0565/920092.

Pub Cutty Sark (5), Piazza Mercato 25 (Centro storico). Benannt nach dem legendären Segelschulschiff der Briten. Beliebtes Restaurant, mittags und abends geöffnet, Dienstag Ruhetag. Wie uns ein enttäuschter Wahl-Elbaner mitteilte, wurde ihm nach dem Essen noch vor dem Kaffee unaufgefordert die Rechnung gebracht – der Tisch war bereits wieder vergeben. ✆ 0565/957821.

Il Sottoscala (6), im Centro storico nahe der Piazza Matteotti. Kleines, nettes Kellerrestaurant (und Kneipe), ganztägig bis morgens um 6 Uhr geöffnet, hier kann man auch nach Mitternacht noch etwas zu essen bekommen (kalte Küche). Via Ricasoli 11, ✆ 0565/958006.

La Casa del Gelato, an der Hafenpiazza. Beliebte Eisdiele. Kleine, mittlere und gigantische Eiswaffeln. Anstehen lohnt sich! Dienstag geschlossen.

• *Essen/Außerhalb* **Ristorante-Pizzeria Il Giardino (1)**, ca. 1,5 km außerhalb von Porto Azzurro, an der Straße nach Rio nell'Elba auf der rechten Seite. Großes Lokal, netter Garten, sehr beliebt, am Wochenende sollte man reservieren, ✆ 0565/95596.

• *Nachtleben* **Open-Air-Kino "Il Cinema in Giardino"** im Centro storico. Gezeigt werden hauptsächlich Hollywood-Kassenschlager und italienische Filme, Eintritt 6,50 €. Die Snack-Bar *Da Ciccio* nebenan bietet auch Abendessen vor dem Film. Nur im Sommer geöffnet, Via Cavallotti 14, ✆ 339/1833551.

Morumbi, die beliebteste Diskothek der Insel liegt ein paar Kilometer außerhalb an der Straße Richtung Portoferraio (bei der Abzweigung nach Capoliveri, erkennbar am großen Parkplatz). Brasilianische Riesendisco mit Samba, Churrascaria und brasilianischer Pizzeria, am Wochenende meist brechend voll. *Tipp*: In Hotels und auf Campingplätzen liegen Freitickets der Diskothek aus (täglich außer Samstag gültig, an Samstagen ca. 10 € Eintritt). Località Mola, ✆ 0565/920191.

Porto Azzurro Karte S. 141

Sehenswertes in und um Porto Azzurro

- **Festung**: Höchste Erhebung von Porto Azzurro ist die von den Spaniern 1603 erbaute Burg, in der sich heute noch immer ein Gefängnis befindet, wenn auch mit nicht mehr allzu vielen Insassen. Bis zum inneren Mauerring ist die Anlage öffentlich zugänglich. Außer den Mauern gibt es kaum etwas zu sehen, und auch der vielleicht erwartete Panoramablick bleibt einem durch die vielen Bäume und dichtes Gestrüpp verwehrt. Von der Straße Richtung Rio nell'Elba geht es rechts ab auf die Fahrstraße hinauf zur Festung. Man kann aber auch vom Zentrum aus durch die Gassen hinauf laufen.
- **La Piccola Miniera**: Etwas nördlich von Porto Azzuro liegt die "kleine Mine": Auf einer Strecke von rund 250 m geht es in die "Unterwelt" Elbas – mit dem *Trenino*, einem kleinen Personenzug. Hier wird ein Eindruck vom Leben der Minenarbeiter unter Tage vermittelt. Außerdem sind auch einige Fundstücke in Sachen Mineralogie zu sehen (Erläuterungen zu den Exponaten auch in deutscher Sprache). Neu ist das "Etruskische Mineralienmuseum", in dem neben Reproduktionen von antiken Öfen und mehr oder minder dekorativen Fresken ebenfalls Mineralien ausgestellt sind.
  Öffnungszeiten und Information Täglich 9–13 Uhr und 15–20 Uhr, zwischen dem 1.7. und dem 15.9 auch von 21 bis 23 Uhr, der *Trenino* fährt alle halbe Stunde. Porto Azzuro, Località Pianetto, ✆ 0565/95350, www.lapiccolaminiera.it, info@lapiccolaminiera.it.

Madonna di Monserrato

Ein unbeschreiblich schön gelegener und stiller Platz, den man mit eigenen Augen sehen und vor allem auf sich wirken lassen muss. Madonna di Monserrato zählt sicherlich zu den stimmungsvollsten Orten auf ganz Elba.

Die Wallfahrtskirche liegt auf einem Felsklotz über dem nach hinten immer enger werdenden grünen Tal vor den schroffen, steil aufragenden Felsen des *Monte Castello*. Unterhalb plätschert ein Bach, der steile Weg hinauf zur Kapelle ist von Agaven gesäumt, die Terrasse vor dem Gotteshaus wird von zwei eleganten Zypressen flankiert.

Gegründet wurde Madonna di Monserrato 1606 von *José Pons y Leon*, seinerzeit spanischer Gouverneur von Porto Longone. Bei einem Unwetter nur knapp dem Schiffbruch entgangen, stiftete er zum Dank die Kirche in Anlehnung an das gleichnamige katalonische Bergkloster bei Barcelona. Er war es auch, der der Kirche eine Marmorkopie der Schwarzen Madonna von Monserrat schenkte. Später ließen sich in der Umgebung der Kirche Eremiten nieder.

Monserrato ist noch immer ein beliebter Wallfahrtsort, auf der kleinen Terrasse werden Rosenkränze verkauft, das Innere der Kirche (man beachte den Altar) kann besichtigt werden, ebenso wie die Nebenräume mit Obergeschoss. Hier ist außer einigen prunkvollen alten Möbelstücken allerdings nichts mehr zu sehen. Überhaupt ist es in erster Linie die idyllische und weltabgeschiedene Lage, die den Besuch lohnenswert macht. Von der Wallfahrtskirche hat man eine herrliche Aussicht auf die Barbarossa-Bucht und das Meer. Am 18. September findet in Porto Azzurro alljährlich das Fest zu Ehren der Madonna statt.

- *Öffnungszeiten* Von Mitte Juni bis Ende Sept. tägl. ca. 15.30–19 Uhr.
- *Anfahrt/Fußweg* Von Porto Azzurro Richtung Rio nell'Elba, nach ca. 1 km Abzweigung links (beschildert). Kurz darauf gelangt man zu einem **Parkplatz** mit riesiger Schirmpinie. Von hier zu Fuß auf dem Schotterweg weiter, das letzte Stück geht relativ steil in Serpentinen und Treppen bergauf (Kreuzweg). Die Kirche liegt insge-

Madonna di Monserrato – wunderschöne Wallfahrtskirche bei Porto Azzurro

samt 1,6 km von der Hauptstraße entfernt. Vom großen Parkplatz führt ein Pfad in Serpentinen auf den Hausberg von Porto Azzurro, den *Monte Mar di Capanna*, mit – einst beleuchtetem – Gipfelkreuz (Aufstieg 30–45 Minuten).

Baden in der Umgebung von Porto Azzurro

- **Mola-Bucht**: Die tiefe Baia di Mola findet man (aus Portoferraio kommend) kurz vor Porto Azzurro. Zum Baden ist die Bucht nicht geeignet – ein verschmutzter kleiner Strand (auf Höhe des Hotels *Cala di Mola*), der immer mehr mit Wasserpflanzen und Seegras zuwächst. Vor einigen Jahren entstand hier ein Yachthafen, durch den die Bademöglichkeiten zusätzlich eingeschränkt werden.

- **Barbarossa-Bucht**: Etwa ein Kilometer nordöstlich von Porto Azzurro gelegen, vor allem bei Campern und Wassersportlern sehr beliebt. Schöner und sauberer Sand-Kies-Strand mit Ristorante/Bar, Sonnenschirm- und Liegestuhlverleih, Surf- und Tauchschule am Platz. Der Name der Bucht kommt nicht von ungefähr: Hier soll der gefürchtete Pirat Khayr al-Din, genannt *Barbarossa*, an Land gegangen sein.

• *Übernachten/Camping* ** **Villa Rosa**, gleich an der Abzweigung von der Hauptstraße zur Bucht auf der rechten Seite. Netter Vorgarten mit Hund, das DZ mit obligatorischer Halbpension kostet 158 €, EZ 95 €. Alle Zimmer mit Bad und Balkon, ca. 300 m zum Strand. Loc. Barbarossa, 57036 Porto Azzurro, ✆ 0565/958128, Buchungen auch unter ✆ 0565/917395, ℻ 0565/930876 oder über das Reisebüro Mantica in Porto Azzurro (s. S. 137).

** **Camping Da Mario**, größeres, schattiges Gelände am Strand, eher einfacher, aber familiärer und gemütlicher Platz mit Bar und Ristorante. Für Elba relativ günstig: pro Person 9,50 €, Zelt 8,50–12 €, Auto 2 €, Wohnwagen/Wohnmobil 12 €, April bis Ende Okt. geöffnet. Località Barbarossa, 57036 Porto Azzurro, ✆/℻ 0565/958032, www.damario.it. Zum Platz gehören auch einige relativ neue **Appartements** oberhalb am Hang.

** **Camping Arrighi**, gleich daneben, etwas "ordentlicher" als Da Mario – der Platz ist gut in Schuss. Empfehlenswertes Ristorante, Strandbar, netter Service. Etwas teurer als nebenan: Pro Person 10,80 €, Zelt

8,50–14 €, Auto 2,50 €, Wohnwagen/Wohnmobil 14 €. Es werden auch einige Appartements für 2–4 Pers. (65–100 €), Bungalows für 3–5 Personen (um 100 €) und Wohnmobile (2–4 Personen, 45–65 €) vermietet, die man für die Hochsaison allerdings frühzeitig reservieren sollte. Ganzjährig geöffnet. Loc. Barbarossa, 57036 Porto Azzurro, ✆ 0565/95568, ✆ 0565/957822, www.campingarrighi.it, arrighelba@elbalink.it.

Camping Gabbiano, 400 m vom Meer. Klein, bescheiden, schattig, der günstigste Platz in der Barbarossa-Bucht: pro Person 9 €, Zelt 8,50–10,50 €, Auto 2 €, Wohnwagen/Wohnmobil 11 €. Ein echter Tipp fürs kleinere Budget ist die angeschlossene **Pension Barbarossa**: 18 frisch renovierte Zimmer mit Bad und TV, in der Hochsaison mit obligatorischer Halbpension 92 € (für das DZ), außerhalb der Monate Juli/August schon für 45 € zu haben (mit Frühstück 52 €), bei diesen Preisen oft ausgebucht, daher frühzeitig reservieren! Zu Camping und Pension gehört ein nettes Terrassenrestaurant, auch Bar. Geöffnet 1.4.–30.9. Loc. Barbarossa, 57036 Porto Azzurro, ✆ 0565/95087 oder 0565/95692.

• *Wassersport* Die **Surfschule** neben dem Camping Barbarossa wird von einem ehemaligen italienischen Vizemeister geleitet, hier auch Brettverleih, außerdem Tretboote, Kanus, Sonnenschirme und Liegestühle (✆ 338/8999004).

Deutsches **Tauchzentrum Omnisub** unter der Leitung von Markus Schempp in der Bucht von Barbarossa. Schnuppertauchgang 35 €, Grundkurs (Basic Diver) 205 €, CMAS-Zertifikat 345 €, der Einzeltauchgang kostet hier 28 €, für 6 Tauchgänge zahlt man 165 €. Sehr kundige und sympathische Leitung, geöffnet von April bis Ende Oktober. Loc. Barbarossa 23, 57036 Porto Azzurro, ✆ 0565/95628, ✆ 0565/958262, mobil unter 335/5735536, www.omnisub.com.

▸ **Reale-Bucht**: Etwas weiter östlich von der Barbarossa-Bucht gelegen, drei Kilometer von Porto Azzurro entfernt. Ruhiger, aber auch weniger attraktiv. Strand mit kleinen Kieselsteinen, Felsen zu beiden Seiten. Sonnenschirm- und Liegestuhlverleih sowie Surfbrett-, Tretboot- und Kajakverleih.

• *Übernachten* *** **Residence Capo Bianco**, am Hang südlich oberhalb des Strandes, unser **Tipp!** Die wunderschöne und sehr gepflegte Anlage thront hoch über dem Meer, traumhafter Blick, sattgrüne Liegewiese unter schattigen Pinien und ein ebenso traumhafter Pool. Selfservice-Bar für die Gäste, Barbecue, die herrliche Lage tröstet darüber hinweg, dass die Appartements (alle mit Terrasse/Balkon zumeist zum Meer hin, Bad, TV, Küchenecke) nicht allzu groß sind. Sehr freundliche und um das Wohl der Gäste bemühte Besitzerin, 2er-Appartement 850 € pro Woche, 4er 1000 €, 6er 1070–1250 €, außerhalb der Hochsaison deutlich günstiger (bis zu 50 %) und auch tageweise zu buchen (mind. 3–4 Tage). Fußweg zum Strand. Geöffnet 1.3.–31.10. Loc. Reale, 57036 Porto Azzurro, ✆/✆ 0565/957781, www.capobianco.isoladelba.it. Anfahrt: Von der Straße zur Reale-Bucht geht es rechts ab den Berg hinauf, beschildert.

• *Camping* **Reale**, netter, kleiner, schattiger Campingplatz im Grünen, mit Palmen und Eukalyptusbäumen, direkt am Strand, Bar, Ristorante, Mini-Market. Pro Person 10 €, Zelt 7,50–14 €, Auto 3 €, Wohnwagen 11 €, Wohnmobil 14 €. Zum Camping gehören auch einige Appartements mit Bad und Kochnische, Appartements für 2 Personen 550 € pro Woche, für 4 Personen 800 €. Geöffnet Mitte April bis Mitte Oktober (die Appartements ganzjährig). Loc. Reale, 57036 Porto Azzurro, ✆ 0565/95678, ✆ 0565/920127, www.isolaelbacampingreale.com.

• *Tauchen* **Orso Reale Diving**, das CMAS/PADI-Resort (Resort-Nr. 9968) von Giorgio Hinoran, einem ehemaligen Werbefotografen, ist die zweitälteste Tauchschule der Insel. 2x tägl. Exkursionen, Einzeltauchgang 30 €, 6 Tauchgänge 160 €, Einführungskurs (Discover Scuba DSD) 80 €, Open Water Diver 290 €. Auch Fortgeschrittenenkurse (Divemaster 500 €), Füllstation, Ausrüstungsverleih. Sehr sympathische Leitung, für Anfänger empfehlenswerte Schule, die von Ostern bis Mitte November geöffnet ist. Die Schule befindet sich auf dem Gelände des Campings Reale. Loc. Reale, 57036 Porto Azzurro, ✆/✆ 0565/95158, mobil: 347/8920667, www.orsorealediving.it.

▸ **Laghetto di Terranera**: Geht man vom Camping Reale in nordöstliche Richtung den Strand entlang, kommt man zu der ehemaligen Mine *Miniera Terra Nera* (siehe aber Hinweis weiter unten im Text). Tolle Farbpalette: schwarzer, glitzernder Sand auf roter Erde, dazu die Grüntöne der Pinien und des Schilfs! An der Mine vorbei in der nächsten Bucht liegt der ovale Süßwassersee Laghetto di Terranera, nur durch einen schmalen Strandstreifen vom Meer getrennt. Das schwefelhaltige Wasser ist giftgrün, das Baden ist in dem kleinen See strikt verboten. In der Bucht laden neben zwei kaum besuchten Stränden außerdem Felsen zum Sonnenbad ein.

Dahinter, in den Bergen, stehen die halbverfallenen Häuser der abgewanderten, weil arbeitslos gewordenen Bergarbeiter. In den alten Stollen ringsum fand man zahlreiche der schillernden Gesteine der Insel (Hämatit, Pyrit und z. T. auch Magnetit).

• *Hinweis* Der Zugang über den Pfad von der Reale-Bucht zum Laghetto di Terranera ist eigentlich verboten, da das heute staatliche Gebiet der alten Mine hier wegen Einsturzgefahr gesperrt ist. Als einzig legaler Weg zur Bucht mit ihrem grünen See bleibt somit der Zugang von der Meerseite. Nur so viel: Die zahlreichen Verbotsschilder werden von den Badegästen seit Jahren mit aller Konsequenz ignoriert, Erfahrungsberichte über eventuelle Kontrollen liegen uns nicht vor.

Die Halbinsel Calamita

Südlich der tief eingeschnittenen Mola-Bucht liegt die Halbinsel, deren höchste Erhebung bis auf 413 m ansteigt – der Monte Calamita, was nichts anderes heißt als Magnetberg.

Durch die Magnetitvorkommen im Inneren des Berges herrscht hier ein magnetisches Feld, das schon so manche Kompassnadel auf vorbeifahrenden Schiffen in Aufruhr versetzt haben soll. Die Bewohner dieses südlichsten Teils der Insel hatten jahrhundertelang ihr Auskommen durch das Eisenerz. Noch sehr gut erkennt man

Die rote, eisenhaltige Erde am Monte Calamita

das an der Südseite der Halbinsel, hier wurde die Erde aufgebrochen und in Stufen abgetragenen; noch immer ist der Boden durch den Eisengehalt rot verfärbt, und noch immer sind die verlassenen Industrieanlagen zu sehen.

An der Ostseite von Calamita findet man einige Waldgebiete, der Süden der Halbinsel mit seiner unberührten *Costa dei Gabbiani* ("Möwenküste") gehört zum *Parco Nazionale dell'Arcipelago Toscano.* Eine Fahrradtour oder Wanderung um die Halbinsel lohnt auf jeden Fall, Schatten ist allerdings Mangelware, und aufgrund der relativ langen Strecke kann es auch durchaus anstrengend werden. Entschädigung für diese Mühen bieten immer wieder herrliche Ausblicke und einsame kleine Kiesbuchten v. a. an der Ostseite der Halbinsel.

Schöne Badebuchten finden sich hauptsächlich an der Westseite der ansonsten kaum zugänglichen Küste der Halbinsel und im Nordosten. Der einzige größere Ort ist das auf einem Plateau gelegene *Capoliveri,* dessen Bewohner sich – der Geschichte und zahlreichen Geschichten nach zu urteilen – im Lauf der Jahrhunderte als die freiheitsliebendsten und unbeugsamsten der ganzen Insel erwiesen haben.

Capoliveri

Das malerische Bergdorf thront weithin sichtbar in traumhafter Lage auf einer lang gezogenen Terrasse 167 m hoch über dem Meer. Nicht minder malerisch das Zentrum mit seinen äußerst engen, oft durch steile Treppen miteinander verbundenen Gassen und der Piazza Matteotti, der guten Stube des Dorfs mit herrlichem Blick auf die Umgebung.

Capoliveri zählt jährlich etwa 800.000 Besucher, und das bei gerade mal 2600 Einwohnern. Auch wenn es alles andere als ein Geheimtipp ist, wirkt das Bergdorf beim abendlichen Spaziergang durch die Gassen trotz zahlreicher Souvenirshops sehr idyllisch. Viele schicke Restaurants und Cafés laden an der *Piazza Matteotti* und um die *Via Roma,* die "Hauptstraße" des Orts, zum Bleiben ein. In Capoliveri herrscht nobler Tourismus, viele Ausländer und Römer haben sich hier ein Haus zugelegt, fast 50 % dieser "Ferienhäuser" befinden sich in deutschem Besitz.

Im Kern bestand der Ort einst aus ca. 20 Häusern mit dazugehörigem Grundstück. Über Generationen wurde an die jeweiligen Elternhäuser angebaut. So entstanden die winklig ineinander verschachtelten Häuser und *Vicoli* (Treppengässchen), die den Charme Capoliveris ausmachen.

Die *Piazza Matteotti* soll übrigens unterkellert sein. An dem Platz stand ursprünglich eine Kirche, von deren Kellergewölben aus unterirdische Fluchtwege zum Meer führten. Sie sollen noch gut erhalten sein, doch wurden die Eingänge zugemauert. Die Bewohner von Capoliveri waren seit jeher für ihre Unbeugsamkeit gegenüber der Obrigkeit bekannt, doch gingen sie auch nicht gerade zimperlich miteinander um: Die berüchtigte *Vendetta,* die Blutrache, war einst auch hier üblich.

Mit Übernachtungsmöglichkeiten ist Capoliveri nicht gerade reich gesegnet, es gibt kein Hotel direkt im Zentrum, und auch in der näheren Umgebung sieht es eher dünn aus. Zahlreiche Unterkünfte finden sich allerdings in den Buchten der Umgebung.

Geschichtliches

Capoliveri ist einer der ältesten Orte Elbas. Das strategisch so günstig gelegene Gebiet mit hervorragendem Ausblick wurde bereits von den Etruskern besiedelt. Es ist jedoch nicht auszuschließen, dass hier die Phönizier auf ihrer Schifffahrtsroute in

Richtung Westen schon vorher einen Stützpunkt eingerichtet hatten. Der Name Capoliveri ist jedenfalls lateinischen Ursprungs – "Caput Liberum" –, und hier werden zwei mögliche Lesarten angegeben: zum einen als "Stadt der Freien", denn Capoliveri war einst ein Verbannungsort römischer Schuldner und Gesetzesbrecher, die sich allerdings innerhalb der Mauern frei bewegen durften. Zum anderen als "Stadt des Libero", der identisch mit dem römischen Weingott Bacchus war, und für seinen Wein war Caput Liberum bereits in der Antike berühmt.

Im 12. Jh. errichteten die Pisaner hohe Schutzmauern um das alte Bergdorf, um so der Piraten, die den Ort schon seit dem 10. Jh. immer wieder heimgesucht hatten, Herr zu werden. Im 16. Jh. verwüstete *Barbarossa* den Ort, und während des Spanischen Erbfolgekrieg knapp zwei Jahrhunderte später, im Jahr 1708, waren es die spanischen Bourbonen, die Capoliveri auf der Seite der verfeindeten Habsburger aus Wien vermuteten und die mittelalterlichen Stadtmauern dem Erdboden gleichmachten. Zu dieser Zeit war Capoliveri an das benachbarte *Porto Longone* (Porto Azzurro) angeschlossen, das kurzzeitig ebenfalls zu Österreich gehörte. Als die Insel 1802 an Frankreich ging, mussten sich auch die Capoliveresen wohl oder übel beugen.

Gelebt hatten die Bewohner des Dorfes seit jeher vom Abbau des Eisenerzes und vom Weinbau. Erste Abwanderungstendenzen – v. a. nach Südamerika – gab es zur Zeit der großen Reblausplage Ende des 19. Jh. Nach dem 2. Weltkrieg und der Schließung der Industrieanlagen von Portoferraio wanderten viele Capoliveresen nach Australien aus. Als in den 70er Jahren des 20. Jh. auch die Minen bei Calamita geschlossen wurden, setzte wie in anderen Inseldörfern auch der Wandel ein: Aus dem Bergarbeiterdorf wurde eines der beliebtesten Urlaubszentren der Insel.

Information/Verbindungen/Parken

• *Information/Reisebüro* Ein **Stadtplan** auf Kacheln befindet sich neben der Bar La Fortezza an der Piazza Matteotti.

Reisebüro Della Lucia, gute Anlaufstelle in Capoliveri, Fährtickets, Bootstrips, Geldwechsel, Hotel- und Ferienwohnungsvermittlung – hier ist auch die *Residence Arcobaleno* in der Via Italia, eine der wenigen einigermaßen zentralen Unterkünfte in Capoliveri, zu buchen. Auf Anfrage werden auch Kataloge der Ferienwohnungen (die meisten nahe Capoliveri) zugeschickt. Mo–Sa 9–12.30 Uhr und 15.30–19 Uhr geöffnet. Via Mellini 9, 57031 Capoliveri, ✆ 0565/935117, ✆ 0565/935184.

Reisebüro Pianeta Elba, ähnliches Angebot wie Della Lucia: Vermittlung von Appartements und Häusern, Auto-, Motorrad- und Bootsverleih, Inselrundfahrten, Flugtickets und Tourist-Info (Auskünfte auch auf Deutsch). Via Roma 93, 57031 Capoliveri, ✆ 0565/935482, ✆ 0565/935421, mobil 347/9480271, www.pianetaelba.it.

• *Verbindungen* **Busse**, 7x tägl. über Porto Azzurro, Rio nell'Elba und Rio Marina nach Cavo, 10x nach Portoferraio, davon 2x mit Umsteigen an der Abzweigung zur Hauptstraße Portoferraio – Porto Azzurro und 2x Umsteigen in Porto Azzurro. Abfahrt der Busse am Rathaus (Piazza del Cavatore), Tickets bei der Tabaccheria.

Strandbus, im Sommer gibt es vom Zentrum aus einen Shuttle-Service zu den umliegenden Stränden: etwa stündlich nach Naregno, zur Lido-Bucht, nach Morcone, Pareti und Innamorata, 4x am Tag auch Verbindungen nach Lacona, Madonna delle Grazie und Straccoligno. Rückfahrten bis spät abends, günstig: hin und zurück 1 €.

• *Parken* Einige größere und kostenlose Parkplätze am Ortsrand (zumeist ein Stück zu laufen). Das Zentrum ist autofrei bzw. Fahrzeugen mit Sondergenehmigung vorbehalten. Einigermaßen zentrumsnah parkt man in der Via Italia.

Adressen/Mietfahrzeuge/Einkaufen/Feste & Veranstaltungen

• *Adressen* **1. Hilfe**, in der Hochsaison (Juli/August) Guardia Medica in der Grundschule, Sprechzeiten tägl. 9–13 Uhr und 16–20 Uhr, ✆ 0565/935070. Außerhalb der Hochsaison wenden Sie sich am besten an die Pubblica Assistenza nahe dem Rathaus (Piazza del Cavatore/Anfang Via Italia).

Bank, zahlreiche Banken im Zentrum (z. B. Piazza Garibaldi), alle mit Bancomat.

• *Autos/Taxis* **Autonoleggio Roberto**, Via Menotti 6 (neben dem Ristorante La Soprana). Sehr günstig: Kleinwagen ab 35 € pro Tag (215 €/Woche), ✆ 0565/968533 oder (besser zu erreichen) mobil 335/5437706. Unter den gleichen Nummern kann man auch ein Taxi bestellen.

• *Zweiräder* Unter anderem bei **Rent Colombi** an der Shell-Tankstelle (Via V. Veneto). Scooter (50 ccm) für 1 Person ab ca. 20 € pro Tag, 80 ccm für 2 Personen ab 30 €. Tägl. 8–13 Uhr und 16–20 Uhr, ✆ 0565/968698 oder 347/1883650.

BW's Rent, Via Mazzini 7, im Zentrum neben dem COOP (bei der Piazza Garibaldi). Mountainbike (Scott) 12 €/Tag, 50-ccm-Scooter 35 €/Tag (170 €/Woche), 125-ccm-Scooter 45 € am Tag (235 €/Woche), Enduro 70 €/Tag, Kleinwagen ab 55 €. Im Sommer täglich 9.30–13 Uhr und 17–21 Uhr geöffnet, ✆ 0565/935287 oder mobil 348/2290707.

• *Einkaufen* **Markttag** ist der Donnerstag (Piazza Garibaldi).

Wer in Capoliveri durch die Gassen schlendert – v. a. durch die Via Roma und die Via Corsi –, stößt auf zahlreiche Bekleidungs- und Sportgeschäfte, kleine Galerien, Schmuckgeschäfte und natürlich Souvenirshops. Die Auswahl ist riesig, das Preisniveau relativ hoch.

• *Feste & Veranstaltungen* Ende Mai feiert man in Capoliveri die **Festa del Cavatore**, das Fest der Minenarbeiter.

Festa dell'uva: Das traditionelle Fest der vier Stadtteile *Il Baluardo, La Torre, Il Fosso* und *La Fortezza* wird am letzten Sonntag im September veranstaltet.

Im Sommer finden auf der Piazza Matteotti zahlreiche kulturelle **Veranstaltungen** statt: Jazz, Cover-Bands, Theater, Kabarett, Musicals, Tanz etc. Programme liegen überall im Ort aus, der Eintritt ist frei!

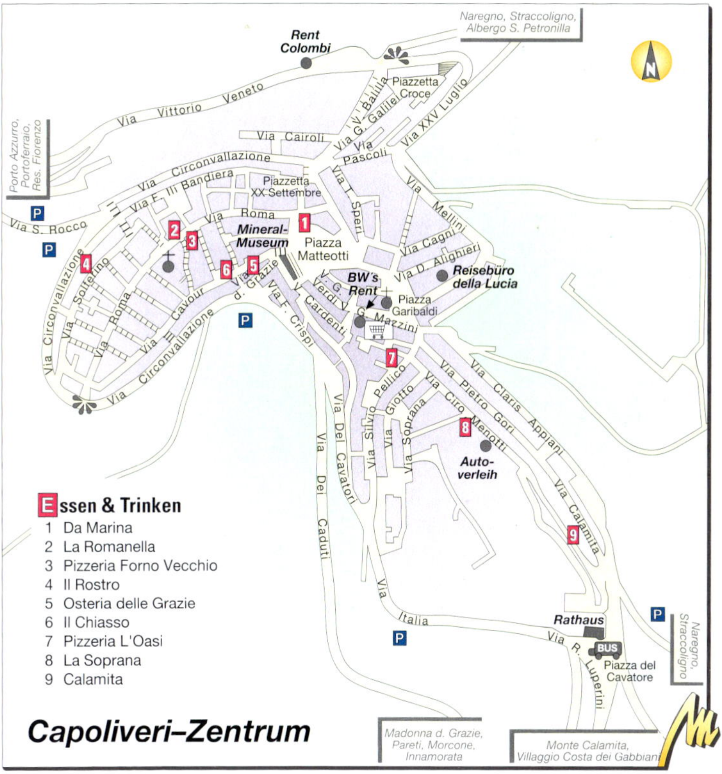

Übernachten

Nur wenige Möglichkeiten in der unmittelbaren Umgebung von Capoliveri, und wenn, dann hauptsächlich Appartements. Viele Gäste reservieren sich ihre "Stammwohnung" bereits bei Abreise für das nächste Jahr – wegen der beschränkten Kapazitäten daher unbedingt frühzeitig buchen!

*** **Residence Fiorenzo**, eine Warnung vorneweg: Im August hat man hier keine Chance, es ist hoffnungslos ausgebucht. Kleines, gepflegtes Anwesen mit nur 12 Appartements in erhöhter Lage. 2er-Appartement mit Kochnische, Bad und herrlicher Terrasse ca. 800 € pro Woche, für 4 Personen um 1100 €, 6er-Appartement ca. 1200 €. Nur wochenweise zu buchen. An der Zufahrtsstraße nach Capoliveri links ab, beschildert, 2 km vom Ort. ✆/℻ 0565/968631, mobil unter 347/5224252.

*** **Residenze Le Grazie Est**, ebenfalls sehr gepflegte Ferienanlage mit Bar, Tennisplatz und Pool (auf der anderen Straßenseite). Ziemlich ruhig, wer sich hier einmietet, sollte ein Auto dabeihaben. 2er-Appartement mit Küche, Bad und Terrasse 790 € (Wochenpreis), 4er-Appartement um 1200 € pro Woche. An der Straße zur Kirche Madonna delle Grazie auf der linken Seite, ganzjährig geöffnet. Loc. Madonna delle Grazie, ✆ 0565/935161 oder 0565/939129, ℻ 0565/935161, www.legrazieest.com.

Empfehlenswert auch das **Albergo Santa Petronilla** mit gleichnamigem Ristorante. Nur wenige gepflegte und moderne Zimmer und Appartements mit Bad, TV, Kühlschrank, Appartements außerdem mit Kochzeile. DZ mit Frühstück 93 €, keine EZ, es werden auch Appartements für 2 Personen

Die Halbinsel Calamita
Karte S. 147

angeboten (im August nur wochenweise). Ganzjährig geöffnet, ✆ 0565/968351. Von der Shell-Tankstelle in Capoliveri (Via V. Veneto) die Straße Richtung Naregno/Straccoligno nehmen, kurz darauf rechts ab, beschildert. Weitere Übernachtungsmöglichkeiten und **Camping** in der Gegend → "Baden in der Umgebung von Capoliveri".

Essen & Trinken/Nachtleben (siehe Karte S. 149)

Da Marina (1), Via della Fortezza 1. Hier sitzt man wahrhaftig im Herzen von Capoliveri. Genau an dieser Stelle befand sich die im Mittelalter erbaute *Fortezza* mit ihren vier Wachtürmen. Heute spannt sich zwischen den Überresten der Festungsmauern die Terrasse des Restaurants. Spezialität sind Fischgerichte und Filets vom Holzkohlengrill. Obere Preisklasse, zuvorkommender Service, mittags und abends geöffnet, ✆/✆ 0565/935022.

Osteria delle Grazie (5), in der Via delle Grazie, von der Piazza Matteotti die Treppen runter, ausgeschildert. Leckere Pasta (v. a. mit Meeresfrüchten). Zuvorkommender Service, sehr gemütlich zum Sitzen auf der Treppe in einer schmalen Gasse. Nur abends geöffnet. ✆ 0565/968044.

Il Chiasso (6), gleich um die Ecke von obiger Osteria in der Via Cavour 32–34. Ebenfalls schön gelegen auf einer Minipiazza zwischen den Gässchen. Neben dem üblichen Angebot auch ausgefallenere Gerichte zu angemessenen Preisen (z. B. gefülltes Kaninchen für 13 €), ab 19.30 Uhr geöffnet, ✆ 0565/968709, mobil 335/332634.

Pizzeria Forno Vecchio (3), Vicolo Galliano (eines der Seitengässchen links der Hauptstraße). Ein klitzekleiner Familienbetrieb, nur wenige Tische. Freundliche Bedienung, saftige Pizzen und recht günstig. Abends geöffnet, in der Hochsaison manchmal auch mittags. ✆ 328/0726599 (mobil).

Il Rostro (4), Via Circonvallazione 65 (Umgehungsstraße), abseits vom großen Rummel, gepflegtes Ambiente, leider ohne Terrasse. Ausgezeichnete Küche zu akzeptablen Preisen, Veronelli-Empfehlung von 2002. Nur abends geöffnet, Reservierung empfehlenswert, ✆ 0565/968092.

La Soprana (8), abseits vom Rummel in der etwas ruhigeren Via Menotti gelegen, gepflegtes Ristorante der leicht gehobenen Preisklasse, nur abends geöffnet. ✆ 0565/935346.

Pizzeria L'Oasi (7), Via S. Pellico 4, nahe der Piazza Garibaldi im Zentrum. Gemütliche kleine Pizzeria mit Orangenbaum im Innenhof, bodenständig und normal, hebt sich angenehm von der schicken Umgebung ab, zudem ausgesprochen günstig: Pizza ab 5 €, Primi ca. 6 €. Bei Touristen sehr beliebt und bestens besucht, nur abends geöffnet, ✆ 0565/968841.

Calamita (9), bodenständiges und einfaches Speiselokal abseits des großen Rummels in der Via Calamita, günstige Fischgerichte und Meeresfrüchte (gegrillte Riesengarnelen bereits für 11 €), nur abends geöffnet, ✆ 0565/935197.

La Romanella (2), unser **Tipp!** Kleines Restaurant mit nicht allzu vielen Tischen auf der Via Roma, sehr sympathischer Familienbetrieb, unkonventioneller Service, bodenständige, dabei aber exzellente Küche, ziemlich große Portionen und das Ganze sehr günstig. Via Roma 42, ✆ 333/662081.

In der *Via Roma*, der Hauptstraße mit ihren zahlreichen Andenkenläden, finden sich außerdem mehrere **Imbisse**. Günstige Pizza vom Blech, Softdrinks etc., die preisgünstige Alternative zu den vielen Restaurants.

Santa Petronilla, etwas unterhalb der Stadt und ruhig gelegen. Leichte, perfekt zubereitete Kost. Spezialitäten sind: als Vorspeise Carpaccio, als Hauptgericht z. B. geschnetzelte Kalbsleber oder auch Fisch vom Grill. Von der überdachten Terrasse freier Blick auf die Mola-Bucht, Porto Azzurro und die Bucht von Naregno. Nur abends geöffnet, Anfahrt s. unter "Übernachten", S. 149.

• *Essen/Außerhalb* **Mickey Mouse**, an der Straße nach Porto Azzurro, die Hinweistafel mit der berühmten Figur ist kaum zu übersehen – bei der Weggabelung rechts und dann rechts auf den Parkplatz. Etwas versteckte, aber idyllische Lage im Grünen, gemütliche Terrasse mit Meeresblick. Bei der Einrichtung steht alles im Zeichen der Maus, v. a. die Kinder vieler Leser waren begeistert von dem Restaurant. Mittleres Preisniveau (Fischgerichte ca. 13 €, Fleisch 8–9 €), netter Service, nur abends geöffnet. ✆ 0565/967020.

Capoliveri – Piazza Matteotti

- *Nachtleben* Musikclub **Sugar Reef**, knapp 1 km außerhalb an der Straße nach Morcone. Seit vielen Jahren eine Garantie für gute Abendunterhaltung. Breites Programm, während der Saison täglich Livebands, bei größeren Auftritten ca. 5 € Eintritt, ansonsten frei. Wem es im Sugar Reef zu langweilig wird, kann in die **Discoteca L'Ophir** nebenan gehen.

Nr. 1 im Nachtleben der Insel ist mittlerweile die brasilianische Disco **Morumbi**, die unterhalb von Capoliveri nahe der Straße nach Portoferraio liegt (Näheres unter Porto Azzurro, S. 190).

Sehenswertes in und um Capoliveri

In erster Linie bezaubert natürlich der Ort selbst. Beim Spaziergang durch die engen Gassen öffnen sich immer wieder herrliche Ausblicke auf die Landschaft der Calamita-Halbinsel und das Meer. Vielleicht eines der schönsten Sträßchen von Capoliveri ist die **Via Solferino** (parallel zur Via Roma), die sich vom Tourismus noch immer völlig unbeeindruckt zeigt und ein Stück des alten Capoliveri verkörpert. In der Via Roma findet sich mit der **Chiesa San Michele** die älteste Kirche des Ortes(12./13. Jh.). Sie wurde im Stil der pisanischen Romanik gebaut und war ehemals eine der wichtigsten Kirchen der Insel. Nach vielen Umbauten ist vom ursprünglichen Bau außer der Apsis und einigen Mauern nichts mehr erhalten. Papst *Gregor XI.* soll in San Michele eine Messe gelesen haben, als er auf seinem Weg von Rom nach Avignon wegen eines Unwetters auf der Insel Halt machen musste.

Geht man die Via Roma von der Piazza Matteotti bis ganz zum Ende durch, gelangt man zur **Piazzetta Belvedere** bzw. **Piazza G. Marconi** mit wunderbarem Ausblick. Hier hat sich auch der zeitgenössische elbanische Künstler Italo Bolano mit einer Skulptur und einer Wandkeramik verewigt. Auch die unterhalb verlaufende (allerdings nicht autofreie) Via Circonvallazione lädt dank der herrlichen Aussicht zu einem kleinen Spaziergang ein und rundet die Ortserkundung im wahrsten Sinne des Wortes ab.

Madonna delle Grazie

Museo Minerali Elbani Collezione "Alfeo Ricci": Die Stadt Capoliveri und Gianfranco Ricci (Erbe des Mineraliensammlers Alfeo Ricci) haben sich zusammengetan, um mit dieser Ausstellung die Arbeit Alfeo Riccis fortzuführen (s. auch S. 129). Das im Sommer 2002 eingeweihte Museum befindet sich unterhalb der Piazza Matteotti in der ehemaligen Zisterne des Ortes. Die Sammlung dokumentiert die komplette Vielfalt der auf Elba vorkommenden Mineralien und weist einige besonders schöne Exemplare auf.

• *Öffnungszeiten/Eintritt* 15. April bis 7. Juni und 8. September bis 31. Oktober 10–13 Uhr und 16–20 Uhr, Dienstagvormittag und Donnerstagnachmittag geschlossen; 8. Juni bis 7. September 10.30–12.30 Uhr und 19–24 Uhr, Dienstagvormittag geschlossen. Eintritt 2 €, ermäßigt 1 €. Via Palestro, ✆ 0565/935492 und 0565/967611.

Madonna delle Grazie: Die kleine Wallfahrtskirche aus dem 16. Jh. liegt westlich von Capoliveri fast am Meer. Von außen eher unscheinbar, beeindruckt das Gotteshaus im Inneren mit einer schönen Decken- und Wandbemalung sowie einem eindrucksvollen Marmoraltar. In dessen Zentrum prangt das Ölgemälde einer Madonna mit Kind, von dem man annimmt, dass es von einem Schüler Michelangelos als Kopie eines Marienbilds des Meisters entstanden ist. Leider ist die Wallfahrtskirche in der Regel nur zu den Messen geöffnet.

• *Anfahrt/Baden* Von Capoliveri die Straße Richtung Morcone/Innamorata nehmen, nach 800 m rechts ab (beschildert) und 2 km auf der Straße bergab. Die Straße führt weiter zur **Spiaggia delle Grazie**: kleiner, nur mäßig attraktiver Kies-Sand-Strand mit Bar/Ristorante, viel Seetang, wenige Parkplätze. Sonnenschirm- und Liegestuhlverleih, Tretboote.

Baden in der Umgebung von Capoliveri

▸ **Naregno-Bucht**: Auf Luftlinie fast gegenüber von Porto Azzurro gelegen, das im Sommer (3x am Abend, hin und zurück 5 €) von hier aus bequem per Pendelboot erreichbar ist – man spart sich den Umweg entlang der Mola-Bucht. Des Weiteren verkehren in der Hochsaison (Juli/August) etwa stündlich Busse nach Capoliveri. Der einladende, bis zu 20 m breite Kies-Sand-Strand ist zum Großteil für die Hotels in der Bucht reserviert.

Naregno kann für die Lösung des Übernachtungsproblems in Erwägung gezogen werden. Die meisten Hotels bestehen auf der in der Hochsaison üblichen obligato-

Der Strand von Barabarca

rischen Halbpension (allerdings oft preiswert). Ruhige Lage ist gewährleistet. Am Strand gibt es eine italienische Segel- und Surfschule.

• *Übernachten* *** **Le Acacie**, das 94-Zimmer-Hotel liegt etwas zurückversetzt vom Strand und ist auch bei Pauschaltouristen beliebt. Mit Pool und Tennisplatz, alle Zimmer mit Bad und Balkon, ruhige Lage, DZ mit obligatorischer Halbpension ca. 200 €, EZ 150 €, es werden auch einige Appartements (2–5 Personen) angeboten: Die Preise liegen hier je nach Größe bei 165–225 € am Tag, in der Hochsaison nur wochenweise Buchung möglich. Ende April bis Anfang Oktober geöffnet. Loc. Naregno, 57031 Capoliveri, ✆ 0565/966111, ℻ 0565/967062, www.acacie.it.

*** **Frank's**, nettes Strandhotel mit Tennisplatz und Ristorante/Pizzeria, sehr freundlicher und hilfsbereiter Service. Recht komfortable Zimmer mit Bad, die meisten auch mit Balkon, DZ mit obligatorischer Halbpension 178–192 €, EZ 110–122 €. Anfang Mai bis Ende September geöffnet. Loc. Naregno, 57031 Capoliveri, ✆ 0565/968144, ℻ 0565/968405, www.frankshotel.com.

** **Villa Rodriguez**, sympathische und dabei recht günstige Familienpension mit 36 Zimmern. Halbpension (DZ 140 €, EZ 80 €) ist in der Hochsaison zwar Pflicht, bei der vorzüglichen Küche aber auch lohnenswert, in der Nebensaison kostet das DZ mit Frühstück 96–116 €. Zimmer im alten Gebäude oder in einem neueren Bau dahinter (große Balkons). Gemütlicher Garten mit Palme, hoteleigener Strand, netter Service. Geöffnet Ostern bis Anfang Oktober. Loc. Naregno, 57031 Capoliveri, ✆ 0565/968423 oder 0565/968947, ℻ 0565/935024, www.villarodriguez.it.

• *Wassersport* **Centro Velico Naregno**, im hinteren Bereich des Strands. Segelkurse ab 245 €, Surfkurse 93–130 €, jeweils pro Woche. Tauchschule angeschlossen, außerdem Bootsverleih ab 50 € pro Tag (15 PS). Geöffnet Ende März bis Ende September, ✆ 0565/968764, ℻ 0565/935805, www.centroveliconaregno.it.

▶ **Punta Perla** und **Capo Straccoligno** (3,5 km östlich von Capoliveri): Die *Punta Perla* selbst ist mehr oder weniger in Privatbesitz, am schroffen Kap gibt es keine Bademöglichkeit. Eine Fahrstraße führt zum **Forte Focardo,** der sternförmig ummauerten spanischen Festung, die 1678 als Gegenstück zum *Forte Longone* von Porto Azzurro errichtet wurde. Die Anlage ist seit 1863 im Besitz der italienischen

Karte S. 147

Marine, aus dem gleichen Jahr stammt auch der Leuchtturm der Festung (nicht zugänglich). Von der Festung führt linker Hand ein Pfad hinunter zur Naregno-Bucht. Südlich schließt eine kleine Sand-Kies-Bucht mit Pizzeria an (Zufahrt Richtung Capo Straccoligno, dann rechts ab, beschildert), die wesentlich hübscher ist als der benachbarte Naregno-Strand gegenüber von Porto Azzurro. An der **Spiaggia Straccoligno** Tretbootverleih, Sonnenschirme und Liegestühle. Fährt man bei der Abzweigung zum Strand geradeaus weiter, gelangt man zum südlich benachbarten **Calanuova-Strand** mit gleichnamigem Ristorante. Sehr ruhige kleine Kiesbucht mit Bootssteg und schönem Blick aufs *Forte Focardo.*

▸ **Zuccale- und Barabarca-Bucht**: Die beiden benachbarten Strände liegen etwa drei Kilometer westlich von Capoliveri (von der Zufahrtsstraße zum Ort rechts ab, beschildert). Zwei hübsche, durch Felsen getrennte Buchten (Sand und feiner Kies), die nur zu Fuß zu erreichen sind, wobei die kleinere, sandige Zuccale-Bucht dank der schönen Lage zwischen Felsen sicher die attraktivere der beiden ist. Fast am Ende der Schotterpiste auf der rechten Seite befindet sich ein bewachter Parkplatz (in der Hochsaison gebührenpflichtig, 2 €/Tag), von dem aus man hinunter zum Zuccale-Strand gelangt (mit Strandbar, bei der man sich auch Boote, Sonnenschirme und Liegestühle ausleihen kann). Etwas weiter die Schotterstraße entlang erreicht man einen kleineren Parkplatz auf der linken Seite. Von hier aus geht es linker Hand auf einem Fußweg (ca. 5 Min.) zur Barabarca-Bucht: feiner Kies, am Strand Sonnenschirm- und Liegestuhl-, Tretboot- und Surfbrettverleih.

▸ **Morcone-Bucht**: Etwa drei Kilometer südwestlich von Capoliveri. Reizvolle kleine Bucht mit Sandstrand. Einige dezente italienische Residenz-Hotels (nur wochenweise buchbar) am Hang, am Strand gemütliche Ristoranti und Bars, entspannte Atmosphäre. Idealer Platz, um Stranderholung mit sportlicher Aktivität zu kombinieren: In der Bucht gibt es eine deutschsprachige Surfschule und die Tauchschule "Aquanautic-Elba.de". Schöner Campingplatz.

• *Verbindungen* Im Sommer pendelt der Strandbus ca. stündlich zwischen Capoliveri und Morcone.

• *Übernachten* ** **Camping Croce del Sud**, bestens gepflegtes kleines Areal, viel Grün, mit Mini-Market und Bar, ca. 100 m vom Strand, netter und deutschsprachiger Service. Pro Person 10,50 €, Wohnwagen und Zelt je 10 €, Wohnmobil 12 €, Auto 2,60 €. Geöffnet 1.4.–31.10. Loc. Morcone, 57031 Capoliveri, ✆/℻ 0565/968640.

Tipp! ** Albergo La Scogliera, an der Zufahrtsstraße nach Morcone auf der linken Seite, nicht zu übersehen. Frau Kaufmann, eine gebürtige Deutsche, die seit 40 Jahren auf Elba wohnt und das Hotel gemeinsam mit ihrem Sohn leitet, braucht keine Reklame. Sie zählt auf ihre Stammkundschaft und ist oft langfristig ausgebucht (man sollte bereits im Februar für August reservieren). Gemütliche Zimmer, das DZ mit Bad, Kühlschrank, Terrasse oder Balkon mit Meeresblick kostet 88 €, das EZ 45 €, das Dreier 107 € (jeweils inkl. Frühstück), es werden auch einige Appartements angeboten: für 2 Pers. 80 €/Tag, für 3 Pers. 89–96 €, für 4 Pers. 104 € – für Elba geradezu günstig. Treppen zum hoteleigenen Sandstrand. Anfang Juni bis Mitte/Ende September geöffnet. Loc. Morcone, 57031 Capoliveri, ✆ 0565/968424 oder 0565/968205, ℻ 0565/935204, www.lascogliera.com.

• *Wassersport* **Surf & Fun**, Surfschule von Max Geri am Strand von Morcone, F2-Boards- und Neil-Pryde-Segel-Testcenter. Der Anfängerkurs kostet ca. 200 € (für 6 Tage), Brettverleih 10–20 €/Std., auch Motorbootverleih (ab 85 €/Tag, 30 PS), Jet-Ski (15 Min. für 25 €) sowie Sonnenschirme und Liegestühle. Anfang Mai bis Mitte Oktober geöffnet, ✆ 0565/968174 oder 339/7787200 (mobil).

Aquanautic-Elba.de, in der deutschsprachigen Tauchschule werden Schnupperkurse (ab 79 €), aber auch höhergradige Kurse angeboten. ✆ 0565/935505 oder 339/6385979 (mobil). Die Internetadresse verrät der Name.

Der Zuccale–Strand bei Capoliveri

▸ **Pareti-Bucht**: Die südliche Nachbarbucht von Morcone, weit weniger reizvoll und recht klein. Sand-Kies-Strand mit Sonnenschirm- und Liegestuhlverleih. Einige wenige Privathäuser am Hang, in der Bucht drei größere Hotels und eine italienische Tauchschule.

• *Verbindungen* Im Sommer ca. stündlich mit dem Strandbus von und nach Capoliveri.

• *Übernachten* *** **Hotel Stella Maris**, schon älterer Bau direkt am Strand, Tennisplatz, überwiegend italienische Badegäste, freundlicher und zuvorkommender Service. DZ mit obligatorischer Halbpension 186–198 €, EZ 134–140 € (Strandservice jeweils inkl.), es werden auch einige Appartements für 2 Personen ab 593 € pro Woche vermietet. Geöffnet April bis Mitte Oktober. Spiaggia di Pareti, 57031 Capoliveri, ✆ 0565/968425, ℻ 0565/968010.

*** **Hotel Dino**, reizvoller als das Stella Maris, oberhalb der Bucht gelegen. Schöne Terrasse über dem Meer, alle Zimmer mit Balkon zur Bucht, Privatstrand. DZ mit obligatorischer Halbpension 172 €, keine EZ, Ostern bis Mitte Oktober geöffnet. Loc. Pareti, 57031 Capoliveri, ✆ 0565/939103, ℻ 0565/968172.

Schließlich gibt es noch die ** **Villa Miramare**, die günstigste Übernachtungsmöglichkeit in Pareti: DZ inkl. obligatorischer Halbpension ab 130 €. Loc. Pareti, 57031 Capoliveri, ✆ 0565/968673, ℻ 0565/939097.

▸ **Innamorata-Bucht**: Neun Kilometer südlich von Capoliveri, herrlich gelegene, beidseitig von Felsen eingerahmte und sehr beliebte Bucht. Der Sand-Kies-Strand erweist sich bei näherer Betrachtung allerdings als etwas ungepflegt – nicht immer 100 % sauber. Die Bucht befindet sich fest in den Händen der großen Appartementanlage "Villaggio Turistico Innamorata", am Strand Surfbrett- und Tretbootverleih. Vorgelagert die **Isole Gemini,** die Inseln der – ungleichen – Zwillinge. Von hier der Beschilderung "Calone/Ripe Alte" folgend, führt die gut befahrbare Schotterstraße oberhalb der Südküste von Calamita zur Ferienanlage "Costa dei Gabbiani". Im Sommer verkehren ca. stündlich Busse zwischen Innamorata und Capoliveri.

Innamorata – die Bucht der Verliebten

Der unglücklich Verliebten, müsste man eigentlich sagen. Die Sage erzählt, dass sich hier am Strand im Jahr 1534 Lorenzo und Maria zum ersten Mal sahen und unsterblich ineinander verliebten. Die Liebe war groß, die elterlichen Familien verfeindet, und an ein Wiedersehen oder gar eine Heirat war nicht zu denken – Romeo und Julia auf Elbanisch. Die Bucht wurde für beide zum heimlichen Treffpunkt, bis am 14. Juli des gleichen Jahres Lorenzo genau an dieser Stelle von Piraten getötet wurde. Maria musste untätig zusehen und sprang daraufhin verzweifelt von einem Felsen ins Meer. Jedes Jahr am Abend des 14. Juli wird dieser tragischen Liebe mit einem großen Fest gedacht: Am mit Fackeln beleuchteten Strand findet eine große Prozession statt, zu deren Abschluss der Sprung vom Felsen nachgespielt wird – ohne echte Verzweiflung und Todesfolge allerdings.

Monte Calamita (413 m)

Der "Magnetberg" hat schon so manchen Yachtbesitzer in Ver(w)irrung gebracht. Sein magnetisches Feld ist so stark, dass Kompassnadeln verrückt spielen, wenn sie die Halbinsel passieren.

Dass sogar Eisennägel aus Schiffskörpern herausgezogen wurden, zählt eher zum Seemannsgarn, doch tatsächlich ereigneten sich vor der hiesigen Küste zahlreiche Havarien.

Im großen Stil wirtschaftlich ausgebeutet wurde der Berg seit 1819, es ist allerdings wahrscheinlich, dass hier bereits die Etrusker und nach ihnen die Römer Eisengru-

Innamorata – die "Bucht der Verliebten"

ben betrieben haben. Die Bergwerke sind zwar längst geschlossen, aber noch immer gedenkt man den *Cavatore*, den "Männern der Ader", wie die Bergarbeiter hier auch genannt werden, und ihrer harten Arbeit jedes Jahr Ende Mai in Capoliveri mit einem großen Fest.

Im Lauf der Zeit wurde der Monte Calamita völlig umgegraben, später hat man das Gebiet z. T. wieder aufgeforstet, aber die Vegetation ist nach wie vor überwiegend karg, im Kontrast mit der rot leuchtenden, aufgerissenen Erde. Lohnenswert kann es sein, auf den Abraumhalden nach den glitzernden Mineralien zu schürfen. Auf Elba finden sich 170 verschiedene Mineralienarten. Gemessen an der Größe der Insel eine geologische Sensation!

Von Capoliveri führt eine breite, gut befahrbare Schotterpiste an der Steilküste entlang. Nach etwa fünf Kilometern erreicht man das längst stillgelegte Erzbergwerk *Miniera di Calamita* nahe der **Punta della Calamita** im Süden der Halbinsel.

Zu einem **Badestrand** führt ca. 200 m nach der Mine rechts eine schmale Straße hinunter. Eine Schranke macht das Passieren mit dem Auto unmöglich. Zu Fuß geht es von hier aus weiter zum zwei Kilometer entfernten Strand.

Achtung Auto- und Motorradfahrer: Eine Rundfahrt mit dem Auto um den Monte Calamita ist nicht möglich, da eine Schranke etwas südlich der Straccoligno-Bucht den Weg versperrt! Auch für größere Motorräder dürfte es schwierig werden, den engen Fußweg neben der Schranke zu passieren.

(Rad-)Wanderung 5: Um den Monte Calamita

Das Gebiet um den Magnetberg eignet sich ausgezeichnet zum Mountainbiken, aber auch für ausgedehnte Wanderungen. Mountainbikes können bei "BW's" in Capoliveri ausgeliehen werden (siehe "Capoliveri/Mietfahrzeuge", S. 148).

Fahrradtouren mit eindrucksvollen Ausblicken führen Sie auf der geschotterten Fahrtstraße rund um den Monte Calamita und durch das Areal der Ferienanlage "Villaggio Costa dei Gabbiani" zur Ostküste der Halbinsel und zur Straccoligno-Bucht hinunter (→ S. 153/154). Von hier auf Asphaltstraße wieder hinauf zum Ausgangspunkt Capoliveri. Eine Alternativroute zweigt kurz nach Capoliveri von der Straße links ab in Richtung hinauf zum Monte Calamita, bleibt aber nördlich davon und führt ebenfalls zur Ferienanlage, von dort dann wieder zur Straccoligno-Bucht. Den gleichen Verlauf haben die Wanderwege Nr. 70 und 82. Wer die Halbinsel erwandern will, sollte früh aufstehen, gut zu Fuß sein (Tageswanderung) und unbedingt die Mittagshitze in der überwiegend baumlosen Gegend meiden. Schatten gibt es erst wieder ab dem oben erwähnten *Villaggio* (mit Restaurant/Bar) und an der Ostseite der Halbinsel. Bademöglichkeiten entweder unterhalb der *Miniera di Calamita* (s. o.) oder in den kleinen Buchten der Ostküste. Der herrliche *Spiaggia di Rimaiolo* zwischen *Punta di Calamita* und *Punta dei Ripalti* ist fast ausschließlich den Gästen der Ferienanlage vorbehalten.

Costa dei Gabbiani (Möwenküste)

Am zwölf Kilometer langen Küstenstreifen liegen in kleinen Buchten zum Teil menschenleere Strände, die den wenigen Feriengästen nur auf Privatwegen zugänglich sind. Traumhaft die steile Felswand an der Punta dei Ripalti: Hier, am südlichsten Zipfel, nisten die Silbermöwen zu Tausenden.

Fährt man von den Minen des Monte Calamita die Schotterstraße noch etwa drei Kilometer weiter, kommt man in das Zentrum des Feriendorfs **Villaggio Costa dei Gabbiani** und zum Naturreservat (gehört zum *Nationalpark Toskanischer Archipel),* das sich bis zum südöstlichen Ende der Insel erstreckt.

Villaggio Costa dei Gabbiani: Die überwiegend italienischen Gäste des Feriendorfes verteilen sich auf die weit verstreut liegenden Gutshöfe, Villen und einige neu errichtete 1- bis 2-stöckige Appartementhäuser (unterschiedliche Bettenzahl und Preiskategorien) sowie das Hotel Villa delle Ripalte. Außerdem bieten sich ein **Restaurant** in einem ehemaligen Weinkeller (Villa delle Ripalte) und eine **Bar** in der Calanuova-Bucht an. Leider gibt es keinen Campingplatz! Die Übernachtungspreise liegen je nach Kategorie bei 136 € für ein DZ (nur Übernachtung) bzw. 198 € (Halbpension), das 2- bis 3-Personen-Appartement in einem der Gutshöfe kostet ab 140 €, in einer der freistehenden Villen zahlt man für die Übernachtung für 4 Personen ab 200 €, für 6 Personen ab 220 €, es gibt auch Villen für 12 Personen (ca. 450 €/Tag). Wer Ruhe und Abgeschiedenheit in gepflegtem Ambiente sucht, ist hier genau richtig. Die Unterkünfte kann man übrigens alle auch im Internet besichtigen. Geöffnet 1.3.–31.10. Villaggio Costa dei Gabbiani, Loc. Tenuta delle Ripalte, 57031 Capoliveri, ✆ 0565/94211, 📠 0565/935233, www.costadeigabbiani.it.

• *Sport* **Reitstunden** und **Ausritte** werden auch für Nicht-Gäste angeboten, eine (Unterrichts-)Stunde kostet 18 €, der halbtägige Ausritt (mit Führung) 48 €, ganztätig 70–80 €. Des Weiteren werden **Mountainbikes** vermietet; umfangreiches Sportangebot mit Tennisplätzen, diversen Pools, Wassersport, Boccia, Bogenschießen, Volleyball, Basketball etc.

Wem es zu mühselig ist, sich zu Fuß zur Möwenküste aufzumachen, der kann die Reise in einem (privaten) Boot von Porto Azzurro aus unternehmen. Man umfährt die Ostspitze der Insel und hält an einem Strand unterhalb der Calamita-Mine. Dauer: ca. 3 Std. (hin und zurück).

Interessenten wenden sich an eines der beiden Reisebüros von Porto Azzurro bzw. an die dortigen Bootsverleiher (siehe Porto Azzurro "Verbindungen" bzw. "Adressen", S. 137/138).

Herrlicher Sandstrand an der Lido-Bucht (Lido di Capoliveri)

Die Buchten im Süden der Insel

Drei große Buchten mit herrlichen, weitläufigen Sandstränden, weite Ebenen und eine flache Küstenlandschaft bestimmen das Bild der Südseite von Elba, der touristisch bedeutsamsten Ecke der Insel.

Der *Golfo Stella* mit seinem feinsandigen *Lido di Capoliveri,* dem sich in westlicher Richtung – nur durch das schroffe Capo Stella unterbrochen – der *Golfo della Lacona* anschließt und schließlich weiter westlich der *Golfo di Campo*. Diese Buchten sind das Eldorado der Badetouristen und Wassersportler, unzählige Hotels und Campingplätze befinden sich an den Stränden und im Hinterland.

Historisch-kulturell hat die Gegend kaum etwas zu bieten, sieht man einmal von *Marina di Campo* und Umgebung ab. Auch landschaftlich gibt es sicher aufregendere Ecken auf Elba, lediglich die bergige Landzunge des *Capo Stella* und das *Capo di Fonza* zwischen der *Lacona-Bucht* und dem *Golfo di Campo* stellen einen Kontrast zur flachen Ebene dar. Touristische Zentren sind Lacona, ein weit auseinander gezogener Touristenort, und *Marina di Campo* mit seinem malerischen alten Hafen.

Die Lido-Bucht (Golfo Stella)

Sehr schöne Sandstrände finden sich entlang des *Golfo Stella,* dessen größter Strand, der *Lido di Capoliveri,* zweifelsohne auch der attraktivste ist. Zwei kleine Sträßchen führen zum Strand, im Sommer herrscht hier oft Verkehrschaos, und die Parkplatzsuche kann zum echten Problem werden. Die Lido-Bucht, der eigentliche

Hausstrand von Capoliveri, ist mehr als gut besucht und besonders bei jungen Leuten außerordentlich beliebt. Seichtes Wasser, ideal für Kinder, Surfschule (auch Brettverleih), italienische Tauchschule an der Hauptzufahrtsstraße zum Strand, außerdem diverse Bars, Sonnenschirm- und Liegestuhlverleih, Tretboote und Kajaks. Um die Bucht liegen einige schöne Hotels/Residence und Campingplätze, doch sollte man gerade hier nicht zu spät buchen, wenn man eine Unterkunft für die Hochsaison ergattern will.

• *Anfahrt/Verbindungen* Von Portoferraio kommend, geht es auf der Straße nach Porto Azzurro – kurz vor der Abzweigung nach Capoliveri – nach rechts ab, beschildert. Etwa 10x Busse nach Capoliveri; wer den Bus von Portoferraio nach Porto Azzurro bzw. Capoliveri nimmt, sollte dem Fahrer Bescheid sagen, dass er an der Abzweigung zum Lido aussteigen möchte. Von der Hauptstraße ca. 800 m zu Fuß.

*** **Hotel Antares,** sollte eigentlich noch einen Extrastern bekommen. **Tipp!** Ganz herrlich oberhalb der Bucht (am westlichen Ende) gelegen, geschmackvolle Einrichtung, eines der besten seiner Kategorie auf Elba. Von der Terrasse genießt man einen schönen Blick aufs Meer, sehr gepflegte Anlage mit Pool im Grünen, Privatstrand, Tennisplatz, Fahrradverleih, der Service ist sehr freundlich und zuvorkommend. Alle Zimmer mit Bad, Balkon und TV. DZ 212–224 €, EZ 106–112 €, jeweils inkl. obligatorischer Halbpension, in der Nebensaison kostet das DZ (Halbpension) ca. 120–160 €. Frühzeitige Reservierung ratsam, geöffnet von Ende April bis Anfang Oktober. 57031 Lido di Capoliveri, ✆ 0565/940131, ℻ 0565/940084, www.elbahotelantares.it.

• *Übernachten* *** **Villa Giulia**, das Appartementhotel liegt ca. 800 m vom Strand oberhalb der Hauptstraße Portoferraio–Porto Azzurro. Relativ ruhig, Terrasse mit Meeresblick, Tennisplatz. DZ mit obligatorischer Halbpension 180 €, EZ die Hälfte, in der Nebensaison bis zu 50 % günstiger zu haben! 2- bis 3-Personen-Appartement 710–910 € pro Woche, für 3–4 Personen (Schlafzimmer auf der Empore) 760–980 €, auch hier sind die Preise für die Nebensaison ganz erheblich niedriger. Ende April bis Anfang Oktober geöffnet. Lido di Capoliveri, 57036 Porto Azzurro, ✆ 0565/940167, ℻ 0565/940110, www.villagiuliahotel.it, villagiulia@infoelba.it.

** **Residence Baia del Sole**, Ferienhäuschen und Bungalows in Strandnähe, wir empfehlen "Tipo Terrazza", die schönen kleinen Häuschen fast am Meer, die größeren Bungalows "Tipo Villetta" hinterlassen dagegen einen eher trostlosen Eindruck. Nur wochenweise zu buchen (und für die Hochsaison so früh wie möglich), für 4 Personen 1025 € (Terrazza), für 5 Personen 1140 € (Villetta) pro Woche. Geöffnet Anfang Mai bis Mitte Oktober. 57031 Lido die Capoliveri, ✆ 0565/940100, ℻ 0565/968010, www.albergostellamaris.com.

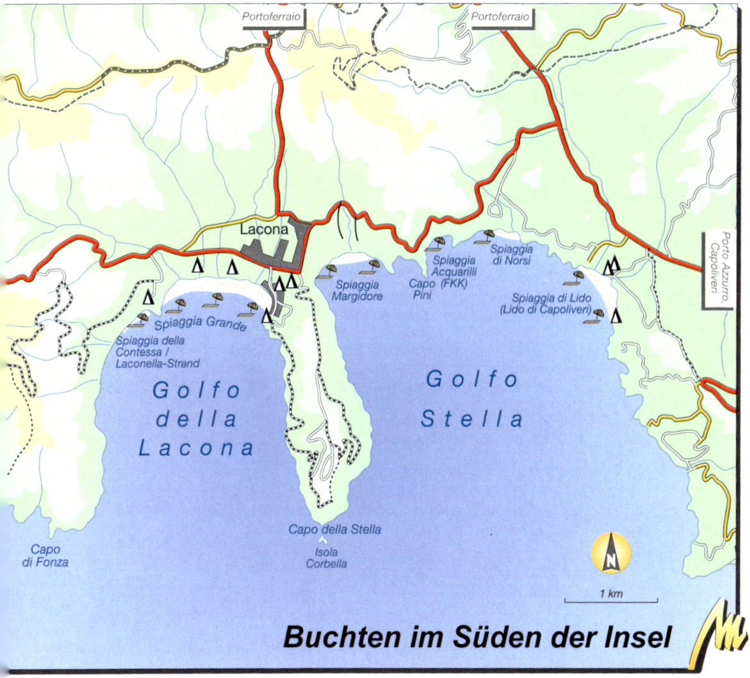

• *Camping* *** **Europa**, an der Ostseite der Bucht, von der Hauptstraße ausgeschildert. Schöner und gepflegter Platz, terrassenförmig angelegt, schattig, wenige Schritte zum Strand. Mit Bar, Mini-Market, Ristorante, pro Person 12 €, Zelt und Wohnwagen je 14 €, Wohnmobil 15,50 €, Auto 3,10 €. Es werden auch einige Bungalows für 4 Personen vermietet, um 125 €/Tag. Geöffnet von Mitte März bis Ende Oktober. 57031 Lido di Capoliveri, ✆/℻ 0565/940121 oder 0565/940134.

*** **Le Chalanchiole**, ebenfalls in der östlichen Ecke der Bucht und beschildert. Schattige Anlage mit Bar, Ristorante, Mini-Market, kleiner sandiger Privatstrand. Pro Person 12 €, Zelt 9,50–14 €, Auto 3,10 €, Wohnwagen 14 €, Wohnmobil 15,50 €. Es werden auch einige **Doppelzimmer** (65 €), **Appartements** (für 3–4 Personen 100–110 €/Tag) und **Bungalows** (160 € am Tag, max. 5 Personen) vermietet. Geöffnet vom 15.3. bis 31.10. Loc. Le Calanchiole, 57031 Capoliveri, ✆ 0565/933488, ℻ 0565/940001, www.lecalanchiole.it, calanchi@elbalink.it.

In unmittelbarer Nähe davon liegt der zu obigem gehörende **Camping Lido**: schöne Lage direkt am Strand, einfacher als die beiden anderen, dafür etwa 20 % günstiger. Die Anlage samt Sanitäreinrichtungen ist o. k., aber bei weitem nicht so komfortabel wie bei der Konkurrenz.

• *Essen* **Baia del Sole**, großes und beliebtes Strand-Ristorante, flotter Service, hier gibt es ganz vorzügliche *Spaghetti vongole* (mit Muscheln) in Weißweinsoße, mittags und abends geöffnet.

• *Wassersport* **Aloha Surf School**, beim Camping Lido, Brettverleih 10 €/Std., Kurse 70 € (4-stündig). Auch **Motorboot-Verleih**, 80 €/Tag für 4 Personen. Mai bis Oktober geöffnet, ✆ 347/4969219.

Centro Sub Talas, italienische **Tauchschule** (Padi) an der Zufahrtsstraße zum Strand, Tauchgang ab ca. 30 €, Kurse ab ca. 80 €. Ganzjährig geöffnet, vermittelt auch Unterkünfte, ✆/℻ 0565/933572.

Weitere Buchten am Golfo Stella

- **Norsi-Bucht**: Zu der relativ großen Bucht gelangt man über einen Schotterweg (Straße Richtung Lacona nehmen, dann links ab, beschildert). Ein weitläufiger Strand mit grobem Sand, Parkplatz (begrenzte Kapazitäten!) und Strandbar vorhanden. Beliebte Bucht, allerdings wird stellenweise viel Seegras angespült.
- **Acquarilli-Bucht**: Der westliche Nachbarstrand von Norsi ist nur über einen steilen und schwierig zu begehenden Fußweg von der Landspitze *Capo Pini* aus zu erreichen. Grober Kies, wenig frequentiert und beliebter **FKK-Strand.** Keine Bar, kein Strandservice. Auf der Straße Richtung Lacona gelangt man zum Aussichtspunkt Capo Pini. Hier parken, der Fußpfad ist nicht zu übersehen.
- **Margidore-Bucht**: Eine gute Ausweichmöglichkeit bei hochsommerlicher Enge bietet die Bucht an der Nordostseite des *Capo Stella*. Die etwa 400 m lange Kiesbucht (Surf- und Tauchschule) wird von den Steilufern des weit ins Meer reichenden Kaps und von einem Felsenriff begrenzt. Achtung: Im Gegensatz zur westlich gelegenen Lacona-Bucht wird das Wasser hier schnell tief. Auch ein beliebter Liegeplatz von Segelbooten, außerdem gibt es einen kleinen Hafen mit Bootsverleih.
- *Strände im Osten des Golfo Stella siehe ab S. 154.*

Die Lacona-Bucht (Golfo di Lacona)

Große, seicht abfallende Sandbucht mit Pinienwäldchen an beiden Flanken. Im Sommer findet man eine richtige Zelt- und Caravansiedlung vor, sechs Campingplätze säumen die große Bucht. Einen Ort namens Lacona sucht man vergeblich, es handelt sich vielmehr um ein großes, flaches Areal ohne Zentrum – eben der Badestrand der Insel.

Die *Spiaggia Grande*, wie der lange Strand von Lacona auch heißt, ist ein ausgesprochenes Camperziel, und das zu Recht: Die meisten Plätze liegen in Schatten spendenden Eukalyptus- und Pinienhainen nur wenige Meter vom Meer entfernt. Baugenehmigungen wurden kaum erteilt, nur wenige Hotels und Pizzerien haben sich etabliert.

In der Hauptsaison herrscht am herrlichen Sandstrand Hochbetrieb. Die kleinen Restaurants und Bars sind dann ebenso voll wie das Strandbad *Bagno Lacona* mit dem angeschlossenen Verleih von Motor-, Tret-, Segelbooten und Surfbrettern. Bars und Restaurants auch an den Zufahrtsstraßen zum Strand, an der zurückversetzten Hauptdurchgangsstraße haben sich ein paar Souvenirshops (viel Keramik) angesiedelt, außerdem einige Zweiradverleiher; zwischen Straße und Meer befindet sich die einzige Disco der Gegend, in der sich am späteren Abend das überwiegend jüngere Publikum von Lacona trifft.

Information/Verbindungen/Zweiradverleih

• *Information/Reisebüro* **Terra XE'viaggi**, Via del Moletto (Straße zum Camping Stella Mare), Fährtickets, Auto- und Zweiradverleih (Kleinwagen ab 40 €, Scooter ab 22 € pro Tag), auch Mountainbikes (10 €/Tag), Zimmer- und Appartementvermittlung, auch Bootsausflüge. Von Jan. bis Ende Okt. täglich 9.30–12.30 Uhr und 16.30–19.30 Uhr geöffnet, So nur vormittags. ✆ 0565/964396, 📠 0565/964378, www.terraxe.it.

• *Verbindungen* 6x tägl. per **Bus** von und nach Portoferraio. Haltestelle z. B. beim Hotel Capo di Stella und beim Hotel Lacona. Im Sommer außerdem 4x täglich nach Capoliveri.

• *Auto-/Zweiradverleih* **TWN**, an der Hauptstraße, nahe dem Abzweig Richtung Camping Stella Mare, Mountainbike ab 13,50 €, Scooter ab 35 € pro Tag, Kleinwagen 45 €. Strada Provinciale, ☏ 0565/964345. Näheres s. auch unter TWN in Portoferraio, S. 88.

Übernachten

• *Hotels* *** **Capo Sud**, weitläufige, gepflegte und schön grüne Anlage am Mardigore-Strand (Kies), Pool, Tennisplatz, hübscher Garten mit entzückender kleiner Laube, Fahrradverleih. Zuvorkommender Service, geschmackvoll eingerichtete Zimmer mit Bad, Balkon und TV. DZ mit Frühstück 148–158 €, EZ 92–99 € (in der Nebensaison ist das DZ für 65–90 € zu haben). Mitte April bis ca. 10. Oktober geöffnet. Anfahrt: von Lacona auf der Straße nach Porto Azzurro rechts ab (beschildert). Via del Capo Marinaro, 57031 Capoliveri, ☏ 0565/964021, 📠 0565/964263, www.hotelcaposud.it.

*** **Capo Di Stella**, wirklich schöne Lage am Hang, oberhalb des Golfo di Lacona im Wald (Ostende der Bucht, beschildert), mit Pool und Ristorante. DZ mit Frühstück 154 €, EZ 97 €, in der Hochsaison Mindestaufenthalt 1 Woche. Komfortable Zimmer, alle mit Bad, Balkon (Meeresblick) und TV. Ein Fußweg führt hinunter zum Margidore-Strand. Anfang April bis Ende September geöffnet. Loc. Lacona, 57031 Capoliveri, ☏ 0565/964052, 📠 0565/964220, www.capodistella.com.

*** **Lacona**, riesiger Bau mit 155 DZ und 26 Mini-Appartements, Swimmingpool im großen und sehr grünen Garten, 100 m vom Strand. Professionell geführtes Vertragshaus vieler Reiseveranstalter. DZ 200–230 €, EZ 150–173 € inkl. obligatorischer Halbpension. Appartements um 1000 € pro Woche (max. 3 Personen). Loc. Lacona, 57031 Capoliveri, ☏ 0565/964054, 📠 0565/964189, www.tuscanhotels.it.

** **Giardino**, 32 Zimmer, großer, etwas verwilderter Garten; sympathisches und kinderfreundliches Haus (mit zwei ebenso freundlichen Hunden), ca. 200 m vom Strand, etwas zurückversetzt von der Hauptstraße Richtung Marina di Campo gelegen (kurz hinter dem Hotel Lacona auf der rechten Seite). Sympathisch auch die Preise: DZ inkl. obligatorischer Halbpension 136 €, Kinder erhalten bis zu 50 % Rabatt. Alle Zimmer mit Bad und TV. Loc. Lacona 142, 57037 Portoferraio, ☏ 0565/964059, 📠 0565/964363, hotelgiardino@elbalink.it.

• *Appartements* **Villette Giuliana e Evandro Tallinucci**, die Appartements der überaus freundlichen Familie Tallinucci liegen sehr ruhig und ein Stück zurückversetzt von der Straße, dennoch nur wenige Minuten zum Strand. Alle Appartements mit Küche, Bad und Terrasse, relaxte Atmosphäre, zum Ausspannen. In der Hochsaison nur wochenweise: für 4 Personen 870–950 €, ein kleineres Appartement ohne Küche ist für 550 € (2 Personen) zu haben, das 6er-Appartement kostet 1050 €. Frühzeitige Buchung ratsam, April bis ca. Oktober geöffnet. Anfahrt: Beim Hotel Giardino von der Hauptstraße in den Feldweg einbiegen, beschildert. Via del Piano 166/B, 57036 Lacona – Porto Azzurro, ☏/📠 0565/964179, www.tallinucci.it.

Lacona: Sandburgenfreundliche Gegend

Laconella mit Blick auf Montecristo

*** **Residence Mini Hotel, Tipp!** 20 komfortable und gepflegte Appartements mit Küche, Bad, TV und Terrasse oder Balkon, für 2–4 Personen, günstig: 2er-Appartement 75 €, 3 Pers. 85 €, für 4 Pers. 108–118 €. Sehr nette deutsch-italienische Leitung (fragen Sie nach Karin), ruhig am Berghang, tolle Aussicht auf die Bucht. Ca. 1,5 km vom Strand entfernt (Straße Richtung Porto Azzurro, dann links ab, beschildert), schattiger Privatparkplatz am Strand. Viele Stammgäste, daher sollte man frühzeitig buchen! Ganzjährig geöffnet. Via del Canale 603, 57031 Capoliveri, ✆ 0565/964041, 📠 0565/964278, www.minihotelelba.it.

• *Camping* Für die sechs Campingplätze der Lacona-Bucht gilt generell: Es handelt sich fast ausnahmslos um recht große und professionell geführte Anlagen, die meisten bieten auch Appartements/Bungalows und "Case Mobili" (kleine Bungalowhütten) an, wer sich für diese Art der Unterkunft entscheidet, sollte allerdings frühzeitig buchen! Zum Angebot gehört ebenso fast überall Abendunterhaltung (laut) und Animation. Wer es ruhiger mag, sollte sich nach Westen orientieren: Tallinucci und Valle Santa Maria sind etwas ruhiger, am beschaulichsten geht es bei Laconella ganz am Ende der Bucht zu.

*** **Stella Mare**, in bester Lage, auf der dicht bewaldeten Landzunge am östlichen Ende der Bucht (Zufahrt über Via Moletto, beschildert). Viel Schatten durch Pinien und Eukalyptusbäume, Bar, Restaurant und Market, Stufen hinunter zur eigenen kleinen Bucht. Freundlicher Service. Pro Person 12 €, Zelt 9,50–12 €, Wohnwagen 14,30 €, Wohnmobil 15,40 €, Auto 2,25 €, "Casa Mobili" in der Hochsaison nur wochenweise für 950 €. Geöffnet von April bis Mitte Oktober. Loc. Lacona 237, 57031 Capoliveri, ✆/📠 0565/964007, www.stellamare.it.

*** **Lacona**, ziemlich große und nicht besonders gemütliche Anlage mit Pool und Abendunterhaltung, im oberen Bereich auch abgeschiedene Stellplätze. Relativ nah an der Margidore-Bucht. Pro Person 11,50 €, Zelt 10,50–15,50 €, Wohnwagen/Wohnmobil 15,50 €, Auto 3 €. Miet-Caravan für 4 Personen 600 €/Woche, 4er-Bungalow 890 €, Appartements in ca. 1,5 km Entfernung vom Meer für 405–750 € (2–5 Personen). Ostern bis Ende September geöffnet. Von Portoferraio/Porto Azzurro kommend, gleich der erste Platz auf der linken Seite (östlicher Teil der Bucht). Loc. Lacona, 57037 Portoferraio, ✆ 0565/964161, 📠 0565/964330, www.camping-lacona.it.

*** **Lacona Pineta**, neben dem Camping Lacona in einem Pinienhain, gemütlicher und vor allem näher am Meer (Lacona-Strand). Kleiner Supermarkt, Restaurant und Bar,

Bojen für Boote, Animation und Abendunterhaltung, großer Kinderspielplatz (Hüpfburgen!). Pro Person 11,60 €, Zelt 7,50–12 €, Wohnwagen/Wohnmobil 12 €, Auto 3,10 €. Nette Bungalows für 2 Personen 90 €/Tag, für 4 Personen 180 €/Tag, diese sollte man aber frühzeitig buchen! Geöffnet von April bis Ende Oktober. Cas. Post. 186, 57037 Portoferraio, ✆ 0565/964322, 📠 0565/964087, www.campinglaconapineta.com.

*** **Tallinucci**, direkt am Strand gelegen (westlicher Teil der Bucht). Pinien und Eukalyptusbäume. Auch empfehlenswerte Appartements: für 2 Personen 97 €/Tag, 3er 116 €, 4er 123–128 € und für 6 Personen 155 € am Tag. Ruhig, recht schattig und von Familien bevorzugt, Camping pro Person 12 €, Zelt und Wohnwagen je 12,50 €, Wohnmobil 15,50 €, Auto 3 €. Geöffnet von März bis ca. Oktober. Via del Mare 213, Loc. Lacona, 57031 Capoliveri, ✆ 0565/964069, 📠 0565/964333, www.campingtallinucci.it.

** **Valle Santa Maria**, neben dem Tallinucci, ebenfalls direkt am Strand, gleiche Preise wie der Nachbar. Vor allem deutsche Wohnmobilisten fühlen sich hier wohl. Die Stellplätze wirken teilweise etwas zu sehr parzelliert und dadurch nicht besonders gemütlich, Mattendächer spenden Schatten. Auch hier einige nette Appartements: für 2 Personen 95 €/Tag, 4er 107–123 €, 6er 151 €. Geöffnet Ostern bis Ende Oktober. Via del Mare 91, Loc. Lacona, 57031 Capoliveri, ✆ 0565/964188, 📠 0565/964355, www.vsmaria.it.

** **Laconella**, terrassenförmiger Platz auf der kleinen Landzunge *Punta della Contessa* im Westen der Bucht. Hier weht auch an heißen Tagen meist eine erfrischende Brise. Schatten unter den Eukalyptusbäumen und noch jungen Pinien. Die Bepflanzung zwischen den Stellplätzen könnte etwas dichter sein. Großer Vorteil: Vom Platz führen ein direkter Zugang über Treppen zur Spiaggia Grande (ca. 3 Minuten) und ein kurzer Weg (ca. 5 Minuten) zu der herrlichen Laconella-Bucht (s. u.). Etwas günstiger als die anderen Plätze, ein **Tipp** für alle, die Ruhe suchen (u. a. auch dank fehlender Abendanimation). Auf dem Platz befinden sich ein Mini-Market und eine Café-Bar mit schöner Terrasse über der Bucht. Pro Person 11,20 €, Zelt 9–11,70 €, Wohnwagen 11,70 €, Wohnmobil 15 €, Auto 3,30 €, 15.3.–31.10. geöffnet. Straße Richtung Marina di Campo, dann links ab, beschildert. Loc. Lacona, 57031 Capoliveri, ✆ 0565/964228, 📠 0565/964080, www.campinglaconella.it.

Essen & Trinken/Nachtleben

Unser **Tipp** für den Mittags-Snack ebenso wie das ausführliche Abendessen heißt **Bar/Ristorante Miramar**: auf Pfählen über den Strand gebautes Holzhaus, mittags Selfservice, abends nettes Ristorante mit Pizzeria, relativ günstig, gemütlich zum Sitzen, sehr netter Service. Das Miramar liegt am Strand beim Camping V. S. Maria, Beschilderung "Miramar" ab der Hauptstraße. Nur wenige Parkplätze. ✆ 0565/964006.

Pirata, riesige Portionen und üppige Salate, hier kommt schon ab 18 Uhr das Abendmenü auf den Tisch. Riesenpizza aus dem Holzofen ab ca. 6 €, vor allen bei italienischen Gästen sehr beliebt. Freundlicher Service, der über den etwas trostlosen Speisesaal hinwegtröstet – die Küche jedenfalls ist sehr gut und eine Rundum-Empfehlung wert. Ebenfalls an der Straße zum Camping Stella Mare (auf der rechten Seite), mittags und abends geöffnet, ✆ 0565/964225.

Da Ledo, direkt am Meer (am Ende der Straße zum Camping Stella Mare). Terrasse am Strand, auch Bar. Mittags und abends geöffnet, ✆ 0565/964073.

L'Essenza heißt die einzige Diskothek (und Bar) in der Bucht von Lacona. Zwischen Hauptstraße und Meer gelegen, beschildert, Freikarten werden tagsüber am Strand verteilt.

Wassersport/Einkaufen

Diving Center Blu Immersion (Padi), an der Straße zum Margidore-Strand (Abzweig zum Hotel Capo di Stella). Auch deutschsprachig und ideal für Anfänger: Tauchgang 31 €, mit Leih-Equipment 44 €, Anfängerkurs (Open Water Diver) 320 €, Füllstation. Geöffnet März bis Dezember. Via del Porticciolo, ✆/℡ 0565/964415, mobil unter 339/6591840, www.bluimmersion.it.

Selbstversorger finden einen größeren (aber teuren!) **Supermarkt** an der Straße Richtung Portoferraio, ein Bäcker befindet sich gegenüber vom Ristorante Da Ledo beim Strand.

Sonntagmorgen findet in Lacona der **Markt** statt (nur in den Monaten Juni–September).

Baden am Golfo di Lacona

Keine Frage – der lang gezogene, feinsandige **Strand von Lacona** zählt zu den besten, die die Insel zu bieten hat. Im Sommer ist es hier jedoch entsprechend voll, nichts für Ruhesuchende. Dem Andrang entsprechend ist auch das Angebot: Über Beach-Volleyball, Tretboot- und Kanuverleih bis hin zum Bananaboat ist hier praktisch alles zu haben, was am und im Wasser Spaß macht.

Blick von der Punta della Contessa

Laconella-Strand: Der Strand-Tipp für die Südküste! Wer es ruhig, aber nicht allzu abgelegen mag, dem sei dieser kleine Beach am westlichen Ende der Bucht empfohlen, der auch unter dem Namen *Spiaggia della Contessa* bekannt ist. Der Traumstrand erstreckt sich über ca. 200 m zwischen den Felsen der *Punta della Contessa* im Osten und der großen Landzunge, die den *Golfo della Lacona* im Westen begrenzt. Feinster Sand auch im Meer, flacher Zugang und sauberes, türkisblaues Wasser, dank der abseitigen Lage auch nicht allzu voll, allerdings auch ohne Bar und Strandservice – Schatten müssen Sie sich selbst mitbringen. Bei guter Sicht ist am Horizont die mystische Silhouette der Insel Montecristo zu sehen.

• *Anfahrt* Auf der Straße von Lacona nach Marina di Campo an der Abzweigung zum Campingplatz Laconella (beschildert) links ab, nach einer weiteren Abzweigung (Zufahrt zum Campingplatz) zunächst ca. 200 m auf Asphalt, dann auf einer Sandpiste, von hier führt ein Fußpfad links hinunter zum Strand. **Parken**: Am Weg (auch noch auf der Sandpiste) rechts und links kleine Parkbuchten.

Blick auf Marina di Campo

Marina di Campo

Am Westufer des schützenden Golfo di Campo gelegen, im Nordwesten thront der Gebirgszug um den Monte Capanne, und nach Nordosten eröffnet sich die Ebene von Campo nell'Elba. Das Fischerstädtchen mit seinem idyllischen alten Hafen ist der älteste und größte Ferienort der Insel – schließlich befindet sich hier auch der längste Sandstrand Elbas.

Rund 1,5 km lang erstreckt sich der breite und feine Sandstrand vom eigentlichen Ort in östliche Richtung bis zur schwer zugänglichen *Costa di Segagnana*. Entlang der *Viale degli Etruschi,* die parallel zum Strand verläuft, haben sich viele Hotels angesiedelt, im Osten schließt dann die "Straße der Campingplätze" an.

Das moderne Zentrum von Marina di Campo wirkt hektisch; viel Verkehr und neuere Zweckbauten vermitteln nicht gerade Idylle. Das Bild ändert sich jedoch schlagartig, wenn man die großen Hauptverkehrsstraßen des Orts verlässt und sich durch die Fußgängerzone in Richtung alter Hafen begibt: gemütliches Schlendern durch schmale Gassen, sorgsam restaurierte Häuser und malerische *Piazzette,* dazu zahlreiche schicke Geschäfte, Restaurants und Bars. Der alte Ortskern von Marina di Campo um den Fischer- und Yachthafen strahlt noch immer viel Charme aus. Überragt wird der Hafen von der *Torre della Marina* aus dem 16. Jh.

Das **Campo nell'Elba,** das Becken im Hinterland von Marina di Campo, war vermutlich bereits von den Etruskern im 5. Jh. v. Chr. und später von den Römern besiedelt, die in der Gegend westlich von Marina di Campo Granit abbauten. Im Mittelalter wurde die Bucht – wie viele andere Teile der Insel auch – immer wieder Opfer der einfallenden Piraten, im 12. Jh. errichteten die Pisaner deshalb hier eine

Karte S. 160/161

Befestigung und nahmen erstmals nach den Römern den Granitabbau wieder auf. Der historische Kern von Marina di Campo um den Hafen geht auf das Ende des 19. Jh. zurück, als hier ein wichtiger Verladehafen entstand. 1894 erlangte der Ort Unabhängigkeit vom nordwestlich gelegenen *Marciana*. Heute gehören zur Gemeinde *Campo nell'Elba* die Orte La Pila, San Piero in Campo und das benachbarte Sant'Ilario in Campo, Marina di Campo ist aber der Hauptort. In den 20er Jahren des 20. Jh. wurde der Granitabbau im Westen der Insel ein weiteres Mal wieder aufgenommen, und Marina di Campo erfuhr einen großen wirtschaftlichen Aufschwung.

In den 30er Jahren des letzten Jahrhunderts fanden bereits erste Bestrebungen in Richtung Tourismus statt, im großen Stil ausgebaut wurde das Geschäft mit den Gästen dann in den 50er Jahren. Heute zählt Marina di Campo etwa 5.000 Einwohner, im Sommer können es bis zu 20.000 sein. Etwa 90 % aller Einnahmen stammen aus dem Tourismussektor.

Marina di Campo bietet neben zahlreichen Hotels fast aller Preisklassen auch ausreichend Campingplätze. Der Ort eignet sich hervorragend als Ausgangspunkt für Ausflüge in die westelbanische Bergwelt, und auch die herrlichen Strände der Südwestküste sind nur einen Katzensprung entfernt. Im alten Hafen liegen Ausflugsboote bereit, am Strand gibt es eine Tauch- und mehrere Surfschulen, die Busverbindungen zur Hauptstadt und den Dörfern im Westen der Insel sind gut. Marina di Campo liegt nur wenige Kilometer vom **Inselflughafen** im Ortsteil La Pila entfernt.

Information/Verbindungen/Bootsausflüge/Reisebüros

• *Information* **Azienda di Promozione Turistica (A.P.T)**, Piazza dei Granatieri 5. Offizielles Informationsbüro, sehr freundliches Personal – bei der Einfahrt von Osten bzw. Norden (Via Donizetti) am großen Parkplatz. Man bekommt Inselkarten und Stadtpläne von Marina di Campo, Hotellisten, auch Hilfe bei der Zimmersuche. Von April bis Ende September tägl. 8–20 Uhr, montags geschlossen. ✆/℻ 0565/977969, www.arcipelago.turismo.toscana.it.

• *Verbindungen* Etwa stündlich fährt der **Bus** über Procchio (hier Richtung Marciana Marina umsteigen) nach Portoferraio, 12x tägl. über Fetovaia und Pomonte nach Marciana Alta, 8x nach San Piero und Sant'Ilario. Die Bushaltestelle befindet sich in der Via R. Fucini (zwischen den Parkplätzen), Tickets in der Bottega d'Arte (Via Roma 83) oder im Kiosk Tabacchi Pisani, Via San Gaetano 83.

• *Bootsausflüge* Mit dem kleinen **Motorboot** "Primavera" 2x täglich 3-stündige Ausflugsfahrten und mit der "Christina" ganztägige Bootstouren zur *Grotta Azzurra* bei Cavoli und weiter nach Seccheto und Fetovaia. Außerdem werden Mi und Fr auf der "Primavera" ganztägige Fahrten zur *Costa dei Gabbiani* angeboten. Die Boote liegen ab dem späten Nachmittag im Hafen, Infos dort oder unter ✆ 338/4718334 bzw. ✆ 347/2769909.

Mit dem **Glasbodenboot** "Aqualung" ebenfalls zur Grotte bei Cavoli, auf dem Weg wird ein Schiffswrack am Meeresgrund besichtigt. 4-stündige Tour mit Badestopp, ✆ 0565/978075 oder 338/5003473.

Des Weiteren startet ab Marina di Campo täglich die "Domizia" zum Ganztagesausflug zur Insel Pianosa (9.30–17.30 Uhr oder 11–19 Uhr), die Preise variieren je nach Saison zwischen 57 und 68 € pro Person. Im Preis inbegriffen sind auch eine Führung sowie das Mittagessen auf Pianosa (wird im Speisesaal des ehemaligen Gefängnisses eingenommen), vor dem 16.6. und nach dem 22.9. 29 € pro Person (ohne Mittagessen). Buchung in der **Reiseagentur Margherita**, Via Puccini 3, ✆ 0565/978004, www.margheritaviaggi.it.

Eine weitere gute Adresse ist die **Agentur Il Viottolo**: Umberto Segnini, der sehr gut Deutsch spricht, bietet geführte Trekking- und MTB-Touren an, v. a. aber Kajaktouren an der elbanischen Küste: Halbtagestour 30 €, Ganztagestour nach Pianosa 64 € oder aber eine große Inselumrundung in 7 Tagen für 525 € (alle Preise inkl. Anfahrt, Ausrüstung und Betreuung). Rechtzeitige Anmeldung (für die 7-Tages-Tour etwa einen Monat vorher) ist erforderlich. Via Petri 6, 57034 Marina di Campo, ✆/📠 0565/978005, www.ilviottolo.it, ilviottolo@elbalink.it.

Adressen/Mietfahrzeuge/Feste/Veranstaltungen

• *Adressen* **1. Hilfe**, ✆ 0565/977085. Der Bereitschaftsdienst der Guardia Medica Turistica wechselt turnusmäßig, die aktuelle Anlaufstelle ist bei der Touristeninformation zu erfahren. Die "Pubblica Assistenza" ist unter ✆ 0565/977988 zu erreichen.

Tierarzt: Dr. Roberto Perez, Via A. Vespucci 13, ✆ 0565/976213.

Apotheke, Via Mascagni, 8.30–12.30 Uhr und 16.30–22.30 Uhr, So 9–12.30 Uhr und 17–22.30 Uhr, ✆ 0565/976067.

Banken, diverse im Zentrum, z. B. Via Roma, Ecke Via Fucini.

Hafenpolizei, ✆ 0565/977980.

Polizei, Piazza Alighieri, ✆ 0565/979328 oder 976976, *Carabinieri* in der Via G. Pietri 28 (Seitenstr. der Via Roma, Ecke Via Fucini), ✆ 0565/976013 oder 0565/976003.

Post, am Parkplatz in der Via Fucini (auch Bancomat).

• *Auto- und Zweiradverleih* Vermietung bei **Baby Rent**, Via Donizetti 27, halblinks gegenüber der Tourist Info. Mopeds (ab 25 €/Tag, 155 €/Woche) und Autos (Kleinwagen ab 35 €/Tag, 225 €/Woche), auch MTBs (ab 10 €/Tag, für 24 Std. 25 €, 60 €/Woche). ✆ 393/3325256 (Anita spricht Englisch). Über das Hauptbüro in Portoferraio (Piazza del Popolo 9) kann man sich ebenfalls informieren oder ggf. auch weiterverbinden lassen, ✆ 0565/918883, 📠 0565/934379, mobil 338/7597181.

• *Feste/Veranstaltungen* Am 7. August feiert man in Marina di Campo das Fest des **Ortspatrons Gaetano** mit Konzerten, allerlei Kulinarischem und Feuerwerk.

Rally Elba Storico, Oldtimer-Rallye um Marina di Campo Ende September.

Die Bagni Tropical

Einkaufen/Internet/Wassersport

• *Einkaufen* Mittwochvormittag ist **Markt**.

Supermarkt (Conad), Via Fucini, Mo–Sa 8–23 Uhr, So 9–13.30 Uhr und 15.30–23 Uhr. Am Hafen: Lungomare F. Mibelli Mo–Sa 8–13 Uhr und 16.30–20.30 Uhr, So 8.30–13 Uhr und 16–20 Uhr.

Ein exklusives Souvenir können Sie bei **Profumi dell'Elba** erwerben (Via Roma 138, im Sommer geöffnet 9–13 Uhr und 15–24 Uhr). "Acqua dell'Elba" gibt es z. B. als Eau de Toilette (50 ml) für 38 €, die Bodylotion für 15 €. Sehr frischer Duft, der lediglich in den vier Filialen auf der Insel erhältlich ist (außerdem in Marciana Marina, Porto Azzurro und Capoliveri).

Erboristeria, Via Puccini, ökologische Produkte aller Art, geöffnet 9–13 Uhr und 17–22.30 Uhr.

• *Internet* In der Via Garibaldi kleiner **Internet Point**, Gebühr 3 € pro 15 Min. 30 Min. 4 €, 6 €/Std., geöffnet 9.30–13 Uhr, 17–19.30 Uhr und 21–23 Uhr, Sonntagvormittag geschlossen.

• *Wassersport* Umfangreiches Angebot. Empfehlenswert der **Tauchclub Spiro Sub (Padi)** des Schweizers Pitt Gsell an der Abzweigung zu den Campingplätzen. Ausflüge in die Unterwasserwelt, u. a. zur muschelbewachsenen Madonnenstatue, die in 18 m Tiefe in der Nähe von Marina di Campo vor dem *Scoglio della triglia* liegt. Die Statue wurde vor ca. 40 Jahren von den Fischern am Grund verankert: sie soll ihnen auf See Glück bringen. Probetauchgang 36 €, 6 Tauchgänge (inkl. Ausrüstung) 180 €, Open Water Diver ca. 350 €. Loc. La Foce 27, 57034 Marina di Campo, ✆ 0565/976102, ℻ 0565/976424, mobil 335/333345, www.spirosub.isoladelba.it.

Surfschule Tropical, am Strand des *Bagni Tropical*, Anfängerkurs 130 € (5 Unterrichtstunden), Brettverleih 11 €/Std., auch Tretbootverleih (8 €/Std.) und Sonnenschirme/ Liegestühle (17–21 €/Tag). Sehr gepflegte Anlage mit Bar, köstliche Panini und Bruschette, Nobelstrandbad. ✆ 0565/976006, geöffnet 1.5.–1.10. Von der Viale degli Etruschi kurz nach dem Hotel Meridiana rechts ab, beschildert.

Motorboote kann man bei **Navigare** am Strand bei den Campingplätzen mieten: 25-PS-Boot für 62 €/halber Tag, 114 €/Tag. In der Hochsaison ist eine Reservierung anzuraten, ✆ 338/6905687 (mobil), www.rentnavigare.it.

Übernachten/Camping

• *Hotels* **** **Montecristo (7)**, zentrumsnahes, sympathisches Hotel der oberen Preisklasse, wenn auch nicht mehr ganz neu, direkt am Strand, Pool und Snackbar, DZ 196–212 €, EZ 114–122 € (in der Nebensaison gerade mal die Hälfte), Frühstück ist im Preis inbegriffen. Alle Zimmer mit Bad, Balkon, Aircon. und TV. Vom Viale degli Etruschi in die Via Giannutri zum Meer einbiegen, beschildert. Geöffnet Ostern bis Mitte Oktober. Viale Nomellini 11, 57034 Marina di Campo, ✆ 0565/976861, ℻ 0565/976597, www.hotelmontecristo.it.

*** **Meridiana (5)**, ist einen **Tipp** wert, gut geführtes Hotel mit deutschsprachiger Leitung, gemütliche Terrasse im Garten, zum Wohlfühlen. Alle Zimmer mit Bad, Terrasse/ Balkon und TV, DZ 140–168 €, EZ ca. 100 €, je inkl. Frühstücksbuffet, ca. 1,5 km vom Zentrum, wenige Meter vom Strand. Viale degli Etruschi 465, 57034 Marina di Campo, ✆ 0565/ 976308, ℻ 0565/977191, www.infoelba.it/ meridiana, meridi@elbalink.it.

*** **Tre Colonne (10)**, Via G. Fattori 6 – nicht am "Hotelstrand", sondern mitten im Zentrum. Obligatorische Halbpension, alle Zimmer mit Bad, TV und Balkon, DZ 164 €, EZ ca. 100 €, in der Nebensaison etwa 25 % günstiger. Gehobenes Ambiente, Pool im Vorgarten, nachts beleuchtet und von zwei wirklich perfekten, dickbuschigen Palmen flankiert. Zentral, aber trotzdem sehr ruhig gelegen. Frühzeitige Buchung für die Hochsaison ist ratsam. ✆ 0565/976320, ℻ 0565/ 977560, www.hoteltrecolonne.it.

*** **Marina 2 (6)**, am Hang oberhalb der Bucht gelegen, zur Anlage gehört auch das Aquarium (→ "Sehenswertes", S. 172), Beschilderung dorthin folgen. Bungalows im 70er-Jahre-Stil, von der Terrasse mit Bar und Pool (hier auch Animation) toller Blick, das Hotel ist allerdings nicht mehr das neueste und verhältnismäßig teuer: DZ mit obligatorischer Halbpension 160–184 €. Fahrradverleih. 57034 Marina di Campo, ✆ 0565/ 977881, ℻ 0565/976631.

*** **Punto Verde (4)**, 100 m vom Strand, zentrumsnah, sehr gepflegtes und modernes Hotel, für das Gebotene nicht zu teuer: moderne, gut eingerichtete DZ (mit Bad und teilweise Balkon) 128 €, EZ 99 €, je inkl. Frühstück. Viale degli Etruschi 207, 57034 Marina di Campo, ✆ 0565/977482, ℻ 0565/ 977486, www.hotelpuntoverde.it.

** **Elba (1)**, DZ mit obligatorischer Halbpension 138 €, EZ 79 €. Alle Zimmer mit Dusche. Etwas lautes kleines Hotel an der Hauptstraße (Ausfallstraße in Richtung Procchio), leicht zurückversetzt. Hübsche Terrasse (zur Straße), kleines Restaurant. Zum Hotel gehört auch die *** **Residence dei Fiori** schräg gegenüber: Hier kostet das Appartement für 2 Personen 660 € pro Woche (für 4 Personen 980 €). Geöffnet Anfang April bis Ende Oktober. Via Mascagni 51, 57034 Marina di Campo, ✆ 0565/976224, ℻ 0565/977280, www.hotel-elba.it.

• *Außerhalb* *** **Hotel Eden Park**, ca. 2 km vom Zentrum ruhig und abgeschieden im Grünen gelegen – wer hier absteigt, sollte motorisiert sein. Mit Pool und Tennisplatz, alles nicht mehr ganz neu, im Hotel wird nur Frühstück angeboten. DZ mit Bad und Balkon 110 €, EZ ca. 65 € (je inkl. Frühstück). Von Marina di Campo auf der Straße Richtung Procchio links ab (beschildert). Loc. Lamia, ✆ 0565/976285, ℻ 0565/976071, www.hoteledenpark.it.

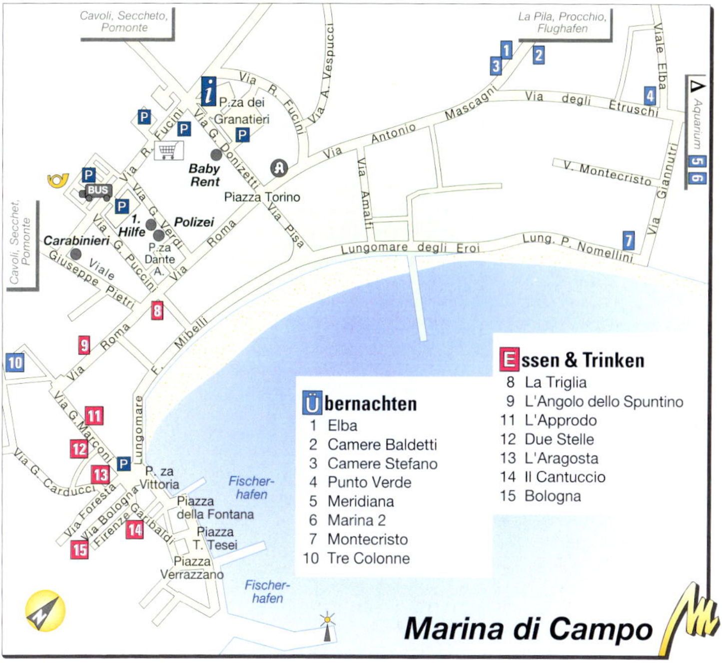

• *Privatzimmer* **Camere Stefano (3)**, neben dem Hotel Elba. Wahrscheinlich die günstigste Übernachtungsmöglichkeit in Marina di Campo. Schlichte Zimmer, z. T. mit Balkon, Etagenbäder, DZ um 50 €. Via Mascagni 49, 57034 Marina di Campo, ✆ 0565/977020.

Camere Baldetti (2), unser **Tipp!** Gepflegte Zimmer mit Balkon im ersten Stock einer Villa in der Via Mascagni. Private Atmosphäre, Zimmer mit Bad und Kühlschrank. Einziges Manko: direkt an der Durchgangsstraße, teilweise laut, dafür echt günstig: DZ 65 €, Dreier 70 €, keine Einzel. Via Mascagni 44 (gegenüber vom Hotel Elba), 57034 Marina di Campo, ✆ 0565/976200 oder 349/3725656 (mobil).

• *Camping* *** **La Foce**, östliches Ende der Bucht. Gepflegter Platz mit viel Grün direkt am Meer, Bars und Restaurants in unmittelbarer Nähe. Gute Ausstattung, aber ziemlich teuer: pro Person 12,50 €, Zelt 12–15 €, Wohnwagen 15 €, Wohnmobil 17 €, Auto 3,50 €. Ganzjährig geöffnet. Loc. La Foce, 57034 Marina di Campo, ✆ 0565/976456, 📠 0565/977385, www.elbalink.it/camping/lafoce.

** **Del Mare**, ebenfalls am östlichen Ende der Bucht. Etwas günstiger als La Foce und nicht ganz so grün wie obiger. Auch Bungalows (ab 90 €/Tag). Pro Person 11 €, Zelt 8–12 €, Wohnwagen 12 €, Wohnmobil 14 €, Auto 2,80 €. Geöffnet von Mitte März bis Ende Oktober. Via della Foce, 57034 Marina di Campo, ✆ 0565/976237, 📠 0565/977850, www.campingdelmare.it.

*** **Ville degli Ulivi**, am östlichen Ende der Bucht gelegen, etwas vom Strand entfernt. Sehr gepflegter und professionell geführter Platz mit bescheidener Grasnarbe, dafür aber vielen schattigen Stellplätzen. Kinderspielplatz, Animation, Abendunterhaltung, Pool mit Rutsche, Fahrradverleih. Es werden auch einige Bungalows vermietet (135–160 € pro Tag für max. 4 Personen), auch Zimmer (DZ 85 €). Camping-Preise wie La Foce (s. o.). Geöffnet von Mitte April bis Mitte September. Von der Hauptstraße beschildert. Via della Foce 89, 57034 Marina di Campo, ✆/📠 0565/976048, www.villedegliulivi.it.

Essen & Trinken (siehe Karte S. 171)

Viele **Restaurants, Cafés** und **Bars** beim alten Hafen in der Via Garibaldi und den anschließenden Plätzen (Piazza Milano und Piazza Gaetano): schickes Ambiente, in der Regel etwas teurer. In der Via Roma auch einige **Fastfoods**. Am langen Sandstrand finden sich außerdem zahlreiche einladende **Snackbars**.

La Triglia (8), Via Roma 58, Ecke Via Genova. Restaurant mit gutem Ruf – klein, etwas kühl und modern, betont schlichte Einrichtung, Aircon. Wechselnde Tagesgerichte, guter Meeressalat mit viel Tintenfisch für 8 €, Cacciucco (Fischsuppe), Pilzspezialitäten, Nudelgerichte mit Fischsoßen, gehobenes Preisniveau. Mo–Fr nur abends, Sa/So auch Mittagstisch, von April bis November geöffnet, ✆ 0565/976059.

Due Stelle (12), in einer Seitengasse der Via Marconi, empfehlenswerte Pizzeria, gute Fischgerichte, das Preis-Leistungs-Verhältnis ist o. k., gemütlich zum Sitzen, auch mittags geöffnet, ✆ 0565/977375, 347/7624148 (mobil).

L'Aragosta (13), Piazza Cavour, schön gelegen im alten Zentrum, eines der schicksten Restaurants in Marina di Campo, Meeresblick und dennoch in den Gässchen des alten Ortskerns; hübsch dekoriert. Als besondere Spezialitäten werden Fischgerichte und v. a. Cacciucco (Fischeintopf) serviert. Gehobenes Preisniveau, von März bis Oktober mittags und abends geöffnet, ✆/℻ 0565/977131.

Bologna (15), am Ende der Via Firenze (nahe altem Hafen). Pizza aus dem Holzofen, elbanische Spezialitäten, leckeres *Risotto ai Frutti di Mare*. Eines der größten Restaurants in Marina di Campo, v. a. von Touristen gut besucht, ein Tisch sollte sich dennoch immer finden lassen. Der Service ist freundlich und prompt. Großer Speisesaal mit Terrakotta-Bogendecke, gemütliche Terrasse (Zugang auch von der Via Forestra), mittleres Preisniveau, mittags und abends geöffnet, ✆ 0565/976105.

Il Cantuccio (14), Via Garibaldi 2, mehrere gemütliche Räume in "rustikal-maritimem" Ambiente und schöne Terrasse an der Via Firenze. Gute Küche, mittleres Preisniveau, ganzjährig mittags und abends geöffnet, ✆ 0565/976775, ℻ 0565/977989.

L'Angolo dello Spuntino (9), Via Roma 15/21 (Nähe Hafen), zwei Häuser neben dem Hotel Tre Colonne. Rosticceria/Tavola Calda, hervorragende Panini, vegetarische Tagesmenüs, auch Cacciucco (16 €). Von April bis Oktober ganztägig geöffnet (Selbstbedienung/Take Away bis 21 Uhr, Restaurant bis 22 Uhr, Bar und Snacks bis 24 Uhr), auch zum Draußensitzen, günstig. ✆/℻ 0565/977304.

L'Approdo (11), relativ günstiges Pizzeria-Ristorante (auch mittags Pizza) mitten im Zentrum, sehr gute Antipasti, freundlicher Service, ein Manko ist allerdings die kaum idyllische Terrasse – langer Schlauch mit Blick auf die Mauer. Mittags und abends geöffnet, Via Marconi 12, ✆ 0565/977459.

• *Außerhalb* **Osteria Al Moro**, nobles Restaurant 1,5 km außerhalb von Marina di Campo (Straße Richtung Cavoli auf der linken Seite), der Garten ist eine Oase, ausgezeichnete und viel gelobte Küche, gehobenes Preisniveau, ganztägig geöffnet, Pozzo al Moro 10, ✆ 0565/976358 (Reservierung für abends empfohlen).

▸ **Sehenswertes/L'Aquario dell'Elba**: "Eine phantastische Entdeckungsreise zu den Meeresbewohnern der Insel Elba" – so wirbt das Aquarium um Besucher. Zu sehen sind verschiedene Arten von Fischen, Krebsen und sogar Katzenhaie – insgesamt über 100 verschiedene Spezies, die teilweise recht dicht gedrängt ihr Dasein fristen. Alles nicht mehr ganz taufrisch.

• *Öffnungszeiten/Anfahrt* Im Sommer tägl. 9–23.30 Uhr (März–Mai und Oktober–November 9–19.30 Uhr, Dezember–Februar geschlossen), Eintritt 5 €, Kinder unter 12 Jahren 3 €. Von der Hauptstraße aus Procchio beschildert, Zufahrt wie zum Hotel Marina 2.

Baden in und um Marina di Campo

Der **lange Sandstrand** von Marina di Campo ist wirklich sehr gepflegt und sauber und bietet fast alles, was das Wassersportlerherz begehrt, außerdem zahlreiche Snackbars. Besonders schön das *Bagni Tropical* (vom Viale degli Etruschi beschildert) mit herrlicher Terrassenbar, Umkleidekabinen sowie Sonnenschirm- und Liegestuhlverleih – eben ein klassisches italienisches Strandbad.

- **Umgebung**: Wem der Ortsstrand zu voll ist, kann zu den kleineren Stränden in der Umgebung ausweichen. So die *Spiaggia di Fonza* an der *Costa di Segnagnana* (vom Ostende der Bucht auf einer Schotterpiste erreichbar) oder der *Galenzana-Strand* (Sand/Kies) im Südwesten der Bucht (nur über einen 30-minütigen Fußweg von der *Torre della Marina* zu erreichen).
- **Weiter in Richtung Westen**: Schöne, wenn auch nicht ganz so ruhige Strände bei *Cavoli, Seccheto* und *Fetovaia* (herrlicher, großer Sandstrand) an der schroffen Südwestküste der Insel (→ "Der Westen der Insel", ab S. 177).

Sant'Ilario in Campo – die Piazza

Sant'Ilario in Campo

Ein stilles und schmuckes Bergdörfchen abseits des Tourismusrummels, wenige Kilometer nordwestlich von Marina di Campo (vom Ortsteil *La Pila* in Serpentinen den Berg hinauf). Ein **Ausflugstipp** für alle, die das Bedürfnis spüren, sich vom Strandleben zu erholen. Zudem gibt es am Ortsrand eine Pizzeria und eine nette Bar – mit Hollywoodschaukel und Boccia-Bahn nebenan. In Sant'Ilario scheint die Zeit ein wenig langsamer abzulaufen, die – überwiegend älteren – Bewohner des Orts haben mit Tourismus in der Regel wenig zu tun. Man sitzt unter den schattigen Bäumen der Piazza und spielt Karten, während sich die wenigen Besucher aus den Küstenorten in den schmalen, aber durchweg pittoresken Gassen verlieren.

Der Ort wurde unter den Pisanern befestigt und 1533 von dem Piraten Dragut zerstört. Beachtenswert die Granitportale im Ort. Idyllisch ist ein Spaziergang durch die stillen Gassen hinauf zur *Piazza della Chiesa* mit der sehenswerten Kirche aus dem 16. Jh. (tagsüber geöffnet), der Glockenturm wurde von den Pisanern errichtet.

• *Essen & Trinken* **La Cava**, exzellente *Cucina casalinga*, lecker der Schafskäse, großer Speisesaal, von der Terrasse hat man einen grandiosen Panoramablick auf das benachbarte San Piero, über die Bucht und – an klaren Tagen – bis hinüber nach Montecristo. Mittags und abends geöffnet, gehobenes Preisniveau. Noch im Ort an der Straße Richtung La Pila auf der rechten Seite gelegen. ✆ 0565/983379.

San Piero in Campo

Unbedingt einen Ausflug wert ist auch der idyllische Nachbarort San Piero in Campo, etwas größer als Sant'Ilario. Wer wirkliche Ruhe und Entspannung sucht, sollte sich im einzigen *Albergo* des Orts einquartieren. San Piero liegt 226 m über dem Meer und bietet einen herrlichen Panoramablick. Malerische kleine Plätze und enge Gassen laden zum Schlendern ein. Ein Spaziergang durch das kleine San Piero sollte unbedingt auch zur Fortezza Pisana (nicht zugänglich) und zur Piazza Belvedere nebenan führen: Der Platz trägt seinen Namen zu Recht, prächtiger Blick auf den Golfo di Campo, schattige Sitzbänke und Kinderspielplatz vorhanden.

San Piero geht auf eine römische Gründung aus dem 1. Jh. v. Chr. zurück. Die im romanischen Stil errichtete **Kirche San Nicolò** (im Inneren sind noch einige Fresken zu sehen) wurde auf den Ruinen eines Tempels aus der Zeit Octavians gebaut, der vermutlich dem griechischen Gott *Glaukos* (Schutzgott der Seefahrer) geweiht war. Die Langobarden hatten den römischen Tempel im 6. Jh. zerstört, Anfang des 8. Jh. entstand hier eine erste Kirche; ihre heutige Gestalt erhielt San Nicolò dann im 12. Jh. Die Pisaner befestigten den Ort im 11. Jh. 1533 erfuhr San Piero das gleiche Schicksal wie Sant'Ilario: Es wurde von Piraten zerstört. Am Karfreitag begegnen sich die Bewohner beider Orte auf halbem Weg zu einer eindrucksvollen gemeinsamen Prozession.

San Piero in Campo

• *Übernachten* ** **Albergo La Rosa**, einfaches Haus im Zentrum und fernab vom Touristenrummel, mit Bar und Ristorante. Schlichte Zimmer mit Bad und TV, das DZ kostet 63 € (keine Einzel). 57034 San Piero in Campo, ✆/℻ 0565/983191, mobil unter 349/0768225 zu erreichen.

• *Essen & Trinken* **Ristorante Campanile**, genau neben demselben im Zentrum, daher nicht zu verfehlen, bodenständige Küche, auch Pizza zu günstigen Preisen, Panoramaterrasse mit tollem Blick, gemütlich. Mittags und abends geöffnet, Montag Ruhetag. Für den kleineren Hunger bietet sich die **Paninoteca Mago Chio** an der Piazza della Chiesa an. Hier trifft man sich am Nachmittag auf ein Kartenspiel oder einen Campari Soda. Es lässt sich aushalten im Schatten auf der hellen, autofreien Piazza. Ein weiteres Ristorante sowie eine Bar befinden sich an der Piazza Garibaldi.

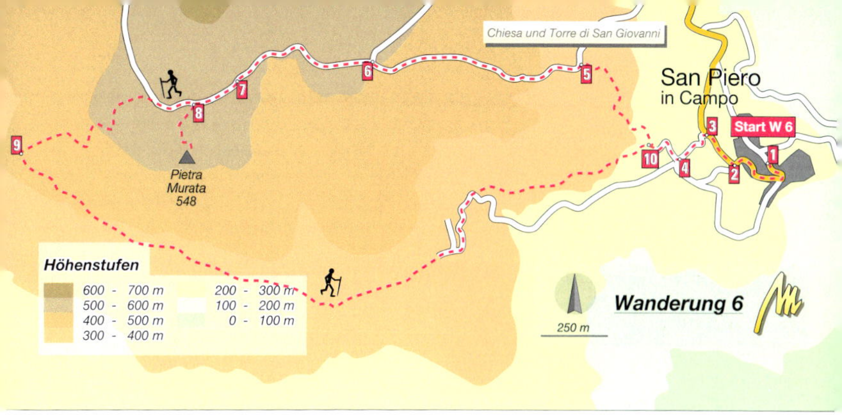

Wanderung 6: Rundwanderung bei San Piero in Campo

Der überwiegend schattenlose Rundwanderweg verläuft an den südlichen Ausläufern des Monte Capanne und bietet immer wieder schöne Weit- und Tiefblicke auf die südliche Westküste Elbas, die vorgelagerten Inseln Montecristo und Pianosa wie auch auf den Golfo di Campo.

Mittels **GPS kartierte Wanderung** – Waypoint-Dateien zum Downloaden unter: *www.michael-mueller-verlag.de/gps/homepage.html*

Anfahrt/Versorgung: San Piero ist ab Marina di Campo bestens ausgeschildert, Parken im Ort selbst kein Problem. Mehrere Bars und zwei Ristoranti in San Piero, auf der Strecke selbst keinerlei Versorgungsmöglichkeit, daher Trinkwasser nicht vergessen!

Kurzbeschreibung: Anfangs recht anstrengend und durchgehend schattenlos, nach steilem Anstieg (ca. eine Stunde) in westliche Richtung geht es an den Südausläufern des Monte Capanne entlang. Im weiten Bogen, ohne weitere Anstiege, aber schattenlos verläuft die Wanderung zurück nach San Piero. Gesamtdauer: ca. 3 Stunden, Länge: 9 km, Höhenunterschiede 540 m. **Achtung**: Kurz nach unserer Begehung der Strecke war das Gebiet um San Piero in Campo von Waldbränden betroffen. Es ist damit zu rechnen, dass die Schäden noch immer deutlich sichtbar sind!

Kartenmaterial: s. Karte oben, zu empfehlen außerdem: Reise- und Wanderkarte Insel Elba (Nr. 502), 1:25.000, Edizioni Multigraphic Florenz, für ca. 6 € im Buchhandel der Insel erhältlich (z. B. bei *Il Libraio* in Portoferraio, s. S. 89).

Ausgangspunkt der Wanderung ist die *Piazza Garibaldi* **(WP 01)** im Zentrum, an deren oberen Ende man links durch einen Torbogen hindurch in die *Via Sotto la Volta* geht. Kurz darauf ist man schon an der *Piazza della Chiesa*, hier halbrechts in die *Via Brunello* und gleich darauf rechts durch den nächsten Torbogen. Es geht geradeaus (*Via del Baccile*) an einer Steinmauer auf der linken Seite entlang, dann über Treppen und erneut durch einen Torbogen, nach dem man sofort links hinauf in die *Via della Racchellina* einbiegt. Nach wenigen Metern geht es rechts ab auf die *Via Badaracchi* **(WP 02)**, nach gut 200 m biegt man dann steil links hinauf ab **(WP 03)**. Die Betonstraße führt gleich darauf am Haus Nr. 262 A vorbei. Kurz darauf erreichen Sie eine Sand-Schotter-Straße, in die Sie nach rechts einbiegen.

Nach ca. fünf Minuten ab Beginn der Schotterstraße geht es rechts ab **(WP 04)**, achten sie hier auf die rot-weiße Markierung Nr. 7 (auf einem Stein). Halblinks oberhalb befindet sich ein Gehege mit Unterstand (drei neugierige, aber harmlose Hunde). Der Weg führt steil bergauf und wird bald zum Pfad. Nach weiteren ca. 10–15 Minuten Aufstieg gelangt man zu einer Abzweigung **(WP 05)**: dort geht es rechts auf dem Weg Nr. 7 zur *Chiesa San Giovanni* und zur *Torre San Giovanni*, die in einem etwa 45-minütigen Abstecher zu erreichen sind.

Lässt man den Abstecher aus, geht es geradeaus zwischen zwei Felsen hindurch und weiter bergauf (der rot-weißen Markierung folgend). Nach ca. 10 Minuten (Gesamtdauer bis hierher ca. eine Stunde) gelangt man zu einer Kreuzung **(WP 06)**. Nach links ab folgt man nun der Nr. 34 zur *Pietra Murata*. Ohne weitere Aufstiege verläuft die Route nun im offenen Gelände auf einer Sandstraße, immer wieder eröffnen sich tolle Weitblicke auf den Südwesten Elbas. Nach ca. 100 m geht es an einer weiteren Kreuzung geradeaus, und auch die bald folgende Abzweigung **(WP 07)** nach rechts (der Weg führt ins Pomonte-Tal) ist zu ignorieren.

Nach wenigen Minuten weiter auf der schmalen und sandigen Straße bietet sich an der beschilderten Abzweigung **(WP 08)** ein kurzer Abstecher nach links hinauf zum großen Fels der Pietra Murata an: weiter, herrlicher Blick über den Südwesten der Insel, zu sehen ist außerdem auch ein Caprile (Steinhütte). In nördlicher Richtung reicht der Blick hinauf zum Monte Capanne.

Zurück auf dem Hauptweg geht man bei einer bald folgenden Gabelung halblinks auf dem beschilderten Weg Nr. 34 weiter, zunächst nur leicht bergab, bald folgt jedoch ein zunehmend steilerer und gerölliger Abstieg auf schmalerem Pfad (mit Tiefblick auf die südliche Westküste). Nach ca. 30 Minuten Abstieg erreichen Sie eine Abzweigung **(WP 09)**, nach rechts führt ein Pfad ins Vallebuia (Beschilderung Nr. 35). Auch an dieser Abzweigung geht es jedoch geradeaus weiter, bald eröffnen sich herrliche Blicke auf das tief unten liegende Seccheto und die beiden Inseln Pianosa und Montecristo. Nach 15 Minuten (ab WP 09) passiert man eine Hausruine, hier führt ein Brett über sumpfigen Grund. Nach weiteren fünf Minuten sind eine Abzweigung nach halblinks hinauf und kurz darauf ein Weg nach halbrechts zu ignorieren. Die letzten etwa 100 m gelangt man auf breiter Sandpiste zurück zum Gehege **(WP 10)**, das man beim Aufstieg passiert hat. Ab hier geht es auf gleichem Weg wie beim Aufstieg zurück nach San Piero in Campo.

Torre di San Giovanni

Unweit von Sant'Ilario erhebt sich an der schmalen und steilen Straße zum Monte Perone und weiter nach Poggio die wohl imposanteste Turmruine der Insel. Der pisanische Wachturm aus dem 12. Jh. thront inmitten von Ginster und Dornengestrüpp auf einem kolossalen Felsblock in der Gegend. Großartiger Ausblick auf die Campo-Ebene und die Bucht, der Turm ist nicht zugänglich.

Auf der gleichen Straße ein Stück weiter bergan stößt man bald darauf linker Hand auf die **Kirchenruine San Giovanni,** ebenfalls aus dem 12. Jh. Grundmauern und Apsis des Gotteshauses sind noch erhalten, davor laden Tische und Bänke unter Schatten spendenden Bäumen zum Picknick ein. Der Wanderweg Nr. 34 führt an der Ruine vorbei.

Fetovaia: Traumbucht mit schützender Landzunge

Der Westen der Insel

Der landschaftlich eindrucksvollste und abwechslungsreichste Teil der Insel ist noch nicht überlaufen – für eine größere touristische Infrastruktur fehlt einfach der Platz. Hier dominiert der höchste Berg der Insel; karger Granit, im Kontrast dazu einige wenige fruchtbare Täler und im Norden Esskastanienwälder.

Die westliche Halbinsel wird durch die Ebene zwischen dem *Golfo di Procchio* im Norden und dem *Golfo di Campo* im Süden vom restlichen Elba getrennt, fast genau in der Mitte dieses Inselteils erhebt sich imposant der **Monte Capanne,** mit 1019 m der höchste Berg Elbas und des ganzen Toskanischen Archipels. Sein Massiv prägt ganz entscheidend das Landschaftsbild des Westens, die Hänge des nur wenig niedrigeren Vorgebirges fallen zum Süden und Südwesten hin steinig und unbewaldet ab, nur wenige schmale und fruchtbare Täler (wie z. B. bei Seccheto und Pomonte) unterbrechen die karge Bergwelt. Nördlich des Monte Capanne dagegen dichte Esskastanienwälder und Macchia, dazwischen die idyllischen Bergdörfer *Poggio* und *Marciana Alta,* beide eindrucksvoll am Fuß des alles überragenden höchsten Inselbergs gelegen. Die Gegend ist wasserreich, man zählt über 50 kleinere Quellen, die, da sie nicht im harten Granitgestein des Capanne-Massivs versickern können, im Frühjahr und Herbst zu beachtlichem Ausmaß anschwellen. Berühmt ist die *Fonte Napoleone* nahe dem Bergdorf Poggio, die den Elbanern noch immer als natürliches Trinkwasserreservoir dient. In den Wäldern um den Monte Capanne und den östlich benachbarten **Monte Perone** (630 m) gibt es neben zahlreichen kleineren Säugetieren auch Damwild und Wildschweine, an den Berghängen um Marciana Alta außerdem Mufflons (Wildschafe).

Karte S. 179

Auf keinen Fall entgehen lassen sollte man sich – ausgehend von Marina di Campo – die Rundfahrt auf der **Panoramastraße** entlang der Küste und über die Bergdörfer nach *Marciana Marina,* dem größten und wichtigsten Ort im Westen Elbas. Die schroffe, felsige Südküste wird nur selten durch kleine Buchten unterbrochen, und neben den reinen Badeorten *Cavoli* und *Fetovaia* strahlen besonders die Dörfer *Seccheto, Pomonte* und *Chiessi* samt hübschen kleinen Badebuchten einen besonderen Reiz aus. Eindrucksvoll auch *Sant'Andrea,* in einer kleinen Bucht an der Nordwestspitze der Insel gelegen.

Für **Wanderer** ist Westelba ein wahres Eldorado. Zahlreiche gut markierte Wege führen aus fast allen Richtungen auf den Monte Capanne – dessen Besteigung zweifelsfrei die eindrucksvollste Wanderung auf der Insel ist. Im Westen der Insel, bei Pomonte, hat auch die **G.T.E.,** die *Grande Traversata Elbana,* ihren Ausgangspunkt. Dieser Wanderweg führt über die Bergkämme der Insel bis nach Cavo im Nordosten und war zu Zeiten der Pirateneinfälle der einzige gangbare Verbindungsweg durch das Inselinnere.

Die Orte an der Südküste sind vergleichsweise wenig besucht, die meisten Gäste zieht es in den Norden nach Marciana Marina und vor allem nach *Procchio,* einem wenig aufregenden Retortenbadeort mit schönem Sandstrand. Hinzu kommt der rege Tagestourismus, der in den Sommermonaten besonders in den Bergdörfern *Poggio* und *Marciana Alta* zu spüren ist.

Wer den Westen Elbas besuchen will, sollte möglichst motorisiert sein. Es bestehen zwar sehr gute Busverbindungen zwischen den Orten und auch nach Portoferraio und Marina di Campo, ein Zwischenstopp an kleinen Buchten oder in entlegeneren Orten ist per Linienbus jedoch nur schwer möglich. Von Marina di Campo gibt es im Sommer eine etwa stündliche **Busverbindung** über Pomonte und Fetovaia nach Marciana Alta (und retour), dank der man einen Tagesausflug in das Bergdorf auch mit einem Badestopp an der Westküste (z. B. in Fetovaia) verbinden kann.

Cavoli

Cavoli ist kein Ort im eigentlichen Sinn, sondern vielmehr eine Ansammlung von Hotels und Appartementanlagen, Privathäuser gibt es kaum. Die sehr schöne Bucht mit feinem Sandstrand und glasklarem Wasser ist auf beiden Seiten von glatten Felsen umschlossen. Etwa die Hälfte des ohnehin kleinen Strands ist für Hotelgäste reserviert. Im Sommer ist die traumhafte Bucht hoffnungslos überlaufen, und es ist nahezu unmöglich, einen Parkplatz am Strand (0,77 €/Std.) zu finden. Tipp: Oberhalb der Bucht kann man kostenlos an der Küstenstraße parken, Pfade führen hinunter zum Strand; auf halber Stecke zum Beach ein weiterer Parkplatz (10 €/Tag). Kajaks, Tretbootverleih und Umkleidekabinen, Sonnenschirm- und Liegestuhlverleih – trotz aller Enge lässt sich an dem sehr feinsandigen Beach sogar noch ein freier Strandabschnitt finden. Boote bringen die Gäste zur nahe gelegenen **Grotta Azzurra.** Neben den Hotelrestaurants findet man in Cavoli noch einige Snackbars/Restaurants und einen Kiosk. Im Winter ist der Ort ausgestorben.

• *Verbindungen* Ca. stündlich **Busse** zwischen Marina di Campo und Fetovaia/Marciana Alta (bzw. retour), der Bus hält oben an der Straße, sagen Sie dem Fahrer Bescheid und erkundigen Sie sich über Rückfahrzeiten. Hinunter zum Strand ca. 10 Minuten zu laufen.

• *Übernachten/Essen & Trinken* *** **Baia Imperiale Beach Hotel**, herrlich am Hang oberhalb der Bucht gelegen, Aussichtsterrasse, Bar, Ristorante. DZ/Halbpension ab 196 €, EZ ab 114 €. Für gehobene Ansprüche, sehr freundlich und einladend. Moderner Bau, alle Zimmer mit Bad, Balkon, TV

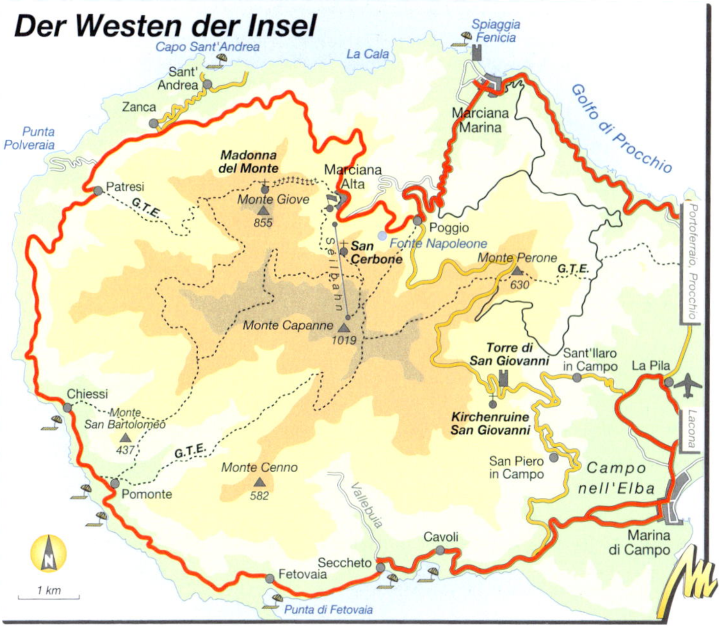

und Aircon., etwa 100 m hinunter zum reservierten Strand. Loc. Cavoli, 57030 Seccheto, ✆ 0565/987055, 📠 0565/987020, www.hotelbaiaimperiale.it. Das Hotel liegt an der Hauptstraße, von Marina di Campo kommend, noch vor der Abzweigung nach Cavoli auf der linken Seite.

** **Lorenza**, angenehmes Haus direkt am Strand, sympathischer Besitzer, Sonnenterrasse, gemütliches Restaurant unter Schatten spendenden Bäumen – sehr nett und dabei vergleichsweise günstig: DZ mit Frühstück 110 €, EZ 72 €, Halbpension pro Person ca. 15 € Zuschlag. Alle Zimmer mit Bad, Balkon oder Terrasse, TV und Aircon. Loc. Cavoli, Campo nell'Elba, ✆ 0565/987054 oder 0565/987004, 📠 0565/987080.

** **La Conchiglia**, daneben, DZ mit Bad, TV und Balkon 142 € (inkl. obligatorischer Halbpension). Sehr beliebtes Ristorante, meist bis auf den letzten Tisch besetzt. 20 Zimmer. 57030 Cavoli, ✆ 0565/987256, 📠 0565/987257, www.laconchigliacavoli.it.

Seccheto

Im Gegensatz zu Cavoli besitzt das nicht mal zwei Kilometer entfernte Seccheto noch echten Dorfcharakter: An der Piazza im Zentrum an der Durchgangsstraße herrscht Leben, man trifft sich zum Plausch, drum herum ein kleiner Supermarkt, die Bäckerei und die Metzgerei, das gediegene *Ristorante Vecchio Forno* (Mi geschlossen), ein paar Pizzerie und Bars. Empfohlen sei die *Bar da Bruno* an der Durchgangsstraße mit ihrem offensichtlich stets gut gelaunten Wirt – auf der urgemütlichen Terrasse trifft man sich zum Schachspielen. Seccheto war früher ein wichtiger Verladehafen für Granit, das an den Hängen oberhalb des Orts abgebaut wurde.

Zum Ort gehört auch ein kleiner, gepflegter **Sandstrand** mit gemütlicher Bar und Felsen ringsum. Allerdings sind die Bademöglichkeiten hier nicht ideal: So herrlich der sandige Strand selbst ist, so steinig (und glitschig) wird es im Wasser, was den

Einstieg erheblich erschwert. Nichts für kleine Kinder, es sei denn, man hat eine Luftmatratze. Geht oder fährt man etwas weiter in westliche Richtung, findet man von der Straße den Weg hinunter zu einigen einsamen felsigen Plätzchen.

Von Seccheto kann man übrigens in anstrengender **Wanderung** (ca. 4–5 Std.) auf dem beschilderten Weg Nr. 8 zum Monte Capanne aufsteigen. Auf dieser Wanderung überwindet man über 1.000 Höhenmeter und sollte somit schon ausreichend Kondition mitbringen. Das allerletzte Stück des Aufstiegs zwischen dem Monte Le Calanche und dem Monte Capanne ist anspruchsvoll und nur für geübte Wanderer zu empfehlen.

• *Verbindungen/Parken* Der **Bus** auf der Strecke von Marina di Campo nach Fetovaia/ Marciana Alta und retour hält im Zentrum, von 6–18.30 Uhr etwa stündlich. Schattiger Parkplatz im Zentrum an der Hauptstraße.

• *Übernachten/Essen & Trinken* *** **La Stella**, gepflegtes Mittelklassehotel am Ortsausgang (Straße Richtung Fetovaia) auf der linken Seite. Mit Badeplattform und angelegtem Strand, oberhalb davon eine Liegewiese (mit Hängematte!). Private Atmosphäre, nette Terrassenbar, das Hotel wird v. a. von italienischen Feriengästen geschätzt. Professionelle, sehr zuvorkommende Leitung, es werden auch Reitausflüge und Tauchkurse (s. unten) vermittelt. Relativ kleine Zimmer mit Bad, TV, Aircon., teilweise auch Balkon, DZ mit obligatorischer Halbpension 170 €, EZ die Hälfte. Geöffnet Anfang März bis 30.9. 57030 Seccheto, ✆ 0565/ 987013, ℻ 0565/987215, www.hotellastella.it.

*** **Da Italo**, DZ mit obligatorischer Halbpension 152 €, EZ 87 €, DZ mit Frühstück ab 80 € (nicht im August). Gehobene Mittelklasse (alle Zimmer mit Bad, TV und Aircon.) in einem hübschen Haus im Zentrum, ca. 30 m zum Strand, eigener Parkplatz, sehr freundlicher Service, empfehlenswertes Hotel, Mitte April bis Anfang Oktober geöffnet. 57030 Seccheto, ✆ 0565/987012, ℻ 0565/987271, www.hoteldaitalo.it.

** **Da Fine**, meerabgewandte Straßenseite am Hang, DZ mit obligatorischer Halbpension 156 €. Gegen allen äußeren Anschein kann das Hotel empfohlen werden: freundlicher Familienbetrieb, ausgezeichnetes Restaurant. Strandnäher, aber nicht unbedingt schöner ist die **Dépendance da Fine**, ein motelähnlicher, zweigeschossiger Kasten, in dem die Gäste untergebracht werden, wenn das Stammhotel ausgebucht ist. Geöffnet 1.3.–31.10. 57030 Seccheto, ✆ 0565/ 987017, ℻ 0565/987250, www.hoteldafine.it.

• *Essen/Trinken* Neben bereits erwähntem **Forno Vecchio** (mit Pizzeria) gibt es im Zentrum (Durchgangsstraße) auch noch die empfehlenswerte **Osteria del Nonno**. Außerdem:

Strandbar Baracchina: schöne, kleine Strandbar auf Holzterrasse, nur wenige Tische, nette Atmosphäre, südamerikanische Rhythmen, gute Schiaccine, freundlicher Service. Ganztägig geöffnet.

• *Tauchen* **Diving Service Center** von Daniele Fontana, die Tauchschule (SSI) befindet sich beim Hotel La Stella am Meer. Getaucht wird hauptsächlich an der Südwestküste der Insel, Tauchgang 32 €, mit Leih-Equipment 55 €, auch Tauchausflüge nach Pianosa und Giannutri, Probetauchgang 43 €, Anfängerkurs 315 €. Geöffnet Anfang März bis Ende November. Via del Mare, 57030 Seccheto, ✆/℻ 0565/987082, mobil 335/6103592, www.divingservicecenter.com.

Seccheto/Vallebuia

Auf keinen Fall entgehen lassen sollten Sie sich einen Abstecher ins **Vallebuia,** eines der wenigen grünen Täler an der steinigen Westküste. Die Straße führt von Seccheto aus zunächst sehr steil bergauf ins "dunkle Tal", auf dem Weg sind einige Granitbrüche zu sehen. Im Vallebuia beginnt der – stellenweise nicht ganz optimal markierte – Wanderweg Nr. 8 auf den *Colle della Grottaccia* (630 m).

• *Übernachten/Essen* Unser **Tipp** ist die ** **Locanda dell'Amicizia**, sehr ruhig gelegen, mit gemütlicher Terrasse und empfehlenswertem Ristorante. Nomen est omen – die Besitzerfamilie ist wirklich überaus freundlich und hilfsbereit, ein Hotel zum

Am Strand von Seccheto

Wohlfühlen. Alle Zimmer mit Bad, Aircon., Balkon oder Terrasse, manche auch mit kleinem Garten. Günstig: DZ mit Halbpension 126 €, EZ 63 € (im August keine Einzel). 1,2 km von Seccheto im Vallebuia an der Straße (linke Seite) gelegen, kaum zu übersehen. Loc. Vallebuia, 57030 Seccheto, ☏ 0565/987051, 0565/987277, www.elbahome.com/locanda, locanda@elbahome.com.

- *Einkaufen* **Agricoop**, im versteckt gelegenen Laden der kleinen Kooperative gibt es hervorragenden Aleatico und Idromele (Apfellikör, 14 %) zu kaufen, darüber hinaus gute Weine, Honig und Olivenöl, alles aus eigener Produktion. Es werden auch einige **Appartements** vermietet (nahe dem Laden): für 2 Personen 465 €/Woche, für 3 Personen ca. 520 €, Ruhe und Abgeschiedenheit garantiert. Von Seccheto aus beschildert (Vallebuia), 2 km vom Meer, einfach der Straße ins Vallebuia folgen. Ganzjährig geöffnet, im Sommer 8.30–12.30 Uhr und 16–19.30 Uhr, im Winter eingeschränkt. Loc. Vallebuia 10, 57030 Seccheto, ☏/ 0565/987035, www.agricoopelba.it.

Die Bucht von Fetovaia

Die Traumbucht der Westküste! Breiter Sandstrand, unverbaut, die Bucht ist zur Westseite hin durch eine Landzunge geschützt.

In Küstennähe und im bewaldeten Hinterland vereinzelt Häuser, eine Hand voll Hotels und einige Strandbars, Sonnenschirm- und Liegestuhlverleih, ein kleiner Supermarkt – mehr nicht. Die Küste bei Fetovaia gilt als hervorragendes Tauchrevier. Der wunderschöne Strand ist in der Hochsaison mehr als gut besucht, Parken wird zum echten Problem.

- *Verbindungen* Von 6–18.30 Uhr ca. stündlich **Busse** nach Marina di Campo und nach Marciana Alta.
- *Übernachten/Essen & Trinken* *** **Lo Scirocco**, im Zentrum, ca. 400 m vom Strand, mit Ristorante, gediegenes Ambiente, professionelle Leitung. DZ mit obligatorischer Halbpension 164 €, keine EZ, in der Nebensaison DZ mit Frühstück 110–130 €, 1.4.–15.10. geöffnet. Loc. Fetovaia, 57034 Campo nell'Elba, ☏ 0565/988033, 0565/988067, www.fetovaia.it.

Die Bucht von Fetovaia

*** **Montemerlo**, eines der besten Hotels von Fetovaia, im oberen, ruhigen Ortsteil gelegen, von der Hauptstraße beschildert, 300 m vom Strand, schicker Pool, Fahrradverleih. Die Zimmer sind in kleinen Natursteinbungalows untergebracht, DZ mit Bad, Terrasse/Balkon und obligatorischer Halbpension 161 €, keine EZ. Geöffnet Mitte April bis Mitte Oktober. Loc. Fetovaia, 57030 Seccheto, ✆ 0565/988051, 📠 0565/988036, www.welcometoelba.com.

*** **Galli**, gegenüber vom Hotel Lo Scirocco im Zentrum, nette Atmosphäre und relativ günstig: DZ 142 € (inkl. Frühstück). Anfang Mai bis Mitte September geöffnet. Loc. Fetovaia, 57030 Seccheto, ✆ 0565/988035, 📠 0565/988029, www.hotelgalli.it.

** **Anna**, stilvolles Hotel neben dem Montemerlo und in puncto Komfort mit diesem vergleichbar, etwas günstiger: DZ mit Frühstück 130 €, EZ 100 €, in der Nebensaison kostet das DZ hier 72–88 €. Loc. Fetovaia, 57030 Seccheto, ✆ 0565/988032, 📠 0565/988073, www.fetovaia.it.

** **Da Alma**, bei der Ortseinfahrt (aus Seccheto kommend) auf der linken Seite. Nettes und familiär geführtes Hotel über der Bucht, schöner Blick, DZ mit Bad und obligatorischer Halbpension 146 €, EZ 85 €, das DZ mit Frühstück kostet im Juli 80 €. Via Barbatoja 74, Loc. Fetovaia, 57030 Seccheto, ✆ 0565/988040, 📠 0565/988074, www.hotelalma.com.

Pomonte

Nach Fetovaia in Richtung Pomonte wird die Küste weniger steil und schroff, bleibt aber sehr kahl. Umso erfreulicher dann der Anblick des Dorfs am Rand des grünen *Valle di Pomonte,* einem der wenigen Täler an der Westküste. Pomonte war schon in der Antike bewohnt, sein Name geht zurück auf die römische Siedlung *Post montes,* was so viel wie "hinter den Bergen" bedeutet.

Wer in dem ruhigen Ort auf den Bus warten muss, kann dies in der *Bar Katiuscia* tun: Die große schattige Terrasse ist der Treffpunkt der Dorfbewohner, der Bus hält direkt davor. Hervorragende Panini gibt es in der benachbarten *Papaya-Bar*.

Der ideale Badeort ist Pomonte nicht gerade, es gibt nur einen ziemlich kleinen Strand mit grobem Kies im Zentrum und einige Felsplatten weiter westlich. Im Ort eine Rosticceria, Restaurants besitzen nur die drei Hotels von Pomonte. Am Abend wirkt der Ort wie ausgestorben. Pomonte bietet sich dennoch als Ausgangspunkt für Wanderungen in das gleichnamige Tal und weiter auf den Monte Capanne an (Wanderweg Nr. 9), des Weiteren kann man entlang dem **Monte San Bartolomeo** (437 m) zum Nachbardorf Chiessi wandern (siehe Wanderung "An den Hängen des San Bartolomeo" siehe S.184). Eine andere empfehlenswerte Wandertour führt vom

Ortsrand (Beschilderung Wanderweg Nr. 9) am Valle di Pomonte entlang und dann hinauf zum *Colle della Grottaccia* (630 m). Auf dem Weg Nr. 31 geht es am Hang in weitem Bogen zurück nach Pomonte (ca. 4–5 Std.).

• *Verbindungen* Von 6–18.30 Uhr ca. stündlich per **Bus** nach Fetovaia und Marina di Campo, genauso oft nach Marciana Alta und weiter nach Portoferraio.

• *Übernachten/Essen & Trinken* *** **Villa Mare**, im westlichen Ortsteil, direkt am Anfang des Felsstrandes. DZ mit obligatorischer Halbpension 134 €, keine EZ. Modernes Hotel in traumhafter Lage, mit Aircon., Bar und nettem Service. Via del Mare, 57030 Pomonte, ✆ 0565/906221, ✆ 0565/906222, www.elbavillamare.it.

*** **Sardi**, DZ mit obligatorischer Halbpension 144 €, EZ 82 €. Sehr gepflegt, fast alle Zimmer mit Balkon oder Terrasse, Aircon., nur über die Straße zum Strand (sehr große Kiesel). Das rote Haus mit seiner begrünten Terrasse hat Atmosphäre. Ganzjährig geöffnet. 57030 Pomonte, ✆ 0565/906045, ✆ 0565/906253, www.hotelsardi.it.

** **L'Ogliera**, ruhige Lage im oberen Teil des Ortes (beschildert), DZ mit obligatorischer Halbpension 130 €, im Juli DZ mit Frühstück 70 €, alle Zimmer mit Bad und TV, z. T. auch Balkon. Etwas altmodisch und weniger attraktiv als die beiden anderen, dafür sehr netter Service. Das angeschlossene Restaurant (an der Durchgangsstraße) ist freitags geschlossen. Ganzjährig geöffnet. 57030 Pomonte, ✆ 0565/906210, ✆ 0565/906012.

Wanderung 7: An den Hängen des San Bartolomeo

Die relativ einfache, aber schweißtreibende Wanderung dauert etwa 2,5–3 Std.; Ausgangspunkt ist Pomonte, Endpunkt das benachbarte Chiessi. Auf dem Weg, der zunächst parallel zum *Valle di Pomonte* ansteigt, öffnen sich dem Wanderer herrliche Ausblicke auf das Tal, den Ort Pomonte und das Meer im Westen. In östlicher Richtung läuft man auf dem ersten Teil der Strecke durch die Macchia geradewegs auf die felsige Westseite des Monte Capanne zu. Nach der Umrundung des 437 m hohen *Monte San Bartolomeo* geht es durch abwechslungsreichere Vegetation hinab zum Ort Chiessi, auf dieser Strecke einige rutschige Stellen, so dass gebirgstaugliches Schuhwerk dringend zu empfehlen ist. *Achtung:* Man steigt im ersten Teil der Wanderung einen Südhang hinauf, und schattige Abschnitte finden sich so gut wie keine. Unbedingt die Mittagshitze meiden und ausreichend Wasser mitnehmen, es gibt keine Quellen auf dem Weg.

Wegbeschreibung: In Pomonte von der Kirche ein Stück auf der Straße Richtung Chiessi laufen und dann die Treppen hinauf, man erreicht die Straße im oberen Teil des Orts, hier befindet sich auch ein Parkplatz. Entlang einer Agavenhecke (gegenüber dem Haus Nr. 17) führt der beschilderte Wanderpfad Nr. 4 (rot-weiße Markierungen, teilweise auch "4") steil bergauf und verläuft parallel zum Tal. Nach ca. 30 Min. anstrengenden Aufstiegs gelangt man zu einer natürlichen, unübersehbaren Felsterrasse (toller Blick), diese überqueren – nicht rechts abbiegen! – und weiter bergauf auf steinigem Pfad.

Nach einer weiteren halben Stunde erscheint am Hang die Ruine eines alten Magazins, dieses rechts liegen lassen, nach ca. 20–30 Min. stößt man auf eine Kreuzung, hier links abbiegen in westliche Richtung auf den Weg Nr. 3. (In die entgegengesetzte Richtung führt der Weg 3 hinauf zum Monte Capanne.) Nach der Kreuzung verläuft der Weg leicht bergab, bald darauf ein Wegweiser nach Chiessi. Nach ca. 15 Min. zweigt rechts ein Pfad (mit Wegweiser) zum Monte San Bartolomeo ab (auf dem Weg dorthin die Ruinen einer pisanischen Kirche), den Pfad geradeaus weiter gehend gelangt man über einen kleinen Pass auf die Nordseite des Hangs – hier endlich etwas Schatten – und genießt bald darauf den Blick auf Chiessi am Meer.

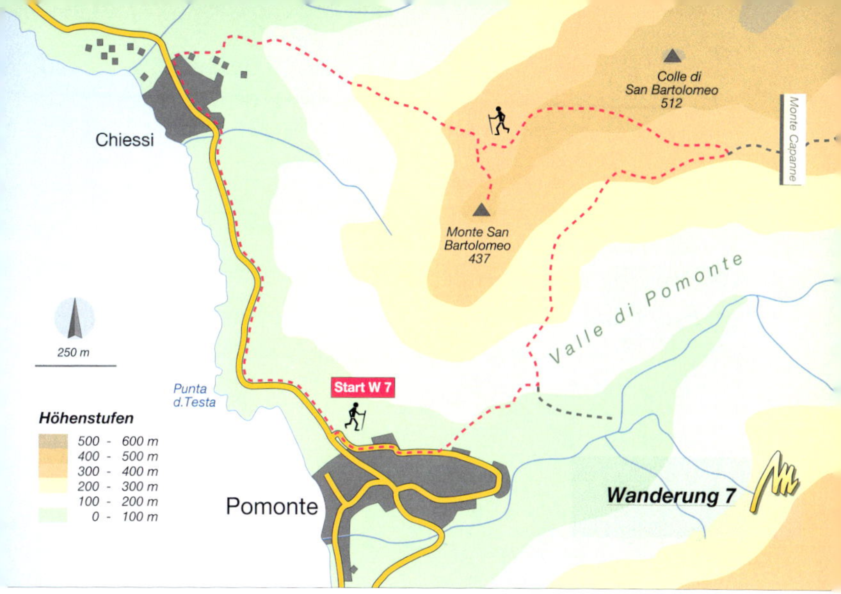

Auf der Nordseite bietet sich eine reichere Vegetation mit diversen Farnarten und Gräsern, später, im unteren Abschnitt auch Salbei, Brombeeren etc. Abstieg auf teilweise rutschigem Steinpfad (einige unwegsame Stellen) nochmal ca. 45–60 Min., über Treppen hinunter ins Dorf zum Hotel Aurora, dem Endpunkt der Wanderung. Von hier mit dem Bus (relativ häufige Verbindungen) zurück nach Pomonte oder zu Fuß etwa 2 km entlang der Küstenstraße.

Chiessi

Im westlichsten Ort der Insel ist vom Tourismus im großen Stil noch immer nichts zu bemerken – Chiessi ist sicherlich eines der schönsten Dörfer an der abgelegenen Westküste.

Wenn überhaupt irgendwo auf der Insel, dann kann man hier noch einen einigermaßen günstigen Urlaub verbringen. In der Bucht ein netter kleiner Kiesstrand, beidseitig eingerahmt von flach abfallenden Felsen, auf denen es sich unter aufgespanntem Sonnenschirm (selbst mitbringen) herrlich aushalten lässt. Im Hintergrund erhebt sich das stellenweise mit Macchia bewachsene, größtenteils aber kahle Gebirge des **Campo alle Serre.** Im Gegensatz zum benachbarten Pomonte herrscht hier auch abends noch etwas Leben.

Typisch für die Gegend um Pomonte und Chiessi sind die angelegten **Terrassenfelder,** auf denen wie seit Jahrhunderten Wein angebaut wird.

• *Verbindungen* Von 6–18.30 Uhr ca. stündlich per **Bus** nach Fetovaia und Marina di Campo, genauso oft nach Marciana Alta und weiter nach Portoferraio.

• *Übernachten/Essen & Trinken* *** **Hotel Il Perseo**, unser **Tipp!** Aus Pomonte kommend auf der rechten Seite. Gepflegtes, geschmackvoll eingerichtetes Hotel der oberen Mittelklasse mit Ristorante, Bar und **Tabak-Zeitschriftenladen**. Nur 21 Zimmer, zum Teil im Nebengebäude (mit Garten), alle Zimmer mit Bad, TV und Heizung, einige auch mit Balkon (Meeresblick), 100 m vom Kiesstrand. Relativ günstig: DZ mit Frühstück 108 €, keine EZ. März bis ca. Mitte Oktober geöffnet. 57030 Chiessi, ✆ 0565/906010, ℻ 0565/906109, www.htperseo.it.

Karte S. 179

Winzige Dorfkirche in Zanca

** **Albergo Aurora**, ebenfalls sehr empfehlenswert, an der Durchgangsstraße links, mit Ristorante, DZ mit obligatorischer Halbpension 120 €, EZ nur in der Nebensaison (ab 40 € mit Frühstück), DZ in der Nebensaison um 70 €. Alle Zimmer mit Bad. Angenehme Bar, nur knapp 50 m vom Meer. Mitte April bis Anfang Oktober geöffnet. Via Provinciale, 57030 Chiessi, ✆/℻ 0565/906129, hotelaurora@infoelba.it.

Albergo dei Fiori, ein weiterer **Tipp** für die Gegend. Am Hang oberhalb der Durchgangsstraße, erkennbar an den grünen Sonnenschirmen. Alle Zimmer mit Bad, die meisten auch mit Balkon. Sehr günstig: DZ ab 45 €, EZ ab 25 €, Dreier ab 60 €, mit Halbpension kostet das DZ 86 €. Auskünfte im übrigens äußerst empfehlenswerten **Ristorante L'Olivo** an der Hauptstraße bzw. unter ✆ 0565/906013. Im Ristorante kann man Ihnen auch bei der Suche nach einem Appartement behilflich sein (um 500 €/Woche), Infos hierzu auch unter ✆ 0565/906071.

Patresi/Zanca

Kurz nach dem beschaulichen Ort Chiessi nimmt die Straße in nördliche Richtung ihren spektakulärsten Verlauf hoch über der Küste. Nach einigen Kilometern gelangt man in das – weniger spektakuläre – **Colle d'Orano** (mit Ristorante/ Pizzeria) und nach knapp einem Kilometer nach **Patresi** mit zwei empfehlenswerten Unterkünften und kleinem Strand weit unterhalb des Ortes. **Zanca,** quasi der Vorort von Sant'Andrea, liegt hoch über dem Meer und wirkt eher verschlafen, es gibt eine Bank und ein Lebensmittelgeschäft, und hier, an der Hauptstraße, fahren die Busse hinunter nach Sant'Andrea und nach Marciana Alta ab. Dennoch: Wer sich in dieser entlegenen Ecke der Insel einmietet, sollte motorisiert sein.

• *Verbindungen* Von Zanca zwischen 6 und 18.30 Uhr stündlich nach Marciana Alta und nach Marina di Campo, der Bus hält an der Hauptstraße.

• *Übernachten* *** **Bel Tramonto**, unser **Tipp!** Im Grünen am Hang oberhalb von Patresi gelegen, toller Blick, mit kleinem Pool, geschmackvolle Einrichtung mit viel Rattan, sehr freundlicher Service. DZ mit Bad, Balkon/Terrasse und Meerblick 114 €, EZ 72 €, Frühstück inkl. Es gibt auch einige Appartements für 650–750 € pro Woche. Geöffnet Anfang Mai bis Anfang Oktober. Von der Durchgangsstraße rechts ab den Berg hinauf, beschildert. Loc. Patresi, 57030 Marciana, ✆ 0565/908027, ℻ 0565/908280.

** **Belmare**, in Patresi an der Durchgangsstraße. Mit Ristorante, Bar, Terrasse, DZ mit Bad und Balkon 148 €. 1.3.–15.11. geöffnet. Loc. Patresi, 57030 Marciana, ✆ 0565/ 908067, ℻ 0565/908312, www.hotelbelmare.it.

Appartamenti da Angiolina, in Zanca im Zentrum, kaum zu übersehen. 3er-Appartement 700 € pro Woche, für max. 5 Personen 900 €. Loc. La Zanca, 57030 Marciana, ✆/℻ 0565/908026.

▸ **Baden**: Von **Patresi** führt eine schmale asphaltierte Straße (ca. 1 km) hinunter zum steinigen Strand des Ortes. Es gibt eine Badeplattform (Anlegestelle), ansonsten ist der Strand nicht ideal zum Baden. Oberhalb thront der Leuchtturm der *Punta Polveraia*. Wer von **Zanca** aus zum Baden gehen möchte, nimmt am besten den **Marebus** (s. unten) hinunter zum Strand von Sant'Andrea.

Cotoncello – einer der schönsten Strände der Insel

Sant'Andrea

Der Ort an der Nordwestspitze der Insel liegt steil am Hang inmitten einer verschwenderischen Vegetation. In der Bucht ein etwa 150 m langer Sandstrand, in westlicher Richtung schließt – über Treppen und einen Pfad zu erreichen – ein traumhaft schöner Felsstrand am Capo Sant'Andrea an. Ebenso traumhaft der östlich gelegene Cotoncello-Strand – hier schimmert das Wasser türkisgrün.

Diese wunderschöne Ecke der Insel blieb natürlich nicht unentdeckt, und es haben sich neben einer Hand voll Hotels auch ein paar Bars und Restaurants etabliert. Dennoch, die Hotelsituation in Sant'Andrea ist eine besondere: Es sind fast ausschließlich kleine, persönlich geführte Familienunternehmen, Tourismus im großen Stil mit der dazugehörigen Massenabfertigung ist in dem kleinen Ort fremd, das Preisniveau ist allerdings auch eher gehoben. Bevor in Sant'Andrea die Landwirtschaft nach und nach durch den Fremdenverkehr ersetzt wurde, lebten die Bewohner vom Obst- und Gemüseanbau, hauptsächlich aber vom Weinbau. 1956 wurde die Straße von *Zanca* hinunter zur Bucht gebaut, zur gleichen Zeit kamen auch die ersten Besucher aus Deutschland in den Ort.

Sehr nett die kleine Strandbar *Il Gabbiano*, besonders abends bei Bruschette mit einem Glas Wein. Während der Sommermonate Motorbootverleih, am eher schmalen Strand werden außerdem Sonnenschirme und Liegestühle, Tretboote, Kajaks und

Der Papst, der Hund und das Auge des Betrachters

Zuerst war der Papst da, am schönsten findet er den Hund, aber im Prinzip hängt alles vom Auge des Betrachters ab bei *Nello Anselmi*. Schon vor vielen Jahren hat der Hotelier aus Sant'Andrea die natürlichen Steinskulpturen der Insel entdeckt, später fotografiert und 1993 schließlich den vielleicht interessantesten Bildband über Elba veröffentlicht: *"I Mostri di Pietra"* – die "Steinmonster von Elba". Anselmis Steinmonster nehmen ihre Gestalt erst durch das richtige Spiel von Licht und Schatten an, und natürlich ist auch der Blickwinkel von tragender Bedeutung, um die Stein gewordenen Ungeheuer überhaupt zu "entdecken". Ihm ist es gelungen, dort etwas zu sehen, wo ein anderer unbeeindruckt vorbeigehen würde. Tote Steine inmitten der kargen elbanischen Bergwelt – bisweilen sicher in bizarren Formen, aber doch keine Päpste, Hunde, Hasen, Mexikaner oder gar Feldherren, die der Elbaner über Jahre hinweg auf seinen Streifzügen durch die Insel ausfindig gemacht hat.

Anselmis "Steinmonster": das Kaninchen (oben) und der Hund (rechts)

Dass es sich hierbei um sehr persönliche Impressionen handelt, die für Außenstehende oftmals kaum nachvollziehbar sind, daraus macht Nello Anselmi keinen Hehl. Es sind "Entdeckungsreisen für die Phantasie", zu denen er mit seinem Buch auch den Leser anregen will. Seine eigene phantastische Entdeckungsreise begann übrigens schon in Kindertagen, beim Spielen am Meer: Hier sah er erstmals den "steinernen Papst" mit seiner eindrucksvollen Tiara. Den Papst hat 1980 zwar eine Flutwelle weggespült, doch wer sich hauptsächlich im Westen der Insel auf die Suche begibt, begegnet sicher dem einen oder anderen Monster – auch ohne Anleitung durch Anselmis Buch.

Den Bildband "Steinmonster von Elba" kann man in allen größeren Buchhandlungen der Insel und in Anselmis Hotel Cernia (siehe "Übernachten") für 15 € kaufen, im Hotel selbst liegt das Buch auch zur Ansicht aus. Neben den Fotografien und dazugehörigen Erläuterungen findet sich im Anhang auch eine Inselkarte mit Wanderwegen, auf denen die einzelnen "Skulpturen" zu finden sind. Über Besucher, die sich für seine Monster interessieren, freut sich Signore Anselmi übrigens sehr. Er kann ihnen genauere Informationen zu den Standorten der jeweiligen Figuren, aber auch zu seinen eigenen Assoziationen zu den Bildern geben – und dann sieht man auf einmal Dinge, die vorher nicht da waren.

Surfbretter (auch Unterricht) verliehen. Im Sommer gibt es den "Marebus", einen Shuttle-Service zwischen Zanca, Sant'Andrea und dem überaus malerischen **Cotoncello**-Strand: überwiegend Granitfelsen (als Badeplätze gut geeignet) in teilweise bizarrer Formation, über Stufen und kleine Brücken gelangt man zu einem winzigen sandigen Abschnitt.

• *Verbindungen* Leider keine direkte Verbindung hinunter nach Sant'Andrea, man nimmt den **Bus** ab Portoferraio nach Fetovaia (ca. stündlich von 7.30–17.30 Uhr, Zwischenstopps in Procchio und Marciana Marina) oder von Marina di Campo nach Marciana Alta (ca. stündlich von 8–18 Uhr), der Bus hält in Zanca an der Hauptstraße, hier umsteigen in den **Marebus**, der Sie zum Strand hinunterbringt (einfache Fahrt 0,50 €), Verbindungen stündlich zwischen 8–12 Uhr und 15–19 Uhr. Achtung: nach 18.30 Uhr keine Busse mehr nach Portoferraio oder Marina di Campo!

• *Bootsverleih* Bei **Daniele Rent** am Strand, Schlauchboot mit 40-PS-Außenborder 65–85 € (halber Tag), ganztägig 110–140 €, Surfbrettverleih 8 €/Std., Kanu 5 €/Std. Auch Surfkurse (180 €/8 Tage). Geöffnet Mitte Mai bis Anfang Oktober, ✆ 0565/908173 oder 339/1033741 (mobil).

• *Übernachten/Essen & Trinken* *** **Ilio**, bereits 1959 eröffnetes, sehr schönes Hotel am Hang, von den Baulichkeiten eher an ein Gehöft erinnernd. Geschmackvoll ausgestattet und mit schönem Garten, nur wenige Meter vom Meer. Bereits 1989 hat man sich hier einer ökologisch verträglichen Hotelführung verschrieben, und Inhaber Maurizio Testa organisiert selbst kleine Ausflugstouren (Wandern, Archäologie) und Dia-Abende, des Weiteren gibt er den aufschlussreichen Newsletter *Elbatuttanatura* (auch in englischer Sprache) heraus; seine Frau Anita Negele ist Sommeliere. Komfortable Zimmer in 4 verschiedenen Ausstattungen, z. B. das *Gartenzimmer* mit kleinem privatem Garten, das *Blaue Zimmer* mit Balkon und Meerblick, das *Toskana-Zimmer* mit antiquarischen toskanischen Möbeln usw. Die Preise für das DZ mit Halbpension liegen bei 156–168 €, in der Nebensaison bis zu 40 % niedriger. Das Hotel ist von der Straße zum Strand beschildert, geöffnet 15.4.–15.9. Capo Sant'Andrea 24, 57030 Marciana, ✆ 0565/908018, 📠 0565/908087, www.ilio.it bzw. www.elbatuttanatura.com.

*** **Gallo Nero**, oberhalb der Bucht inmitten üppiger Vegetation gelegen. Familiäre Atmosphäre, geschmackvolle Einrichtung, rustikaler Speisesaal, Pool, Whirlpool und Tennisplatz. DZ mit obligatorischer Halbpension 172 €, in der Nebensaison DZ mit Frühstück ab 50 €. Anfang April bis ca. 20.10. geöffnet. Capo Sant'Andrea, 57030 Marciana, ✆ 0565/908017, 📠 0565/908078, www.hotelgallonero.it.

*** **Cernia, Tipp!** Sehr angenehme Atmosphäre zum Wohlfühlen, ein Hotel, das sein Geld wert ist. Das finden auch die vielen Stammgäste, die jedes Jahr wiederkommen. 10.000 qm großer botanischer Garten bis zum Meer hinunter mit allerlei exotischem Grün und unbekannten Früchten, Terrasse, herrlicher Pool, Tennisplatz. Der Besitzer Nello Anselmi ist zugleich Sommelier und führt sein Haus in sehr persönlichem Stil. Empfehlenswertes Restaurant. Nur DZ mit obligatorischer Halbpension für 184 €, an der Straße zur Bucht auf der rechten Seite. Geöffnet Anfang April bis Mitte Oktober. Capo Sant'Andrea, 57030 Marciana, ✆ 0565/908210, 📠 0565/908253, www.hotelcernia.it.

*** **Barsalini**, nur 20 m vom Strand, auch hier stilvolles Ambiente, mit Pool, gepflegte Zimmer mit Bad, TV, Kühlschrank und Balkon/Terrasse, komfortables Haus, gute Küche. DZ mit obligatorischer Halbpension 180 €, keine EZ, geöffnet Mitte April bis ca. 20.10. Loc. Sant'Andrea, 57030 Marciana, ✆ 0565/908013, 📠 0565/908264, www.hotelbarsalini.com.

* **Oleandro**, ebenfalls sehr empfehlenswert, etwas östlich des Kaps hoch über dem Meer gelegen, toller Blick, gemütlich und kinderfreundlich, mit einladendem Ristorante/Bar. DZ mit Bad, Balkon oder Terrasse (zum Meer) und obligatorischer Halbpension 144 €, EZ 90 €, in der Nebensaison (alles außer Juli/August) auch Zimmer mit Frühstück: DZ 72–88 €, EZ 45–55 €. Abgelegen inmitten der üppigen Vegetation. Ca. 400 m vom nächsten Strand (Cotoncello). Von der Hauptstraße zum Strand rechts ab, beschildert, ca. 1,5 km vom Ort. Geöffnet

1.4.–30.9. Cotoncello di Sant'Andrea, 57030 Marciana, ✆ 0565/908088.

** **Bambù**, an der Straße zum Strand, ca. 100 m davon entfernt, mit Ristorante, nur vom 1.6. bis 30.9. geöffnet, DZ mit Bad und Frühstück ab 80 €, keine EZ, geöffnet Ostern bis Ende September. Capo Sant'Andrea, 57030 Marciana, ✆ 0565/908012, 📠 0565/908295.

Il Saraceno, schönes Ristorante (auch Pizzeria) mit kleinem Innenraum und herrlicher Terrasse, man sitzt unter Bäumen im Schatten und hat einen tollen Blick über die Dächer des Dorfes. Pizza aus dem Holzofen, Meeresspezialitäten, mittleres Preisniveau, April–Sept. ganztägig geöffnet, Reservierung erwünscht, beim großen Parkplatz von Sant'Andrea oberhalb des Strands. ✆ 0565/908048.

Außer der Bar Il Gabbiano gibt's am Strand noch die **Pizzeria Da Marco**.

Marciana Alta

Marciana Alta, auf 375 m Höhe in den üppigen Esskastanienwäldern der nördlichen Hänge des Monte Capanne gelegen, ist von rauer Schönheit. In dem Bergdorf mit seinen verwinkelten Gassen und kleinen Piazzas findet sich noch immer ein Stück ursprüngliches Elba fernab vom großen Rummel der Küstenorte.

Man betritt Marciana Alta durch die mittelalterliche *Porta di Lorena* und gelangt sogleich auf die *Piazza Santa Caterina* mit der gleichnamigen Kirche aus dem 16. Jh. Von hier führen unzählige Treppen und kleine Gässchen durch das Dorf nach oben, und auch der planloseste Spaziergang endet in der Regel an der pisanischen Festung, die den Ort noch immer dominiert und Zeugnis von seiner früher Bedeutung ablegt. Bei diesem Bummel stößt man auf die *Piazza Cantone*, einen idyllischen Kirchplatz, oberhalb davon geht es zum kleinen *Archäologischen Museum* (siehe "Sehenswertes in und um Marciana Alta", S. 193) und schließlich zur *Casa Appiani* aus dem 14. Jh. und der nahen kleinen *Chiesa San Francesco*, die ebenfalls von den Appiani, den Fürsten von Piombino, errichtet wurde.

Die große Geschichte Marcianas erscheint stets gegenwärtig in den oft abweisend wirkenden Gassen, die aber immer wieder durch üppiges Grün und farbenfrohe Blumenpracht freundlich unterbrochen werden. Daneben macht auch die einmalige Lage des Dorfs einen Besuch so unbedingt lohnenswert. Marciana hat alles – die kargen und steil aufragenden Berge des *Monte-Capanne-Massivs* im Hintergrund, dichte und üppig grüne Wälder in der direkten Umgebung und schließlich den weiten Blick auf die nordwestelbanische Küste und das blaue Meer.

Schmale Gassen in Marciana Alta

Napoléon – auch in Marciana Alta

Man weiß um seine Reize, und die Gemeindeverwaltung hat jüngst ein Restaurierungsprogramm verordnet, dem die Bewohner Marcianas nachzukommen haben – und das sogar unter Androhung einer Geldstrafe. Kaum verwunderlich also, dass in Marciana überall gehämmert und geklopft wird, Fassaden auf Vordermann gebracht werden, und so dem Dorf nach und nach ein schmuckes Äußeres verpasst wird. Die Gemeinde zählt insgesamt über 2.000 Einwohner, in Marciana selbst leben aber nur ca. 400 – meist ältere – Menschen. Der Rest verteilt sich auf die zugehörigen Ortschaften Poggio, Procchio, Sant'Andrea, Patresi, Chiessi und Pomonte. Übernachtungsmöglichkeiten gibt es in Marciana leider keine, und auch die Anzahl an Restaurants ist begrenzt. Der Ort eignet sich allerdings hervorragend als Ausgangspunkt für **Wanderungen,** z. B. zur Wallfahrtskirche *Madonna del Monte* (siehe S. 193) oder auf dem Wanderweg Nr. 1 zum *Monte Capanne* (Aufstieg ca. 2–2,5 Std., Ausgangspunkt ist die *Porta di San Agabito,* vom Dorf aus beschildert).

Geschichtliches

Marciana Alta ist eine der ältesten Siedlungen der Insel. Vermutlich an der Stelle einer älteren Befestigung gründeten die Römer hier 35 n. Chr. eine antike Stadt. Den heutigen Charakter Marcianas prägten aber die Pisaner, die hier im 11.–13. Jh. eine Residenz unterhielten, wichtigster Überrest aus dieser Zeit ist die *Fortezza Pisana* aus dem 12. Jh. Die Appiani, das Fürstengeschlecht von Piombino und ab dem 14. Jh. Herrscher über den Westteil der Insel, richteten hier ihren Hauptsitz auf Elba ein, die Festung wurde 1450 um- und ausgebaut, unter den Appiani erhielt der Ort im 15. Jh. sogar das Privileg einer Münzpräge (*La Zecca*). Zu Zeiten der Pirateneinfälle auf der Insel war das schwer zugängliche Marciana in den Bergen der wohl sicherste Ort auf Elba – zumindest bis die Festung 1553 von Piraten geplündert und bald darauf verlassen wurde.

Mit ihren Nachbarn im nur drei Kilometer entfernten *Poggio* verband die Leute von Marciana übrigens von jeher ein wenig herzliches Verhältnis. Es wurde gestritten – über die Abgrenzung der Fischfanggebiete oder die Menge an Esskastanien, die auf dem jeweiligen Territorium des anderen gesammelt werden durften – man war sich nicht grün. Marciana pochte auf seine Rechte als ältere Siedlung und versuchte über die Jahrhunderte immer wieder, Poggio einzunehmen – was 1738 letztendlich auch geschah.

• *Verbindungen* sehr gute **Busverbindungen**, 11x täglich über Fetovaia und Pomonte entlang der Westküste nach Marina di Campo, 12x tägl. über Poggio, Marciana Marina und Procchio nach Portoferraio.

• *Adressen* **Post** (Mo–Fr 8.15–13.30 Uhr, Sa bis 12.30 Uhr, kein Geldwechsel) neben der Pizzeria Bellavista, **Bank** an der Durchgangsstraße (Mo–Fr 8.20–13.35 Uhr und 14.30–15.45 Uhr, Sa 8.20–11.40 Uhr, Geldautomat). Unterhalb des Dorfs ein großer, kostenloser **Parkplatz**, gratis parken kann man auch an der pisanischen Festung.

• *Essen & Trinken* **Birreria-Bar La Porta**, bei der Porta di Lorena. Spezialität sind hier die Bruschette (gebackene Brötchen), belegt mit Knoblauch, Räucherlachs, Steinpilzen etc., außerdem leckere Salate und Panini. Nebenbei: Die Auswahl an Bieren ist enorm, teils sind es sogar recht exotische, z. B. *Bière du Démon*, das 12-prozentige Teufelsbier aus der Boxer-Brauerei, Lausanne, aber auch chinesisches Lager! Wen das Heimweh plagt, greift hier zu *Erdinger Weißbier* oder *Beck's*. Tägl. von 7 Uhr morgens bis spät nachts geöffnet.

Ristorante/Pizzeria Bellavista, fast nebenan, das mit dem schönen Blick trifft zu, günstige Pizza, Primi ab ca. 6 €, Secondi 8–10 €, Meeresfrüchte etwas teurer. Mittags und abends geöffnet, Do Ruhetag.

Osteria del Noce, unser **Tipp!** Im Dorf bergauf Richtung Festung (rechts halten). Gemütliche Terrasse mit phantastischem Blick, hervorragende Pasta, hervorragender Fisch, relativ kleine Auswahl, die Tageskarte erklärt Ihnen Wirt Alberto Chiappara in drei Sprachen. Guter Service, familiäre Atmosphäre, leicht gehobenes, aber durchaus angemessenes Preisniveau. Von April bis Ende September mittags und abends geöffnet, im Winter geschlossen, im Sommer für abends unbedingt reservieren, ✆ 0565/901284. Von hier führt ein Weg hinauf zur Wallfahrtskirche *Madonna del Monte*.

• *Feste & Veranstaltungen* Am 18./19. August findet hier die **Festa Medioevale** (Mittelalterliches Fest) mit Umzug und großem Bankett in der pisanischen Festung statt.

Am ersten Sonntag im November begeht man hier und in Poggio das **Kastanienfest** (Sagra della Castagna).

Sehenswertes in und um Marciana Alta

Pisanische Festung (Fortezza Pisana): Die viertürmige Anlage stammt aus dem 12. Jh. – den einstigen Glanz der Festung kann man auch aus den Ruinen noch herauslesen. Im Sommer finden im Innenhof Veranstaltungen und Open-Air-Konzerte (v. a. klassische Musik) statt. Zu sehen gibt es in der Fortezza Pisana nicht allzu viel, von der Südseite der Anlage kann man einen kostenlosen Blick ins Innere werfen. Vor der Festung eine Aussichtsterrasse, daneben die gemütliche *Paninoteca Monili* – rustikale Holztische und -bänke unter einem Bambusdach mit Blick auf den Monte Capanne. Die Festung ist auch über eine Fahrstraße zu erreichen, ab Marciana beschildert.

Öffnungszeiten/Eintritt April–Juni und September 9.30–12.30 Uhr und 16.30–19.30 Uhr, Di geschlossen; im Juli/August täglich 9.30–12.30 Uhr und 18–23 Uhr. Im Winter geschlossen. Eintritt 2 €, Kinder unter 12 Jahren frei. Kombiticket mit Archäologischem Museum 3 €.

Archäologisches Museum: Funde aus der Umgebung, aus der Bronze-, der etruskischen und römischen Zeit. Nicht sehr aufregend, eher ein liebevoll zusammengestelltes Heimatmuseum, hier finden sich Schädel neben Vasen.

Öffnungszeiten/Eintritt Wie Pisanische Festung (s. oben), Kombiticket 3 €.

▸ **Wallfahrtskirche Madonna del Monte**: Die Wallfahrtskirche aus dem 16. Jh. liegt in aller Abgeschiedenheit inmitten von uralten Esskastanienbäumen. Bereits im 15. Jh. haben hier Eremiten gelebt, Ende des 18. Jh. wurde die Kirche umgebaut und erhielt ihr heutiges Aussehen. Das Gotteshaus betritt man von der Rückseite, am Vorplatz befindet sich das *Teatro della Fontana*, das steinerne, von Brunnen gerahmte Halbrund aus dem 17. Jh. Das erfrischende Quellwasser sprudelt aus drei

Madonna del Monte

steinernen Löwenmäulern. Sehenswert im Inneren der schlichten Kirche sind sicherlich die reiche Deckenausmalung und der Altar im antikisierenden Stil. Es ist jedoch weniger die Kirche selbst als vielmehr der Aufstieg, zeitweise durch Esskastanienhaine, auf einem Kreuzweg mit 14 Wegkapellchen und die hübsche Lage, die den Spaziergang hinauf lohnen. Vor der Kirche laden unter schattigen Bäumen Holzbänke zum Picknicken ein.

Wallfahrten zur *Madonna del Monte* finden Anfang Mai und am 15. August statt, am 8. September wird hier zu Ehren der Geburt der Jungfrau Maria ebenfalls ein Pilgergottesdienst abgehalten.

• *Aufstieg* Von der pisanischen Festung von Marciana aus gut beschildert, ca. 45 Min. auf einem gut begehbaren breiten Steinweg (Wanderweg Nr. 3, auf dem man von hier aus weiter zur Westküste nach Pomonte wandern kann).

Familientreffen bei der Madonna del Monte

Der Kaiser liebte diesen stillen Platz. Im August 1814 hielt sich Napoléon zwei Wochen lang hier auf, ließ den Blick wehmütig in die Ferne und bei klarer Sicht bis auf seine Heimatinsel Korsika schweifen und traf nebenbei – und unter strengster Geheimhaltung – seine Geliebte *Maria Walewska,* die polnische Gräfin, die bereits im Mai 1810 den gemeinsamen Sohn *Alexandre Walewski* zur Welt gebracht hatte. Das Treffen, bei dem Napoléon seinen Sohn das erste Mal zu Gesicht bekam, dauerte nur zwei Tage und war das letzte der Kleinfamilie. Alexandre, der illegitime Bonaparte-Spross, fand zwar im kaiserlichen Stammbaum keine Aufnahme, brachte es im Zweiten Kaiserreich aber immerhin bis zum französischen Außenminister.

▸ **Mit der Kabinenbahn zum Monte Capanne**: *Cabinovia* ist hierfür ein eher irreführender Begriff, von der Talstation bei Marciana (800 m vom Ort an der Straße nach Poggio) geht es in gelben Stehkäfigen steil aufwärts – möglichst nicht schaukeln! In etwa 15 Min. überwindet die einzige Bergbahn der Insel 660 Höhenmeter.

An der Talstation befinden sich eine Bar sowie das einzige vegetarische Restaurant der Insel, außerdem ein großer Parkplatz. Der Bus von und nach Marciana Marina hält bei der Bergbahn.

• *Abfahrtszeiten* Sie ändern sich mitunter auch während der Saison. Grundsätzlich gilt jedoch: von Anfang April (oder Ostern) bis Ende September (bei gutem Wetter bis Ende Oktober) tägl. 10–12.15 Uhr und 14.30–18 Uhr, im Hochsommer bis 18.30 Uhr, im Oktober bis 17 Uhr. Erste und letzte Talfahrten jeweils ca. 30 Minuten später. Informationen unter ✆ 0565/901020.

• *Preise* Teures Vergnügen: Die Fahrt auf den Gipfel und zurück kostet 12 €, Kinder 7 €, einfache Fahrt 7,50 €.

Wanderung 8: Rundwanderung bei Marciana Alta

Die Rundstrecke führt auf gut begehbaren Pfaden von der Pisanischen Festung oberhalb von Marciana Alta ein Stück den Kreuzweg nach Madonna del Monte entlang, bis sie nach Süden abzweigt und um das Tal des Pedalta nach San Cerbone verläuft. Von hier durch schönen Kastanienwald zurück nach Marciana Alta.

Mittels **GPS kartierte Wanderung** – Waypoint-Dateien zum Downloaden unter: *www.michael-mueller-verlag.de/gps/homepage.html*

Anfahrt/Versorgung: Der Ausgangspunkt Pisanische Festung ist in Marciana gut ausgeschildert. Parkplätze vorhanden. Bars und Restaurants in Marciana Alta.

Kurzbeschreibung: Ungefährliche und überwiegend auch kaum anstrengende Wanderung, Aufstiege nur im ersten Teil. Gesamtdauer ca. 3 Std., Länge 7 km, Höhenunterschied ca. 470 m.

Kartenmaterial: siehe S. 196, zu empfehlen außerdem: Reise- und Wanderkarte Insel Elba (Nr. 502), 1:25.000, Edizioni Multigraphic Florenz, für ca. 6 € im Buchhandel der Insel erhältlich (z. B. bei *Il Libraio* in Portoferraio, s. S. 89).

Ausgangspunkt der Wanderung sind die Aussichtsterrassen **(WP 01)** unterhalb der Fortezza Pisana von Marciana Alta (dort und an der Straße oberhalb der Festung freie Parkplätze, ein Fußweg führt vom Ort hier hinauf). Von hier geht es am Stoppschild geradeaus ein kurzes Stück die Asphaltstraße hinunter, bevor man linker Hand auf den Kreuzweg nach Madonna del Monte abzweigt (beschildert, Wegnummer 3, rot-weiße Kennzeichnung). Über weite Stufen an der ersten Abzweigung vorbei (nach ca. 500 m, hier auch ein kleiner Rastplatz), bis kurz vor der vierten Kreuzwegstation **(WP02)** ein weiterer Pfad links abzweigt. Auf diesem Weg (Nr. 10) geht es hinauf und über eine große Kreuzung **(WP 03)** mit weitläufigem Rastplatz. Von dort hält man sich weiter halbrechts auf Weg 10. Bald verlässt man die Baumgrenze, und der Pfad führt zwischen Felsen an den Osthängen des *Monti Giove* und des *La Stretta* entlang. Auf diesem Wegstück hat man immer wieder herrliche Weitblicke: im Rücken die Küste, die Bergdörfer und Marciana Marina, vor sich der Gebirgszug des *Monte Capanne.* Nach etwa einer Stunde (etwa zwischen Monte Giove und La Stretta, kurz nach

An den Osthängen des Monte Giove

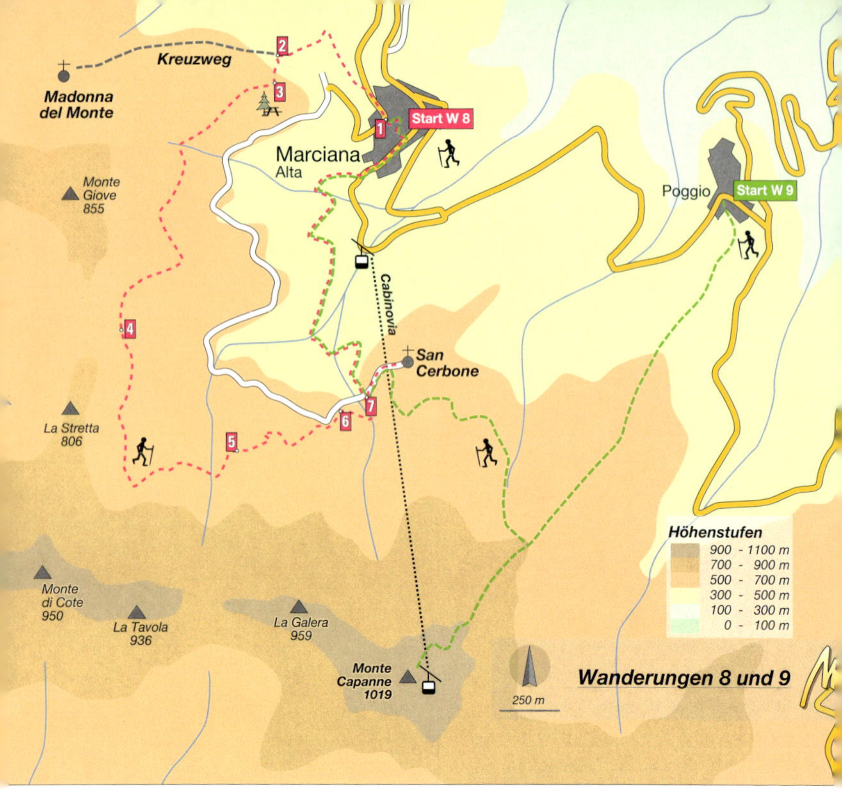

einem Waldstück) geht es an einer Abzweigung **(WP 04)** der Markierung 28 folgend halblinks hinunter. Hier befindet man sich auf 702 m am höchsten Punkt der Wanderung. (Achtung: Die – allerdings gut erkennbare – Abzweigung nicht verpassen! Geradeaus geht es am Berg La Stretta entlang zum Berg La Tavola und von dort in einer anspruchsvollen Tour auf den Monte Capanne oder weiter an die Westküste.)

Den Pfad mit der Nummer 28 (nicht irritieren lassen: auf manchen Karten als 10/a bezeichnet) hinunter eröffnet sich wiederum ein beeindruckendes Panorama. Zuweilen wuchert Farn über den Weg, der dennoch sehr gut erkennbar bleibt. Nach einer Kehre, an der ein kleiner Bach ins Tal fließt, wird der Weg zunehmend schattig und führt nach Osten in den Wald um die Einsiedelei San Cerbone hinunter. Nach etwa 20 Minuten Abstieg trifft der Weg auf eine Spitzkehre der Wanderroute 6, hier halblinks hinunter **(WP 05)**. Der schöne Waldpfad mündet nach weiteren 15 Minuten auf einen breiten Forstweg **(WP 06)**, von dem es nun rechter Hand auf dem Pfad weiter hinunter geht (durch mehrere Kehren und über eine rechts aufgeschüttete Steinbrücke), bis man kurz darauf auf einen breiten Weg trifft **(WP 07)**. Der Weg nach Marciana Alta führt nun nach links hinunter, es lohnt sich aber ein kleiner Abstecher zur Kirche *San Cerbone*: Nach rechts, leicht bergauf (rot-weiße Markierung), nach fünf Minuten kreuzt der Weg die Seilbahnschneise hinauf zum Capanne. Von hier ist die alte Einsiedelei bereits zu sehen: Ein ruhiger, schön unter Kastanien gelegener Ort, der zur Rast einlädt.

Nach diesem Abstecher nach San Cerbone geht es zurück zur letzten Abzweigung **(WP 07)** und von hier geradeaus bergab (rot-weiße Wegmarkierung, Nr. 1). In Serpentinen gelangt man an einer Ruine vorbei, über ein steiniges Bachbett und schließlich auf eine kleine Holzbrücke über den *Pedalta*. Kurze Zeit später kommt man an Gärten vorbei und bald zu den ersten Häusern von Marciana Alta (ca. 35 Min. von San Cerbone). Über die *Via della Rena* geht es Richtung Zentrum, dann durch die *Porta di S. Agabito* und hier sofort links hinauf über steile Treppen und durch enge Gässchen zur Fortezza Pisana, dem Ausgangspunkt der Wanderung.

Eine **Alternativ-Route** führt von San Cerbone nach Poggio. Bei der Einsiedelei angekommen, geht man um die Kirche herum und folgt dem Wanderweg Nr. 1 Richtung Osten. Kurz später bei der Kreuzung links auf den Wanderweg Nr. 6 einbiegen bis zur nächsten Kreuzung mit dem Wanderweg Nr. 2, der von Poggio auf den Monte Capanne führt (siehe Wanderung 9, S. 199). Von hier aus geht es hinunter nach Poggio und von dort aus entweder mit dem Bus zurück nach Marciana Alta oder aber zu Fuß auf der wenig befahrenen Asphaltstraße (vorbei an der Fonte Napoleone und der Seilbahnstation).

Poggio – idyllisches Bergdorf am Hang des Capanne

Poggio

Wie das benachbarte Marciana ist auch Poggio von dichten Esskastanienwäldern umgeben. Das kleine Bergdorf, auf 350 m Höhe am Fuß des Monte Capanne gelegen, ist aber fast noch romantischer.

Einen Beitrag dazu leistet sicherlich die malerische *Piazza Castagneto*, der terrassenartige Hauptplatz des Orts mit herrlichem Panoramablick auf Marciana Marina und das Capo d'Enfola in der Ferne. Hier sitzen die alten Männer von Poggio auf Plastikstühlen vor der *Bar La Terrazza*, dem gemeinsamen Wohnzimmer, zufriedene Katzen halten in den schattigen Ecken ihr Mittagsschläfchen, und über allem herrscht die gelassene Stimmung eines abgeschiedenen Bergdörfchens. In Poggio lässt es sich stundenlang aushalten, daran ändert auch der zunehmende Besucherstrom nichts, der in den Sommermonaten Einzug in das idyllische Dorf hält. Unbedingt lohnend ist der Spaziergang die Treppen hinauf und durch die schmalen Gassen des alten Orts, z. B. zur nicht minder malerischen *Piazza Reciso* (ehem. *Piazza Umberto I)*. Am oberen Ortsende befindet sich das einzige Hotel des Orts, das 1947 eröffnet wurde und somit zu den ältesten der Insel zählt.

Gegründet wurde der Ort etwa Anfang des 6. Jh. n. Chr., es gab aber vermutlich schon in römischer Zeit eine Siedlung mit dem sprechenden Namen *Podium*. Auch der seit dem 18. Jh. gültige Name *Poggio* bedeutet im Italienischen so viel wie Anhöhe, was anhand der exponierten Lage des Ortes logisch erscheint. Im 7. Jh. entstand hier, am höchsten Punkt, eine erste Befestigung. Seine typische, heute noch sichtbare mittelalterliche Ortsanlage erhielt das damalige *Jovis* dann ab dem 11. Jh., als der Ort in den Herrschaftsbereich Pisas fiel. Damals glich er einer einzigen Festung, Einlass gewährte nur ein Stadttor, ansonsten war Jovis auf allen Seiten durch hohe Mauern und lückenlos aneinander gebaute Wohnhäuser uneinnehmbar gemacht worden. Auch die Pfarrkirche San Nicolò (13. Jh.) am höchsten Punkt von Poggio stammt aus der Zeit unter der Seerepublik Pisa, auch sie war als Schutzfestung konzipiert, wurde aber im Lauf der Jahrhunderte mehrfach umgebaut. Ihr Glockenturm stammt beispielsweise aus dem 18. Jh.

In den 50er Jahren des 20. Jh. machte sich Poggio bzw. **Poggio Terme** als Kurort einen Namen. Mildes Klima und die nahe gelegenen Quellen zogen Gäste an, die sich von dem leicht radioaktiven Heilwasser Linderung versprachen (bei Krankheiten des Verdauungsapparats, Gicht und Arthritis).

Heute leben in Poggio im Winter nicht mal 200 Menschen, im Sommer sind es etwa 700. Auch wegen des empfehlenswerten Traditionshotels "Monte Capanne" am Ortsrand bietet sich das ruhige Bergdorf hervorragend als Ziel für Erholungssuchende und Naturliebhaber an. Zahlreiche Wanderwege erschließen die Gegend um den *Monte Capanne* und den östlich gelegenen *Monte Perone*.

• *Verbindungen* Poggio liegt auf der Strecke von/nach Marciana Alta. 12x tägl. fährt der **Bus** über Marciana Marina und Procchio nach Portoferraio, genauso oft nach Marciana Alta, dort umsteigen nach Marina di Campo und zu den Orten der Westküste.

• *Essen & Trinken* **Ristorante Monte Capanne**, im unten genannten Haus, auch Bar. Vorzügliche Küche, herrlicher Blick auf den Ort und die Küste. Mittags und abends geöffnet.

Pizzeria Monte Perone, an der Durchgangsstraße (Abzweigung zum Monte Perone), ebenso schöner Blick auf die Bucht von Marciana Marina. Mittleres bis gehobenes Preisniveau, viel Fisch und Meeresfrüchte, sympathischer Service, mittags und abends geöffnet, ✆ 0565/909014.

Ristorante Da Publius, ebenfalls mit Panoramablick, im unteren Ortsteil. Vornehmes Publikum an exzellenten Speisen. Bekanntes Feinschmeckerlokal der Insel. Über der Glut im Kamin braten Pilze, Geflügel, Wildschwein und Fisch. Köstliche Nachspeisen. Gehobenes Preisniveau, Secondi ab ca. 12–15 €, aber auch Pizza, mittags und abends geöffnet, in der Hochsaison sollte man für abends reservieren, Piazza del Castagneto 11, ✆ 0565/99208.

** **Monte Capanne**, echter **Übernachtungs-Tipp!** Im oberen Teil des Orts an der Durchgangsstraße, DZ mit obligatorischer Halbpension 92 €, EZ die Hälfte, DZ mit Frühstück 51 €, EZ 28 €. Alle Zimmer mit Bad (jedoch auf dem Gang), nicht luxuriös, aber geräumig. Idyllischer Innenhof mit Hollywoodschaukeln und Bar. Dörfliche Grandezza, die Signora des Hauses ist sehr zuvorkommend und um das Wohl ihrer Gäste bemüht. Eine überaus angenehme und obendrein preiswerte Alternative zu den Hotels im Küstenort Marciana Marina, ideal für Ruhesuchende, das angeschlossene Ristorante ist empfehlenswert. Hier kann man mit etwas Glück auch im Juli oder August noch ein Zimmer finden (dennoch ist eine Reservierung für die Hochsaison anzuraten). Via dei Pini 1, Loc. Poggio, 57030 Marciana, ✆ 0565/99083.

Wanderung 9: Auf den Monte Capanne

Ganz klar: Die Bezwingung des höchsten Bergs der Insel mit einer beachtlichen Höhe von 1019 ist der bergsteigerische Höhepunkt einer Elba-Reise. Anstrengend, fast schattenlos und somit besonders schweißtreibend gestaltet sich der Aufstieg, am Gipfel wird man jedoch mit einem geradezu berauschenden Blick belohnt, der an klaren Tagen über den gesamten Toskanischen Archipel bis nach Korsika auf der einen und bis zum italienischen Festland auf der anderen Seite reicht. Ganz oben am Gipfel sind Sende- und Radaranlagen installiert, daneben ein Landeplatz für Helikopter. Unterhalb davon die Bergstation der Seilbahn und eine Snackbar. Die Wanderung ist ungefährlich, aber mühsam, festes Schuhwerk dringend notwendig; Aufstieg 2–2,5 Std., Abstieg etwa 1,5 Std., Karte siehe S. 196.

Wegbeschreibung: Der Ausgangspunkt ist das **Hotel Monte Capanne** am oberen Ortsrand von Poggio. Vom Innenhof des Hotels (vorherige Beschilderungen ignorieren) die Treppen hinauf rechts am Haus entlang. Nach 50 m ein kleiner Platz, hier der rot-weißen Beschilderung "Nr. 2" nach rechts oben über steile Treppen folgen. Die ersten 30 Min. sehr steil bergauf, dann gelangt man zu einer etwas schwierig zu begehenden Passage auf und ab über Granitblöcke. Nach gut 45 Min. steilem Aufstieg eine weitere Markierung, dem steinigen Pfad über Treppen weiter bergauf folgen. Der Weg führt im weiteren Verlauf ein gutes Stück auf einem Kamm entlang, nach insgesamt ca. 1,5 Std. stößt man auf eine Kreuzung: Hier halbrechts abbiegen (der größere Weg halblinks würde östlich am Berg entlang in Richtung Pomonte und Seccheto an der Westküste führen) und weitere 45 Min. sehr steil bergauf zum Gipfel (Markierung Nr. 2).

Alternative beim Abstieg: An dieser (einzigen größeren) Wegkreuzung beim Abstieg links abbiegen auf den Wanderpfad Nr. 1 nach *Marciana,* Dauer ca. 1,5 Std. (wie auch der Abstieg nach Poggio). Der Abstieg nach Marciana ist etwas weniger steil als der Weg zurück zum Ausgangspunkt, ab Marciana häufige Busverbindungen nach Poggio. Wer gar keine Lust zum weiteren Wandern verspürt, kann für 7 € (!) mit der Cabinovia (siehe S. 194) bis zur Talstation bei Marciana Alta abfahren und von hier – vorbei an der Fonte Napoleone (hier wird das köstliche Quellwasser abgefüllt) – auf der Verbindungsstraße

Blick vom Monte Capanne auf Marciana Marina

zurück nach Poggio laufen (Dauer ca. 20–30 Minuten, keine Anstiege).

Alternativen beim Aufstieg: Der Monte Capanne kann auch von der Westseite ab **Pomonte** (siehe S. 182; Wanderweg Nr. 9) oder ab **Seccheto** (siehe S. 179; Wanderweg Nr. 8) bestiegen werden. Ersterer mündet im oberen Verlauf in die Nr. 8 *(G.T.E.)*. Für die Besteigung von der Westküste sollte man 4–5 Std. einplanen, bei guter Kondition sein und bergsteigerische Erfahrung haben!

Sehenswertes in der Umgebung von Poggio

Fonte di Napoleone: Der eher unspektakuläre Brunnen liegt ungefähr 500 m außerhalb des Orts in Richtung Marciana auf der linken Seite. Das inseleigene Mineralwasser findet von hier den Weg in zahlreiche elbanische Restaurants. Elbaner und Durchreisende füllen das Wasser am Straßenrand gleich literweise ab – gratis, kühl und gesund. Der Kaiser selbst soll das Heilwasser während seines Exils fast täglich getrunken haben, daher auch der Name der Quelle.

San Cerbone: Die Einsiedelei wurde im 6. Jh. gegründet und bot dem seinerzeit berühmten Bischof von Populonia mit Namen *Cerbone* Zuflucht vor den Langobarden (siehe "Geschichte im Überblick", S. 28). Im 15. Jh. wurde die Kapelle von den Appiani neu aufgebaut. San Cerbone liegt am Wanderweg Nr. 1, der von Marciana Alta zum Monte Capanne führt. Wer es bequemer mag: auf der Straße von Poggio Richtung Marciana Alta noch vor der Fonte di Napoleone links ab auf einen Waldweg (an der Straße parken). An einer Schranke vorbei und auf schmaler werdendem Pfad zur kleinen Kirche.

Botanischer Garten (Orto Botanico): Die eher bescheidene, mittlerweile ziemlich verwilderte Anlage finden Sie am Weg zum Monte Perone auf der rechten Seite, drei Kilometer von Poggio. Auf dem kleinen Gelände einer ehemaligen Baumschule wurde am Hang der Garten mit den typischen Gewächsen der elbanischen Macchia bepflanzt. Anhand der kleinen Namensschilder (italienisch und meist auch lateinisch) kann man sich gut kundig machen. Der Garten ist jederzeit frei zugänglich. Erwarten Sie nicht zu viel.

Monte Perone (630 m): Durch einen wunderschönen lichten Pinienwald – der Boden ist dicht mit Farnen bewachsen – schlängelt sich die Straße (ab Poggio beschildert) hinauf zum weitläufigen Parkplatz am Monte Perone – ein beliebtes Ausflugsziel und schattige Sommerfrische. Tische und Bänke laden zum Picknicken ein, zwischen den Bäumen des bewaldeten Areals eröffnet sich ein schöner Blick auf die Bucht von *Marina di Campo.*

Verschiedene Wanderwege kreuzen sich beim Parkplatz: Wanderweg Nr. 5 (kommt aus Sant'Ilario in Campo) führt in westliche Richtung hinauf zum *Monte Capanne,* folgt man in entgegengesetzter Richtung der Markierung Nr. 18, gelangt man hinunter an die Nordküste nach *Procchio* (→ S. 209).

Aussichts-Tipp: Wenn Sie dem breiten Waldweg (Wanderweg Nr. 5) in westliche Richtung steil den Berg hinauf folgen, erreichen Sie nach ca. 25 Minuten stetigen Aufstiegs (kurz nach der eingezäunten Antenne auf der rechten Seite) einen Aussichtspunkt, der herrliche Blicke auf fast die gesamte Insel freigibt: Der Monte Capanne ist zum Greifen nah, in entgegengesetzter Richtung überblickt man fast die gesamte Osthälfte der Insel, Marciana Marina und Marina di Campo liegen Ihnen beiderseits zu Füßen. Von hier führt der anspruchsvolle Wanderweg Nr. 00 (nur für Geübte!) hinauf auf den Capanne.

Am Hafen von Marciana Marina – im Hintergrund die Torre Pisana

Marciana Marina

Eine gelungene Mischung aus traditionellem Hafenstädtchen und Touristenzentrum. Der lebhafte Ort mit seinen schönen Plätzen und dem geschlossenen Ortsbild hat trotz regen Zulaufs viel von seinem Charakter bewahrt.

2.000 Menschen leben ganzjährig in Marciana Marina, im Sommer steigt die Zahl sprunghaft auf gut 5.000 an. Hauptattraktion im Zentrum ist die – von Häusern nahezu eingeschlossene – *Piazza Vittorio Emanuele* mit der abends illuminierten Pfarrkirche *Santa Chiara,* nicht minder reizvoll präsentiert sich die kleinere *Piazza della Vittoria* an der Uferpromenade mit ihren zahlreichen Cafés und Restaurants und dem kleinen Park am Meer. Hier pulsiert das Leben von Marciana Marina, die alten Männer des Ortes treffen sich auf den Parkbänken, idyllisch der Blick aufs Meer und den kleinen Hafen. Östlich von der Hafenpiazza befindet sich das historische Viertel *Cotone* mit dem gleichnamigen großen Felsen, dessen Einbuchtungen den Fischern früher als natürlicher Hafen dienten. In westliche Richtung erstreckt sich von der Piazza della Vittoria eine ca. ein Kilometer lange Uferpromenade mit vielen Bars, Restaurants und kleinen Läden bis zum geschützten Yacht- und Fischerhafen am Ende der Bucht. Er wird von der zylindrischen *Torre Pisana* (Pisanerturm) überragt, die im 12. Jh. als Wachturm gegen die Sarazenen erbaut wurde und im 20. Jh. dem elbanischen Schriftsteller *Raffaello Brignetti* als Wohnsitz diente. Für den Künstler übrigens kein ungewohntes Zuhause, war er doch als Sohn des Leuchtturmwärters von Forte Focardo (bei Porto Azzurro) in einer vergleichbaren Wohnlage aufgewachsen.

Daneben der **Strand La Fenicia**: glasklares Wasser und große glatte Kieselsteine – mit einer Luftmatratze kann man es hier gut aushalten (auch Sonnenschirm- und

Der Westen der Insel
Karte S. 179

Liegestuhlverleih). Eine Alternative findet man etwas östlich davon: kleiner Strand mit Felsen. Wenig attraktiv dagegen der schmale Strand entlang der Uferpromenade.

Wer sich am 12. August in Marciana Marina aufhält, sollte auf keinen Fall die Feierlichkeiten zu Ehren der Ortspatronin *Santa Chiara* versäumen – ein farbenfrohes Fest mit großer Prozession und Feuerwerk. Der Ort glänzt im Festschmuck, entlang der Hafenmauer stehen Kerzen, und mit Lampions beleuchtete Fischerboote fahren aufs Meer hinaus.

Marciana Marina eignet sich auch als "Basislager" für Wandertouren in die westelbanische Bergwelt, und die sicherlich reizvollste Küstenwanderung, die man auf Elba unternehmen kann, führt von hier nach Sant'Andrea. Die Busverbindungen von und nach Marciana Marina sind gut, es gibt ausreichend Unterkünfte der verschiedensten Kategorien und zahlreiche Restaurants für jeden Geschmack. Bootsausflüge vom Hafen, eine Tauchschule, es werden auch Motorboote vermietet.

Geschichtliches

Am Anfang war der pisanische Turm, sonst nichts. Marciana Marina ist ein vergleichsweise junger Ort, bis ins 17. Jh. hinein standen hier nur wenige Hütten, die den Fischern aus Marciana Alta und Poggio als Unterschlupf dienten. Wegen der häufigen Pirateneinfälle zog man sich damals bevorzugt ins weniger zugängliche Bergland zurück. Als diese Gefahr im 17. Jh. gebannt war, entstand mit der kleinen Siedlung *Il Cotone* im Osten der Bucht ein erstes bescheidenes Fischerdorf. *Marina di Marciana,* der Hafen von Marciana Alta, entwickelte sich mehr und mehr zum bedeutenden Handelszentrum, das im 18. Jh. sogar die Hauptstadt Portoferraio in den Schatten stellte. Auch Marciana Alta geriet durch den aufstrebenden Im- und Exporthafen mehr und mehr ins Hintertreffen, zur Unabhängigkeit gelangte der Küstenort aber erst im Jahr 1884 und nannte sich fortan Marciana Marina. Neben dem Handel waren der Fischfang wie auch der Weinbau im 19. Jh. und in der ersten Hälfte des 20. Jh. die wichtigsten Einnahmequellen des Ortes. Der heute so geschützte Hafen wurde in dieser Form erst 1911 angelegt. Mittlerweile rangiert der Tourismus, der ab Mitte der 50er Jahre des 20. Jh. hier Einzug gehalten hat, als Wirtschaftszweig an erster Stelle.

Verbindungen/Information/Mietfahrzeuge/Veranstaltungen/Kino

• *Information/Reisebüros* **A.P.T.**, offizielles Informationsbüro im Pavillon an der Piazza della Vittoria, nur im Sommer Di–So 17–23 Uhr geöffnet. Freundlicher Service, gut sortiertes Infomaterial.

ABV Agenzia Brauntour Viaggi, informativ, hilfsbereit und freundlich, bei der Piazza Vittorio Emanuele. Zimmer- und Appartementvermittlung sowie Fährtickets, als Paket werden auch Unterkunft und Tauchkurse (mit dem Elba Diving Center, s. unten) angeboten, Bootsausflüge nach Capraia, Pianosa und Giglio können vermittelt werden. Das Reisebüro ist eine gute Anlaufstelle in Marciana Marina. Ganzjährig geöffnet, im Sommer tägl. 9–13 Uhr und 16–20 Uhr. Via Cavalotti 10, 57033 Marciana Marina, ✆ 0565/996873, 📠 0565/996824, www.abviaggi.it.

• *Verbindungen* Von 8–19 Uhr stündlich **Busse** nach Marciana Alta und weiter nach Pomonte. Von 7–21 Uhr etwa stündlich über Procchio nach Portoferraio; in Procchio Umsteigemöglichkeit nach Marina di Campo.

• *Taxis* In Marciana Marina unter ✆ 0565/99108 oder 0565/99447 zu erreichen. Die Fahrt nach Portoferraio kostet 28,50 €.

• *Autos und Zweiräder* Bei **Mazzei Bibi** in der Via XX. Settembre (beim Übergang der Piazza della Vittoria zur Via G. Mazzini in die Gasse hinein) auf der linken Seite. Vermieter von herbem Charme, aber günstige Angebote: Kleinwagen ab 40 € pro Tag (inkl. Teilkasko 55 €), Scooter (50 ccm) 22 €, auch MTBs für 12 €. ✆ 0565/99447 oder 0565/996662 (abends), mobil unter 333/6147165 oder 338/7607389 zu erreichen.

Il Cotone – das alte Fischerviertel von Marciana Marina

• *Motorboote* Bei **Elba Yacht Assistance** am Dorfstrand gegenüber dem Hotel Marinella, kleine Boote für 3–4 Personen (25 PS) ab ca. 45 € pro Tag, für 6 Personen (ebenfalls 25 PS) 60–80 €, 40-PS-Boote um 120 € am Tag, Anmietung auch ohne Führerschein möglich. Es werden auch Segelboote (ca. 30 Fuß) für 200 € pro Tag angeboten (max. 6 Personen). 20. Mai bis Ende September geöffnet, ✆ 338/7433696 oder 338/2637254 (mobil), ℻ 0565/998047.

• *Veranstaltungen* Um die letzte Juniwoche findet der **Elba Maremarathon 50 Miglia** statt, das Kajakrennen um die Insel Elba in vier Etappen, Infos unter www.sottocosta.it oder www.seakayakitaly.com.

Alljährlich am 12. August begeht man in Marciana Marina das Fest der Ortspatronin **Santa Chiara** (s. oben).

• *Kino* **Cinemare**, Freilichtkino (nur im Sommer) in der Via Dussol, gezeigt wird hauptsächlich Mainstream, Eintritt 6 €, Kinder 5 €.

Adressen/Einkaufen/Bootsausflüge/Wassersport

• *Adressen* **1. Hilfe**, Viale Regina Margherita (Uferpromenade), ✆ 0565/904436.

Bank, z. B. auf dem Viale Cerboni (Durchgangsstraße Richtung Marciana Alta).

Post, in der Via Lloyd, Seitenstraße der Viale P. Amedeo, die nach Marciana Alta führt. Mo–Fr 8.15–13.30 Uhr, Sa bis 12.30 Uhr.

Polizei, im Rathaus an der Piazza Vittorio Emanuele im Zentrum, ✆ 0565/904490.

Hafenpolizei, neben dem pisanischen Turm am großen Hafenbecken (östl. Uferpromenade), ✆ 0565/99169.

• *Einkaufen* Jeden Dienstag 8–13 Uhr **Markt**.

• *Bootsausflüge* Im Sommer 2x tägl. mit dem **Glasbodenboot** zur Westküste, 14.30 und 17 Uhr, Dauer ca. 2 Std., pro Person 15 €, Kinder unter 12 Jahren 8 €, Tickets an Bord, eine Tafel mit weiteren Informationen hängt aus, Abfahrt vom östlichen Steg des Hafens. ✆ 328/7095470 (mobil).

Des Weiteren legen die meisten Ausflugsschiffe von Portoferraio zur **Insel Capraia** in Marciana Marina einen Zwischenstopp ein. Fahrten mind. 1x wöchentlich, pro Person 35 €, Kinder unter 12 Jahren 20 €; ebenfalls ganztägige Fahrten werden während der Saison nach Giglio angeboten (ca. 3x wöchentlich, Preise wie nach Capraia). Weitere Infos unter ✆ 328/7095470 oder bei *Brauntour Viaggi*.

• *Wassersport* Die italienische Tauchschule **Elba Diving Center** vermietet auch Taucherausrüstungen und ist um Flaschenfül-

Der Westen der Insel
Karte S. 179

lungen besorgt. Tauchgang 31 €, 6 Tauchgänge 168 €, Open Water Diver 310 € (Kurse in englischer Sprache). Ganzjährig geöffnet, nahe Hotel Yacht Club in der Via Aldo Moro 42 gelegen (hinter dem Friedhof). 57033 Marciana Marina, ✆ 0565/904256, mobil 348/7045202, ✆ 0565/904363, www.elbadiving.it. Infos und Buchungen auch bei *Brauntour Viaggi*.

Übernachten

*** **Yacht Club (3)**, unser **Tipp!** Gut ausgestattete und geräumige Zimmer, sehr freundlicher und hilfsbereiter Service, DZ mit Bad, TV und Frühstücksbuffet 134 €, EZ 94 €. In einer Seitengasse der Promenade (in Hafennähe beim pisanischen Turm). Die meisten Zimmer ohne Balkon, dafür sorgt eine Klimaanlage für kühle Frischluft. Ostern bis ca. Ende Oktober geöffnet. Via Aldo Moro, 57033 Marciana Marina, ✆ 0565/904422, ✆ 0565/904465, www.hotelyachtclub.it, yachtclub@elbalink.it.

*** **Marinella (6)**, Viale Margherita 38. Bestlage am wenig attraktiven Dorfstrand. Großer Swimmingpool und Tennisplatz. Alle Zimmer mit Bad, TV und Aircon., z. T. mit Balkon, DZ mit obligatorischer Halbpension 170 €, in der Nebensaison ca. 40 % günstiger. Ostern bis ca. Ende September geöffnet. Viale Margherita, 57033 Marciana Marina, ✆ 0565/99018, ✆ 0565/996895, hotelmarinella@elbalink.it.

*** **Gabbiano Azzurro (16)**, die bescheidenere Ausgabe des noblen und schier unbezahlbaren **Gabbiani Azzurro Due** nebenan. Schon älteres Hotel mit 40 Zimmern, netter Garten mit Pool, DZ mit Bad 130 €, EZ 110 € (je inkl. Frühstück), es werden auch 6 Appartements angeboten (um 140 €/Tag). Ca. 500 m von der Uferpromenade an der Straße Richtung Marciana Alta auf der rechten Seite, geöffnet Anfang März bis Anfang November. Viale Principe Amedeo, 57033 Marciana Marina, ✆ 0565/99226, ✆ 0565/99497.

** **Imperia (10)**, Viale Principe Amedeo (Seitenstraße der Uferpromenade), angenehmes kleines Mittelklassehotel in zentraler Lage, sympathischer Service, günstig: DZ 90 €, EZ 65 €, Frühstück inbegriffen. Zimmer mit Bad, Kühlschrank, TV und z. T. Balkon. Ganzjährig geöffnet. Viale Principe Amedeo 12, 57033 Marciana Marina, ✆ 0565/99082, ✆ 0565/998742, imperia@elbakink.it.

** **Anselmi (15)**, an der Straße nach Marciana Alta auf der linken Seite (ca. 200 m von der Uferpromenade), daher etwas laut, man sollte sich um ein Zimmer zur Rückseite bemühen. Alle Zimmer mit Bad, TV und Kühlschrank, sehr günstig: DZ 85 €, inkl. Frühstück. Ende März bis Anfang November geöffnet. Viale Principe Amedeo 35, 57033 Marciana Marina, ✆/℡ 0565/99078, hotelanselmi@elbalink.it.

** **Luna Rossa (14)**,etwas teuer, DZ mit Bad und Frühstück 130 €. Familiär geführtes Hotel in ruhiger Lage, hübscher Garten mit Hollywoodschaukel. Nur wenige Zimmer, alle mit Bad und z. T. Balkon. An der Straße Richtung Marciana auf der linken Seite hinter dem großen Parkplatz, ca. 200 m vom Meer. Geöffnet April bis Ende September. Piazza Vito Sanzio 2, 57033 Marciana Marina, ✆ 0565/99020.

• *Außerhalb* ** **Andreina (4)**, in der westlichen Nachbarbucht La Cala, ca. 3,5 km auf Asphaltstraße von Marciana Marina entfernt. Abgelegenes Hotel mit empfehlenswertem Ristorante, familiäre Atmosphäre, für Ruhesuchende. DZ mit Bad 80 €, mit Halbpension 130 €, das DZ ohne Bad kostet 70 € (110 €). Geöffnet April bis Ende Oktober. Von der Torre Pisana am Hafen führt die schmale Straße zunächst steil bergauf und dann durch den Wald nach La Cala. Loc. La Cala, 57033 Marciana Marina, ✆/℡ 0565/908150.

Intur Appartements (13), 1,5 km außerhalb von Marciana Marina an der Straße nach Procchio (beschildert). Gepflegte Anlage am Hang, Stufen zum Meer hinunter, Einstieg an der felsigen Küste über Treppen, Sonnenterrasse. Nur 15 recht schlichte 1-Zimmer-Appartements mit Küche, Bad und Terrasse/Balkon zum Meer. Den Gästen stehen Mountainbikes, Kajaks, Surfbretter und Ruderboote kostenlos zur Verfügung. Ruhige Lage, zuvorkommender Service, im Juli/Aug. nur wochenweise zu mieten: für 2 Personen 910 €, für 4 Personen 1160 €, außerhalb der Hochsaison fallen die Preise erheblich, dann ist auch eine kürzere Mietdauer möglich. April bis Anfang Oktober geöffnet. Via Provinciale 13, 57033 Marciana Marina, ✆/℡ 0565/99185, im Winter ✆/℡ 0362/238257, www.intur.it.

Essen & Trinken

Capo Nord (1), am pisanischen Turm (Hafen), eine der ersten Adressen, nicht nur in Marciana Marina, sondern auf ganz Elba. Nobles Ambiente, geschulter Service, herrliche Lage am Meer, ausgezeichnete Küche zu entsprechend gehobenem Preisniveau. Mittags gibt es auch schnelle Snacks (nicht ganz so teuer), zum abendlichen Dinieren auf der Terrasse sollte man reservieren. ✆ 0565/996983.

La Scaletta (11), unser **Tipp!** Hervorragende Pizzeria und ausgezeichnetes Ristorante, sehr günstig. Sehr flotter und freundlicher Service, der auch die Nerven behält, wenn es fast allabendlich proppenvoll wird – und wartende Gäste die kleine Seitengasse bei der Piazza Vittorio Emanuele bevölkern. Nette Atmosphäre, auch bei den Bewohnern von Marciana Marina überaus beliebt. Nur abends geöffnet, Via della Fossa 6, ✆ 0565/997071.

La Gritta (5), ein weiterer **Tipp!** Am östlichen Ende des Hafens sitzt man gemütlich und ruhig direkt bei den Felsen von Il Cotone. Exzellente Pizza, dazu äußerst günstig, Spezialität sind frische Meeresfrüchte (natürlich etwas teurer). Freundlicher Service, mittags und abends geöffnet, Via del Cotone 23, ✆ 0565/904390.

RendezVous (7), direkt neben La Gritta, ausgezeichnete Küche (seit vielen Jahren regelmäßig in den einschlägigen Gastroguides wie beispielsweise *Ristoranti d'Italia* geführt), mittlere bis gehobene Preisklasse, Reservierung erwünscht, mittags und abends geöffnet, Piazza della Vittoria, ✆ 0565/99251 oder 0565/99298.

Zorba (9), klingt griechisch, ist aber ein original italienisches Ristorante mit typischen Gerichten bei mittleren Preisen. Ebenfalls an der Piazza della Vittoria gelegen, innen ein schöner Raum mit Holzdecke, außen sitzt man direkt auf der Piazza, ganzjährig mittags und abends geöffnet, Mo geschlossen, ✆ 0565/99225.

First Love (12), viel gelobt, gute Pizzen, große Antipasti-Auswahl (Selbstbedienung) und guter Service. Man sitzt in der engen Gasse entlang der Hauswand. Via G. Dussol 9/13 (Seitenstraße der Piazza della Vittoria). Nur abends geöffnet, ✆ 0565/99355.

Bar La Perla (8), exzellentes selbst gemachtes Eis in der schönen Bar an der Piazza della Vittoria.

Bar La Torre (2), leckere Sandwiches und Panini, auch Gebäck und Gelato, gemütliche, überdachte Holzterrasse am Hafen nahe dem pisanischen Turm.

Schön sitzt man auch auf der Piazza Vittorio Emanuele, z. B. im **Caffé Da Aldo**, ganztägig geöffnet: Cafeteria, Cocktails, Snacks.

Der Westen der Insel
Karte S. 179

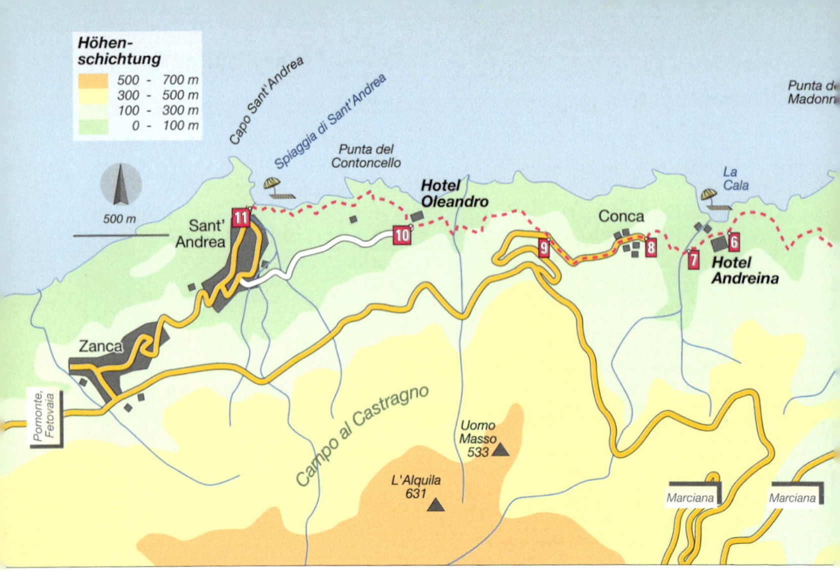

Wanderung 10: Küstenwanderung von Marciana Marina nach Sant'Andrea

Eine der schönsten Wanderungen, die man auf Elba unternehmen kann – durch üppiges Grün und über Weinterrassen, dazwischen lauschige Buchten und ein herrlicher Weitblick hinüber nach Capraia und bis zur Nordspitze Korsikas.

Mittels **GPS kartierte Wanderung** – Waypoint-Dateien zum Downloaden unter:
www.michael-mueller-verlag.de/gps/homepage.html

Verbindungen: Von Sant'Andrea zurück zum Ausgangspunkt in Marciana Marina zu gelangen kann im ungünstigsten Fall mit einigem Leerlauf verbunden sein: Zunächst geht es mit dem *Marebus* (fährt nur im Sommer) von Sant'Andrea hinauf nach Zanca, dort in der Regel Wartezeit auf den Bus via Marciana Alta nach Marciana Marina. Näheres zu Verbindungen s. auch unter Sant'Andrea, S. 190. Besorgen Sie sich einen Busfahrplan sowohl für die A.T.L.-Busse als auch für den *Marebus*!

Versorgung: Bars und Restaurants in Marciana Marina, beim Hotel Andreina in La Cala, beim Hotel Oleandro (l'Aia) und in Sant'Andrea.

Kurzbeschreibung: Nur im ersten Teil gibt es eine längere (und anstrengende) Steigung, ansonsten in relativ gemächlichem Auf und Ab an der Küste entlang. Achtung: Bei stärkerem Wellengang wird der Strandabschnitt von Cotoncello (bei Sant' Andrea) unpassierbar, man muss einen ca. 25-minütigen Umweg in Kauf nehmen. Gesamtdauer: ca. 2,5–3 Std. Länge: ca. 7,5 km, Höhenunterschied: ca. 480 m.

Kartenmaterial: s. oben, zu empfehlen außerdem: Reise- und Wanderkarte Insel Elba (Nr. 502), 1:25.000, Edizioni Multigraphic Florenz, für ca. 6 € im Buchhandel der Insel erhältlich (z. B. bei *Il Libraio* in Portoferraio, s. S. 89).

Ausgangspunkt der Wanderung ist das Ristorante Capo Nord **(WP 01)** am Pisanischen Turm in Marciana Marina. Hier geht es auf Asphaltstraße (Beschilderung Hotel Andreina) über eine kleine Brücke, die Straße führt nun stetig bergauf. Nach ca. 15 Minuten Anstieg

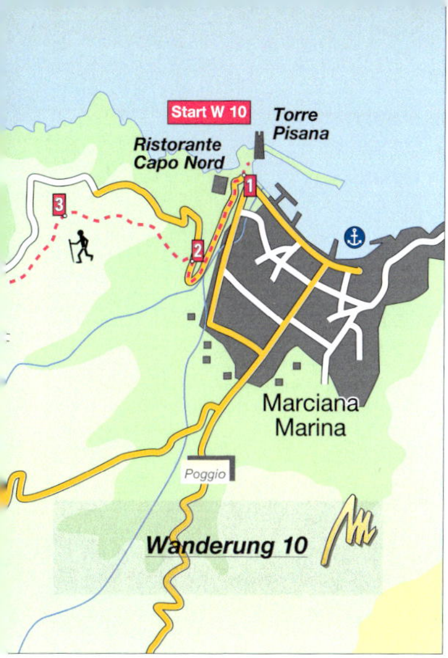

geht es ca. 70 m nach einer Rechtskehre gegenüber einem verwitterten Schild ("Se amate la Natura ...") nach links ab in den Wald hinein auf einen Pfad **(WP 02)**, der zunächst an einem grünen Zaun rechter Hand entlangführt (kaum sichtbare rot-weiße Markierung).

Der schwachen rot-weißen Markierung folgend, geht es auf dem Pfad durch lichten Wald am Zaun entlang stets bergauf, Abzweigungen nach links sind zu ignorieren. Nach schweißtreibend steilem, etwa 15-minütigem Aufstieg wird es etwas flacher, der Pfad etwas breiter, noch immer folgt man der schwachen rot-weißen Markierung. Nach etwa 45 Minuten ab Ausgangspunkt erreichen Sie eine beschilderte Kreuzung **(WP 03)**, wo man den Pfad nach halblinks hinunter nach La Cala einschlägt. Nach gut 5 Minuten ab der Kreuzung trifft man auf eine Abzweigung **(WP 04)** nach rechts hinunter, die aber zu ignorieren ist, geradeaus geht es weiter nach La Cala. Nach kurzer Zeit kreuzt man nun die Schotterstraße **(WP 05)** und nimmt nach etwa fünf Metern den wieder in den Wald führenden Pfad nach rechts hinunter (Beschilderung La Cala). Eine Abzweigung nach links (nach Marciana Alta) ist zu ignorieren, es geht nun mit schönem Küstenblick an einem idyllisch gelegenen kleinen Häuschen vorbei bergab, Abzweigungen aller Art sind zu ignorieren. Nach einem kurzen Wegstück oberhalb der Steilküste (Zäune) hat man nach einer Gesamtgehzeit von ca. 1 Std. 15 Min. das Hotel Andreina **(WP 06)** mit Restaurant in La Cala erreicht. Die kleine, saubere Kiesbucht unterhalb lädt zum Baden ein.

Von der Bucht La Cala geht es auf demselben Pfad weiter in Richtung Sant'Andrea, man geht zwischen zwei Häusern hindurch und kommt kurz darauf an einem Anwesen auf der linken Seite vorbei. Nachdem man kurz darauf einen Bach überquert hat, geht es sofort nach links steil hinauf **(WP 07)**, die rot-weiße Markierung ist kaum erkennbar. 15–20 Minuten geht man nun auf steinigem Pfad steil bergauf, etwa auf halber Strecke passiert man ein verfallenes Haus. Oben angekommen, führt der Pfad durch Weinberge oberhalb der Küste und an einem weißen Haus auf der rechten Seite vorbei, bevor man nach wenigen Metern die Kreuzung **(WP 08)** in Conca erreicht hat.

Von der Kreuzung geht es rechts hinunter auf asphaltierter Straße (Schild S. Andrea), zunächst eben, dann ca. 10 Minuten schattenlos bergauf, bis man – kurz nach der Kapelle – beim Haus Nr. 36 (Via Maciarello) nach rechts hinunter auf den Betonweg **(WP 09)** einbiegt (Beschilderung S. Andrea). Von diesem geht es nach wenigen Metern geradeaus den Pfad hinunter, es folgt der schönste Abschnitt der Strecke: auf beschaulichem Pfad über der Küste, mit Blick auf das Festland, nach Capraia, Korsika und auf die Bucht von Sant'Andrea. Kurz darauf befindet man sich in üppiger, dichter Vegetation, bis man zu einem Haus gelangt, an dem es links abgeht (Pfeil auf dem Fels: "Sant'Andrea"). Kurz

Fast am Ziel – der Strand Cotoncello bei Sant'Andrea

darauf geht es über eine Betonbrücke und nach wenigen Minuten über eine schmale Betonstraße, bis man das Hotel Oleandro **(WP 10)** mit herrlicher Terrassenbar über dem Meer erreicht hat.

Vom Hotel Oleandro führen Treppen (Beschilderung S. Andrea) und ein Pfad hinunter zur Spiaggia Cotoncello: Einige der imposanten Felsen sehen aus, als würden sie gleich umkippen und ins Wasser stürzen, andere gehören zu den berühmten Steinmonstern Elbas (siehe Kasten, S. 188) oder aber wirken, als hätte sie Picasso höchstselbst aus schwarzem Stein gemeißelt. Am Cotoncello-Strand gibt es auch einen kleinen sandigen Abschnitt, ansonsten lässt man sich auf den Felsen nieder.

Der Pfad führt nun über die Felsen (eingehauene Treppen und kleine Brücken) in wenigen Minuten nach Sant'Andrea. Achtung: Bei nur mittelmäßigem Seegang ist der Felspfad oft überspült, wir möchten in diesem Fall von der Begehung dringend abraten (besonders mit Kindern)! Der Alternativweg führt vom kleinen Sandstrand links ab auf einen Pfad den Berg hinauf, dann noch einmal ca. 20 Minuten auf Asphaltstraße zum Strand von Sant'Andrea, wo zwei Bars zur verdienten Rast einladen. Der *Marebus* hält am Parkplatz hinter dem Strand.

Buchten zwischen Marciana Marina und Procchio

Großer Beliebtheit erfreuen sich die kleinen Badebuchten an der zerklüfteten Küste zwischen Marciana Marina und dem sechs Kilometer entfernten Procchio. Parkplätze findet man an der Straße (an Wochenenden der Hochsaison allerdings nur schwerlich), meist führen kleine Pfade hinunter zum Strand.

- **Redinoce**: Knapp drei Kilometer von Marciana Marina, ein Schild weist hinunter zum Kiesstrand mit Sonnenschirm- und Liegestuhlverleih.
- **Paolina**: Die östliche Nachbarbucht von Redinoce, sehr malerisch ist hier die kleine *Isola della Paolina* vorgelagert. Ebenfalls beschildert, der Pfad führt von der Straße

in Serpentinen und Stufen hinunter zum überaus einladenden kleinen Sandstrand mit netter Bar. Hier auch Sonnenschirm-/Liegestuhl- und Tretbootverleih.

- **Spartaia**: Gut ein Kilometer außerhalb von Procchio (beschildert, Straße zum Strand), ein wirklich wunderschöner, relativ kleiner Sandstrand, an dem es allerdings recht dicht gedrängt zugeht. Ein großer Teil des Strandes ist vom Hotel Désiree belegt, das Parken kann an Sommerwochenenden zum Problem werden – die Kapazitäten sind begrenzt. Mit Bar, Sonnenschirm- und Liegestuhlverleih.

Procchio

Auffallende rote Ziegeldächer verstreut in einem grünen Tal, zahlreiche Pauschalhotels, einige Pensionen und ein sehr schöner, gepflegter Sandstrand in der weiten Bucht des gleichnamigen Golfs – Procchio ist ein gesichtsloser Touristenort ohne Vergangenheit. Nach einer beschaulichen Dorfpiazza und dem damit verbundenen Flair sucht man hier vergebens, "Zentrum" des Dorfs ist die Durchgangsstraße mit Café-Bars, Andenkenläden und Pizzerien zu beiden Seiten, daneben gibt es noch die moderne Ladenpassage "Il Salotto di Procchio" unter hölzernen Arkaden – Souvenirshops, Gelaterie, Cafés und ein Bancomat. Jeden Donnerstagvormittag macht der Inselmarkt auch in Procchio Station.

Eine schöne Kulisse im Hintergrund des Ortes bilden die auslaufenden Berghänge des *Monte Capanne.* Die Attraktion von Procchio ist der herrliche, ca. ein Kilometer lange und bis zu 20 m breite **Sandstrand** mit Sonnenschirm- und Liegestuhlverleih, Anlegesteg, Umkleiden, Tretbootverleih sowie einigen Bars und Restaurants. Am linken Ende der Bucht bizarre Felsformationen – gut zum Schnorcheln. Etwas längeren Atem braucht man, wenn man zum gesunkenen römischen Handelsschiff will, das seit gut 1800 Jahren ca. 50 m vor der Küste liegt.

- *Verbindungen* Sehr gute Busverbindungen, von 8.30–21 Uhr halbstündlich nach Portoferraio, 7.30–18.30 Uhr etwa stündlich über Marciana Marina nach Marciana Alta sowie 7–20 Uhr ca. stündlich über Marina di Campo nach Fetovaia (Westküste) und weiter nach Pomonte.
- *Übernachten* Hauptsächlich in (Pauschal)Hotels der gehobenen Kategorie, nur wenige Pensionen im Ort. Kein Campingplatz, dafür ein Wohnmobilparkplatz (an der Straße Richtung Marina di Campo).

*** **Monna Lisa**, am Ortsausgang Richtung Marciana Marina links ab, beschildert. Relativ ruhige Lage, gepflegtes, etwas altmodisches Mittelklassehaus, im Salon lächelt die Namensgeberin (natürlich als Kopie und mit einem "n"). DZ mit obligatorischer Halbpension 138–156 €, EZ 81–90 €. 57030 Procchio, ✆ 0565/907519, ℻ 0565/907279, www.hotelmonnalisa.it.

- *Essen & Trinken* **Antica Locanda dei Pittori**, an der Ecke gegenüber der Ladenpassage. Mittleres Preisniveau, es gibt auch einige recht günstige Mittagsgerichte. Leider keine Terrasse.

Der Westen der Insel
Karte S. 179

Giglio Porto – einer der idyllischsten Häfen des Archipels

Die kleinen Inseln des Toskanischen Archipels

Gorgona, Capraia, Pianosa, Montecristo, Giglio und Giannutri – die kleineren Inseln des Toskanischen Archipels von Nord nach Süd. Bekannt ist eigentlich nur die noble Insel Giglio, die der Halbinsel Monte Argentario vorgelagert und von dort in knapp einer Stunde mit der Fähre zu erreichen ist. Und natürlich Montecristo – wer kennt sie nicht, die sagenumwobene Schatzinsel aus dem berühmten Roman von Alexandre Dumas.

Über touristische Tradition und die entsprechende verkehrstechnische Anbindung verfügt neben *Giglio* vor allem die Insel *Capraia*, und auch Pianosa holt seit einigen Jahren kräftig auf. Auf der völlig flachen Insel Pianosa, die am nächsten zur toskanischen Hauptinsel Elba liegt, wurde erst im Sommer 1998 die Strafanstalt geschlossen, seither ist die Insel täglich für maximal 550 Tagesausflügler zugänglich. Für die anderen kleinen Inseln gelten strengere Auflagen in puncto Besucherzahlen: *Montecristo* und *Gorgona,* die kleinsten der toskanischen Inseln, können nur nach langer vorheriger Anmeldung besucht werden: Montecristo, weil es bereits seit 1971 vollständig unter strengstem Naturschutz steht; Gorgona, ein italienisches Château d'If, das noch immer ein Staatsgefängnis beherbergt, wird nur allmählich einem kontrollierten Tourismus geöffnet. Bleibt *Giannutri*. Die südlichste Insel des Toskanischen Archipels (150 km von der nördlichsten Insel Gorgona entfernt) kann unkompliziert besucht werden, im Sommer gibt es täglich Ausflugstouren dorthin.

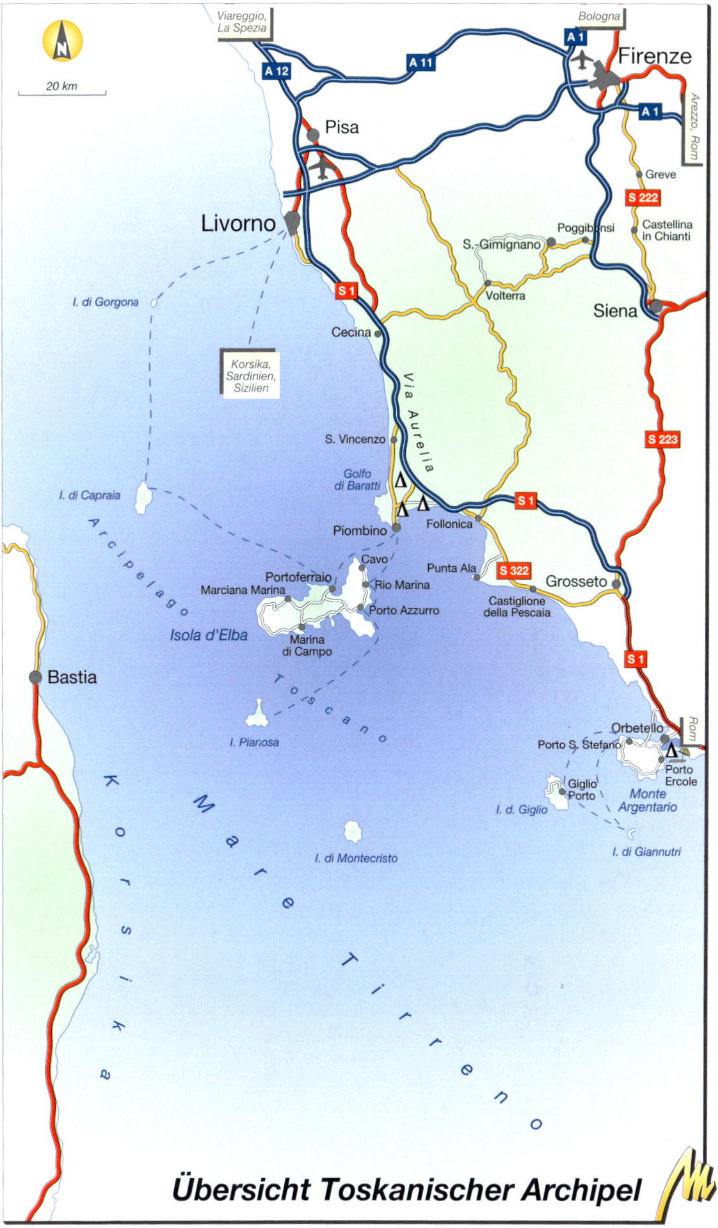

Übersicht Toskanischer Archipel

Die kleinen Inseln des Toskanischen Archipels
Karte S. 211

Die sieben Edelsteine der Venus

Schenkt man der Mythologie Glauben, stieg die tyrrhenische *Venus,* das römische Pendant zur griechischen *Aphrodite,* dort aus dem Meer, wo heute die toskanischen Inseln liegen. Beim Auftauchen soll sie sieben Edelsteine aus ihrem Diadem verloren haben – einen ziemlich großen und sechs kleinere. So entstand der Toskanische Archipel: Elba, Gorgona, Capraia, Pianosa, Montecristo, Giglio und Giannutri. Zumindest der Legende nach.

In früheren Zeiten waren die toskanischen Inseln mit dichten Steineichenwäldern bestanden. Doch bereits die Etrusker benötigten das Holz als Brennstoff für ihre Eisenschmelzöfen. Nach und nach wurden die Inseln gerodet, an Stelle des Laubwalds trat eine anspruchslose Pflanzengesellschaft, die mediterrane *Macchia,* die heute für alle Inseln kennzeichnend ist. Dennoch haben sich besonders auf den kleineren Inseln zahlreiche endemische, d. h. nur hier vorkommende Pflanzen- und Tierarten erhalten können.

Seit Gründung des **Nationalparks Toskanischer Archipel** im Jahr 1996 versucht man, die Artenvielfalt auf den Inseln und natürlich auch im Meer zu erhalten und den ohnehin eingeschränkten Tourismus (z. B. auf Gorgona, Montecristo und Pianosa) weiterhin in geregelten Bahnen ablaufen zu lassen. Entsprechend spärlich sind die **Fährverbindungen** vom Festland zu den kleineren Inseln: Lediglich Giglio ist häufig mit dem Festland (Porto S. Stefano) verbunden, Capraia wird zumindest einmal täglich von einem Linienschiff (ab Livorno) angefahren; Pianosa ist im Sommer mindestens einmal wöchentlich mit der Linienfähre der Toremar im Rahmen eines halbtägigen Ausflugs zu besuchen. Generell ist der Toskanische Archipel am besten vom Standort Elba aus in mehreren Tagesausflügen zu erkunden – Verbindungen zwischen den Inseln bestehen so gut wie keine.

Übernachtungsmöglichkeiten auf den kleinen toskanischen Inseln finden sich lediglich auf Capraia und Giglio.

Gorgona, die Gefängnisinsel

Die kleinste und nördlichste der Inseln des Toskanischen Archipels beherbergt seit 1869 eine Strafanstalt und ist daher für Touristen nur sehr begrenzt zugänglich.

Das Relief der Insel ist von steil abfallenden Felsen geprägt, die fast die gesamte Küstenlinie umfassen. Der einzige Hafen der bergigen grünen Insel befindet sich an der Ostküste von Gorgona. Die Insel ist 2,2 qkm groß mit einer Küstenlänge von nicht mal fünf Kilometern; die höchste Erhebung heißt *Punta Gorgona* (255 m). Administrativ gehört Gorgona zur 37 km entfernten Küstengemeinde Livorno.

Charakteristisch für Gorgona ist eine relativ **reiche Vegetation,** bestehend zum Teil aus Waldstücken mit Aleppokiefern, vereinzelt treten auch Granatapfelbäume, Ulmen, Johannisbrotbäume sowie Maronen (Esskastanien) auf. Grund für die Pflanzenvielfalt ist der lehm- und kalkhaltige Boden. Dieser bringt im Vergleich mit den anderen Inseln wie Capraia, das vulkanischen Ursprungs ist, oder Montecristo und Giglio (beide überwiegend Granitboden), wesentlich mehr Grün hervor. Die kleinen bewaldeten Areale der Insel werden von der typischen Mittelmeermacchia umgeben.

Gorgona besitzt eine endemische Pflanze, den *Lavendel von Gorgona (Limonium gorgonae)*, eine kleine violette Blume, die an der felsigen Küste wächst. In der *Cala Maestra*, der größten Bucht der Insel im Norden, nisten große Kolonien von Silbermöwen, ansonsten leben auf Gorgona auch verschiedene Raubvögel wie Bussarde und Wanderfalken. Von den Mittelmeermönchsrobben *(Monachus monachus)*, die sich in der Antike in der *Cala Scirocco* (Südostspitze der Insel) in Scharen aufhielten, ist schon lange nichts mehr zu sehen.

Bedeutende **Geschichte** ist auf der Insel nicht geschrieben worden. Gorgona wurde wie die anderen toskanischen Inseln auch von Römern, Pisanern, Genuesen und den Appiani aus Piombino besiedelt. Lange war die Insel ein wichtiges Rückzugsgebiet für Mönche, bereits aus dem 4. Jh. sind hier Einsiedeleien nachgewiesen, und in Laufe der Jahrhunderte suchten immer wieder Benediktiner und Kartäuser auf der Insel Zuflucht vor den Wirren ihrer Zeit. Nichtsdestotrotz war auch Gorgona fortwährenden Piratenüberfällen ausgesetzt. Historische Relikte der Insel sind die mediceische *Torre Nuova* an der Anlegestelle *Scalo* (an der Ostküste) und die *Torre*

Vecchia aus dem 13. Jh. (oberhalb der *Cala dell'Acqua,* Westküste). Im einzigen kleinen Inseldorf oberhalb der Anlegestelle leben ausschließlich die Beschäftigten des Staatsgefängnisses von Gorgona. Insgesamt zählt man auf Gorgona rund 300 Einwohner, ein großer Teil davon sind Häftlinge des Gefängnisses, die sich auf der Insel relativ frei bewegen können und in der Landwirtschaft bzw. Gebäuderestaurierung beschäftigt sind.

• *Anmeldungsformalitäten* Wer die – unter botanischen und zoologischen Gesichtspunkten – durchaus sehenswerte Insel besuchen will, wende sich (frühzeitig!) an die **Cooperativa Parco Naturale Isola di Gorgona**, Corso Mazzini 44, 57126 Livorno, ✆/℻ 0586/899760. Die Organisation veranstaltet im Sommer geführte Wandertouren auf Gorgona (nur Juli bis Sept., jeden Dienstag). Man startet morgens in Livorno (1,5-stündige Überfahrt mit Toremar) und kehrt abends gegen 20 Uhr dorthin zurück. Private Ausflüge zur Insel sind nicht möglich. Da die Insel zu etwa drei Vierteln zur Zone 1 der geschützten Gebiete des *Nationalparks Toskanischer Archipel* gehört, ist ein Anlegen verboten bzw. als Mindestabstand sind 1.000 m vorgeschrieben! Das gilt übrigens auch für das Fährschiff: der Transfer zum einzigen Ort in der Cala dello Scalo erfolgt in einem kleineren Boot.

Capraia

Capraia in Kurzform: eine schroffe, zerklüftete Felsenküste und im Inselinneren überwiegend mediterrane Macchia, nur wenige Häuser am kleinen Porto und das recht idyllische Inseldorf Capraia Isola.

Die westlichste Insel des Toskanischen Archipels – 19 qkm groß und mit einer Küstenlinie von 27 km – liegt näher an Korsika als am italienischen Festland und ist eine eigenständige Gemeinde, die zur Provinz Livorno gehört. Zur französischen Nachbarinsel in Sichtweite sind es nur 15 Seemeilen (ca. 31 km), während Livorno an der Etruskischen Riviera gut 35 Seemeilen (ca. 64 km) entfernt liegt.

Schroff ins Meer abfallende Steilküsten, kristallklares Wasser und die herbe Wildheit dieser mediterranen Landschaftsform zeichnen die Insel aus. Es gibt so gut wie keine Strände, ein Bad im Meer ist oft mit vorheriger Kletterübung verbunden. Capraia bietet andere Erholungs- und Freizeitmöglichkeiten, z. B. ausgedehnte Spaziergänge oder Wanderungen durch die unberührte Landschaft, eine Tauchschule oder auch einen Motorbootverleih. Das alles nimmt man sich aber am besten nicht im Hochsommer vor. Dann nämlich ist die kleine Insel hoffnungslos ausgebucht, und ohne vorherige Zimmerreservierung kann man sich die Anreise mit der Fähre ab Livorno oder per Ausflugsboot von Elba aus sparen.

Gut 100 Jahre lang war Capraia – wie es die Nachbarinsel Gorgona noch immer ist – eine der streng bewachten **Gefängnisinseln** Italiens. Als nach Schließung der Strafvollzugsanstalt 1986 die touristische Erschließung bevorstand, erklärte man Capraia umgehend zum Naturpark. Die Besucher finden hier eine italienische Variante des sanften Tourismus vor: Größere Bauvorhaben dürfen nicht mehr durchgeführt werden, und so platzen im Sommer die wenigen Hotels, Pensionen und Appartements aus allen Nähten. Der Fischerhafen ist während der Hochsaison dicht belegt mit Yachten aus Elba oder Korsika und die ein- bis zweimal täglich anlegende Fähre aus Livorno bringt zusätzlich noch Tagesbesucher auf die Insel. Ganz anders präsentiert sich Capraia außerhalb der Saison: als stille, fast verlassene Insel mit gerade mal 80 Bewohnern (im Sommer sind es etwa 300).

Capraia ist auch geologisch eine Besonderheit. Als Einzige der toskanischen Inseln ist sie vulkanischen Ursprungs; entstanden durch die Eruption zweier Vulkane vor

Insel Capraia

etwa 7,5 und 5 Mio. Jahren. Das Lava- und Tuffgestein wie auch die besonderen Felsformationen um den Vulkan *Zenobito* an der *Punta dello Zenobito,* der Südspitze der Insel, veranschaulichen noch heute die vulkanische Entstehung der Insel. Höchster Berg ist mit 445 m der *Monte Castello* im Norden der Insel. Wie auch auf Gorgona gibt es auf der Capraia eine Reihe endemischer Pflanzen, z. B. die *Flockenblume* und das *Löwenmaul.* Zur endemischen Fauna zählt die *Capraia-Schnecke.* Ansonsten weist die Insel eine relativ typische Mittelmeermacchia auf, v. a. Zistrosen, Mastix, Baumheide, Erdbeerbaum und Myrte, teilweise aber auch eine sehr karge Vegetation. Auf Capraia leben neben den – auf den toskanischen Inseln vielfach vertretenen – *Silbermöwen* als Besonderheit auch die *Korsischen Möwen,* daneben Raubvögel wie Wanderfalken und Bussarde; außerdem wilde Kaninchen und – jüngst angesiedelt – auch eine kleine Population von Mufflons.

Recht beschaulich nimmt sich **Capraia Isola** aus, der einzige Ort der Insel. Überragt wird das Dorf von der Festung *San Giorgio,* die bereits im Mittelalter entstand, von den Genuesern aber Anfang des 16. Jh. ausgebaut wurde (nicht zugänglich). Sehenswert auch die *Pfarrkirche San Nicola* aus dem Jahr 1759, die an der kleinen *Piazza Milano* liegt. Ansonsten herrscht in den Gassen des Dorfes Ruhe. Im Ort zwei Hotels, eine Pizzeria und die *Bar Centrale* am Ortseingang (vom Hafen kommend), Supermarkt, Bäcker und Souvenirshop.

Die wenigen Häuser am kleinen **Hafen** beherbergen zumeist Bars und Restaurants. Die Anlegestelle kann von der großen Toremar-Fähre übrigens nur bei gutem Wetter angefahren werden, bei stürmischer See ist dies nicht möglich. In Hafennähe befindet sich auch die kleine *Kirche Vergine* aus dem frühen 14. Jh.

Geschichtliches

Über den Ursprung des Namens *Capraia* kursieren zwei Versionen: man nimmt an, dass sich der Inselname entweder vom etruskischen Wort "carpa" (= Stein) oder

Karte S. 211

vom römischen "capra" (= Ziege) ableitet. Wenn man bedenkt, dass auf der Insel jahrhundertelang wilde Ziegen weideten, erscheint die zweite Variante so unwahrscheinlich nicht. Bereits in der Antike war Capraia eine wichtige Station auf den damals gängigen Handelsrouten. Die Insel diente Etruskern, Griechen und Römern als Zwischenhafen, z. T. entstanden auch kleine Ansiedlungen, von denen heute jedoch so gut wie nichts mehr zu sehen ist. Nach dem Untergang des Römischen Reichs kam es weitestgehend zur Entvölkerung der Insel. Im Mittelalter wurde die Insel von Mönchen und Einsiedlern als Refugium genutzt; später kamen dann Pisaner, Genueser und Appianer – und mit ihnen die Piraten. Um sich vor den drohenden Überfällen zu schützen, entstanden die heute noch sichtbaren historischen Bauwerke der Insel: die *Torre del Bagno* mit ihren mächtigen Außenmauern, die *Torre del Porto* und ganz im Süden der Insel die Torre *dello Zenobito*. Letztere wurde – wie auch die Torre del Porto – im Jahr 1516 von dem genuesischen Bankhaus "Banco di San Giorgio" gebaut (unter dem auch die gleichnamige Festung umgebaut wurde), und ist mit einem Durchmesser von 20 m einer der imposantesten Militärbauten des Archipels. Hier, an der Südspitze der Insel, konnten bis zu 50 Soldaten untergebracht werden, es gab eine Zisterne und eine kleine Kapelle zur religiösen Unterstützung der kleinen Armee.

Anfang des 17. Jh. entstand unweit des Orts ein Franziskanerkloster, der in den 60er Jahren des 19. Jh. in die besagte Strafanstalt umgewandelt wurde. Die nächste Wende in der Geschichte der Insel vollzog sich erst in jüngster Vergangenheit (1986): Aus der Gefängnisinsel wurde die Touristeninsel mit kontinuierlich steigenden Besucherzahlen. Man erhofft sich dadurch auch die Schaffung von neuen Arbeitsplätzen, um so die Abwanderung von Capraia zu stoppen. Seit 1996 gehören etwa 75 % der Insel dem *Nationalpark Toskanischer Archipel* an. Geplant ist für die nähere Zukunft eine weitere touristische Erschließung Capraias, hierzu sollen leer stehende Gebäude um- und ausgebaut werden, Neubauten sind allerdings nicht vorgesehen.

Information/Vorwahl/Verbindungen

• *Information* **Touristeninformationsbüro Pro Loco** am Hafen, Via Assunzione, unregelmäßige Öffnungszeiten, meist vormittags, ✆ 0586/905138.

• *Telefonieren* Die **Vorwahl** für die ganze Insel lautet ✆ 0586 und muss auch vor Ort immer mitgewählt werden.

• *Anreise* 1x tägl. (samstags 2x) **per Fähre ab Livorno** mit *Toremar*, Überfahrt ca. 2,5 Std., pro Person 10,40 €, Auto 41,40 €. Die Mitnahme des Autos ist allerdings völlig überflüssig: Es gibt auf Capraia nur eine einzige Straße, und die führt vom Hafen zum Dorf hinauf (ca. 2 km). Alle weiteren Infos bei Toremar in Livorno: Via Calafati 6, 57123 Livorno, ✆ 0586/224511, ℻ 0586/224624, www.toremar.it; oder bei der Toremar-Agentur auf Capraia, Via Assunzione 18 (am Hafen), 57032 Isola di Capraia, ✆/℻ 0586/905069. Die zweite Möglichkeit ist die Anreise mit dem **Ausflugsboot von Portoferraio (Elba)** aus; im Sommer täglich, Fahrtzeit ca. 3 Std., pro Person hin und zurück 35 €, Kinder 20 € (→ "Portoferraio/Bootsausflüge", S. 87).

• *Inselbus* Vom Hafen aus verkehrt etwa halbstündlich (in der Hochsaison nach Bedarf, also fast ständig) ein **Pendelbus** hinauf zum Dorf und retour.

Adressen/Wassersport/Bootsausflüge

• *Adressen* **1. Hilfe**, es gibt auf der Insel einen Arzt, der in Notfällen unter ✆ 0586/905148 zu erreichen ist.

Carabinieri, ✆ 0586/905036.

Geldautomat für alle gängigen Karten im Zentrum des Dorfs; keine Bank.

Hafenamt, ✆ 0586/905290.

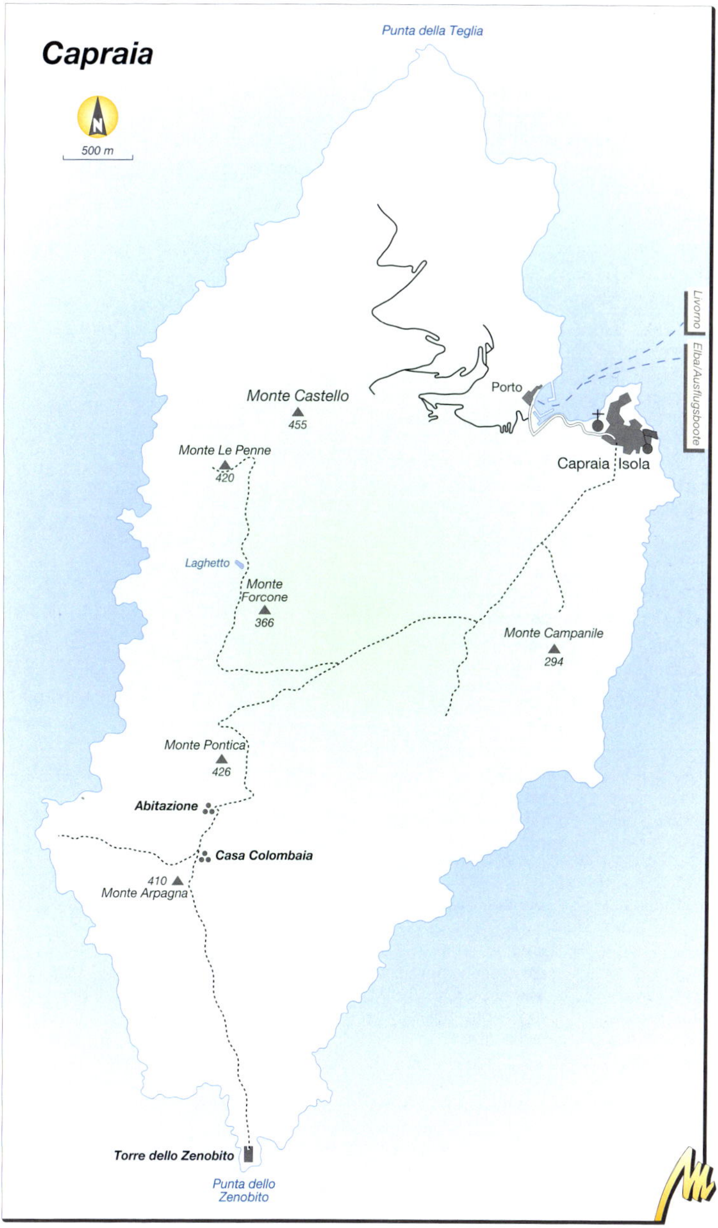
Capraia
500 m
Punta della Teglia
Livorno
Elba/Ausflugsboote
Porto
Monte Castello
455
Monte Le Penne
420
Capraia Isola
Laghetto
Monte Forcone
366
Monte Campanile
294
Monte Pontica
426
Abitazione
Casa Colombaia
410
Monte Arpagna
Torre dello Zenobito
Punta dello Zenobito

Karte S. 211

• *Wassersport/Bootsausflüge* Die **Agenzia Viaggi e Turismo Parco** vermietet Motorboote ab ca. 45 € pro Tag, außerdem Kajaks für 2 Pers. für ca. 8 €/Std. sowie *Pedalos* (Tretboote) für ca. 10 €/Std. Ferner werden Inselrundfahrten per Boot und ein Wassertaxi-Service angeboten. Via Assunzione 42 (am Hafen), 57032 Capraia Isola, ✆ 0586/905071, ℻ 0586/905274, www.isoladicapraia.it, agparco@tin.it.

Capraia Diving Club, neben dem Hotel Da Beppone am Hafen (Via Assunzione 72), geöffnet 1.4.–15.11., ✆ 0586/905137, ℻ 0586/905037, www.capraiadiving.it.

Übernachten/Essen & Trinken

Grundsätzlich liegen die Preise für Übernachtungen auf Capraia noch etwas höher als auf der Nachbarinsel Elba. Frühzeitige Buchung ist wegen der wenigen Unterkünfte unerlässlich, besonders im Juli/August hat man sonst keine Chance, ein Quartier zu finden, und das gilt auch für den einzigen Campingplatz der Insel.

**** **Hotel Saracino**, beim Dorf *Capraia Isola* oberhalb des Hafens gelegen, etwas außerhalb Richtung Steilküste. Gepflegter Hotelkomplex für gehobene Ansprüche, wenn auch nicht besonders modern. 35 komfortable Zimmer mit Bad, TV, Kühlschrank, DZ mit Frühstück 185 €, EZ 105 €, mit Halbpension kostet das DZ 220 €. Es werden auch Appartements vermietet: in der HS nur wochenweise, für 2–3 Personen ca. 750 €, 4–5 Personen um 850 €. Etwas günstiger die angeschlossene **Residence Milano**, hier kostet ein 4-Pers.-Appartement ca. 550 € pro Woche. Ganzjährig geöffnet, Via L. Cibo 30, 57032 Capraia Isola, ✆ 0586/905018, ℻ 0586/905062 .

Pensione Da Beppone, am Hafen, empfehlenswertes Restaurant mit Terrasse im 1. Stock, DZ mit Bad und obligatorischer Halbpension 114 €. Via Assunzione 78, 57032 Capraia Isola, ✆/℻ 0586/905001.

*** **Camping Le Sughere**, einziger Campingplatz der Insel, in Hafennähe, ca. 200 m vom Meer. Normalerweise vom 1.6. bis 30.9. geöffnet, manchmal auch schon im Mai. Etwa 100 Stellplätze, wer im August kommen möchte, sollte unbedingt vorher reservieren. Bar und Mini-Market. Via delle Sughere 1, 57032 Capraia Isola, ✆/℻ 0586/905066.

• *Essen & Trinken* **Pizzeria Il Corsaro**, im oberen Dorf (nahe der Festung), relativ teuer, netter Service, mittags und abends geöffnet, ✆ 0586/905172.

Il Vecchio Scorfano, von italienischen Gastroführern mehrfach ausgezeichnetes Feinschmeckerlokal am Hafen. 1953 eröffnet, viel frische Pasta meist mit Meeresfrüchten in verschiedenen Variationen, sehr köstlich z. B. die Spaghetti mit Scampi in Zitronensoße. Gute Auswahl an toskanischen Weinen, Spezialität des Hauses ist die Fischsuppe, gehobenes Preisniveau, aber absolut angemessen (Fischgerichte ab 13 €), ein uneingeschränkter **Tipp!** Mittags und abends geöffnet (an Donnerstagen mittags geschlossen), Via Assunzione 44, ✆ 0586/905132.

Am Hafen weitere Restaurants, z. B. das bereits erwähnte **Da Beppone** und das **La Lampara** (ähnliches Preisniveau wie das Vecchio Scorfano, im Erdgeschoss des gleichen Hauses eine Pizzeria), außerdem einige Bars/Gelaterias, z. B. die **Bar Massimo**, hier hängen alte Fotos von Capraia aus den 50er Jahren des letzten Jahrhunderts.

Wandern auf Capraia

Grundsätzliches: Fehlende Markierungen und kaum ausgebaute Pfade gestalten die Wanderungen auf der Insel eher mühsam. Zum Teil schlägt man sich auch querfeldein durch die Macchia im Inselinneren, unwegsame, schwer passierbare Stellen sind keine Seltenheit. Die Berge sind um die 400 m hoch, so dass einige mühselige, z. T. auch schwierige Anstiege überwunden werden müssen. Nichts für völlig Ungeübte und Orientierungslose! Festes Schuhwerk und Trinkwasser sind unbedingt ratsam, ein Kompass kann ebenfalls gute Dienste leisten.

Wanderung ins Inselinnere

Vom oberen Ort – die Kirche San Nicola an der Piazza Milano rechts liegen lassen – führt ein zunächst gut ausgebauter Fahrweg in südwestliche Richtung. Links sieht man den 294 m hohen **Monte Campanile.** Dem Weg aber weiter folgen, der sich bald darauf verengt und nahe einem aufgegebenen Steinbruch entlangführt. Nach einem Anstieg bei der Weggabelung rechts ab und wieder bergauf, nach ca. 1 Std. Gehzeit dann noch einmal rechts ab (Achtung: Abzweigung leicht zu übersehen) zum "Laghetto", dem kleinen Gebirgssee **Stagnone di Capraia** (oft ausgetrocknet), der einzige natürliche See des Archipels. Von hier kann man in nördliche Richtung über einen Kamm den Gipfel des **Monte Le Penne** (420 m) erreichen, von dem aus sich ein herrlicher Ausblick über die Insel und hinüber nach Korsika und Elba eröffnet. Dauer der Wanderung inkl. Abstecher zum Monte Le Penne insgesamt ca. 4 Std.; der Rückweg erfolgt dabei auf derselben Route.

Wanderung vom Dorf zur Südspitze der Insel

Eine weitere Wanderung führt vom Dorf Capraia Isola zur **Punta dello Zenobito** mit dem gleichnamigen Turm. Hier fehlen die Markierungen gänzlich, die Wanderung – teilweise über Stock und Stein – ist sehr anstrengend, für den Hin- und Rückweg sollte man den ganzen Tag einplanen (ca. 7–8 Std.). Zunächst denselben Weg einschlagen wie bei obiger Wanderung, nach ca. 1 Std. Gehzeit bei der **Gabelung** dann allerdings links abbiegen in südliche Richtung. Der Weg führt links am 426 m hohen **Monte Pontica** vorbei, kurz darauf sieht man auf der rechten Seite die Ruine einer militärischen "Abitazione". Weiter direkt in südliche Richtung tauchen bald darauf linker Hand die Ruinen der **Casa Colombaia** auf, in der früher die Garnison der Insel untergebracht war. Wiederum links geht es am **Monte Arpagna** (410 m) vorbei, der Weg ist z. T. mit Steinmännchen bzw. vielmehr Steinhaufen gekennzeichnet, dann geht es über die Ebene von Zenobito direkt nach Süden.

Gleicher Weg zurück, nicht minder anstrengend und steinig.

Pianosa

Die merkwürdigste Insel des Archipels: völlig plattes Land, die höchste Erhebung misst gerade mal 27 m. Pianosa liegt nur 14 km von Elba entfernt und auch hier war – bis zum Sommer 1998 – ein Gefängnis untergebracht.

In "Spitzenzeiten" sollen hier mal fast 2.000 Menschen gelebt haben, knapp die Hälfte davon als Insassen der 1855 eröffneten Haftanstalt für jugendliche Straftäter. Heute gibt es keine ständigen Bewohner mehr auf Pianosa, die "Besatzung" der Insel besteht gerade noch aus etwa 10 Mann, die mit der Verwaltung bzw. Auflösung des ehemaligen Gefängniskomplexes einerseits und mit dem Ausbau touristischen Angebots andererseits beschäftigt sind. Junge Häftlinge aus dem Gefängnis von Porto Azzurro, die vor ihrer Entlassung stehen, können auf der Pianosa an einem Sozialprogramm mitwirken: Sie entsorgen die Altlasten der Gefängnisanlage und betreiben das einzige Ristorante auf der Insel: Im "San Giacomo" können die Besucher bei echter "Knastkantinen-Atmosphäre" speisen oder sich auch nur mit einem kühlen Getränk erfrischen. Aber keine Sorge: Geboten wird keineswegs Brei im Blechnapf, sondern ein solides Mittagsmenü für 15 €.

Das Inselinnere von Pianosa (10 qkm mit einer Küstenlänge von 26 km) ist nur in geführten Touren zu besichtigen. Der übrige Tagestourismus landet am alten Hafen

Karte S. 211

und bewegt sich lediglich im alten Zivilbereich der Insel. Das "Inseldorf", das zum großen Teil erst nach der Eröffnung des Gefängnisses vor fast 150 Jahren entstand, ist vollständig von einer hohen Mauer umgeben. Jenseits dieser Mauer, über den Rest der Insel, erstreckte sich die Gefängnisanlage. Diesseits lebten die Wärter und ihre Familien in dem kleinen Hafenort mit Festung, Post und Carabinieri, Ristorante, Kirche und Piazza. Heute strahlt der eingeschlossene Ort das merkwürdige Flair einer Geisterstadt aus.

Eindruck hinterlässt vor allem der kleine **alte Hafen** unterhalb des Kaps *Promontorio della Teglia,* auf dem sich in der Antike wahrscheinlich eine Befestigung befand. Heute thront hier ein palastartiges, zinnenbekröntes Gebäude, das allerdings schon länger leer steht und wie viele andere Häuser der Insel auch zusehends verfällt. Daneben eine exponiert über dem Meer liegende Terrasse mit einem Obelisken. Von hier hat man einen schönen Blick auf die *Cala dei Turchi,* die Felsformation *Il Marzocco* und das Inselchen *La Scola.* Am Hafen sind noch bescheidene römische Überreste zu sehen, z. T. auch unter Wasser.

Glasklares Wasser umgibt die ehemalige Gefängnisinsel Pianosa

Der **äußere Gefängnishof** kann besichtigt werden, hier findet sich eine Kirche aus dem 16. Jh., und eine Gedenktafel erinnert an die Widerstandskämpfer gegen den Faschismus – unter ihnen auch der Sozialist und spätere Staatspräsident Sandro Pertini –, die hier von 1943–1945 gefangen gehalten wurden.

Hinter dem Gefängniskirchhof links geht es zur alten Gefängnisdirektion. Hier befindet sich das "Museo" der Insel, das von der *Associazione per la Difesa dell'Isola di Pianosa* aufgebaut wurde, einem Zusammenschluss von ehemaligen Bewohnern der Insel, die das Andenken an ihre alte Heimat bewahren wollen. Tatsächlich handelt es sich bei dem Museum um eine kleine Fotoausstellung in drei kargen Räumen. Die historischen Aufnahmen geben Einblick in den Alltag von Häftlingen, Wärtern und deren Familien im letzten Jahrhundert. Im vierten Raum dokumentieren Fotografien die archäologischen Ausgrabungen auf der Insel.

Um sich die Zeit bis zur Rückfahrt der Fähre bzw. der Ausflugsboote zu vertreiben, empfehlen wir ein Bad im wirklich unglaublich sauberen Meer am schmalen Sandstrand der nördlich vom Hafen gelegenen Bucht *Cala Giovanna*. Durch die fast 150 Jahre andauernde völlige Abgeschirmtheit hat sich eine unverfälschte Küstenlandschaft erhalten, überall schimmert das Wasser türkisgrün und glasklar, so dass man mühelos bis auf den Meeresboden schauen kann. An landschaftlichen Reizen im Inselinneren hat Pianosa allerdings kaum etwas zu bieten: Der Boden wurde von den Gefangenen jahrzehntelang intensiv bewirtschaftet, zurückgeblieben ist eine eher armselige Vegetation.

Die Zahl der Besucher ist auf 550 am Tag beschränkt. Im Laufe des Jahres 2003 wurde dieses Kontingent nie erreicht, aller Wahrscheinlichkeit nach sollte es also nicht nötig sein, eine vorzeitige Buchung vorzunehmen. Wer dennoch auf Nummer Sicher gehen will, sollte sein Ticket einige Tage vorher bei der Toremar-Agentur in Porto Azzurro kaufen (s. S. 138).

Geschichtliches

Unter den Griechen hieß die Insel *Planasia*, die Römer machten dann daraus *Pianasia* und bauten hier Tempel und Thermen. *Agrippa Postumus*, ein Enkel von Kaiser Augustus, wurde auf die Insel verbannt und später hier ermordet, jedoch nicht ohne vorher eine Villa errichtet zu haben, deren Überreste allerdings äußerst spärlich ausfallen. Mit dem Untergang des Römischen Reichs verschwanden auch die Bewohner von der Insel. Besiedelt wurde Pianosa wieder im frühen Christentum, als hier – einmal abgesehen von Rom – eine der wichtigsten Katakombenanlagen der damaligen Zeit entstand. Wie auch die anderen Inseln des Toskanischen Archipels bot Pianosa im Mittelalter ein Rückzugsort für Einsiedler. Die Pisaner und Genuesen lieferten sich hier später heftige Kämpfe, bei denen die gesamte Inselbevölkerung verschleppt wurde. Erst unter den Appianern (von Piombino) fand eine erneute Besiedlung statt, bis Pianosa 1553 vom gefürchteten Piraten *Dragut* verwüstet wurde. In den folgenden Jahrhunderten bleibt die kleine Insel unbewohnt, bis 1814 Napoléon, der sich inzwischen auf die Nachbarinsel Elba im Exil befindet, seinen Ersatzstaat vergrößern will und sich für Pianosa zu interessieren beginnt.

100 Bauern für Napoléons Kornkammer

Napoléon hat Pianosa quasi annektiert. Die Insel gehörte zwar schon seit 1802 offiziell zu Frankreich, dass auf dem brachliegenden Eiland aber niemand ernsthafte Herrschaftsansprüche anmeldete, merkte der Kaiser ohne Kaiserreich ziemlich schnell. Nach einer gründlichen Inspektion Pianosas versetzte Napoléon eiligst 100 seiner Soldaten hierher und fing an, die Kultivierung der Insel in die Wege zu leiten. Mit einem genuesischen Geschäftsmann schloss man Verträge, die vorsahen, dass alle landwirtschaftlichen Erzeugnisse der Insel – geplant waren Getreideanbau und Rinderzucht – exklusiv an Elba weiterverkauft werden sollten. Die Aufsicht über die Inselwirtschaft wurde dem eigens dafür eingesetzten pianosischen Gouverneur Gottmann aus dem Elsass übergeben, und Napoléons Stab machte sich nun daran, 100 elbanische Bauern anzuwerben, die die landwirtschaftliche Blüte der Insel vorantreiben sollten. Aber Bonapartes Rechnung ging nicht auf: Trotz der in Aussicht gestellten Steuerfreiheit fand sich kaum jemand, der Elba verlassen und das karge Pianosa kultivieren wollte. Zudem zeigte Gottmann nicht allzu großes Geschick im Inselmanagement, und die hochtrabenden Pläne wurden mit Napoléons Rückkehr nach Frankreich 1815 genauso schnell wieder begraben, wie sie entstanden waren.

Bedeutung in irgendeiner Form erlangte Pianosa erst wieder 1855 mit der Einrichtung der Strafanstalt. Die Sträflinge betrieben hier nun die bereits von Napoléon ersonnene landwirtschaftliche Erschließung der Insel – verständlicherweise ohne großen Enthusiasmus und unter der harten Hand der Gefängnisaufseher. 1996 wurde Pianosa komplett dem Schutzgebiet des *Nationalparks Toskanischer Archipel* zugewiesen.

Seit der Schließung der Strafanstalt im Juni 1998 erfährt der Tagestourismus einen Auftrieb, ein weiterer touristischer Ausbau der Insel ist jedoch nicht zu erwarten, da das Nationalpark-Statut für die Schutzzone, der die Insel angehört, bauliche Veränderungen nicht zulässt.

Anreise/Bootsausflüge

Zwei Möglichkeiten stehen für den Trip nach Pianosa grundsätzlich zur Verfügung: Entweder – relativ günstig – jeden Dienstag mit dem Fährschiff der *Toremar* ab Porto Azzurro (Elba) oder mit privaten Ausflugsbooten ab Marina di Campo im Süden von Elba.

Der Hafen von Pianosa

Toremar-Fähre: Von Juni bis Sept. jeweils dienstags ab Porto Azzurro. Das Schiff startet um ca. 10 Uhr morgens, Überfahrt ca. 1,5 Std., Rückfahrt ab Pianosa nach etwa 2,5 Std. Aufenthalt um ca. 13.30 Uhr. Pro Person hin und zurück 18,40 € (davon 6 € Nationalpark-Obolus).

Ausflugsboote: Ungleich teurer, beinhaltet aber ein Mittagessen, das im Speisesaal des Gefängnisses eingenommen wird. Abfahrt im Sommer täglich um 9.30 Uhr oder 11 Uhr morgens mit dem Motorboot "Domizia" ab Marina di Campo, pro Person 57–68 €, in der Nebensaison schon ab 29 €. Näheres s. unter "Marina di Campo/Bootsausflüge", S. 168. Buchungen über alle größeren Reisebüros auf Elba.

Montecristo

Wie ein Kegel ragt die einsamste der toskanischen Inseln geradezu mystisch aus dem Meer. Montecristo verdankt seine Berühmtheit zweifelsohne der Literatur.

Alexandre Dumas d. Ä., so heißt es, sei zu seinem Roman "Der Graf von Monte Christo" (erschienen 1845–46) durch einen in Livorno lebenden französischen Kaufmann angeregt worden. Dieser hatte Dumas von dem geheimnisvollen Felsbrocken ein paar Seemeilen westlich von Giglio erzählt und ihm so einen idealen Schauplatz für seine abenteuerlichen Phantasien geliefert. Romanheld *Edmond Dantès,* ein junger Seefahrer, der 1815 das Opfer einer Intrige wurde und 14 Jahre lang unschuldig im Kerker von *Château d'If* einsitzt, gelingt es, aus dem Gefängnis zu entkommen und den sagenumwobenen Schatz zu heben, den ihm sein Mithäftling Abbé Faria vermacht hatte. Dieser Schatz ist auf Montecristo vergraben und nicht weniger als 13 Mio. Francs wert; und Dantès, der sich fortan als Graf von Monte Christo ausgibt, kehrt nach Frankreich zurück, um sich grausam an seinen Verrätern zu rächen. Die Geschichte vom Schatz hat übrigens durchaus einen realen Hintergrund: Die Kamaldulensermönche sollen im Mittelalter auf der Insel

Karte S. 211

wahrhafte Reichtümer angehäuft haben, woraufhin Montecristo immer wieder zum Angriffsziel der gefürchteten Piraten wurde.

Den Mythos von der Schatzinsel illustriert auch heute noch ein nahezu unbesiedeltes, von wilder Vegetation geprägtes Eiland. Montecristo ist ein steil aus dem Meer emporragender Granitfelsen, der am höchsten Punkt, dem *Monte della Fortezza,* 645 m misst – nach dem Monte Capanne (1019 m) auf Elba die zweithöchste Erhebung des gesamten Toskanischen Archipels. Die 10,4 qkm große Insel (Küstenlinie 16 km) liegt 24 Seemeilen von Elba und etwa 40 Seemeilen vom italienischen Festland entfernt. Einziger Hafen der schwer zugänglichen Insel ist die Bucht *Cala Maestra* an der Westküste mit einem schönen kleinen Strand. Ausgebaute Wege sucht man auf Montecristo vergebens, lediglich ein Maultierpfad führt von der Landungsstelle Cala Maestra steil hinauf zur *Grotta del Santo* und zu den Ruinen des verfallenen *Benediktinerklosters,* von hier weiter hinauf zum Monte della Fortezza.

Die Vegetation der Insel besteht hauptsächlich aus der typischen mediterranen Macchia (v. a. Zistrosen und Baumheide), vereinzelt sind auch noch einige Bäume geblieben. Interessanter dagegen die Fauna der Insel: Neben den *Wildziegen* von Montecristo (*Montecristo-Ziege*), deren Bestand aufgrund fehlender natürlicher Feinde mittlerweile auf ein bedenkliches Maß angewachsen ist, findet man nur hier die *Aspisviper* von Montecristo *(Vipera aspis Montecristi)* und eine nur auf der Insel vorkommende *Eidechse*. Bis vor einigen Jahren wurden an der zerklüfteten Küste der Insel auch wenige Exemplare der vom Aussterben bedrohten *Mittelmeermönchsrobbe (Monachus monachus)* gesichtet.

Geschichtliches

In der Antike war die Insel unter dem Namen *Oglasa* bekannt, später wurde sie *Montegiove* genannt. Vor dem 5 Jh. n. Chr. war die Insel unbesiedelt. Dann aber kam *Mamilianus,* der Bischof von Palermo, auf seiner Flucht vor den Vandalen auf die Insel.

San Mamilianus

Er lebte einsam und friedlich mit nur wenigen Getreuen auf der kleinen Insel *Montegiove*. Unter Mamilianus entstanden hier eine Einsiedelei und ein Kloster; die ganze Insel wurde bald zum Zufluchtsort für Mönche und Einsiedler. Das Ende des 6. Jh. gegründete Benediktinerkloster wurde sogar überregional bedeutend, ihm unterstanden auch Klöster auf Sardinien und Korsika.

Die Legende erzählt, dass Bischof Mamilianus auf dem unwirtlichen Eiland gegen einen furchterregenden Drachen gekämpft haben soll und siegreich aus dieser ungleichen Begegnung hervorgegangen sei. Die Höhle des Drachen, in der Mamilianus dann einzog, wurde zur *Grotta del Santo* ("Höhle des Heiligen"), und fortan nannten die Bewohner die Insel *Montecristo,* den "Berg Christi".

Kurios auch die Geschichte über die "Verteilung" der sterblichen Überreste von San Mamilianus: Als dieser im Jahr 465 sein Ende herannahen fühlte, entzündete er ein großes Feuer, um den Menschen auf den umliegenden Inseln zu signalisieren, dass er ein christliches Begräbnis wünsche. Dies wurde ihm auch gewährt, allerdings nicht unbedingt so, wie er es sich vorgestellt hatte. Als nämlich die Bewohner von Elba gleichzeitig mit denen der Insel Giglio beim Leichnam des Heiligen eingetroffen waren, entbrannte ein heftiger Streit, wer ihn denn nun mit nach Hause nehmen dürfe. Im Verlauf der Auseinandersetzung löste sich das Problem auf salomonische Weise: Der Leichnam des Mamilianus wurde beim erbitterten Kampf seiner Bestatter gleich in mehrere Stücke gerissen, und jede Insel erhielt so ihren Anteil an dem Verehrten. Ein dritter Teil wurde im Eifer des Gefechts anscheinend übersehen, dieser soll später in der Arno-Mündung bei Pisa angeschwemmt worden sein.

Im Mittelalter wurde die Insel immer wieder von Piraten heimgesucht und verwüstet, das Kloster verlor an Bedeutung und Ende des 15. Jh. übernahmen die Pisaner die völlig verarmte Anlage, deren Ruinen noch heute stehen. Mitte des 19. Jh. tauchten die ersten Abenteurer, inspiriert vom Schatzinselmythos, hier auf. 1852 kaufte der Engländer *George Green Taylor* die Insel und baute bei der Cala Maestra ein Haus, das später König Vittorio Emanuele III. als Jagdhütte diente. 1860 fiel Montecristo in den Verwaltungsbereich der Nachbarinsel Elba, und man kommandierte einige Soldaten zur Bewachung von Montecristo ab.

Karte S. 211

Seine Unwirtlichkeit hat Montecristo bis heute vor Besiedlung oder Tourismus bewahrt. Seit 1971 ist die Insel Naturschutzreservat und gehört seit 1996 komplett zur Schutzzone 1 des *Parco Nazionale dell'Arcipelago Toscano* – Montecristo gilt als das am strengsten geschützte Gebiet ganz Italiens. Doch in den letzten Jahren mehren sich die Gerüchte um eine bevorstehende Lockerung der strikten Bestimmungen und die Öffnung der Insel für einen wie auch immer gearteten Tourismus. Die Spekulationen reichen vom Bau eines Luxushotels bis hin zum kompletten Verkauf der Insel, zumal man mit Letzterem die auch in Italien leeren Staatskassen um die beträchtliche Summe von geschätzt fast einer Milliarde Euro auffüllen könnte. Umweltschützer raufen sich angesichts solcher Aussichten natürlich die Haare – man geht davon aus, dass eine touristische Nutzung selbst in bescheidenem Umfang die einmalige Natur der Insel in absehbarer Zeit völlig zerstören würde.

Ausflüge nach Montecristo – schwierig! Privatpersonen ist es verboten, die Insel zu betreten; Boote dürfen sich nur auf eine Distanz von mindestens 1.000 m nähern. Einzig ein Ehepaar wohnt auf Montecristo. Dieses wacht über den Frieden der Natur und führt die jährlich rund 1.000 Besucher, die es geschafft haben, beim zuständigen Ministerium in Rom (s. u.) eine Erlaubnis zu bekommen, über die Insel. Nahe der Cala Maestra (beim ehemaligen königlichen Jagdhaus *Villa Reale*) befindet sich ein kleines **naturkundliches Museum,** das über die Inselflora und -fauna informiert.

• *Anreiseformalitäten* Die eintägigen Exkursionen von *Porto Santo Stefano* (auf der Halbinsel Monte Argentario) nach Montecristo werden von der Forstbehörde organisiert und stehen unter deren Aufsicht. Anträge für einen solchen Besuch müssen – frühzeitig und in italienischer Sprache! – bei der zuständigen Forstbehörde gestellt werden. Machen Sie sich allerdings keine großen Hoffnungen: Meist werden diese Genehmigungen nur zu nachgewiesenen Forschungszwecken erteilt, touristische Interessen spielen keine Rolle, so zumindest der letzte Stand (Oktober 2003). Wie die Regelung für die nächsten Jahre aussehen wird, ist noch nicht abzusehen. Adresse: **Ministero delle Politiche Agricole e Forestali**, Corpo Forestale dello Stato, Ispettorato Generale, Servizio II, Via Carducci 5, 00187 Roma, ✆ 06/486927.

Monte Argentario (Festland)

Die heutige Halbinsel war einst wie die Inseln Giglio und Giannutri komplett vom Meer umgeben. Durch angeschwemmte Sandablagerungen bildeten sich aber mit der Zeit drei schmale Verbindungen zum Festland, dazwischen die Lagune von Orbetello.

Der Argentario ist ein felsiges Vorgebirge; macchiabewachsene Hänge bestimmen das Aussehen des südlichsten Teils der Maremma. Fast der gesamte Baumbestand fiel 1981 einer Brandkatastrophe zum Opfer, eine Rundfahrt um das Felsmassiv lohnt dennoch. Die Küste bietet abwechslungsreiche Ausblicke auf kleine Inseln und einsame Sandbuchten, die jedoch meist sehr schwer erreichbar sind, da das Gebirge zum Meer hin steil abfällt. Versteckt in die Hänge gebaute Villen mit viel versprechenden Namen wie z. B. *California* oder *Visione* sind deutliche Indizien dafür, dass der Argentario vor allem Urlaubsziel gut betuchter Gäste ist – Rom, Pisa und Florenz liegen relativ nah.

Empfehlenswert ist in jedem Fall eine Fahrt auf der **Strada panoramica** am Monte Argentario. Da die 26 km lange Rundstrecke nicht durchgehend asphaltiert und stellenweise nur mit dem Jeep befahrbar ist, sollte man von Porto Santo Stefano in

Am Monte Argentario

südlicher Richtung (entgegen dem Uhrzeigersinn) auf der Panoramastrecke (herrliche Ausblicke!) starten, nach etwa zehn Kilometern geht es durch das Landesinnere zurück nach Porto Santo Stefano.

Porto Santo Stefano

Der Hauptort des Argentario liegt an einem schönen Naturhafen. Am lang gezogenen Kai machen Fischerboote und schnittige Luxusyachten fest. Auch die Fähren zu den Inseln Giglio und Giannutri legen hier ab.

Seit sich vor rund 40 Jahren *Susanna Agnelli,* Enkelin des Fiat-Gründers, in Porto Santo Stefano ihre Sommerresidenz bauen ließ, hat sich der Ort zu einem exklusiven Refugium der italienischen Oberschicht entwickelt. Man ist fast geneigt, dies zu begrüßen, denn der extensive Tourismus, wie er nördlich und südlich des Argentario vorherrscht, ist der Halbinsel erspart geblieben. Dazu kommt, dass Signora Agnelli als Bürgermeisterin des Monte Argentario im Kampf gegen die Bauspekulanten ihre ersten politischen Sporen verdiente. Keine tristen Feriensiedlungen oder Hotelburgen trüben den Blick, überfüllte Strände sind unbekannt. Low-Budget-Touristen finden am ehesten im Zentrum eine bezahlbare Unterkunft, eine gute Auswahl an Restaurants/Pizzerie findet man an der Hafenmeile Via del Molo.

Der 9.000-Einwohner-Ort lebt nicht vom Tourismus allein. Noch etwa 30 Fischkutter fahren täglich zwischen 3 und 4 Uhr morgens auf See, um am Nachmittag gegen 17 Uhr mit ihrem Fang zurück in den Hafen zu kommen. Versteigert wird der Ertrag um 18 Uhr in der Via Marconi. Außerdem sorgen einige kleinere Bootswerften auch heute noch für Arbeitsplätze, wenn die Erzeugnisse auch eher sportlichen Zwecken dienen.

Karte S. 211

Von Porto Santo Stefano bestehen mehrmals täglich Fährverbindungen nach Giglio, das südlicher gelegene Giannutri wird regelmäßig von Ausflugsschiffen angesteuert.

- *Information/Zimmervermittlung* **A.P.T.-Büro**, Corso Umberto 55, im 1. Stock über der Post. Vermittlung von Zimmern auf dem Monte Argentario und der Isola del Giglio. Geöffnet 9–13 Uhr und 16–18 Uhr, So geschlossen, ✆ 0564/814208, 📠 0564/814052, www.grosseto.turismo.toscana.it.
- *Telefonieren* Die **Vorwahl** für die ganze Halbinsel lautet ✆ 0564 und muss auch vor Ort immer mitgewählt werden.
- *Verbindungen/Bootsausflüge* Im Sommer täglich per **Boot** nach Giglio (auch als Tagesausflug) und mit Ausflugsbooten nach Giannutri.
- *Einkaufen/Markt* In der *Pescheria Enzo Raffaella* gibt's täglich fangfrischen **Fisch** von der Makrele bis zum über 2 m langen Schwertfisch.

Jeden Dienstag **Markt** auf dem Parkplatz direkt am Hafen.

- *Übernachten* *** **Filippo II**, Via Poggio Calvello, 1,5 km außerhalb von Porto Santo Stefano auf einer kleinen, bewaldeten Landzunge direkt am Meer. Seit 2001 nach Renovierung als Aparthotel eröffnet, wenig Charme, etwas steril. ✆ 0564/811611, 📠 0564/810941.

*** **Belvedere,** Via Fortino 51 (knapp vor der Ortseinfahrt), DZ inkl. Frühstück 85–93 €. Ein einladendes Haus in Hanglage, umgeben von Olivenbäumen und Palmen. Terrasse, kleiner Park, ein kurzer Spaziergang führt zum Strand hinunter. Ohne Restaurant. Unser **Tipp!** Geöffnet April bis Mitte Oktober, ✆ 0564/812634.

Villa Domizia, ehemalige Privatvilla direkt am Meer. Fast alle Zimmer mit Terrasse zum Meer. Eine Treppe führt zum Baden ins tiefe Wasser zwischen den Klippen. In einem Anbau einige Extrazimmer. Kurz nach der Tombolo di Giannella, der nördlichsten Landverbindung. DZ mit Frühstück 108–157 €. ✆/📠 0564/812735.

** **Hotel Da Alfiero**, Via Cuniberti 12 (über dem Hafen), DZ inkl. Frühstück 60–70 €. Bescheidener, aber sehr freundlicher Familienbetrieb. Für Hotelgäste wird abends auch gekocht. ✆ 0564/814067, 📠 0564/813094.

* **Week End**, Via Martiri d'Ungheria 3 (im Zentrum dem Schild "Panoramica" folgen), DZ 60–70 €, EZ ab ca. 40 €, alle Zimmer mit Bad. Nette Pension inmitten der Altstadt. Familiäre, sehr wohnliche Atmosphäre, der Besitzer spricht Deutsch. Ganzjährig geöffnet. ✆/📠 0564/812580.

• *Essen & Trinken* Jede Menge Fischrestaurants und Trattorien rund um den Hafen.

Da Siro, oberhalb des Lungomare, Eingang Corso Umberto 104. Wenn Sie sich ein Fischrestaurant empfehlen lassen, werden Sie mit hoher Wahrscheinlichkeit zu diesem Terrassenrestaurant unweit der Fischermole geschickt. Sympathischer Service, frischer Fisch und liebevoll angemachte Salate – das alles allerdings zu den ortstypisch hohen Preisen. Mo geschlossen, ✆ 0564/812538.

Immer voll ist es in der **Pizzeria Da Zirio** an der Hafenmole, lebhafter Betrieb und gute Holzofen-Pizza. Via del Molo.

Al Marinaio, Bar-Birreria direkt am Meer. Auf der Speisekarte vor allem frischer Fisch. Via del Molo 48.

An alle Ausflügler auf die Insel Giglio: Für einen Tagesausflug von Porto Santo Stefano zur 13 Seemeilen entfernten Insel Giglio ist es nur bedingt ratsam, das eigene Auto mitzunehmen. Die Überfahrt ist besonders an Wochenenden der Hochsaison nicht gerade günstig (Pkw hin und zurück 56–77 €, pro Person 12,40 €, Motorrad 20,80 €), und auf Giglio kommt man in der Regel mit öffentlichen Verkehrsmitteln an sein Ziel. Am Hafen von Porto Santo Stefano gibt es extra für Tagesausflügler einen bewachten Parkplatz, die Gebühren liegen bei ca. 8 € am Tag; ✆ 0564/810438 oder 0564/814237. Kostenlose Parkplätze am Ortseingang von Porto Santo Stefano auf der linken Seite (aus Richtung Orbetello kommend). Weitere Informationen zu den Fährverbindungen nach Giglio und Giannutri s. unter "Giglio/Verbindungen" S. 232 und "Giannutri/Verbindungen" S. 241.

Porto Ercole

An der Ostküste des Monte Argentario liegt der zweite wichtige Ort der Halbinsel. Beidseitig eingefasst von spanischen Festungsanlagen wirkt das 4.000-Einwohner-Städtchen noch idyllischer als Porto Santo Stefano.

Vom Hafen, wo nicht wenige Nobelyachten dümpeln, führen steile Treppen hinauf zur südlichen Festung; von dort geht es weiter auf einem schmalen Weg an den kleinen Gärten der Dorfbewohner vorbei zum Leuchtturm. Der Weg ist passagenweise anstrengend, aber die tolle Aussicht beim Leuchtturm versöhnt!

Beide Festungsanlagen sind heute von betuchten Mietern und Eigentümern in Beschlag genommen. Wer hier keinen Wohnsitz vorzuweisen hat, muss draußen bleiben. Es sei denn, man besorgt sich im Rathaus eine Besuchserlaubnis; wir haben darauf verzichtet und uns – nicht ganz ohne Neid – mit dem Anblick des imposanten Mauerwerks begnügt. Wer die *Rocca* südlich von Porto Ercole, die älteste Festung der Spanier aus dem 15. Jh., besichtigen möchte, wende sich an das *Ufficio turistico comunale* in Porto Ercole (Viale Caravaggio), hier werden kostenlose Besuchertickets ausgestellt. Die Festung ist im Sommer von 10–13 Uhr und von 16 Uhr bis Sonnenuntergang geöffnet (Mi geschlossen).

In der *Kirche Sant'Erasmo* wurden die sterblichen Überreste des berühmten Barockmalers *Caravaggio* beigesetzt. Der geniale, aber auch gewalttätige Künstler war am 31. Juli 1610 am *Strand von Feniglia* bei Porto Ercole unter mysteriösen Umständen im Alter von 36 Jahren gestorben. Er befand sich auf der Rückreise nach Rom, das er vier Jahre zuvor fluchtartig hatte verlassen müssen, nachdem er einen Mann im Streit erschlagen hatte.

• *Baden/Wassersport* Ein überaus schöner **Sandstrand** befindet sich am Tómbolo di Feniglia. Die Straße bis zur Absperrung beim Camping Feniglia fahren, aber Achtung: an Sommerwochenenden liegt die Chance auf einen strandnahen Parkplatz bei null!

Tauchschule Sub Company, am Hafen. Im Angebot u. a. Tagestauchausflüge im 15-Pers.-Boot zur Insel Giannutri oder Halbtagestrip an der Argentario-Küste entlang, auch Nachttauchgänge. Verleih von Tauchutensilien und Flaschenfüllung. Seit 15 Jahren von einer deutsch-italienischen Familie geführt. ✆/℻ 0564/832651 oder ✆ 0564/835298.

• *Übernachten/Camping* **** **Il Pellicano**, Località Scarbatello (etwas außerhalb von Porto Ercole an der *Strada panoramica)*. Eines der luxuriösesten Hotels der Toskana, Traumlage am Meer, geschmackvolle Ausstattung, Wellness-Center und eigene Badebucht, entsprechend schwindelerregend sind die Zimmerpreise: DZ in der Nebensaison ab 300 €, in der Hauptsaison 480 €, Sie sind ganz sicher aber auch nicht der einzige berühmte Gast. ✆ 0564/833801, ℻ 0564/833418, www.pellicanohotel.com.

*** **Marina**, Lungomare A. Doria 30, DZ inkl. Frühstück 103 €. Kleines, gepflegtes Albergo direkt an der Hafenpromenade. Auf der Hotelterrasse kann man mit herrlichem Blick auf Stadt und Meer frühstücken. ✆ 0564/833055, ✆ 0564/836057.

Camping comunale Feniglia, auf dem Tómbolo di Feniglia, der südlichsten der drei Landverbindungen. Außerordentlich bescheidene Einrichtung, aber einladende Plätzchen. Hinter dem Pinienhain beginnt gleich der Sandstrand. Insgesamt 140 Stellplätze. Offiziell geöffnet: 1.4.–15.10. ✆ 0564/831090, ✆ 0564/867175.

Isola del Giglio

Die Isola del Giglio ist nach Elba die zweitgrößte der toskanischen Inseln. Auf den ersten Blick ist die "Insel der Lilie" ein großer abweisender Fels im Meer, doch ändert sich das Bild schlagartig, wenn man mit der Fähre ankommt: Giglio Porto ist mit Abstand der idyllischste Hafen des Archipels.

Giglio ist 21 qkm groß, zählt ca. 1.700 Bewohner und gehört zur Provinz Grosseto. Höchste Erhebung ist der *Poggio della Pagana* (498 m), der fast in der Mitte eines Bergrückens liegt, der die Insel von Nord nach Süd durchzieht. Mit Ausnahme des Kalkgesteins um die *Punta Faraglione* im äußersten Westen der Insel besteht Giglio hauptsächlich aus Granit. Das Relief der Insel wird durch steil zur Küste abfallende Berge geprägt, die an einigen Stellen durch herrliche kleine Sandbuchten unterbrochen werden. Wider allen Anschein bietet Giglio eine relativ vielfältige Vegetation, neben der gewohnten Mittelmeermacchia – vor allem Zistrosen, Erdbeerbaum und Baumheide – sind auch noch vereinzelte Exemplare der Steineichen zu sehen, die einst alle toskanischen Inseln in dichten Wäldern überzogen haben. Neben den zahlreichen Zugvögeln, für die Giglio im Frühling und Herbst eine wichtige Zwischenstation auf ihrer Reise zwischen dem afrikanischen und dem europäischen Kontinent ist, leben hier Mauerspechte, Turmfalken und diverse Möwenarten, z. B. die korsische Möwe sowie die Silbermöwe.

Giglio: der Arenella-Strand

Auf der kleinen Insel gibt es eine ganze Reihe schöner Strände. Alle sind sehr sauber mit glasklarem Wasser. Der größte Strand liegt in der **Bucht von Campese.** Hier – und in Giglio Porto – haben sich auch einige Tauchschulen angesiedelt. Da die Strände zum Teil nur zu Fuß erreicht werden können, sind sie fast nie voll, außer im August, wenn die Insel komplett ausgebucht ist. Dennoch: Schon wegen der begrenzten Kapazitäten kann auf der Insel kein Tourismus im großen Stil stattfinden.

Aber nicht nur zum Baden ist Giglio gut geeignet: Schöne Wanderwege führen von **Giglio Castello** in den menschenleeren Süden der Insel und zum Nordkap mit Leuchtturm.

Geschichtliches

Giglio war bereits zu Zeiten der Etrusker besiedelt, während der römischen Herrschaft über den Toskanischen Archipel war die Insel eng mit Monte Argentario am italienischen Festland verbunden. In der Antike hieß die Insel *Aegilium*. Im 9. Jh. n. Chr. schenkte Karl der Große Giglio der Kirche (Abtei Tre Fontane), später erhoben sowohl Pisa als auch Siena Ansprüche auf die Insel. Die Pisaner setzten sich schließlich durch und regierten auf Giglio von 1264 bis 1406, bis die florentinischen Medici auch hier die Macht übernahmen. 1459 wurde Giglio zum päpstlichen Lehen erklärt, 1544 kam der Pirat *Barbarossa* und verwüstete die Insel; ihre Einwohner wurden als Sklaven verschleppt. Von 1558 bis zur Gründung des Vereinigten Königreichs Italien gehörte Giglio zum Großherzogtum Toskana.

Giglio Porto

Der romantische Hafen mit seinen bunten Häusern wird in der Hochsaison etwa 10x täglich per Fähre vom Festland aus angelaufen. Giglio Porto ist allgemein ein eher teures Pflaster.

Im Sommer ist das geschützte Hafenbecken bis zum letzten Liegeplatz mit Segelyachten und kleinen Fischerbooten belegt, am Hafen laden zahlreiche noble Restaurants – z. T. auch auf Pfählen über das Wasser gebaut – zum stilvollen Dinieren ein.

Der beidseitig durch Mauern geschützte Hafen wird an der Ostseite weithin sichtbar durch einen Medici-Turm aus dem Jahr 1596 begrenzt. Die Häuser der kleinen Ortschaft stehen zum größten Teil dicht gedrängt entlang der Hafenmole, nur wenige sind an den Hang des direkt steil ansteigenden *Poggio della Chiusa* (487 m) gebaut, der auch im Sommer morgens oft dicht mit Nebel verhangen ist.

Im Hafen selbst geht es gemütlich zu, wenn nicht gerade an den Sommerwochenenden, speziell in der Hochsaison, die Touristenströme Einzug halten. Entlang der Uferpromenade finden sich zahlreiche, auch sehr typische Bars, daneben Lebensmittel- und Souvenirgeschäfte, es herrscht eine nette Atmosphäre.

Information/Vorwahl

- *Information* Das einzige Informationsbüro der Insel befindet sich an der Hafenpiazza Via Umberto I, neben nützlichen Broschüren und allerlei Infos gibt's hier auch Bustickets. Im Sommer tägl. 9–13 Uhr und 16–18.30 Uhr, ✆/℻ 0564/809400, www.isoladelgiglio.artec.it oder www.isoladelgigliouffcioturistico.com.
- *Reisebüro* **Agenzia Giglio Multiservizi (GMS)**, das einzige auf der Insel. Gegenüber der Anlegestelle links neben der hellblau angestrichenen "Marcelleria" die Treppe hoch. Boots- und Zweiradverleih (in der Hochsaison vorbestellen) sowie Appartementvermietung. Im Sommer tägl. 9–12.30 Uhr und 15–18.30 Uhr, ✆ 0564/809056, ℻ 0564/809447, gms@nevib.it.
- *Telefonieren* Die **Vorwahl** für die ganze Insel lautet ✆ 0564 und muss auch vor Ort immer mitgewählt werden.

Verbindungen/Bootsausflüge

- *Fähre* Zwei Reedereien bedienen die Strecke zwischen Porto Santo Stefano und Giglio Porto. In der Saison ca. 10–12x täglich hin und zurück, Fahrtdauer knapp 1 Std. Autos werden zwar mitgenommen, doch kann man sich den teuren Tarif sparen und

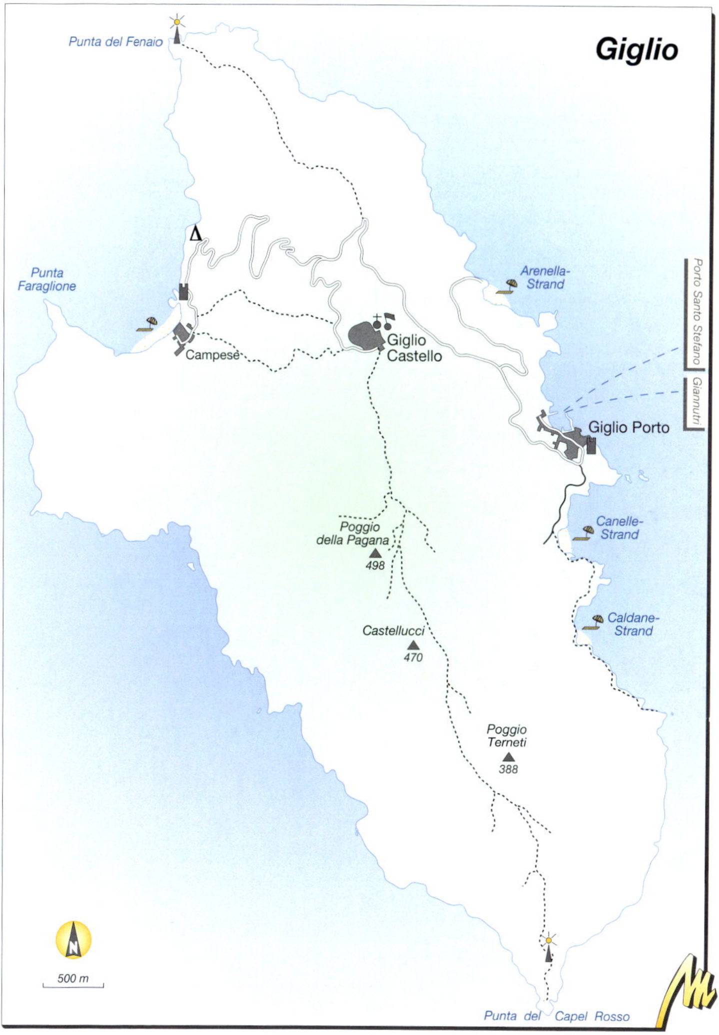

den Wagen in Porto Santo Stefano zurücklassen (siehe S. 230). Wer in der Hochsaison dennoch mit dem Auto übersetzen will, sollte unbedingt reservieren: **Toremar**, am Hafen in Giglio Porto (✆/℻ 0564/809349, www.toremar.it) oder **Maregiglio**, ebenfalls am Hafen (✆ 0564/812920 oder 0564/809309, www.maregiglio.it).

Die Überfahrt kostet in der Hochsaison hin und zurück pro Person 12,40 €, für das Auto je nach Länge 56–77 € und das Moped/Motorrad 21 €. An Wochentagen ist die Überfahrt mit Toremar geringfügig günstiger.

Maregiglio veranstaltet in der Hochsaison außerdem täglich **Ausflugsfahrten** nach Giannutri (15 €, Kinder die Hälfte), außerdem **Inselrundfahrten** um Giglio (ca. 8 €).

• *Inselbus* Auf Giglio pendeln in kurzen Abständen Busse zwischen den 3 Orten. Von

Giglio Porto (Bushaltestelle an der "Hauptstraße", ca. 100 m vom Hafen) über Castello nach Campese, im Sommer Mo–Sa 11x, an Sonntagen doppelt so oft. Die Fahrt bis Campese dauert 30 Min., die Abfahrtszeiten sind auf die der Fähren abgestimmt. Busfahrkarten im Touristenbüro am Hafen oder im Tabakladen nebenan, die Fahrt kostet um 1,50 €.

• *Sammeltaxi* Ebenfalls von der Bushaltestelle können Sie ein **Taxi colletivo** nehmen, z. B. zu den Stränden. Max. 4 Pers, pauschal 8 € pro Fuhre oder 2 € pro Person. ✆ 347/1941888, 347/1875555 oder 347/ 8920411.

• *Wassertaxi* z. B. für Badeausflüge werden über die **Reiseagentur Giglio Multiservizi** angeboten (→ "Information/Reisebüro") oder direkt an dem kleinen Stand neben der Anlegestelle, ✆ 0564/809431 oder ✆ 339/ 6286710 (mobil).

Adressen/Wassersport

• *Adressen* **Bank**, bei der Kirche, mit Bancomat, Mo–Fr 8.20–13.20 Uhr und 14.35–15.35 Uhr. Eine weitere Bank mit Bancomat gibt es auch in *Giglio Castello* an der Piazza Gloriosa, dem Hauptplatz des Orts.

Hafenamt, beim Medici-Turm, ✆ 0564/ 809480.

Post, neben der Bank, Mo–Fr 9.15–13.30 Uhr, Samstag bis 12.30 Uhr.

Polizei, ✆ 0564/809232.

• *Wassersport* **Motorbootverleih Giglio Sub**, an der Torre, vermietet werden nur 3 Boote für 4 bzw. 6 Pers., ab ca. 65 € pro Tag. Hier auch **Flaschenfüllung**. Für August ca. 2 Wochen vorher reservieren, ✆ 0564/809506.

Motorbootverleih auch beim **Stand neben der Anlegestelle** am Hafen, ✆ 0564/809431 oder ✆ 0339/6286710 (mobil).

Liegeplätze für Yachten, nur wenige freie Kapazitäten für Gastyachten, für die Plätze der Gemeinde muss man zahlen, ✆ 0564/ 806064 oder 809480.

Tauchen, in Giglio Porto z. B. bei *Dimensione Mare* am Hafen Richtung Hotel Demo's, Padi-Schule, auch Flaschenfüllung. Geöffnet März bis Ende Nov., Via Thaon de Revel, ✆ 0564/809096, ℻ 0564/809558, www.dimensionemare.it, dimensionemare@pronet.it.

Einkaufen/Feste & Veranstaltungen

Jeden Mittwoch findet am Hafen der **Inselmarkt** statt.

Cuccagna a Mare am 10. August in Giglio Porto: Ein Wettbewerb, bei dem ein Fähnchen erreicht werden muss, das an der Spitze eines mit Fett beschmierten, hoch aus dem Wasser ragenden Pfahls befestigt ist.

Übernachten

Ohne frühzeitige Buchung hat man während der Hochsaison in Giglio Porto – wie auf der gesamten Insel – keine Chance auf eine Unterkunft.

*** **Castello Monticello,** Via Provinciale, unser **Tipp!** Schönes und komfortables Haus auf einer Anhöhe. Hoteleigener Tennisplatz, Bocciabahn. Restaurant mit Fischspezialitäten, nette Terrasse. Knapp 2 km oberhalb von Giglio Porto (Straße nach Castello), an der Abzweigung zum 1,5 km entfernten *Arenella-Strand*, Shuttleservice dorthin. Alle Zimmer mit Bad, TV, Kühlschrank und Aircon., z. T. auch mit Balkon oder Terrasse. EZ ab ca. 60 €, DZ 77–120 €, je inkl. Frühstück. Geöffnet Ostern bis Ende September, ✆ 0564/809252, ℻ 0564/809473.

*** **Il Saraceno**, Via del Saraceno 69, direkt am Meer hinter dem Hafen. 48 komfortable Zimmer mit allen Extras, DZ 73–114 € inkl. Frühstück. Eines der schönsten Hotels auf der Insel, terrassenförmig in den Fels gebaut. Geöffnet Ostern bis Ende September. ✆ 0564/809006, ℻ 0564/809007.

*** **Demo's Hotel**, Via Thaon de Revel, am nördlichen Hafenende, kaum zu übersehen, großes beigefarbenes Haus. 52 gepflegte Zimmer, DZ 90–124 € mit Frühstück, eigener Strand. Geöffnet Ostern bis Ende Oktober. ✆ 0564/809235, ℻ 0564/809319.

** **Bahamas**, bei der Kirche rechts die Gasse hoch, liegt etwas oberhalb des Hafens neben der Kirche, hübsche Terrasse, schöner Blick, freundlicher Service. Vergleichsweise günstig: DZ mit Bad, TV und z. T.

Balkon um 80 € inkl. Frühstück. Es werden auch drei **Appartements** (max. 3 Pers.) vermietet. Ganzjährig geöffnet, Via C. Oreglia, ✆ 0564/809254 oder 0564/809451, ✆ 0564/809254.

** **La Pergola**, Via Thaon de Revel 30, EZ 50 €, DZ 83 €, je inkl. Frühstück, alle Zimmer mit Bad. Kleine Pension am Hafen neben dem "Demo's", geöffnet Ostern bis Ende Oktober, ✆ 0564/809051.

• *Außerhalb* ** **Pardini's Hermitage**, inmitten der unberührten Macchia liegt dieses Hotel, welches nur zu Fuß (mühsam!) oder per Boot zu erreichen ist (Abholung durch das Hotel von Giglio Porto). Ein Zentrum für Naturfreunde, Vogelbeobachter und Aquarellmaler. DZ mit Halbpension 158–264 €. ✆ 0564/809034, ✆ 0564/8091177, www.finalserv.it/hermitage.

Essen & Trinken

Einige schicke Restaurants am Hafen, das Preisniveau ist generell hoch. Z. B. das beliebte **La Vecchia Pergola** (gehört zur gleichnamigen Pension) mit netter Terrasse. Recht nobel die beiden Restaurants **Doria** und **La Margherita**, quasi nebeneinander am Hafen auf Pfählen über das Wasser gebaut, die sich vor allem bei Touristen allergrößter Beliebtheit erfreuen.

Wer es günstiger mag, isst seine Pizza oder Pasta bei **L'Archetto/L'Angolo di Napoli** nahe der Anlegestelle, auch zum Mitnehmen.

Der Canelle-Strand bei Giglio Porto

Baden in und um Giglio Porto

In der Umgebung von Giglio Porto gleich mehrere einladende Sandbuchten, das Meer ist hier sehr sauber und leuchtet türkisgrün, die Strände selbst sind in der Regel eher schmal. Bademöglichkeiten sind im Ort zwar vorhanden, im Hafenbecken allerdings wenig idyllisch bzw. gänzlich ungeeignet. Besser ist der kleine Strand beim *Hotel Demo's* oder in der Mini-Bucht auf dem Weg zum *Hotel Saraceno*.

Arenella-Strand: 3,5 km von Giglio Porto, asphaltierte Straße, zunächst Richtung Castello, beim Hotel Monticelli dann rechts ab, beschildert. Wunderschöner Strand (grober Sand) in der kleinen, von Felsen umrahmten Bucht *Cala dell'Arenella*, leider wird viel Seetang angeschwemmt. Mit Sonnenschirm- und Liegestuhlverleih sowie Snackbar.

Canelle-Strand: Nur gut ein Kilometer südlich von Giglio Porto. Über Asphaltstraße auch zu Fuß relativ bequem erreichbar. Feiner Sandstrand, großer Parkplatz, am Strand eine Pizzeria/Snackbar mit gemütlicher Terrasse, daneben eine große Appartementanlage *(Residence Le Canelle)*. Sonnenschirm- und Liegestuhlverleih, Tretboote.

Caldane-Strand: Noch einmal ca. 1,5 km südlich von *Le Canelle*, nur über einen Fußweg am Meer entlang zu erreichen (am Canelle-Strand an der Appartement-Anlage

Blick auf Giglio Porto

vorbei, dann gleich links ab auf einen breiteren Weg, kurz darauf links auf einen sandigen Pfad, ca. 20 Minuten, beschildert). Sehr abgeschiedener sauberer Sandstrand, keine Bar oder sonstige touristischen Angebote, dafür aber auch nur wenige Besucher. Lohnenswerter Spaziergang.

Giglio Castello

Nur wenige Kilometer sind es vom Hafen *Giglio Porto* bis hinauf nach Castello, doch überwindet die Straße in engen Serpentinen über 400 Höhenmeter. Die Anfänge der alles überragenden Befestigung gehen zurück auf den Anfang des 11. Jh., das *Castello* in seiner heutigen Form stammt aus der pisanischen Epoche und ist noch immer komplett von einer turmbewehrten Festungsmauer umgeben. Das Innere ist von einem Labyrinth enger Gassen durchzogen, dicht gedrängt stehen die alten Wohnhäuser in dem düster wirkenden historischen Zentrum. An der Nordseite der Festung befindet sich der *Punto Panoramico* mit grandiosem Blick auf das Tyrrhenische Meer.

Auf der anderen Seite der Festungsmauer schließt bei der *Porta della Rocca* der moderne Ort an. Hier, an der *Piazza Gloriosa,* trifft sich das ganze Dorf, wogegen im alten Kern von Castello mit seinen typischen Torbögen und Außentreppen eher Stille angesagt ist. Vom Ort bietet sich an klaren Tagen ein herrlicher Blick übers Meer nach Montecristo, Elba und Korsika im Hintergrund, tolle Sonnenuntergänge.

Alljährlich am 15. September findet in Giglio Castello eine große **Prozession** zu Ehren des Inselpatrons *San Mamilianus* statt (→ "Feste & Veranstaltungen"), bei dem silbern gefasste Reliquie des Heiligen hervorgeholt wird, die sich normalerweise in der *Kirche San Pietro* im Ort befindet. Hier sind auch einige Fresken aus dem 14. Jh. zu sehen.
Jeden Donnerstag findet in Castello der **Inselmarkt** statt.

• *Übernachten* Keine Hotels, aber gleich zweimal Privatzimmer, nebeneinander oberhalb der modernen Piazza Gloriosa gelegen, Schilder hängen aus. Bei **Angelo Landini** kostet das DZ mit Bad 60 €, vermietet werden auch einige Appartements in Castello und am Meer, frühzeitige Reservierung wichtig, ✆ 0564/806074, ℻ 0564/809447.

Camere Airone, rosa Haus oberhalb, DZ mit Bad 60–72 €. Wer Glück hat, ergattert ein Zimmer mit Meeresblick, ✆ 0564/806076.

• *Essen & Trinken* **Arcobalena** – *Vini, vivi e cucina* heißt das Motto hier. Urgemütliches Ristorante in der Festung, es gibt keine Speisekarte, gekocht wird jeden Tag vom Chef persönlich. Viel Fisch und Meeresfrüchte, auch *Cacciucco* (Fischeintopf), gehobenes Preisniveau, das uns allerdings gerechtfertigt erscheint. Via Cavour 48, im Gassenlabyrinth der Festung, Wegbeschreibung unmöglich, Sie müssen sich durchfragen, mittags und abends geöffnet, Di Ruhetag, in der Hochsaison für abends unbedingt reservieren, ✆ 0564/806106.

L'Isolana, Trattoria und Pizzeria an der Piazza IV Novembre. Gehobenes Preisniveau. Von der modernen Piazza Gloriosa durch das Festungstor, nach ca. 30 m auf der linken Seite.

• *Feste und Veranstaltungen* **Palio dei somari** am 15. September, mit einer Prozession und Tänzen wird an das 2.000 Mann starke nordafrikanische Seeräuberheer erinnert, das 1799 Giglio überfallen wollte. Als man damals den als Reliquie verehrten Arm des Hl. Mamilianus (siehe "San Mamilianus", S. 225) den Angreifern entgegentrug, kam ein Wind auf und trieb die "Turchi" zurück ins Meer. Noch heute sind in der Kirche von Castello die erbeuteten Waffen der Piraten zu sehen. Eine weitere **Mamilianus-Prozession** findet am 18. November auf der Insel statt, dem eigentlichen Jahrestag des Angriffs der tunesischen Seeräuber.

Wandern auf Giglio

Idealer Ausgangspunkt ist Giglio Castello. Von hier führt ein Wanderweg in westliche Richtung relativ steil hinunter nach Campese (Gehzeit ca. 1 Std.); eine weitere Wanderung von der Straße von Giglio Porto nach Castello (bei einer Linkskehre) in nordwestliche Richtung – vorbei am alten Leuchtturm im Inselinneren – zur *Punta del Fenaio* (mit Leuchtturm) an der Nordspitze der Insel. Gehzeit ab dem Abzweig von der Straße ca. 1,5–2 Stunden.

Die wohl anspruchsvollste und längste Wanderung auf Giglio führt von Castello zur *Punta del Capel Rosso*, dem südlichsten Punkt der Insel. Ausgangspunkt ist die Piazza Gloriosa, von hier zunächst auf asphaltierter Straße nach Süden, nach ca. 20 Minuten eine Abzweigung, hier links ab und in südliche Richtung halten (Markierung "ARS"). Der Weg führt östlich und auf halber Höhe am *Poggio della Pagana* (498 m), dem höchsten Inselberg, entlang. Nach ca. 1–1,5 Stunden Wanderung gelangt man zu einem kleinen Pass, hier rechts halten (südliche Richtung) und immer den Beschilderungen *"ARS"* folgen. Auch der weithin sichtbare Leuchtturm dient der Orientierung, man lässt ihn aber links liegen und gelangt zur *Punta del Capel Rosso*. Dauer insgesamt ca. 3 Stunden, schöne Wanderung durch die Macchia der Insel, tolle Panoramen.

Campese

Steil geht es von Castello auf der Panoramastraße hinab zum eher reizlosen Touristenort Campese, der jüngsten Ortschaft der Insel, 8 km von Giglio Porto entfernt.

Eine große, unschöne Appartementanlage am Ortsrand, Hotels, Restaurants und sonstige touristische Einrichtungen an einer schönen Bucht – Campese wirkt langweilig. Attraktion des Ortes ist natürlich der lang gezogene, durch Felsen unterbrochene Sandstrand mit Bars, Sonnenschirm-, Liegestuhl- und Tretbootverleih, im Sommer tummeln sich hier die Urlauber in Scharen. Im Westen wird die weitläufige Bucht von Campese von den *Faraglione-Felsen* begrenzt, das östliche Ende des

Karte S. 211

Strands wird von einem eindrucksvollen Rundturm der Medici aus dem 16. Jh. überragt, daneben der kleine, fast nostalgische Fischerhafen des ansonsten konturlosen Orts.

Am 18. November 1799 gingen hier am Strand tunesische Seeräuber an Land, die sich ohne Umwege daran machten, Giglio Castello zu erobern. Die Bewohner der Festung am Berg standen der Übermacht der Eindringlinge wehrlos gegenüber, und konnten in ihrer Not nur noch auf die wundersame Hilfe des Inselheiligen *San Mamilianus* hoffen. Schenkt man der Legende Glauben, half dieser auch, und zwar in Form eines fürchterlichen Sturms, der die Boote der Angreifer fast zum Kentern brachte und die erschrockenen Tunesier selbst in die Flucht schlug. Seither feiert ganz Giglio jährlich am 18. November zu Ehren von Mamilianus. Die 200-Jahr-Feier der *Sbarco dei Turchi* (Landung der Türken) wurde 1999 mit großem Programm begangen.

• *Übernachten* *** **Campese**, Via della Costa 1, DZ 114–156 € mit obligatorischer Halbpension, EZ 80 €. Direkt am Sandstrand, nicht mehr das neueste Modell, aber zuvorkommender, netter Service. Geöffnet Mitte April bis September, ☎ 0564/804003, 📠 0564/804093.

** **Giardino delle Palme**, Via della Torre (gegenüber dem Medici-Turm), beim kleinen Fischerhafen. DZ um 80 € mit Frühstück, alle Zimmer mit Bad. Kleines Haus im Palmengarten, schöne Dachterrasse. ☎ 0564/804037.

• *Camping* * **Baia del Sole**, an der Straße kurz vor Campese. Einziger Campingplatz der Insel und im Hochsommer meist restlos belegt. Der kleine Platz (nur 45 Stellplätze!) ist terrassenförmig angelegt, gute Lage, ausreichend Schatten, manche Stellplätze herrlich über dem Meer. Einige kleine Holzbungalows stehen zum Mietpreis von ca. 35–40 € pro Tag (im Sommer nur wochenweise) auf dem Gelände. Mit eigenem Felsstrand, Bar, Mini-Market und Snackbar. 400 m von Campese. Ganzjährig geöffnet. Frühzeitige Reservierung für die Hochsaison notwendig, die besten Chancen hat man evtl. noch mit einem kleinen Zelt. Auf dem Platz herrscht absolutes Hundeverbot! ☎ 0564/804036, 📠 0564/804101.

• *Essen & Trinken* **Ristorante/Pizzeria da Tony**, direkt beim Medici-Rundturm, bei Tauchern sehr beliebte Pizzeria. ☎ 0564/806453.

Trattoria da Mario di Meino, Familienbetrieb mit wenigen Tischen, die meisten im Freien unter einem idyllischen Vordach. Relativ kleine Auswahl.

Tauchen in der Bucht von Campese

Die Gewässer um Giglio sind ein Eldorado für Taucher, da sich hier quasi alle Schwierigkeitsgrade finden, die ruhige Bucht von Campese eignet sich besonders für Anfänger. Tauchkurse und Unterkunftsvermittlung beim Centro Marino Campese des deutschen Meeresbiologen und Tauchlehrers Dr. Claus Valentin direkt am Strand von Campese (am Parkplatz). Der Meeresforscher Valentin unterhält hier das Institut für Marine Biologie (IfMB), zu den Gästen zählen hauptsächlich studentische Gruppen, die hier meeresbiologische Exkursionen unter fachkundiger Anleitung durchführen.

Die Tauchbasis in Campese ist von Februar bis Ende Oktober geöffnet. Sie bietet auch 10-tägige Tauchkurse (inkl. Unterkunft im Gemeinschaftsappartement) zum Preis von 400 bis 450 € an (je nach Saison), ein Schnupperkurs (5 Tauchgänge inkl. Unterkunft) kostet 210–290 €. Die Ausrüstung wird gegen Aufpreis gestellt.

Information Näheres bei IfMB Dr. C. Valentin, Via di Mezzo Franco 14, Campese, 58012 Isola del Giglio, ☎ 0564/804121, 📠 0564/804123. In Deutschland: IfMB Dr. C. Valentin, Turnierstraße 5, 24939 Flensburg, ☎ 0461/4902160, 📠 0461/4902159. Alle Infos auch im Internet unter www.ifmb.com.

Die Bucht Cala Maestra im Westen von Giannutri

Giannutri

Wie auch das benachbarte Giglio ist Giannutri der Maremma am italienischen Festland vorgelagert. Die südlichste und gleichzeitig östlichste Insel des Archipels weist die Form einer Sichel auf und befindet sich als einzige der toskanischen Inseln zum größten Teil in Privatbesitz.

Wer mit dem Ausflugsboot auf dem nur 2,6 qkm großen Inselchen (elf Kilometer Küstenlinie) ankommt, dem sticht sofort die nicht mehr ganz neue Appartementanlage in der Bucht *Cala Spalmatoio* im Westen der Insel ins Auge. Die Insel liegt 13 Seemeilen (ca. 20 km) vom Hafen Porto Santo Stefano am Monte Argentario entfernt, von dort und ab Giglio Porto werden – nur in den Sommermonaten – Tagesausflüge nach Giannutri angeboten. Im Winter ist die Insel wie ausgestorben, keine zehn Menschen leben hier das ganze Jahr über. Neben den wenigen privaten Ferienvillen, zwei Restaurants und einer Tauchschule gibt es auf Giannutri auch noch die äußerst sehenswerten Überreste einer **römischen Villa** aus dem 1. Jh. n. Chr., die im Rahmen einer Führung auch besichtigt werden kann.

Zum **Baden** ist Giannutri nur bedingt geeignet: Es gibt nur zwei bescheidene Strände, an der Ostküste die bereits erwähnte *Cala Spalmatoio* mit Anlegestelle und winzigem Kiesstrand, im Westen die *Cala Maestra* mit ebenso dürftigem Badestrand, dafür aber einigen römischen Überresten am Meer.

Auch **Wanderern** bietet die an der höchsten Stelle nur 88 m hohe Insel wenig Aufregendes: Vorherrschend ist die übliche mediterrane Macchia, nur vereinzelt lassen sich noch einige Steineichen vorfinden, daneben hat man nahe der Cala Maestra wieder Pinien angepflanzt. Dem Umstand, dass es auf Giannutri keine Quellen gibt, entspricht auch die eher karge Vegetation. Interessanter ist die zerklüftete Kalksteinküste der Insel mit ihren zahlreichen Grotten (vor allem an der Südspitze von Giannutri). Wie auch die

Karte S. 211

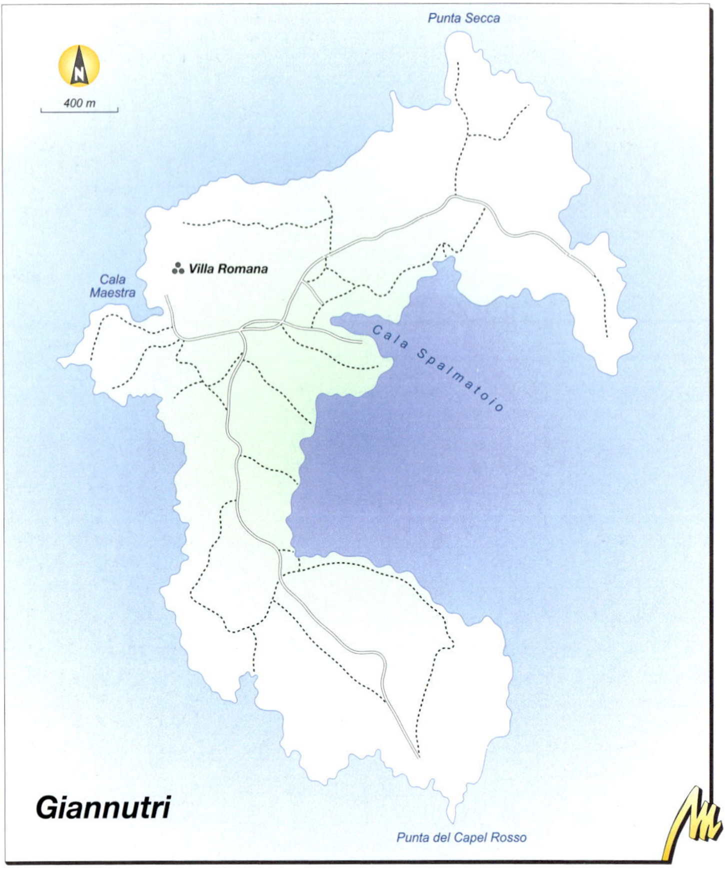

benachbarte Insel Giglio ist Giannutri eine wichtige Zwischenstation für Zugvögel, ganzjährig leben hier verschiedene Sperlingsarten, Schwalben und Silbermöwen.

Geschichtliches

Bei den Griechen hieß die Insel *Artemisia*, die Römer nannten sie *Dianum*, nach der römischen Jagdgöttin Diana. Im 1. Jh. n. Chr. baute hier die einflussreiche Familie der *Domitii* – ihr gehörte u. a. der berüchtigte Kaiser Nero an – eine herrschaftliche Villa oberhalb der Cala Maestra, deren gut erhaltene Ruinen noch immer einen bleibenden Eindruck des damaligen Wohlstands vermitteln. Wie die anderen toskanischen Inseln auch, war Giannutri im Mittelalter ein Refugium für Einsiedler, eine Besiedlung der Insel im größeren Stil fand nie statt.

Seit geraumer Zeit befinden sich große Teile der Insel im Besitz eines deutschen Grafen. Seit 1996 ist die zur Gemeinde Giglio zählende Insel ein Teil des Nationalparks, in den Buchten *Cala Spalmatoio* und *Cala Maestra* können jedoch Privatyachten und Ausflugsboote vor Anker gehen.

• *Information* Zuständig ist das **A.P.T.-Büro** in Grosseto, ✆ 0564/462611, ✆ 0564/454606. Besser das **Ristorante Granduca** auf Giannutri, ✆ 0564/898890, sehr auskunftsfreudiger, hilfsbereiter Besitzer.

• *Verbindungen/Bootsausflüge* Ankunft der **Fähren** am Vormittag (ca. 11 Uhr) immer in der Cala Spalmatoio, von hier führt der Weg in jedem Fall am Sportplatz vorbei zur Cala Maestra (ca. 15 Min.). Rückfahrt gegen 16.30 Uhr.
Während der Saison jeden Morgen um 10 Uhr **ab Porto Santo Stefano** (Monte Argentario/Festland) mit *Maregiglio*, ✆ 0564/812920, hin und zurück 15 €, Kinder die Hälfte, Fahrtdauer ca. 1 Std.
Ebenfalls in der Saison sind 3x wöchentlich Tagesausflüge auch **ab Giglio Porto** möglich; gleiche Preise wie ab Porto Santo Stefano, Überfahrt 1 Std., ✆ 0564/809309.
Unregelmäßig werden auch Ausflüge **ab Castiglione della Pescaia** an der toskanischen Küste angeboten (man wende sich dort an das Reisebüro Junipero in der Via Camaiori), die Preise liegen bei ca. 30 €.

• *Essen & Trinken* **Ristorante Granduca**, Cala Maestra. Ganzjährig geöffnet, mittags und abends, empfehlenswert, leckere Pasta, trotz Monopolstellung nicht mal teuer, netter Service. ✆ 0564/898890.
Das **Ristorante La Torre** (bei der Appartementanlage) ist nur im Sommer geöffnet, ✆ 0564/898892.

• *Wassersport* Die **Tauchschule Mare e Dintorni** (Cala Spalmatoio) ist unter ✆ 368/414728 (mobil) oder ✆ 0668/210045 zu erreichen, ✆ 0668/33210, mare.dintorni@tiscalinet.it.

Villa Romana (Cala Maestra)

Die am besten erhaltenen römischen Ruinen des Archipels. Die Sommerresidenz der Familie der *Domitii* bestand u. a. aus der Villa, weiteren Wohngebäuden sowie Thermen, Nymphäum, Latrine, Zisternen und Lagerhaus. Herrlicher Blick vom Gelände hinüber nach Giglio, drei beeindruckende Säulen wurden wieder aufgerichtet, erstaunlich gut erhalten auch noch Teile der Außenmauern und des Fußbodens mit Mosaikfragmenten und Heizungssystem. Auf der Treppe kann man noch die Reste der römischen Marmorverkleidung erkennen. Die schönsten Mosaike – Szenen der griechischen Mythologie mit Theseus und Minotaurus – wurden allerdings von gewissenlosen Touristen abgetragen, so dass das Gelände mittlerweile umzäunt und nur noch unter Aufsicht zugänglich ist. Die Ausgrabungen auf Giannutri sind noch nicht abgeschlossen, man vermutet, dass sich bei dem freigelegten Gelände nur um einen kleinen Teil der noch im Verborgenen liegenden Überreste aus römischer Zeit handelt.

• *Besichtigung* Im Sommer tägl. am frühen Nachmittag, man wird von einem Führer zum Ausgrabungsgelände gebracht. **Treffpunkt** ist das Ristorante Granduca oberhalb der Cala Maestra, hier auch weitere Informationen. Eintritt frei.

Was haben Sie entdeckt?

Haben Sie eine versteckte Bucht entdeckt, eine freundliche Trattoria weitab vom Trubel, ein nettes Hotel mit Atmosphäre, einen schönen Wanderweg?
Wenn Sie Ergänzungen, Verbesserungen oder neue Tipps zum Buch haben, lassen Sie es uns bitte wissen! Schreiben Sie an:

Sabine Becht
c/o Michael Müller Verlag GmbH
Stichwort "Elba"
Gerberei 19
D – 91054 Erlangen
E-Mail: s.becht@michael-mueller-verlag.de

Karte S. 211

Etwas Italienisch

Aussprache

Einige Abweichungen von der deutschen Aussprache:

c: vor e und i immer *"tsch"* wie in *rutschen*, z. B. *centro* (Zentrum) = *"tschentro"*. Sonst wie *"k"*, z. B. *cannelloni* = *"kannelloni"*.

cc: gleiche Ausspracheregeln wie beim einfachen **c**, nur betonter: *faccio* (ich mache) = *"fatscho"*; *boccone* (Imbiss) = *"bokkone"*.

ch: wie *"k"*, *chiuso* (geschlossen) = *"kiuso"*.

cch: immer wie ein hartes *"k"*, *spicchio* (Scheibe) = *"spikkio"*.

g: vor e und i *"dsch"* wie in *Django*, vor a, o , u als *"g"* wie in *gehen;* wenn es trotz eines nachfolgenden dunklen Vokals als *"dsch"* gesprochen werden soll, wird ein i eingefügt, das nicht mitgesprochen wird, z. B. in *Giacomo* = *"Dschakomo"*.

gh: immer als *"g"* gesprochen.

gi: wie in *giorno* (Tag) = *"dschorno"*, immer weich gesprochen.

gl: wird zu einem Laut, der wie *"lj"* klingt, z. B. in *moglie* (Ehefrau) = *"mollje"*.

gn: ein Laut, der hinten in der Kehle produziert wird, z. B. in *bagno* (Bad) = *"bannjo"*.

h: wird am Wortanfang nicht mitgesprochen, z. B. *hanno* (sie haben) = *"anno"*. Sonst nur als Hilfszeichen verwendet, um c und g vor den Konsonanten i und e hart auszusprechen.

qu: im Gegensatz zum Deutschen ist das u mitzusprechen, z. B. *acqua* (Wasser) = *"akua"* oder *quando* (wann) = *"kuando"*.

r: wird kräftig gerollt!

rr: wird noch kräftiger gerollt!

sp und **st**: gut norddeutsch zu sprechen, z. B. *specchio* (Spiegel) = *"s-pekkio"* (nicht *schpekkio*), *stella* (Stern) = *"stella"* (nicht *"schtella"*).

v: wie *"w"*.

z: immer weich sprechen wie in *Sahne*, z. B. *zucchero* (Zucker) = *"sukkero"*.

Die Betonung liegt meistens auf der vorletzten Silbe eines Wortes. Im Schriftbild wird sie bei der großen Mehrzahl der Wörter nicht markiert. Es gibt allerdings Fälle, bei denen die italienischen Rechtschreibregeln Akzente als Betonungszeichen vorsehen, z. B. bei mehrsilbigen Wörtern mit Endbetonung wie *perché* (= weil, warum).

Elementares

Frau ...	*Signora*
Herr ...	*Signor(e)*
Guten Tag, Morgen	*Buon giorno*
Guten Abend (ab nachmittags, 15 Uhr; auch zum Abschied)	*Buona sera*
Guten Abend/ gute Nacht (nur zum Abschied am späten Abend)	*Buona notte*
Auf Wiedersehen	*Arrivederci*
Hallo/Tschüss	*Ciao*
Wie geht es Ihnen?	*Come sta?/ Come va?*
Wie geht es dir?	*Come stai?*
Danke, gut.	*Molto bene, grazie/ Benissimo, grazie*
Danke!	*Grazie/Mille grazie/ Grazie tanto*
Entschuldigen Sie	*(Mi) scusi*
Entschuldige	*Scusami/Scusa*
Entschuldigung, können Sie mir sagen ...?	*Scusi, sa dirmi ...?*
Entschuldigung, könnten Sie mich durchlassen/ mir erlauben ...	*Permesso ...*
ja	*si*
nein	*no*
Ich bedaure, tut mir leid	*Mi dispiace*
Macht nichts	*Non fa niente*
Bitte! (im Sinne von *gern geschehen*)	*Prego!*

Bitte (als Einleitung zu einer Frage oder Bestellung)	*Per favore ...*
Sprechen Sie Englisch/Deutsch/ Französisch?	*Parla inglese/ tedescso/ francese?*
Ich spreche kein Italienisch	*Non parlo italiano*
Ich verstehe nichts	*Non capisco niente*
Könnten Sie etwas langsamer sprechen?	*Puo parlare un po` più lentamente?*
Ich suche nach ...	*Cerco ...*
Okay, geht in Ordnung	*va bene*
Ich möchte/Ich hätte gern	*Vorrei*
Warte/ Warten Sie!	*Aspetta/ Aspetti!*
groß/klein	*grande/piccolo*
Es ist heiß	*Fa caldo*
Es ist kalt	*Fa freddo*
Geld	*i soldi*
Ich brauche ...	*Ho bisogno ...*
Ich muss ...	*Devo ...*
in Ordnung	*d'accordo*
Ist es möglich, dass ...	*È possibile ...*
mit/ohne	*con/senza*
offen/geschlossen	*aperto/chiuso*
Toilette	*bagno/toilette*
verboten	*vietato*
Was bedeutet das?	*Che cosa significa?*
Wie heißt das?	*Come si chiama?*
zahlen	*pagare*
Ich möchte gern zahlen	*Il conto, per favore*

Fragen/Smalltalk/Orientierung

Gibt es/Haben Sie ...?	*C'è ...?*
Was kostet das?	*Quanto costa?*
Gibt es (mehrere)	*Ci sono?*
Wann?	*Quando?*
Wo? Wo ist?	*Dove?/ Dov'è?*
Wie?/Wie bitte?	*Come?*
Wieviel?	*Quanto?*
Warum?	*Perché?*
Ich heiße ...	*Mi chiamo ...*
Wie heißt du?	*Come ti chiami?*
Wie alt bist du?	*Quanti anni hai?*
Das ist aber schön hier	*Meraviglioso!/Che bello!/Bellissimo!*
Von woher kommst du?	*Di dove sei tu?*
Ich bin aus München/Hamburg	*Sono di Monaco/ di Amburgo*
Bis später	*A più tardi!*
Wo ist bitte ...?	*Per favore, dov'è ..?*
... die Bushaltestelle	*... la fermata*
... der Bahnhof	*... la stazione*
Stadtplan	*la pianta della città*
rechts	*a destra*
links	*a sinistra*
immer geradeaus	*sempre diritto*
Können Sie mir den Weg nach ... zeigen?	*Sa indicarmi la direzione per ...?*
Ist es weit?	*È lontano?*
Nein, es ist nah	*No, è vicino*

Bus/Zug/Fähre

Fahrkarte	*biglietto*
Stadtbus	*bus*
Überlandbus	*pullman*
Zug	*treno*
hin und zurück	*andata e ritorno*
Ein Ticket von X nach Y	*un biglietto da X a Y*
Wann fährt der nächste?	*Quando parte il prossimo?*
... der letzte?	*... l'ultimo?*
Abfahrt	*partenza*
Ankunft	*arrivo*
Gleis	*binario*
Verspätung	*ritardo*
aussteigen	*scendere*
Ausgang	*uscita*
Eingang	*entrata*
Wochentag	*giorno feriale*
Feiertag	*giorno festivo*

Auto/Motorrad

Auto	*macchina*
Motorrad	*moto*
Tankstelle	*distributore*
Volltanken!	*Il pieno, per favore!*
Bleifrei	*benzina senza piombo*
Diesel	*gasolio*
Panne	*guasto*
Unfall	*incidente*
Bremsen	*freni*
Reifen	*gomme*
Kupplung	*frizione*
Lichtmaschine	*dinamo*
Zündung	*accensione*
Vergaser	*carburatore*
Mechaniker	*meccanico*
Werkstatt	*officina*
funktioniert nicht	*non funziona*

Baden

See	*lago*
Strand	*spiaggia*
Stein	*pietra*
Kies	*ghiaia*
schmutzig	*sporco*
sauber	*pulito/netto*
tief	*profondo*
Ich gehe schwimmen	*Faccio il bagno*
braungebrannt	*abbronzata (f)/ abbronzato (m)*

Bank/Post/Telefon

Geldwechsel	*cambio*
Wo ist eine Bank?	*Dove c' è una banca*
Ich möchte wechseln	*Vorrei cambiare*
Ich möchte Reiseschecks einlösen	*Vorrei cambiare dei traveller cheques*
Postamt	*ufficio postale*
ein Telegramm aufgeben	*spedire un telegramma*
Postkarte	*cartolina*
Brief	*lettera*
Briefpapier	*carta da lettere*
Briefkasten	*buca (delle lettere)*
Briefmarke(n)	*francobollo/francobolli*
Wo ist das Telefon?	*Dov' è il telefono?*
Ferngespräch	*communicazione interurbana*

Camping/Hotel

Haben Sie ein Einzel-/Doppelzimmer?	*C'è una camera singola/doppia?*
Können Sie mir ein Zimmer zeigen?	*Può mostrarmi una camera?*
Ich nehme es/wir nehmen es	*La prendo/ la prendiamo*
Zelt	*tenda*
kleines Zelt	*canadese*
Schatten	*ombra*
Schlafsack	*sacco a pelo*
warme Duschen	*docce calde*
Gibt es warmes Wasser?	*C'è l'acqua calda?*
mit Dusche/Bad	*con doccia/ bagno*
ein ruhiges Zimmer	*una camera tranquilla*
Wir haben reserviert	*Abbiamo prenotato*
Schlüssel	*la chiave*
Vollpension	*pensione (completa)*
Halbpension	*mezza pensione*
Frühstück	*prima colazione*
Hochsaison	*alta stagione*
Nebensaison	*bassa stagione*
Haben Sie nichts Billigeres?	*Non ha niente che costa di meno?*

Zahlen

der erste	*il primo*	halb	*mezzo*
zweite	*il secondo*	ein Viertel	*un quarto di*
dritte	*il terzo*	ein Paar	*un paio di*
einmal	*una volta*	einige	*alcuni*
zweimal	*due volte*		

0	*zero*	12	*dodici*	40	*quaranta*
1	*uno*	13	*tredici*	50	*cinquanta*
2	*due*	14	*quattordici*	60	*sessanta*
3	*tre*	15	*quindici*	70	*settanta*
4	*quattro*	16	*sedici*	80	*ottanta*
5	*cinque*	17	*diciassette*	90	*novanta*
6	*sei*	18	*diciotto*	100	*cento*
7	*sette*	19	*diciannove*	101	*centuno*
8	*otto*	20	*venti*	102	*cento e due*
9	*nove*	21	*ventuno*	200	*duecento*
10	*dieci*	22	*ventidue*	1.000	*mille*
11	*undici*	30	*trenta*	2.000	*due mila*

Uhr & Kalender

Uhrzeit

Wie spät ist es?	*Che ore sono?*
mittags	*mezzogiorno* (für 12 Uhr gebräuchlich)
Mitternacht	*mezzanotte*
viertel nach	*... e un quarto*
viertel vor	*... meno un quarto*
halbe Stunde	*mezz'ora*

Tage/Monate/Jahreszeit

Tag	*giorno*
Woche	*settimana*
Monat	*mese*
Jahr	*anno*
halbes Jahr	*mezz'anno*
Frühling	*primavera*
Sommer	*estate*
Herbst	*autunno*
Winter	*inverno*

Wochentage

Montag	*lunedì*
Dienstag	*martedì*
Mittwoch	*mercoledì*
Donnerstag	*giovedì*
Freitag	*venerdì*
Samstag	*sabato*
Sonntag	*domenica*

Monate

Januar	*gennaio*
Februar	*febbraio*
März	*marzo*
April	*aprile*
Mai	*maggio*
Juni	*giugno*
Juli	*luglio*
August	*agosto*
September	*settembre*
Oktober	*ottobre*
November	*novembre*
Dezember	*dicembre*

Gestern, heute, morgen

heute	*oggi*
morgen	*domani*

übermorgen	*dopodomani*
gestern	*ieri*
vorgestern	*l'altro ieri*
sofort	*subito*
später	*più tardi*
jetzt	*adesso*
der Morgen	*la mattina*
der Nachmittag	*il pomeriggio*
der Abend	*la sera*
die Nacht	*la notte*

Maße & Gewichte

ein Liter	*un litro*
ein halber Liter	*un mezzo litro*
ein Viertelliter	*un quarto di un litro*
ein Gramm	*un grammo*
100 Gramm	*un etto*
200 Gramm	*due etti*
Kilo	*un chilo, due chili*

Einkaufen

Haben Sie ...	*Ha ...?*
Ich hätte gern ...	*Vorrei ...*
etwas davon	*un poco di questo*
dieses hier	*questo qua*
dieses da, dort	*questo là*
Was kostet das?	*Quanto costa questo?*

Geschäfte

Apotheke	*farmacia*
Bäckerei	*panetteria*
Buchhandlung	*libreria*
Fischhandlung	*pescheria*
Laden, Geschäft	*negozio*
Metzgerei	*macelleria*
Reinigung (chemische)	*lavanderia/ lavasecco*
Reisebüro	*agenzia viaggi*
Touristen-information	*informazioni turistiche*
Schreibwarenladen	*cartoleria*
Supermarkt	*alimentari, supermercato*

Drogerie/Apotheke

Seife	*sapone*
Tampons	*tamponi, o.b.*
Binden	*assorbenti*
Waschmittel	*detersivo*
Shampoo	*shampoo*
Toilettenpapier	*carta igienica*
Zahnpasta	*pasta dentifricia*
Schmerztabletten	*qualcosa contro il dolore*
Kopfschmerzen	*mal di testa*
Abführmittel	*lassativo*
Sonnenmilch	*crema solare*
Pflaster	*cerotto*

Arzt/Krankenhaus

Ich brauche einen Arzt	*Ho bisogno di un medico*
Hilfe!	*Aiuto!*
Erste Hilfe	*pronto soccorso*
Krankenhaus	*ospedale*
Schmerzen	*dolori*
Ich bin krank	*sono malato*
Biss/Stich	*puntura*
Fieber	*febbre*
Durchfall	*diarrea*
Erkältung	*raffreddore*
Halsschmerzen	*mal di gola*
Magenschmerzen	*mal di stomaco*
Zahnweh	*mal di denti*
Zahnarzt	*dentista*
verstaucht	*lussato*

Im Restaurant

Haben Sie einen Tisch für x Personen?	*C'è uno tavolo per x persone?*
Die Speisekarte, bitte	*Il menu/la lista, per favore*
Was kostet das Tagesmenü?	*Quanto costa il piatto del giorno?*
Ich möchte gern zahlen	*Il conto, per favore*
Gabel	*forchetta*
Messer	*coltello*
Löffel	*cucchiaio*
Aschenbecher	*portacenere*
Mittagessen	*pranzo*
Abendessen	*cena*
Eine Quittung, bitte	*Vorrei la ricevuta, per favore*
Es war sehr gut	*Era buonissimo*

Speisekarte

Extra-Zahlung für Gedeck, Service und Brot	*coperto/pane e servizio*
Vorspeise	*antipasto*
erster Gang	*primo piatto*
zweiter Gang	*secondo piatto*
Beilagen zum zweiten Gang	*contorni*
Nachspeise (Süßes)	*dolci*
Obst	*frutta*
Käse	*formaggio*

Getränke

Wasser	*acqua*
Mineralwasser	*acqua minerale*
mit Kohlensäure	*con gas (frizzante)*
ohne Kohlensäure	*senza gas*
Wein	*vino*
weiß	*bianco*
rosé	*rosato*
rot	*rosso*
Bier	*birra*
hell/dunkel	*chiara/scura*
vom Fass	*alla spina*
Saft	*succo di ...*
Milch	*latte*
heiß	*caldo*
kalt	*freddo*
(einen) Kaffee (das bedeutet Espresso)	*un caffè*
(einen) Cappuccino (mit aufgeschäumter Milch)	*un cappuccino*
(einen) Kaffee mit wenig Milch	*un latte macchiato*
(einen) Eiskaffee	*un caffè freddo*
(einen) Tee	*un tè*
mit Zitrone	*con limone*
Cola	*coca*
Milkshake	*frappè*
(ein) Glas	*un bicchiere di ...*
(eine) Flasche	*una bottiglia*

Alimentari/Diversi – Lebensmittel, Verschiedenes

aceto	*Essig*
brodo	*Brühe*
burro	*Butter*
marmellata	*Marmelade*
minestra/zuppa	*Suppe*
minestrone	*Gemüsesuppe*
olio	*Öl*
olive	*Oliven*
pane	*Brot*
panino	*Brötchen*
saccarina	*Süßstoff*
salame	*Salami*
salsiccia	*Frischwurst*
l'uovo/le uova	*Ei/Eier*
zabaione	*Wein-Eier-Creme*
zucchero	*Zucker*

Erbe – Gewürze

aglio	*Knoblauch*
alloro	*Lorbeer*
basilico	*Basilikum*
capperi	*Kapern*
origano	*Oregano*
pepe	*Pfeffer*
peperoni	*Paprika*
prezzemolo	*Petersilie*
rosmarino	*Rosmarin*
sale	*Salz*
salvia	*Salbei*
senape	*Senf*
timo	*Thymian*

Preparazione – Zubereitung

affumicato	*geräuchert*
ai ferri	*gegrillt*
al forno	*überbacken*
alla griglia	*über Holzkohlefeuer*
con panna	*mit Sahne*
alla pizzaiola	*Tomaten/Knobl.*
allo spiedo	*am Spieß*
al pomodoro	*mit Tomatensauce*
arrosto	*gebraten/geröstet*
bollito	*gekocht/gedünstet*
alla casalinga	*hausgemacht*
frutta cotta	*Kompott*
cotto	*gekocht*
duro	*hart/zäh*
fresco	*frisch*
fritto	*frittiert*
grasso	*fett*
in umido	*im Saft geschmort*
lesso	*gekocht/gedünstet*
morbido	*weich*
piccante	*scharf*
tenero	*zart*

Contorni – Beilagen

asparago	*Spargel*
broccoletti	*wilder Blumenkohl*
carciofi	*Artischocken*
carote	*Karotten*
cavolfiore	*Blumenkohl*
cavolo	*Kohl*
cetriolo	*Gurke*
cicoria	*Chicoree*
cipolla	*Zwiebel*
fagiolini	*grüne Bohnen*
fagioli	*Bohnen*
funghi	*Pilze*
finocchio	*Fenchel*
insalata	*allg. Salat*
lattuga	*Kopfsalat*
lenticchie	*Linsen*
melanzane	*Auberginen*
patate	*Kartoffeln*
piselli	*Erbsen*
polenta	*Maisbrei*
pomodori	*Tomaten*
riso	*Reis*
spinaci	*Spinat*
zucchini	*Zucchini*

Pasta – Nudeln

cannelloni	*gefüllte Teigrollen*
farfalle	*Schleifchen*
fettuccine	*Bandnudeln*
fiselli	*kleine Nudeln*

lasagne	*Schicht-Nudeln*	tortellini	*gefüllte Teigtaschen*
maccheroni	*Makkaroni*	tortelloni	*große Tortellini*
pasta	*allg. Nudeln*	vermicelli	*Fadennudeln*
penne	*Röhrennudeln*	gnocchi	*(Kartoffel-) Klößchen*
tagliatelle	*Bandnudeln*		

Pesce e frutti di mare – Fisch & Meeresfrüchte

aragosta	*Languste*	polpo	*Krake*
aringhe	*Heringe*	razza	*Rochen*
baccalà	*Stockfisch*	salmone	*Lachs*
calamari	*Tintenfische*	sardine	*Sardinen*
cozze	*Miesmuscheln*	seppia/totano	*großer Tintenfisch*
gamberi	*Garnelen*	sgombro	*Makrele*
merluzzo	*Schellfisch*	sogliola	*Seezunge*
muggine	*Meeräsche*	tonno	*Thunfisch*
nasello	*Seehecht*	triglia	*Barbe*
orata	*Goldbrasse*	trota	*Forelle*
pesce spada	*Schwertfisch*	vongole	*Muscheln*

Carne – Fleisch

agnello	*Lamm*	lingua	*Zunge*
anatra	*Ente*	lombatina	*Lendenstück*
bistecca	*Beafsteak*	maiale	*Schwein*
capretto	*Zicklein*	maialetto	*Ferkel*
cinghiale	*Wildschwein*	manzo	*Rind*
coniglio	*Kaninchen*	pollo	*Huhn*
fagiano	*Fasan*	polpette	*Fleischklöße*
fegato	*Leber*	trippa	*Kutteln*
lepre	*Hase*	vitello	*Kalb*

Frutta – Obst

albicocca	*Aprikose*	lamponi	*Himbeeren*
ananas	*Ananas*	limone	*Zitrone*
arancia	*Orange*	mandarino	*Mandarine*
banana	*Banane*	mela	*Apfel*
ciliegia	*Kirsche*	melone	*Honigmelone*
cocomero	*Wassermelone*	pera	*Birne*
dattero	*Dattel*	pesca	*Pfirsich*
fichi	*Feigen*	pompelmo	*Grapefruit*
fragole	*Erdbeeren*	uva	*Weintrauben*

Verlagsprogramm

Unsere Reisehandbücher im Überblick

Deutschland

- Allgäu
- Altmühltal
- Berlin & Umgebung
- *MM-City* Berlin
- Bodensee
- Franken
- Fränkische Schweiz
- Mainfranken
- Nürnberg, Fürth, Erlangen
- Ostseeküste – von Lübeck bis Kiel
- Schwäbische Alb

Niederlande

- *MM-City* Amsterdam
- Niederlande
- Nordholland – Küste, IJsselmeer, Amsterdam

Nord(west)europa

- England
- Südengland
- *MM-City* London
- Schottland
- Irland
- Island
- Norwegen
- Südnorwegen
- Südschweden

Osteuropa

- Baltische Länder
- Polen
- Polnische Ostseeküste
- *MM-City* Prag
- Westböhmen & Bäderdreieck
- Ungarn

Balkan

- Mittel- und Süddalmatien
- Kroatische Inseln & Küste
- Nordkroatien – Kvarner Bucht
- Slowenien & Istrien

Griechenland

- Amorgos & Kleine Ostkykladen
- Athen & Attika
- Chalkidiki
- Griechenland
- Griechische Inseln
- Karpathos
- Kefalonia & Ithaka
- Korfu
- Kos
- Kreta
- Kreta – der Osten
- Kreta – der Westen
- Kykladen
- Lesbos
- Naxos
- Nord- u. Mittelgriechenland
- Paros/Antiparos
- Peloponnes
- Rhodos
- Samos
- Santorini
- Skiathos, Skopelos, Alonnisos, Skyros – Nordl. Sporaden
- Thassos, Samothraki
- Zakynthos

Türkei

- *MM-City* Istanbul
- Türkei – gesamt
- Türkei – Mittelmeerküste
- Türkei – Südküste
- Türkei – Westküste
- Türkische Riviera – Kappadokien

Frankreich

- Bretagne
- Côte d'Azur
- Elsass
- Haute-Provence
- Korsika
- Languedoc-Roussillon
- *MM-City* Paris
- Provence & Côte d'Azur
- Südfrankreich
- Südwestfrankreich

Italien

- Apulien
- Chianti – Florenz, Siena
- Dolomiten – Südtirol Ost
- Elba
- Gardasee
- Golf von Neapel
- Italien
- Italienische Riviera & Cinque Terre
- Kalabrien & Basilikata
- Liparische Inseln
- Marken
- Oberitalien
- Oberitalienische Seen
- *MM-City* Rom
- Rom & Latium
- Sardinien
- Sizilien
- Südtirol
- Südtoscana
- Toscana
- Umbrien
- *MM-City* Venedig
- Venetien & Friaul

Nordafrika u. Vorderer Orient

- Sinai & Rotes Meer
- Tunesien

Spanien

- Andalusien
- *MM-City* Barcelona
- Costa Brava
- Costa de la Luz
- Ibiza
- Katalonien
- Madrid & Umgebung
- Mallorca
- Nordspanien
- Spanien

Kanarische Inseln

- Gomera
- Gran Canaria
- *MM-Touring* Gran Canaria
- Lanzarote
- La Palma
- *MM-Touring* La Palma
- Teneriffa
- *MM-Touring* Teneriffa

Portugal

- Algarve
- Azoren
- Madeira
- *MM-City* Lissabon
- Lissabon & Umgebung
- Portugal

Lateinamerika

- Dominikanische Republik
- Ecuador

Österreich

- *MM-City* Wien

Schweiz

- Genfer-See-Region
- Tessin

Malta

- Malta, Gozo, Comino

Zypern

- Zypern

Aktuelle Informationen zu allen Reiseführern finden Sie im Internet unter www.michael-mueller-verlag.de

Gerne schicken wir Ihnen auch das aktuelle Verlagsprogramm zu.

Michael Müller Verlag GmbH, Gerberei 19, 91054 Erlangen, Tel. 0 91 31 / 81 28 08-0; Fax 0 91 31 / 20 75 41; E-Mail: mmv@michael-mueller-verlag.de

Sach- und Personenregister

Geographisches Register

Wenn nicht anders angegeben, beziehen sich die Einträge im geographischen Register auf die Insel Elba

Blick von Le Grotte auf Portoferraio